J.A. Martín Aguado • A. Piñuela Perea • L. González Díez

TECNOLOGIAS DE LA INFORMACION IMPRESA

Desarrollo tecnológico y perspectivas
Información gráfica
Autoedición

EDITORIAL Fragua

Diseño de maqueta, de portada y elaboración de gráficos: Laura Glez. Díez

Tipo de letra empleado: Palatino (cuerpos 8, 10, 12 y 15, con diferentes grosores y estilos).

Material utilizado: SOFTWARE. Microsoft Word, Aldus Page Maker, Quark X Press, Aldus FreeHand, Adobe Illustrator, Adobe PhotoShop, FontStudio, Fontographer, LetraStudio, Typestyler y Capture 4.0. HARDWARE. Macintosh IIcx, Macintosh LC II, Macintosh SE 1/30, monitor en color SONY (19 pulgadas) e impresora LáserWriter IINT, de Apple.

Editorial Fragua
Andrés Mellado, 64
28015 Madrid

Depósito Legal M.24415 - 1993
I.S.B.N. 84-7074-072-5

Gráficas Lormo
Isabel Méndez, 15
28038 Madrid

TECNOLOGIAS DE LA INFORMACION IMPRESA

•

Desarrollo tecnológico y perspectivas
Información gráfica
Autoedición

INDICE

INTRODUCCION

En mayo del presente año se hacía público el estudio elaborado por Andersen Consulting y por la Universidad de Navarra sobre «El mercado de la información en España, 1993-1997». De acuerdo con los datos aportados por este estudio de prospectiva, en el que se recogen las opiniones de 300 directivos de medios de comunicación, las mejores perspectivas de crecimiento, en cuanto a publicidad y venta de ejemplares, se sitúan en la prensa regional y local, mientras que ambos aspectos, esenciales para el sostenimiento de una empresa periodística, disminuirán en la prensa nacional.

En la actualidad existen 119 diarios de información general en España, de los cuales siete son de cobertura nacional, cinco diarios económicos y otros cinco deportivos. El índice de difusión de los mismos se ha ido incrementando paulatinamente en los últimos años, hasta alcanzar los 100 ejemplares por mil habitantes, cifra considerada por la Unesco como el umbral del desarrollo cultural de un país. Este incremento del nivel de lectura de prensa irá aumentando en los próximos años y se espera alcanzar, según el estudio que comentamos, los 109 ejemplares por 1000 habitantes en 1997.

Existen, sin embargo, algunos datos preocupantes en el estudio, como son los referidos a las causas que motivan la escasa difusión de los periódicos españoles y las perspectivas de una mayor concentración en grupos multimedia, con la consiguiente desaparición o pérdida de autonomía de periódicos regionales o locales. En cuanto al primer aspecto -por qué no compran más prensa los españoles- el estudio destaca, entre otras causas, el bajo nivel cultural, la falta de amenidad de los periódicos y la preferencia del público por otros medios, como es la televisión. Por lo que se refiere a los cambios en la estructura empresarial, en el estudio se señala que, en los cinco próximos años, se producirá una mayor concentración, hasta el punto de que menos de 10 grupos concentrarán más del 70 por ciento del mercado de la prensa diaria.

La concentración empresarial viene motivada por la necesidad de hacer frente a los costes, cada año más elevados, de edición de los diarios y de captar parcelas del mercado de la información, como son los sectores de la radiodifusión, la televisión, las revistas, la impresión y la distribución. Al igual que ocurre en Europa, donde grandes grupos multimedia, como Bertelsmann, Axel Springer, Hachette, Hersant, Fininvest (Berlusconi), Rizzoli, News International y Pearson, controlan el mercado de los medios de comunicación, también en España se han ido consolidando, en los últimos años, ocho grandes grupos -El Correo, Prisa,

Prensa Española, Godó, Prensa Ibérica, Zeta, Grupo 16 y Unidad Editorial-, los cuales, al finalizar 1992, controlaban el 65 por ciento del total de la difusión de los diarios de nuestro país.

También en Estados Unidos, donde las ventas de los diarios han comenzado a experimentar un sensible descenso -las cifras de difusión, al finalizar 1992, eran las más bajas de los últimos veinte años- los grandes grupos editoriales continúan concentrando a otros periódicos, como ha ocurrido, recientemente, con la fusión del diario *The Boston Globe*, símbolo del periodismo serio y progresista, por *The New York Times*. El diario de Massachusetts, fundado en 1872 por Charles Taylor, ha pasado a formar parte, desde junio de este año, del gran *holding* que edita *The New York Times*, con lo cual dicho grupo controla 31 periódicos, 20 revistas y cinco estaciones de televisión y de radio en la costa Este del país.

Desde los inicios de la década de los años sesenta, la prensa escrita ha venido experimentando la mayor transformación tecnológica realizada en sus trescientos años de existencia. Si bien es cierto que, durante siglos, los diarios procuraron contar siempre con los medios técnicos más perfeccionados a su alcance para mejorar sus servicios, tanto en relación con sus lectores como con sus anunciantes, fue la incorporación de la fotocomposición y de la impresión en offset lo que permitió a los diarios iniciar una profunda renovación de sus estructuras tradicionales para convertirse en un producto moderno.

La entrada del ordenador en las empresas periodísticas ha permitido agilizar las sobredimensionadas plantillas de operarios que precisaban las viejas estructuras de producción y poner en manos de los redactores una potente y eficaz herramienta electrónica, capaz de elaborar, tratar y diagramar la información, controlando, de este modo, todo el proceso de la preimpresión. Por otra parte, la necesidad de remodelar los contenidos del diario y mejorar su presentación ha dado lugar a la utilización de un conjunto de nuevos recursos tipográficos y gráficos, los cuales hacen del periódico un producto más legible, ameno y atractivo.

Si las innovaciones tecnológicas y los profundos cambios introducidos en los contenidos y diseño de los diarios contribuyeron al desarrollo espectacular de la prensa escrita en la década de los años ochenta, en la actualidad las empresas editoras de diarios se enfrentan a una nueva situación de crisis, motivada, en gran parte, por la recesión económica internacional y por la competencia de los medios audiovisuales y de los nuevos medios de información, basados en las nuevas tecnología electrónicas. Todo ello está contribuyendo a situar al periódico ante un futuro incierto, que exigirá, por parte de las empresas editoras de diarios, la adopción de nuevas estrategias, capaces de mantener a los lectores fieles, de captar nuevos lectores y de explotar los nuevos servicios de información, como el periódico facsimilar, el audiotext o el periódico electrónico.

Son, pues, las nuevas tecnologías electrónicas, como han puesto de manifiesto diversos especialistas en los últimos congresos de IFRA, el medio más adecuado para superar las dificultades del mercado de medios impresos en la década de los años noventa. Ello requerirá disponer de modernos sistemas de autoedición, de sistemas de transmisión de datos por cable y por satélite, así como de una estructura informatizada para la impresión y distribución del periódico. A todo ello, deberá unirse la utilización de los nuevos recursos tipográficos y gráficos, como el color y la infografía, así como una mayor profundización en el tratamiento de los contenidos informativos, factores todos ellos que se configuran como las nuevas estrategias capaces de lograr la supervivencia y consolidación del periódico tradicional.

Conocer la incidencia de las nuevas tecnologías de la información impresa y las posibilidades que ofrecen para el futuro desarrollo del periódico las técnicas de la autoedición y del diseño gráfico es una tarea que compete a los profesionales de la información y a los jóvenes que, desde las aulas de las Facultades de Periodismo, se preparan ilusionados para ejercer, en un futuro inmediato, su labor informativa. En este sentido, los nuevos planes de estudio de la Facultades de Periodismo dedican una mayor atención a la formación, teórica y práctica, de los alumnos en materias relacionadas con la elaboración, tratamiento, diseño y edición de la información.

Es en este contexto donde se enmarca este nuevo libro, cuyos contenidos abarcan tres aspectos fundamentales relacionados con la prensa escrita: el desarrollo tecnológico experimentado por los periódicos en los últimos treinta años y perspectivas de futuro, la información gráfica y la autoedición.

Tras la edición de cuatro libros sobre el periodismo impreso -*Fundamentos de Tecnología de la Información, El Periódico y sus fundamentos tecnológicos, Lectura estética y técnica de un diario,* y *Proyecto y diseño de un diario*-, de los cuales los tres primeros están agotados, me ha parecido que podría ser de gran utilidad, especialmente para los alumnos de Periodismo, realizar un detallado análisis de las innovaciones tecnológicas introducidas, desde 1960 hasta 1990, en las empresas editoras de diarios, así como de las perspectivas que las nuevas tecnologías electrónicas abren para el mercado de la prensa escrita en la década de los años noventa.

La primera parte de este libro consta de dos apartados. En el primero de ellos se aborda el estudio de las principales innovaciones tecnológicas que han afectado a la prensa escrita desde 1960 hasta 1990. Estas tres décadas se dividen en quinquenios y, dentro de cada uno de ellos, se analizan los aspectos tecnológicos y estructurales más importantes que inician su desarrollo en dicho período y que se irán perfeccionando en años sucesivos, como es el caso de la fotocomposición, de la impresión en offset, de los sistemas redaccionales, etcétera. En el segundo apartado, se analizan las tecnologías electrónicas como factores capaces de configurar las nuevas estrategias editoriales, necesarias para hacer frente, en la década de los noventa, a los nuevos retos que sitúan al diario en un mercado difícil e incierto. Con ello, intentamos ofrecer, a los profesionales de la información y a los futuros licenciados en Periodismo, una visión global y sistemática de la incidencia que la tecnología ha tenido en la transformación del diario, hasta convertirlo en un producto moderno y atractivo.

Pero este libro ofrece otras novedades, como es la aportación de los conocimientos teóricos y prácticos de dos jóvenes profesores que hace un par de años culminaban sus estudios de Licenciatura en Periodismo en la Facultad de Ciencias de la Información de Madrid, y que han demostrado una gran capacidad investigadora en cuestiones relacionadas con la información gráfica y con la autoedición. Se trata de Antonio Piñuela Perea, profesor de Tecnología de la Información en la División de Periodismo del Centro Universitario San Pablo CEU, y de Laura González Díez, profesora de Autoedición en el Aula Informática de la citada división, y profesora de Tecnología de la Información en la rama de C.C. de la Comunicación de la Universitas Nebrissensis de Madrid (UNNE).

El profesor Piñuela Perea aborda, en la segunda parte de este libro, uno de los aspectos más sugestivos del nuevo periodismo: el infografismo, desde sus orígenes hasta las modernas técnicas actuales. Se trata de un género periodístico, consistente en la transmisión de información a través de gráficos, dibujos, textos, fotos e ilustraciones, elaborados por medios informáticos, y que en la actualidad ha sido incorporado a sus páginas por la mayoría de los diarios.

Por su parte, la profesora González Díez analiza, en la tercera parte del libro, todo el proceso de la autoedición, con la descripción de las aplicaciones de maquetación y diseño más utilizadas. Y lo hace desde el estudio de casos reales, mediante el análisis de páginas de diarios y de revistas que han incorporado los modernos programas de autoedición.

Al recoger en estas páginas los dos primeros trabajos de investigación de estos dos jóvenes profesores, deseo expresarles mi agradecimiento por cuanto supone de renovación en los métodos de enseñanza de una disciplina tan necesitada de savia nueva como es la Tecnología de la Información, y manifestar mi deseo de que este ejemplo constituya un estímulo para que otros jóvenes licenciados en Periodismo inicien nuevos caminos de investigación que hagan posible un mayor conocimiento y comprensión de las tecnologías aplicadas a la prensa escrita.

Madrid, junio de 1993

PARTE 1

DESARROLLO TECNOLOGICO Y PERSPECTIVAS

TREINTA AÑOS DE CAMBIO TECNOLOGICO

- 1960-1965. La fotocomposición: un proceso revolucionario
- 1966-1970. La irresistible ascensión del offset
- 1971-1975. La redacción electrónica
- 1976-1980. Transmisión del periódico a distancia
- 1981-1985. Nuevos servicios de información
- 1986-1990. La nueva imagen de la prensa europea

EL FUTURO DE LA PRENSA

- El periódico en un mercado dificil
- Integración del proceso de producción
- La estrategia del diseño
- Nuevas estrategias informativas

TREINTA AÑOS DE CAMBIO TECNOLOGICO

En 1960, la sociedad francesa SIRLO, editora de la revista *Paris Match*, adquiría dos fotocomponedoras *Lumitype* para componer los textos de esta publicación. Con ello, se iniciaba el derrumbe del sistema de composición tipográfica y se abría el camino para una auténtica revolución: la fotocomposición.

Diez años más tarde, a finales de 1970, el diario *Scottish Daily Record*, de Glasgow, con una tirada de 500.000 ejemplares diarios, abandonaba los sistemas tipográficos de composición e impresión e introducía la fotocomposición electrónica, la separación de colores a través de un escanner y la impresión mediante la adquisición de cinco rotativas Goss Metro. El hecho tendrá una gran trascendencia para las empresas periodísticas, ya que los editores de grandes diarios verán en el offset la innovación tecnológica más adecuada para resolver los problemas derivados de la tradicional impresión tipográfica.

En 1976, la firma *Mergenthaler Linotype* lanzaba al mercado su fotocomponedora *Linottron 606*, con capacidad para fotocomponer una página completa, incluidas las ilustraciones, en dos minutos. Con ello, se agilizó la confección electrónica de las páginas del diario y se abrió el camino para una mayor integración de la Redacción en el sistema productivo del periódico.

Las sustitución de la composición «caliente» (en plomo) por la fotocomposición y de la impresión tipográfica por el offset, así como la introducción de sistemas redaccionales con capacidad para el diseño electrónico de una página completa constituyen, junto con otras innovaciones tecnológicas -digitalización de la imagen, creación de bancos de datos, impresión en color y multiedición- los factores fundamentales que han contribuido, en los últimos treinta años, a hacer del periódico un producto moderno.

En este primer apartado de la primera parte de este libro se aborda el estudio de las principales innovaciones tecnológicas que han afectado a la prensa escrita desde 1960 hasta 1990. Durante tres décadas, el periódico ha mejorado, gracias a las nuevas tecnologías, sus contenidos y su presentación, logrando hacer del diario un producto competitivo con los medios audiovisuales.

1

1960-1965. LA FOTOCOMPOSICION: UN PROCESO REVOLUCIONARIO

- **La composición tipográfica**
- **La computadora en el taller de composición**
- **La fotocomposición**

1.1. La composición tipográfica

Desde que Gutenberg inventara, hacia el año 1440, los tipos móviles metálicos, la composición de las páginas de los libros y de los periódicos estuvo encomendada, durante más de cuatro siglos, a los *cajistas*, obreros especializados, que tomaban los tipos o caracteres de los cajetines de la caja de composición y, en una especie de regla metálica, llamada *componedor*, iban juntando las letras y demás signos para formar las líneas. El cajista más experto lograba componer un línea por minuto. Estas líneas se irían juntando después para formar las columnas y, una vez ajustada la forma o molde, se procedía a su entintado y, finalmente, a la impresión de la página.

Dos fueron las principales aportaciones de Gutenberg que transformarían sustancialmente el sistema de reproducción de la información, pasando, de esta forma, de la copia manuscrita a la mecanización de la escritura. La primera de estas aportaciones fue la invención de los tipos movibles metálicos, capaces de ser reutilizados en sucesivas composiciones, sin necesidad de refundirlos para cada impresión. Para ello, Gutenberg, basándose en las técnicas del grabado en metal, graba en un punzó de acero la imagen de una letra en relieve. Con este punzón troquela un molde de cobre en hueco, en cuyo fondo queda grabada la matriz de esa letra. En dicha matriz vierte una aleación de plomo, estaño y antimonio, la cual, una vez enfriada, se convertirá en un sólido de tres dimensiones, denominado *tipo* o carácter tipográfico, ya que, en su parte superior, porta una letra en relieve.

De esta forma, Gutenberg establecía las bases de la composición tipográfica, la cual se realizó manualmente durante más de cuatro siglos, para transformarse en mecánica con la introducción de la linotipia y de la monotipia, a finales del siglo XIX, y en automática, mediante la incorporación de la cinta perforada, en la década de los años cincuenta de este siglo (Figura 1.1).

La segunda aportación de Gutenberg sería la adaptación de la prensa de tornillo, en uso en Renania y en otros muchos lugares desde hacía bastantes años, para prensar la uva, satinar el papel e imprimir tejidos. Gutenberg transforma esta prensa en un carro móvil, al que adapta una tabla plana, denominada *platina*, y sobre ella coloca la forma para imprimir. Una vez entintada ésta por medio de un tampón, se colocaba sobre ella una hoja de papel humedecido y se cubría con un marco. Se introducía el carro debajo de un huso de madera gruesa, o cuadro, el cual presionaba sobre la platina por medio de una palanca, quedando así efectuada la impresión (Figura 1.2).

Durante más de cuatro siglos, esta técnica manual de composición e impresión tipográficas apenas cambiaría. Sin embargo, sí habría importantes cambios en la creación y perfeccionamiento de los caracteres tipográficos. En la *Biblia mazarina de 42 líneas* (Figura 1.3), Gutenberg había recurrido a un tipo de letra gótica llamada *textura*, la cual se venía utilizando en los manuscritos desde el siglo XIV. Unos años después, los alemanes Sweynheym y Pannartz introducían la imprenta en Italia y grababan el primer carácter romano para editar autores clásicos. Se daba así el primer paso para la renovación de la escritura gótica tradicional por el primer estilo de escritura moderna.

De los miles de caracteres que se han creado desde la invención de la imprenta, sólo unos pocos se han utilizado en las páginas de los diarios y éstos han estado basados, en cuanto a su tamaño, forma y proporción, en la tradición renacentista. Entre los tipógrafos que crearon y perfeccionaron los tipos o caracteres se encuentran Jenson, Manuzio, Garamond, Didot y Bodoni.

El francés Nicolaus Jenson se establece en Venecia en 1470. Grabador, tipógrafo y editor, diseña y funde un tipo de letra romano de altísima calidad, tanto por su perfil como por la mancha de las letras. Para la creación de las mayúsculas se basó en el análisis de la inscripción de la columna de Trajano (Roma, año 140 d. C.) y en la carolingia para las minúsculas. Su yerno, Aldo Manuzio (1449-1515) edita también en Venecia las obras de los autores clásicos, griegos y latinos. Para ello, utiliza el *Bembo*, un tipo grabado por Francesco Griffo, de diseño muy esbelto. En la edición de su *Virgilio* recurre a la letra cursiva o inclinada, que se llamará, desde entonces, *aldina* o *itálica*.

En el siglo XVI destacan dos tipógrafos franceses: Claude Garamond y Geofroy Tory. Ambos contaron con la protección de Francisco I, quien quería que los impresores franceses adoptaran el estilo italiano y compusieran en romano los textos en lengua vulgar y en latín. Garamond fundió el tipo que lleva su nombre

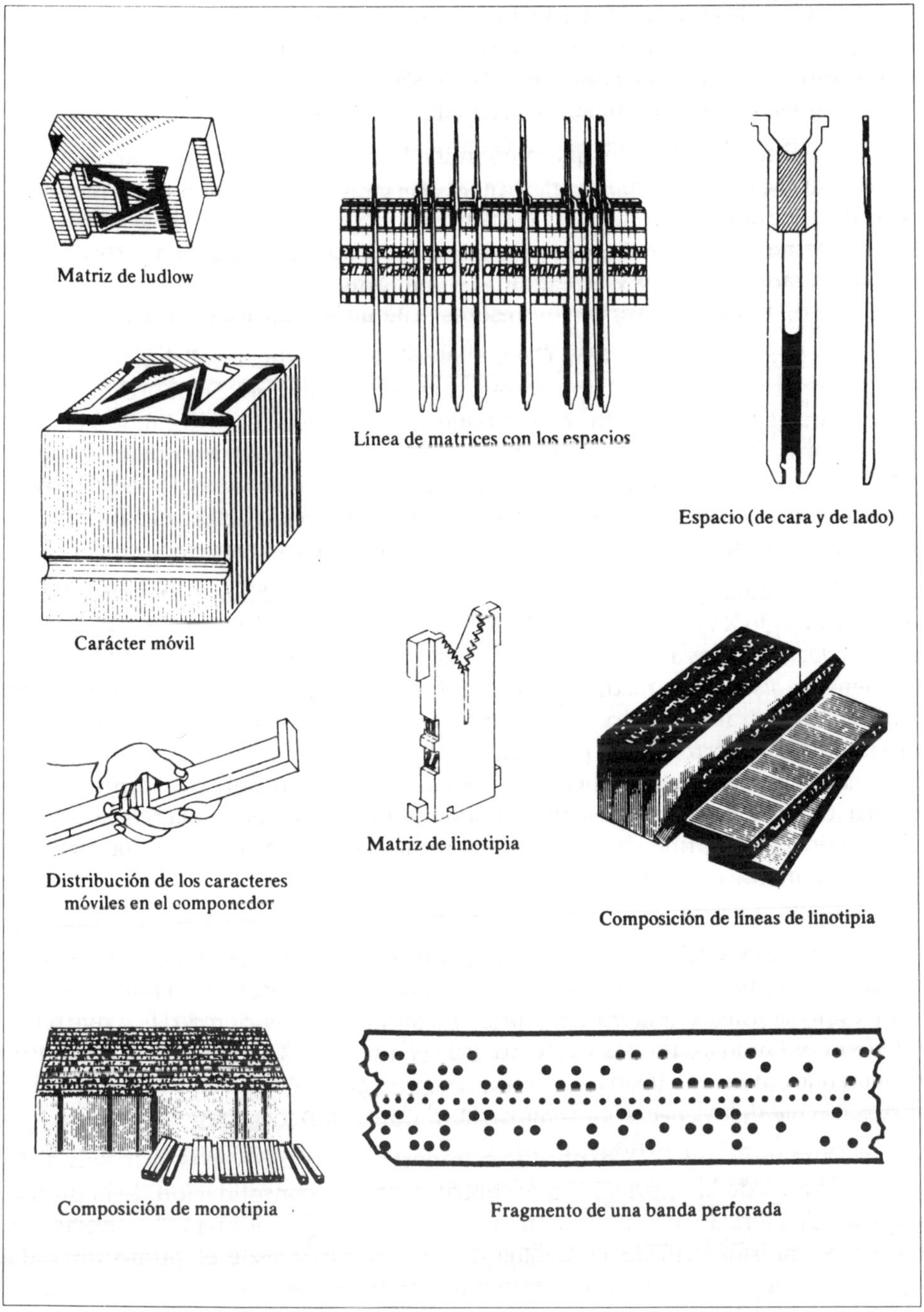

Figura 1.1. Materiales utilizados en la composición tipográfica, manual, mecánica y automática.

y que se convertiría en el más perfecto de la tipografía romana antigua (Figura 1.4.) Por su parte, Tory introduce las iniciales floridas y las letras entrelazadas. En 1528 publica su famoso tratado *Champ Fleury*, donde intenta analizar la arquitectura de la letra romana desde supuestos matemáticos y filosóficos.

En el siglo XVII, en el que predomina la tutela estatal sobre cualquier tipo de manifestación intelectual y artística, aporta escasas novedades desde el punto de vista tipográfico. Sin embargo, la tradición tipográfica se intensifica y aparecen tipos de letras con excesivos ornamentos, de acuerdo con los gustos barrocos de la época. Durante el siglo XVIII se producen importantes aportaciones en el diseño tipográfico, destacando varios impresores británicos, franceses e italianos.

En Gran Bretaña, Willian Caslon, propietario de una fundición tipográfica en Londres, crea, en 1720, el tipo de letra que lleva su nombre. Se trata de un estilo genuinamente inglés, basado en el romano antiguo (Figura 1.5). John Baskerville, por su parte, diseña en 1754 el tipo *Baskerville* (Figura 1.5), de una notable calidad y elegancia, con el que se inicia la transición de los tipos antiguos a los modernos. También aporta innovaciones tipográficas, como el satinado del papel para facilitar una impresión más nítida y brillante, así como la interlínea o espaciado entre líneas.

Dos familias, los Fournier y los Didot, destacan en el campo de la tipografía durante el siglo XVIII en Francia. Pierre Simon Fournier edita, en 1764, el *Manuel typographique*, que es a la vez catálogo e historia del oficio tipográfico. El catálogo contiene un sistema de medidas a base del *punto* tipográfico y recoge además un variado muestrario de tipos romanos, de escrituras exóticas y de recursos ornamentales. Pierre Didot perfecciona el sistema de Fournier y establece el sistema de medidas tipográfico, hoy todavía vigente en Europa. Fermin Didot diseña, en 1784, un tipo de la serie iniciada por Bodoni, en el cual la relación entre el palo grueso y el fino de la letra se acentúa todavía más, siendo los remates extremadamente rectangulares.

Giambattista Bodoni, director de la Real Imprenta de Parma, destaca, durante el siglo XVIII, en Italia. En 1787 presenta su propia versión de la letra romana moderna, alejada del canon del *Garamond* y más próxima al *Baskerville*, de claro estilo neoclásico (Figura 1.5). Publicó el famoso *Manuale Tipográfico*, que recoge 178 tipos latinos, cursivos y griegos, y en el que rechaza la profusión de orlas y ornamentación en los textos. Defiende el buen gusto en la composición de los textos, la cual debe basarse en la simetría, el clasicismo y la sobriedad.

Durante el siglo XIX se producen importantes avances en la industria de la composición y de la impresión, que contribuirán a la consolidación de la prensa popular. Se fabrican las primeras rotativas, así como las primeras linotipias, las cuales permitirán triplicar el trabajo de los cajistas. Desde el punto de vista tipográfico, hay que destacar las siguientes aportaciones:

- Auge de la litografía, inventada por Senefelder, en Munich, en 1796. Esta técnica permitirá la impresión de los colores con más facilidad.

Figura 1.2. Tipo de prensa que, con algunos perfeccionamientos, se utilizó durante 350 años para la impresión tipográfica.

- Creación de la tipologías finas, negras y supernegras, por lo que respecta al grueso del palo de las letras, así como de la estrecha, o chupada, y de las anchas, por lo que se refiere al ojo de la letra.
- Diseño de las primeras versiones de los caracteres egipcios, letras anchas y negras, con remates rectangulares, y de los primeros tipos de palo seco, sin remates. A estas letras, basadas en la escritura griega, se las denominó antiguas o grotescas.
- William Morris (1834-1896), inglés, diseña tres tipos: *Golden, Tory* y *Chaucer*; el primero de ellos está relacionado con la tipología romana y los otros dos, con la gótica. Morris es uno de los fundadores del *Modern Style*. Crea sus propias normas para la distribución de la mancha impresa sobre la página en blanco y cuida con exigencia y rigor la elección del papel y de las tintas, así como la composición de las obras que salían de su imprenta.

1.2. La computadora en el taller de composición

En 1884, y después de varios ensayos frustrados, el relojero alemán emigrado a Estados Unidos, Ottmar Mergenthaler, logró construir una máquina capaz de componer y fundir líneas en bloques de plomo. Había llegado la linotipia, que permitiría componer cinco líneas por minuto. La primera máquina, denominada *Blower*, se instaló, en julio de 1886, en los talleres del *New York Tribune*. Diez años después, existían varios centenares de linotipias en los talleres de composición de los principales diarios del mundo. A los cien años de aquel invento fenomenal, como fue considerado en su época, las linotipias habían desaparecido de las salas de composición.

La linotipia, que consta de un teclado de 90 teclas correspondientes a las letras mayúsculas, minúsculas y versalitas, así como a los diferentes signos, y un almacén de matrices, distribuidas en otros noventa canales, permite componer líneas de matrices en lugar de tipos sueltos. Una vez formada la línea, justificada y ajustada mediante láminas metálicas, llamadas espaciadores, se inyecta un chorro de plomo fundido en el molde, frente al cual se coloca la línea de matrices. La fusión penetra en los huecos de las matrices que representan letras, signos o espacios, obteniéndose así una línea completa con los tipos de impresión en relieve. Una vez formadas las líneas, las matrices son devueltas por el brazo de distribución a los respectivos canales del almacén (Figura 1.6).

La linotipia no experimenta apenas transformaciones hasta después de la Segunda Guerra Mundial, durante la cual quedó demostrada la eficacia de una nueva tecnología que revolucionaría el mundo: la electrónica. La computadora se aplicó a los sistemas de navegación de los superbombarderos y a los primeros

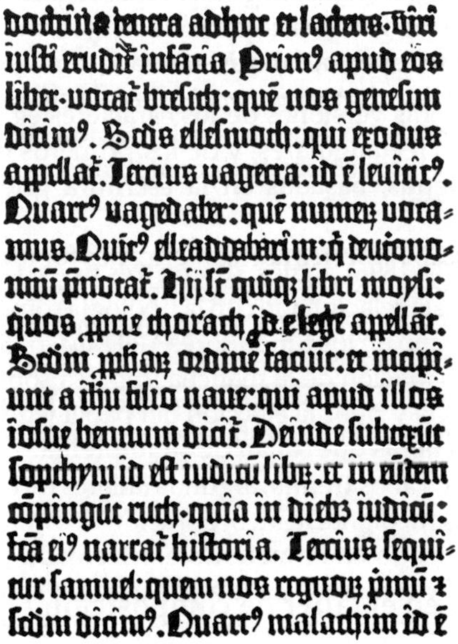
doctrine tenera adhuc et lactens · diri
iusti erudit infantia. Prim⁹ apud eos
liber · vocatur bresith: quē nos genesim
dicim⁹. Scd̄s elle smoth: qui exodus
appellat. Tercius vagecra: id ē leviticꝰ.
Quart⁹ vagedaber: quē numeri voca-
mus. Quint⁹ elleaddabarim: q̄ deutrono-
miū p̄notat. Hij sē quinq; libri moysi:
quos p̄prie thorath id ē legē appellāt.
Scd̄m p̄phetaꝝ ordinē faciūt: et incipi-
unt ab iħu filio naue: qui apud illos
iosue bennum dicit. Deinde subtexūt
sophtim id ē iudicū librū: et in eūdem
cōpingūt ruth · quia in dieb⁹ iudicū:
fcā ei⁹ narrat historia. Tercius sequi-
tur samuel: quem nos regnoꝝ p̄mū et
scd̄m dicim⁹. Quart⁹ malachim id ē

Figura 1.3. Letra gótica. Fragmento de la Biblia Mazarina, impresa en 1456.

Tipo
Garamond

ABCDEFGHIJKLMNOPQRSTUVWXYZ
abcdefghijklmnopqrstuvwxyz
1234567890 æ ø ß Æ Ø &?!$£ (.,;:)

E1	a	E1	a	Ea1
72 pt	**72 pt**	**48 pt**	**48 pt**	

Figura 1.4. Tipo romano antiguo, diseñado por Claude Garamond en 1545.

cohetes teledirigidos. Una vez demostrada su utilidad bélica, la electrónica comenzó a invadir los diversos campos de la actividad social y, entre ellos, el de los medios de comunicación. En este aspecto, cabe destacar la gran labor desarrollada por la *American Newspaper Publisher's Association* (ANPA), la cual, a través de su Instituto de Investigación, comenzó a colaborar, en la década de los años sesenta, con industrias electrónicas en la construcción de computadoras capaces de ser aplicadas a la composición de textos.

Esta inquietud de los editores norteamericanos fue asumida posteriormente por los europeos a través de FIEJ (Fèdération International des Editeurs de Journaux). En 1967, se fusionan FIEJ e INCA (International Newspaper Coleur Association) para crear IFRA (INCA-FIEJ Research Association), institución con sede en la ciudad alemana de Darmstad, la cual organiza periódicamente simposios y congresos con la participación de destacados especialistas.

En la década de los años treinta, algunos talleres de composición de diarios modifican sus linotipias mediante la incorporación de cinta o banda perforada de papel. Este sistema utilizado en la monotipia, inventada por el norteamericano Tolbert Lanston en 1887 y comercializada a partir de 1899, consiste en elaborar, en un teclado perforador, una banda de papel, en la que las letras y signos aparecen representados mediante una combinación de diversas perforaciones. Esta cinta, justificada de acuerdo con el ancho de la columna, pasa después a la fundidora, donde se componen la líneas de letras sueltas. Para su aplicación a la linotipia, se incorpora a ésta un lector de cinta perforada, el cual decodifica las perforaciones y hace caer en el componedor las matrices de forma automática. A este sistema se le llamó composición automática y con él se llegó a producir quince líneas de periódico por minuto.

En la década de los años cincuenta se introdujo el *Teletypesetter System* (TTS), sistema que permitía la composición linotípica a distancia, o telecomposición. En este caso, la cinta perforada era introducida en el lector y posteriormente adaptada a un sistema de transmisión telegráfica. Los impulsos eran recogidos en un decodificador que accionaba la linotipia. Alguna agencia de prensa, como la *Associated Press*, llegó a transmitir sus noticias, a través de teletipo, directamente a las linotipias (telelinotipias) de los periódicos, con lo cual el resultado final era el molde de plomo. Este sistema (Figura 1.7), desde el punto de vista informativo, contribuía a que los periódicos que lo utilizaban publicaran las noticias con los mismos textos, por lo cual pronto fue rechazado.

La necesidad de acortar los tiempos empleados en la composición hizo que, al inicio de la década de los sesenta, se introdujera la computadora para la justificación de los textos. En 1962, *Los Angeles Times* adquirió una computadora *RCA 301*, capaz de convertir una banda perforada no justificaba en una «banda inteligente». El teclista perforador componía lo que se llamaba banda de papel al kilómetro, sin preocuparse de las operaciones de ajuste (medida de columna). Posteriormente, la cinta de papel pasaba a la computadora, que programaba una

ABCDEFGHIJKLMNOPQRSTUVWXYZ
abcdefghijklmnopqrstuvwxyz
1234567890 æ ø ß Æ Ø &?!$£ (.,;:)

El a El a Eal

72 pt 72 pt 48 pt 48 pt 36 pt.

Tipo Caslon

ABCDEFGHIJKLMNOPQRSTUVWXYZ
abcdefghijklmnopqrstuvwxyz
1234567890 æ ø ß Æ Ø &?!$£ (.,;:)

El a El a Eal

72 pt 72 pt 48 pt 48 pt 36 pt.

Tipo New Baskerville

ABCDEFGHIJKLMNOPQRSTUVWXYZ
abcdefghijklmnopqrstuvwxyz
1234567890 æ ø ß Æ Ø &?!$£ (.,;:)

El a El a Eal

72 pt 72 pt 48 pt 48 pt 36 pt.

Tipo Bodoni

Figura 1.5. Tres tipos de letra romana (Caslon, Baskerville y Bodoni), que predominan en la composición tipográfica de los siglos XVIII Y XIX.

nueva cinta con las órdenes relativas a la clase de letras a utilizar y al ancho de la columna. Con este sistema se llegó a componer unas 130 líneas por minuto, lo que correspondía a la capacidad de nueve linotipias automáticas.

En esta línea de perfeccionamientos se enmarcan las computadoras *IBM 360/30*, que reemplazaron al sistema anterior. El nuevo equipo estaba dotado de un terminal de pantalla y de un teclado, desde el cual un especialista podía corregir los textos y dar las órdenes relativas a la composición de los mismos. A esta computadora se le añadiría después una unidad de discos, donde quedarían almacenados los textos, los cuales se podían extraer para producir cinta de papel o textos escritos en hojas, que posteriormente serían fotografiados. Era el inicio del nuevo sistema la fotocomposición.

Mediante la aplicación de procesadores adicionales, el ordenador *IBM* fue utilizado para la captación, por teléfono, de anuncios por palabras transmitidos desde terminales externos. Con ello, algunos periódicos llegaron a aumentar en un 30 por ciento su sistema de tratamiento y composición de anuncios clasificados.

1.3. La fotocomposición

La incorporación de los avances electrónicos al campo de la elaboración de un diario dió como resultado uno de los inventos más revolucionarios para la prensa: la fotocomposición. Llamada también composición en frío, porque elimina el plomo, la fotocomposición es un procedimiento fotográfico, mediante el cual se componen los textos en una película o papel. El sistema de entrada puede ser teclado directo, cinta perforada o magnética, disco magnético y videoterminal (Figura 1.8).

Desde los primeros ensayos para la fabricación de una fotocomponedora hasta las actuales máquinas capaces de fotocomponer miles de líneas por minuto, el camino ha estado jalonado de éxitos espectaculares. Las primeras fotocomponedoras comienzan a ser comercializadas en los años cincuenta. Se trataba de componedoras tipográficas modificadas, como la *Fotosetter*, del norteamericano H.K. Freund, inspirada en la *Intertype*, o la *Monophoto*, de G. Westover, basada en la monotipia. La matriz de la linotipia fue sustituida por una película que contenía el negativo de una letra o signo. En lugar del vertido de plomo sobre la matriz, se proyectaba una fuente luminosa sobre los caracteres en negativo contenidos en una película, a fin de fijar la imagen de la letra en un soporte fotográfico. Las letras y signos eran fotografiados uno a uno. Estas máquinas, de funcionamiento electromagnético, constituyen la primera generación de fotocomponedoras. En 1954, el *St. Petersburg Times*, de Florida, instala la primera *Fotosetter*.

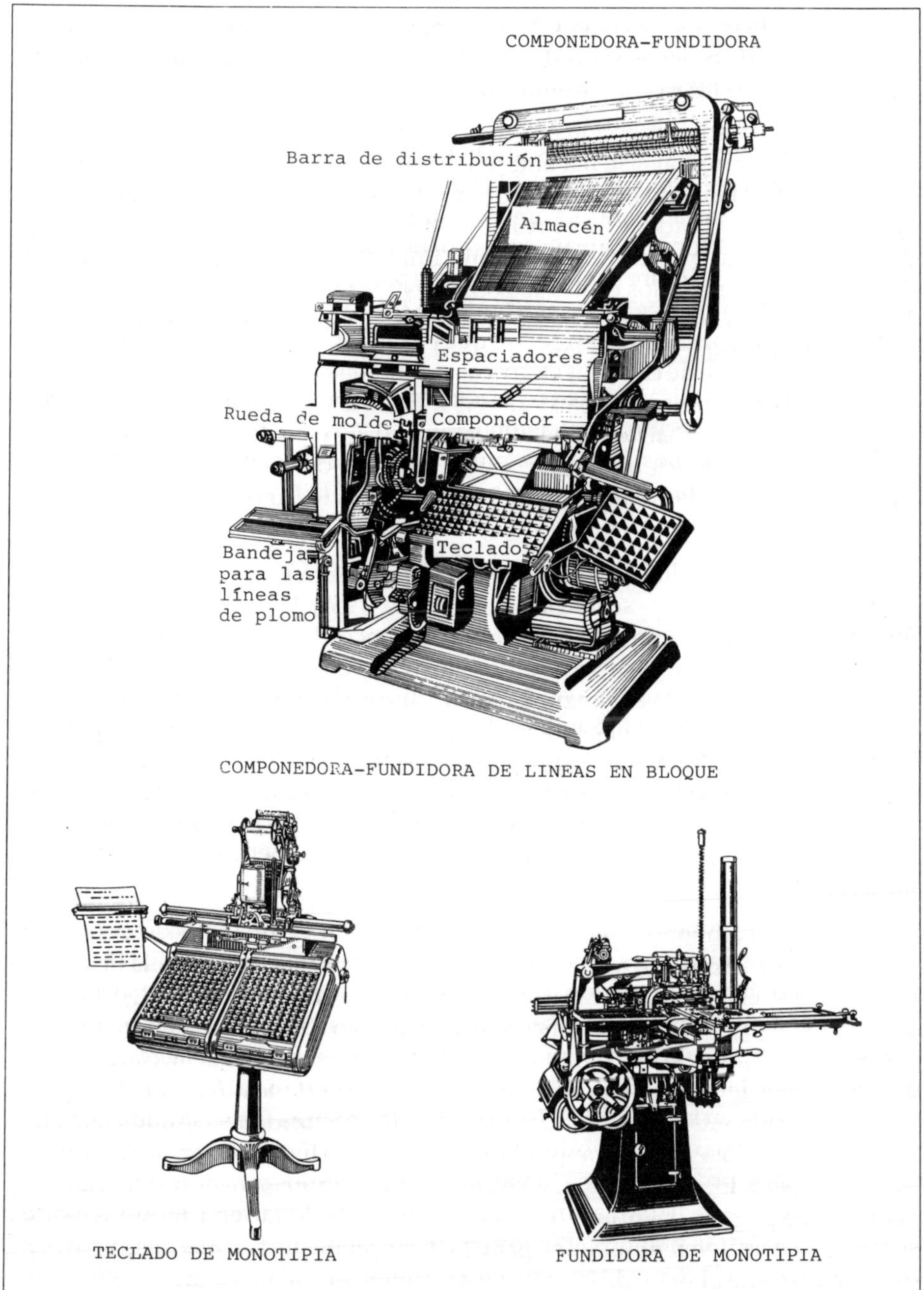

Figura 1.6. Esquema de una linotipia y representación de un teclado y fundidora de monotipia.

Hacia 1944, los ingenieros de telecomunicación franceses René Higonnet y Louis Moyroud comenzaron a desarrollar un dispositivo original que no tenía nada que ver con las máquinas utilizadas tradicionalmente en la imprenta. Sobre un disco de vidrio, que giraba en un movimiento continuo, dispusieron 1.440 caracteres, en grupos de 90 y correspondientes a 16 estilos diferentes. Una lámpara, colocada detrás del disco, iluminaba la letra en el momento preciso en que ésta se situaba frente a la lámpara. La imagen luminosa así formada pasaba por un objetivo a fin de obtener el tamaño (cuerpo) deseado de la letra sobre una película fotográfica. Estas máquinas solían llevar incorporados varios objetivos, con lo cual se conseguían tantos juegos de caracteres, de 16 estilos diferentes, como objetivos instalados, en lugar de los dos o cuatro que permitían las antiguas linotipias. Estas fotocomponedoras, de circuitos eléctricos y denominadas de segunda generación, aparecieron en el mercado a partir de 1954. Entre ellas, se encontraban la *Photon*, la *Lumitype 200* y la *Diatronic*, que utilizaban un film o «póliza» en negativo como soporte para los caracteres de impresión. A partir de 1960, se les aplicó, como sistema de entrada, la cinta perforada, con lo cual se logró componer entre veinte y ciento sesenta líneas por minuto.

Con la fabricación de las máquinas *Digiset*, *Linotron*, *APS 4*, *APS 5*, *Fototronic* y *Linofilm Super Quick*, se inicia, a partir de 1965, la tercera generación de fotocomponedoras, totalmente electrónicas y capaces de fotocomponer una página completa. En estas máquinas, que funcionan con tubos catódicos, los caracteres ya no están materializados en ninguna matriz, sino que están digitalizados, es decir, almacenados en un disco magnético, a base de líneas y curvas, a partir de las cuales se reconstruye, mediante un haz de electrones, el diseño de una letra en un tubo catódico. Como sistema de entrada utilizan un videoterminal, en el que la imagen de cada letra está compuesta mediante puntitos de luz. Un computador señala las particularidades tipográficas del texto. Su producción oscila entre 260 y 22.000 líneas por minuto.

Las fotocomponedoras de la cuarta generación introducen en el proceso de composición un elemento nuevo: el rayo láser. Mediante este sistema, la imagen de una página se elabora utilizando un «barrido» horizontal continuo, algo similar a como se construyen las imágenes en un televisor. En una fotocomponedora *Lasercomp 3000*, que es capaz de fotocomponer una página completa, con sus textos e ilustraciones incluidas, en dos minutos, cada línea de texto es el resultado de «barridos» horizontales sucesivos, realizados a altas velocidades, ya que se efectúan unos 400 «barridos» por centímetro. Se obtiene así una trama extremadamente fina sobre el papel fotográfico que, una vez revelado, proporciona los puntos negros y blancos de la página. Los primeros se obtienen mediante la acción de los rayos láser sobre la película, mientras que, para la formación de los blancos, se desvía electrónicamente el rayo, de forma que no impresione la película.

Una de las características más destacadas de estas máquinas es que sus sistemas de composición y de proceso fotográfico pueden trabajar por separado y

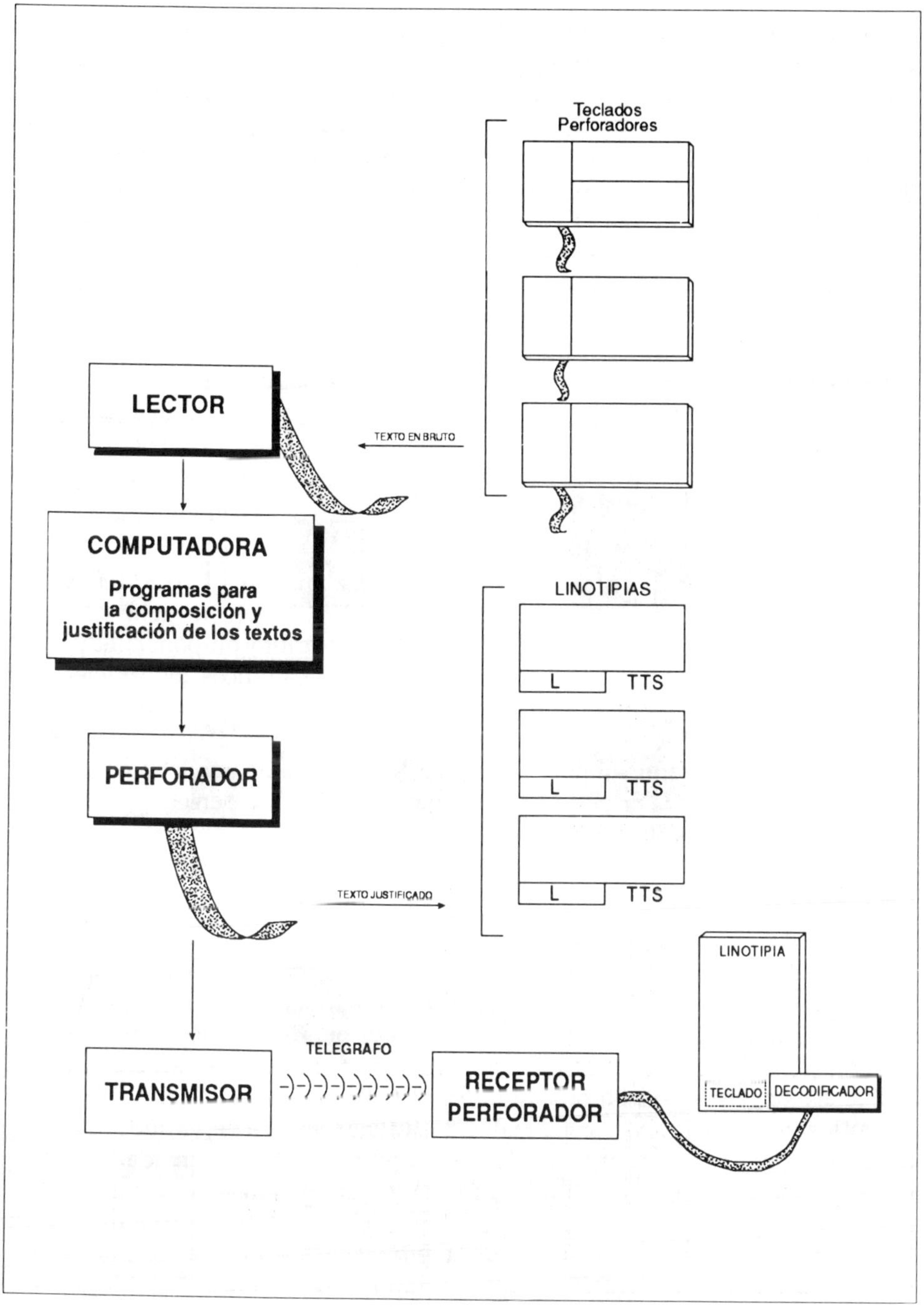

Figura 1.7. Esquema de un sistema de composición automática.

a distancia. Así, un diario puede tener sus sistemas de fotocomposición de página completa en la sede central de la empresa y el equipo de elaboración de la película o de la plancha de impresión en los talleres situados en otro lugar diferente. Por tanto, el rayo láser, por sí mismo, puede servir para impresionar un soporte fotográfico, y tendríamos una fotocomponedora; puede obtener una plancha para la impresión (exposición de planchas), o puede sacar una copia, en papel ordinario, en una impresora.

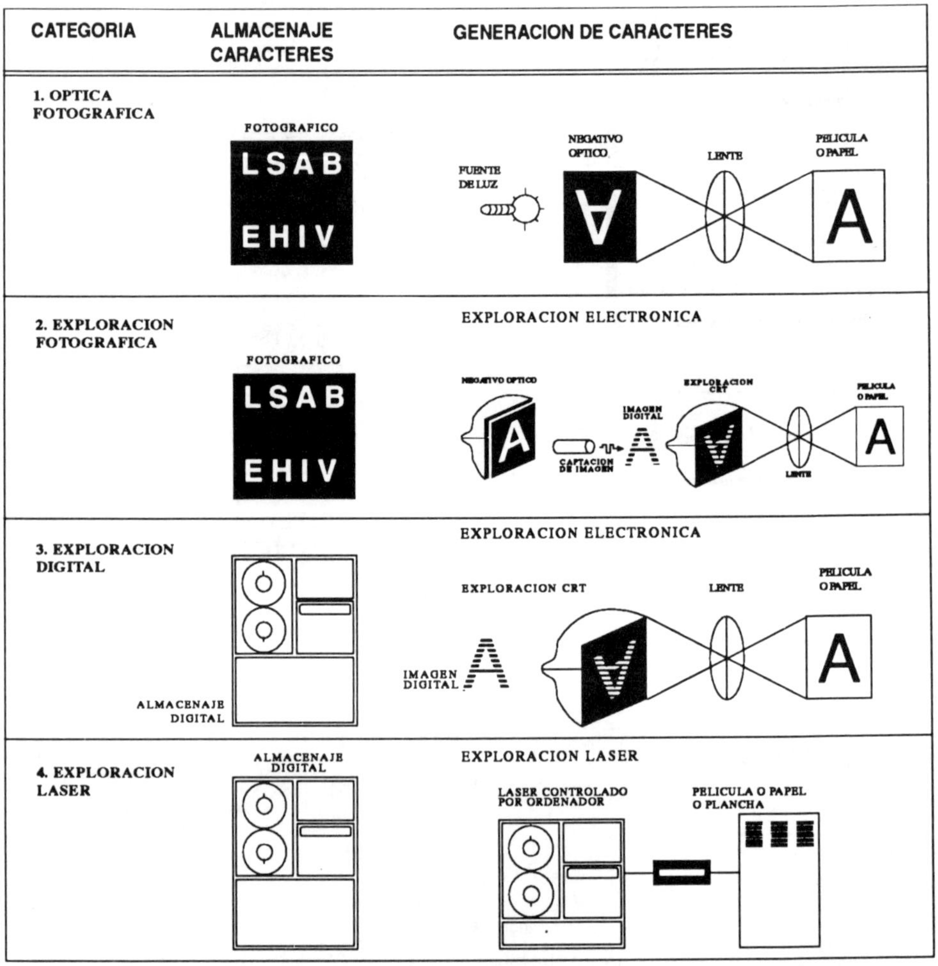

Figura 1.8. Evolución de los sistemas de fotocomposición. Fuente: Marshall, A., Chaning the Word. The printing industry in transition. Elaboración propia.

2

1966-1970. LA IRRESISTIBLE ASCENSION DEL OFFSET

- **Sistemas de impresión**
- **La introducción del polímero**
- **La impresión en offset**

2.1. Sistemas de impresión

Hasta la llegada del offset, la mayoría de los diarios utilizaban para su impresión la tipografía, si bien algunos se imprimían en huecograbado o recurrían a un sistema mixto: el huecograbado para las ilustraciones y la tipografía para los textos. Tanto la tipografía como el huecograbado habían experimentado, hasta la década de los años sesenta, importantes mejoras que afectaban a los mecanismos de impresión.

Impresión en tipografía.- Hacia 1440, Gutenberg encargó a Conrad Saspach, de Estrasburgo, la construcción de una prensa para la impresión, la cual fue explotada comercialmente a partir de 1450. Este tipo de prensa, que no difiere mucho de las que se han venido empleando en un taller tipográfico para la obtención de pruebas o galeradas, fue utilizado durante tres siglos y medio hasta que la fuerza motriz, generada por la máquina de vapor de Watt, pudo ser adaptada a las prensas mecánicas. Más tarde, se lograría curvar el molde, dando lugar así a la invención de impresión cilíndrica o rotativa (Figura 2.1).

La forma se disponía sobre una mesa horizontal de madera, llamada *platina*, la cual sería sustituída más tarde por otra de mármol o metálica; se entintaba después la forma y sobre ella se colocaba el papel. La presión se ejercía mediante un tornillo, el cual accionaba una superficie plana, que presionaba el papel contra la forma. Dado que este plano de presión era de menor dimensión que la forma, la impresión debía realizarse de dos golpes. Hacia 1550 el tornillo de madera fue sustituido por otro de metal y se añadió a la prensa el tímpano, superficie plana de hierro, sobre la cual descansa el papel que ha de imprimirse y un bastidor, que rodea el tímpano, a fin de evitar el contacto del papel con las partes no impresoras de la forma. Tímpano y bastidor estaban sujetos con bisagras. Con estas prensas se podían imprimir entre 200 y 300 hojas por día.

A pesar de las limitaciones que ofrecían estas primitivas prensas, a comienzos del siglo XVI ya se habían impreso en libros todos los conocimientos que en aquella época se tenían de la Antigüedad. De esta forma, la imprenta de Gutenberg contribuía a la vulgarización de los conocimientos e impulsaba el resurgir de las lenguas vernáculas, con lo que el latín dejaba de ser imprescindible. Se abría así el camino de la modernidad, haciendo posible la extensión y universalización de los conocimientos científicos.

Al impresor holandés Guillaume Blaue se atribuye el invento, en 1620, de la cama móvil, donde se colocaba la forma, la cual se deslizaba bajo la platina. Todavía se seguían imprimiendo las hojas de dos golpes, hasta que, hacia 1783, el francés Francisco Ambrosio Didot ideó la construcción de una platina de las mismas dimensiones que la forma. Esto aceleró el sistema de impresión, que sería perfeccionado por Lord Stanhope en 1808, cuando se construyó la prensa a brazo. Esta era accionada por una barra de hierro que hacía girar diversas palancas, logrando imprimir entre 2.000 y 3.000 hojas diarias.

Este sistema de impresión se denomina plano *contra plano* y las máquinas utilizadas reciben el nombre de *minervas*, denominación que proviene de la empresa que comenzó a construirlas en 1862. Pueden ser de presión *horizontal* -a semejanza de las antiguas prensas de vino o de aceite-, donde la plancha de presión baja hasta la forma previamente entintada y cubierta con el papel destinado a la impresión, o *vertical*, cuyo soporte porta-papel entra en contacto con la forma vertical.

En el primer tercio del sigloXIX se van a suceder una serie de perfeccionamientos, entre los que destacan los conseguidos por Friedrich König y Andreas Bauer. En 1811, König patenta la primera prensa de cilindros (el papel era transportado de un cilindro a otro y éste último presionaba sobre la forma plana). En noviembre de 1814, se incorporó el vapor a esta prensa, logrando imprimir 4.000 ejemplares de la edición londinense del *Times*. Dos años después, König inventó la primera prensa de retiración, con lo que se consiguió imprimir una hoja por las dos caras, haciéndola pasar por dos cilindros consecutivos (Figura 2.2).

El sistema de impresión *plano-cilíndrica* comprende una platina horizontal, la cual soporta la forma y está animada de un movimiento de vaivén para el entintado de la misma y de un cilindro porta-papel, el cual ejerce la presión. Las prensas de cilindro pueden ser de dos clases: a) *prensas de blanco*, porque la primera pasada no imprime el papel más que por una sola cara, mientras que la otra queda

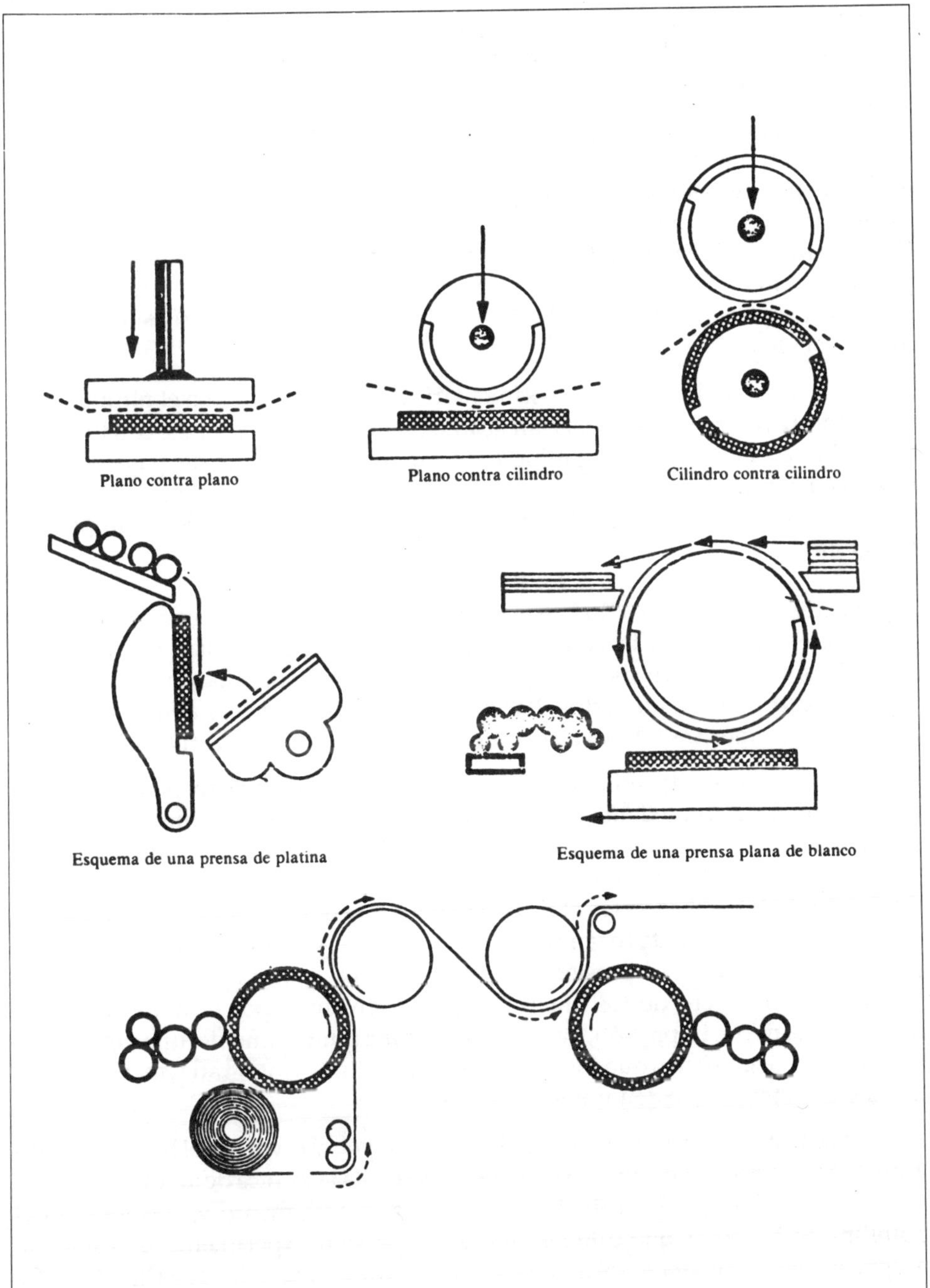

Figura 2.1. Sistemas de impresión tipográfica

en blanco; b) *prensas de retiración* : una sola pasada es suficiente para imprimir a la vez las do caras de la hoja. Entre estas máquinas destaca la *Duplex*, que consta de dos cilindros, dos platinas y dos sistemas de entintado.

Una vez logrado que la presión se ejerciera mediante un cilindro, había que conseguir un movimiento rotativo para la forma, la cual, a su vez, se curvó gracias al cartón de estereotipia, dando origen a la teja. Tras los ensayos de las primeras máquinas rotativas de los norteamericanos R.M. Hoe (1855) y William Bullock (1863) se impuso la rotativa de Marinoni (1868), que podría imprimir en bobinas o papel continuo (Figura 2.3). Con esta rotativa, en la que tanto la forma como el papel son soportados por un cilindro, se llegó a imprimir 12.000 ejemplares de diarios a la hora.

La rotativa tipográfica experimentaría notables mejoras en el último tercio del siglo XIX, entre las que destacan la adición de diversos cuerpos, con lo que se podía lograr la edición de periódicos con mayor número de páginas, y la incorporación de los mecanismos para la impresión en color. Estas mejoras se mantuvieron hasta la llegada del offset, momento en que hace crisis la impresión tipográfica.

Impresión en huecograbado .- En España se han editado, hasta hace tres años, diarios impresos en huecograbado, como *ABC*, *La Vanguardia*, *AS* y, hasta 1987, *YA*. Estos periódicos utilizaban un sistema mixto de impresión: tipografía y huecograbado. La razón estribaba en que estos diarios disponían de rotativas adquiridas en la década de los años sesenta y su sustitución requería una fuerte inversión.

El huecograbado industrial, muy apto para la edición de revistas ilustradas en color, tiene su antecedente en la *talla dulce*, método artesanal, mediante el cual se graba a mano una plancha de cobre con un buril. El grabado también puede efectuarse gracias al «mordido» de un ácido, técnica que es conocida con el nombre de *aguafuerte*. En ambos casos el principio de impresión es idéntico: los huecos o celdillas de la plancha de metal se recubren de tinta, se limpia la superficie de la plancha y, mediante la presión, el papel tomará la tinta de los huecos. El huecograbado difiere de los anteriores procedimientos por el modo cómo se obtiene la forma de impresión, ya que ésta se graba químicamente, una vez que los textos e ilustraciones han quedado copiados en el cilindro fotográficamente. De ahí que a este sistema se le denomine *fotomecánico*.

Los historiadores de las artes gráficas atribuyen el invento del huecograbado al austríaco Karl Kleisch, quien, hacia 1890, desarrolla la técnica de la copia tramada sobre papel carbón, más tarde convertido en papel pigmento y, después, en el autofilm. El hecho es que este sistema de impresión experimenta una notable aceptación en el primer tercio del siglo XX, debido a sus excelentes cualidades para la impresión de las ilustraciones. Revistas como *La Ilustración*, de París, o *Ilustrated London News*, de Londres, así como los diarios *Frankfurter Zeitung* y *The New York Times* se imprimieron durante muchos años en huecograbado. A partir de 1950, la

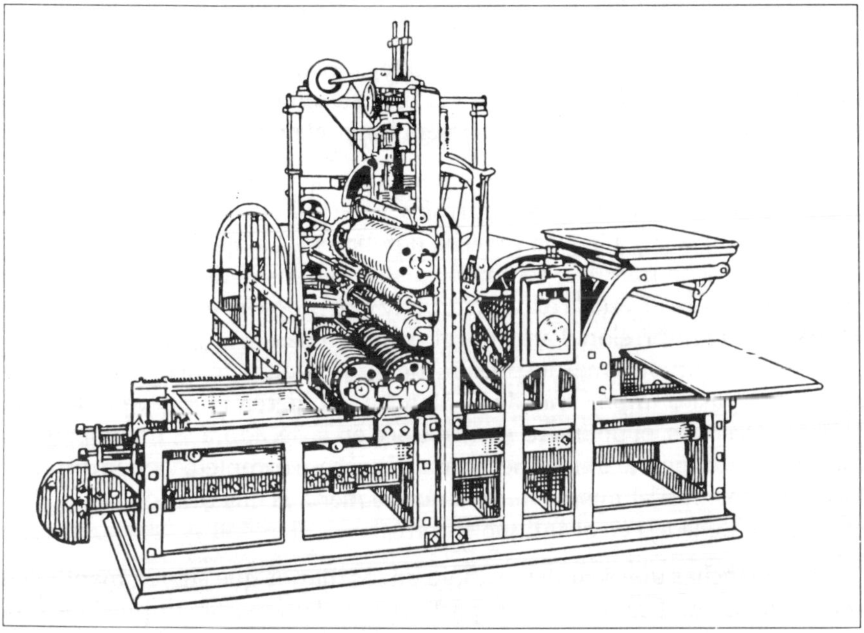

Figura 2.2. Arriba, una reproducción de la primera prensa a vapor fabricada por Köning en 1814 para The Times. Sobre estas líneas, esquema de la primera prensa de cilindro.

casa suiza *Wifag* construyó grandes rotativas para la impresión de huecograbado en color, las cuales estuvieron en uso hasta su sustitución por el offset.

En el caso de la impresión en color y, más concretamente en cuatricomía, es necesario la elaboración de cuatro cilindros, a fin de que el papel pueda tomar las cuatro tintas: amarilla, magenta, azul y negra.

2.2. La introducción del polímero

Al final de la década de los sesenta, los sistemas de fotocomposición habían avanzado notablemente. Son los años en los que la firma *Hell* presenta su fotocomponedora de tubo catódico, la *Digiset*, con capacidad para filmar dos millones de caracteres a la hora. El avance más importante en esta época lo constituye el nacimiento del primer periódico compuesto íntegramente por ordenador. Se trata del *Reading Evening Post* (Reino Unido), el cual, con una tirada de 30.000 ejemplares, utiliza teclados perforadores de cinta, conectados a un ordenador, y tres fotocomponedora *Photon Texmater 713*, movidas también por cinta perforada.

En 1970, hay unos 1.300 ordenadores instalados en el mundo para la fotocomposición de páginas de diarios. Sin embargo, continúan los problemas para la sustitución de las *tejas* de plomo por otras planchas para la impresión tipográfica. Las primeras planchas se fabrican con materiales de plástico que no soportan una impresión superior a los 30.000 ejemplares, lo que hace desconfiar del nuevo sistema a los editores de diarios. Esto se solucionará con la aparición, a finales de 1970, de la plancha fotopolímera *Napp*, elaborada en Estados Unidos.

El sistema *Napp* consta de dos máquinas: la *insoladora* y la *grabadora*. La primera, que funciona con rayos infrarrojos, tiene por objeto la copia o exposición de la película de la página en la plancha o polímero. La operación viene a durar entre cuatro y ocho minutos, según las distintas densidades de los tonos de la película. Una vez realizada la exposición, hay que proceder el revelado y grabado de la plancha de impresión. Para ello, el polímero pasa a la grabadora, máquina que trabaja con un sistema de presión de agua a altas temperaturas. En esta máquina, las partes impresoras de la plancha adquieren el relieve apto para la impresión. Después, el polímero se introduce en la secadora y, finalmente, en el horno, donde adquiere la dureza necesaria. El proceso completo viene a durar unos quince minutos, casi el mismo tiempo que requería la elaboración del *cartón* en estereotipia y de la *teja* en el antiguo sistema.

Las planchas que se utilizan ahora en los diarios que siguen manteniendo la impresión tipográfica tienen un soporte de metal y soportan impresiones superiores al millón de ejemplares de un diario. Ello ha contribuido al mantenimiento de las rotativas tipográficas en los talleres de impresión, si bien los editores de

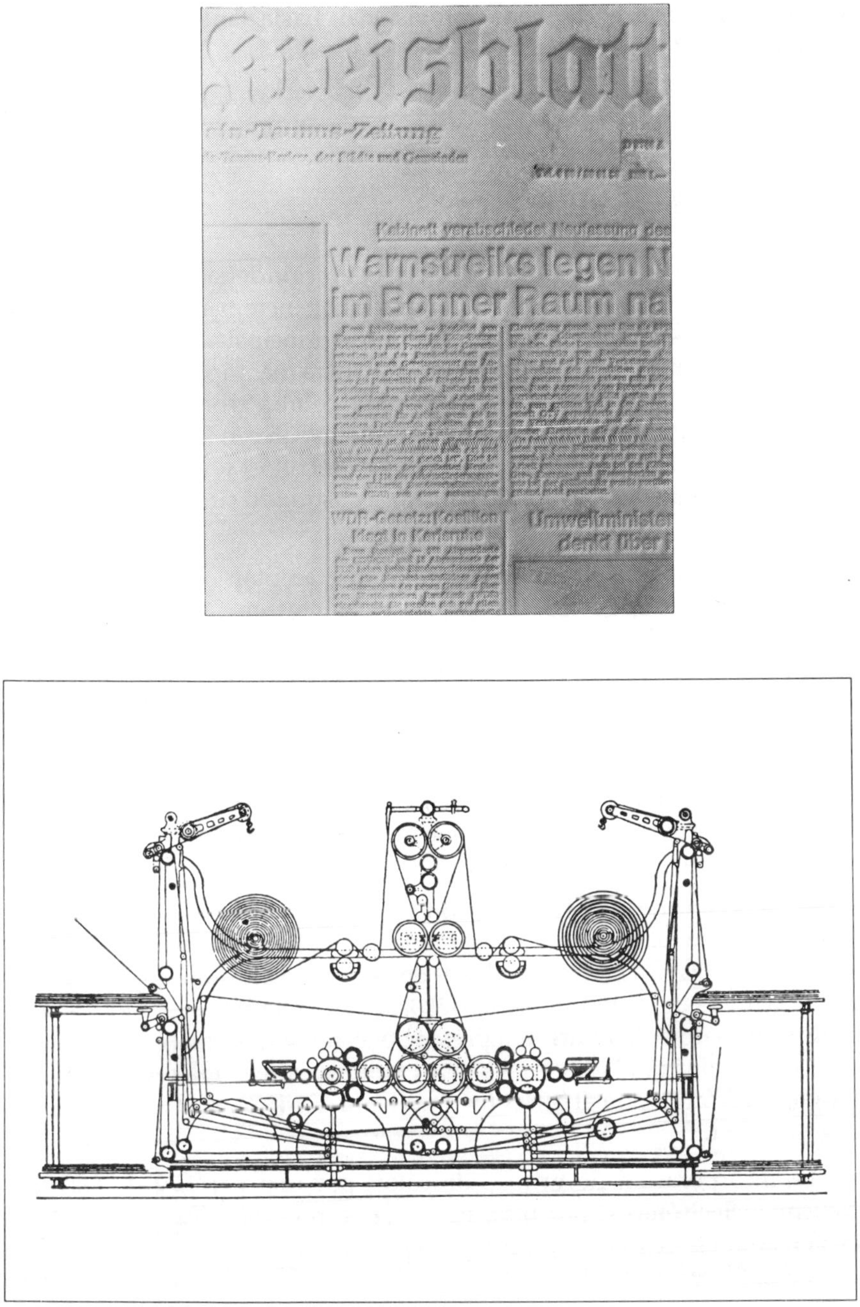

Figura 2.3. Arriba, una reproducción de un cartón de estereotipia.
Sobre estas líneas, esquema de la primera rotativa de Marinoni.

diarios consideran el hecho como provisional, hasta tanto puedan realizar la compra de una rotativa offset.

2.3. La impresión en offset

Entre 1960 y 1965, coincidiendo con la sustitución del sistema de composición tipográfica por las primeras fotocomponedoras, se incrementan los trabajos para el desarrollo de las rotativas offset. El problema principal al que había que hacer frente era hallar una plancha, cuya elaboración fuera más rápida y menos laboriosa que las planchas a la albúmina o bimetálicas (de cobre y cromo), que se utilizaban hasta entonces como soporte para la impresión. Aparecen las primeras planchas presensibilizadas, lo que impulsa la aceptación del offset y, a finales de 1965, más de mil periódicos de todo el mundo habían ya sustituido su sistema de impresión por el offset.

Los periódicos escandinavos son los que aceptan con mayor rapidez el cambio. Así, en 1970, de los 454 diarios existentes en Dinamarca, Finlandia, Noruega y Suecia, 69 se imprimen en offset. Ese mismo año, en Estados Unidos, ochenta de cada cien periódicos se editan en offset. A partir de 1971, la electrónica conquistará rápidamente el sector de la impresión. Los ordenadores van a regular el paso automático del papel por los distintos cuerpos de impresión de la rotativa, así como la distribución y regulación de las tintas y demás operaciones. Las grandes rotativas, algunas de ellas dotadas con 35 grupos de impresión, como es el caso de la *Metro* del *New York Times*, son manejadas desde una consola y precisan de un número muy reducido de operarios.

En la década de los setenta se produce la irresistible ascensión del offset. En 1973, se editan, en Estados Unidos, 868 diarios en offset, 127 más que en 1971. Su tirada total alcanza casi los doce millones de ejemplares, lo que representa el 19 por ciento de la tirada de todos los diarios del país. Seis años después, en 1979, se había doblado el número de los diarios impresos por el nuevo sistema, en concreto, 1.779 periódicos, con una tirada superior a los 61 millones de ejemplares. En Europa, sin embargo, la reconversión al offset fue más lenta. En 1974, sólo se imprimían 270 diarios en offset.

La incorporación de grupos de color, por una parte, y de sofisticados mecanismos electrónicos, por otra, hacen de la rotativa offset la «vedette» de cuantas máquinas de impresión son presentadas en las principales exposiciones monográficas internacionales.

Impresión en offset .- Fue el checo Alois Senefelder, nacido en Praga en 1771, quien descubrió, en 1796, la técnica de la impresión litográfica, cuyas características describe en su libro *Traité de la Lithographie*, publicado en París en 1819. La litografía, antecedente artesanal del offset, se basa en el principio químico básico de que la tinta y el agua se repelen mutuamente. En una plancha litográfica, la imagen retiene la tinta, mientras que el resto de la plancha la repele. Los primeros soportes de impresión eran piedras calizas, extraídas de las canteras de Baviera, sobre las cuales se dibujaba la imagen y posteriormente se grababa con la ayuda de un buril (método manual) o la acción de un ácido (método químico).

El procedimiento litográfico tuvo un gran éxito para la impresión de dibujos, caricaturas y cromolitografías populares, y fue muy utilizado por artistas como Goya, Dégas, Lautrec, Matisse y Picasso. La primera prensa litográfica de platina data de 1850 y en ella se utilizan piedras rectangulares que sobrepasan los 500 kilos de peso. Posteriormente, las piedras litográficas fueron sustituidas por placas de metal, y hacia 1900, ya funcionaba en Estados Unidos la primera rotativa litográfica que imprimía con planchas de aluminio. El paso siguiente sería el advenimiento del offset industrial.

En el verano de 1904, el norteamericano W. Rubel trabajaba en su taller de impresión, cuando se olvidó de poner una hoja de papel en el cilindro de la prensa. La forma dejó entonces sus huellas en el cilindro de caucho y, al colocar sobre él la siguiente hoja, ésta salió perfectamente impresa. Rubel y Hermann construyeron, al año siguiente, en Nueva Jersey una prensa de tres cilindros, a la que denominaron prensa offset, término inglés que significa *reporte*. Se trata de un procedimiento de impresión indirecta, ya que ésta se realizaba mediante un cilindro de caucho (mantilla), el cual toma la tinta aplicada a la plancha y la transfiere a su vez al papel. Por otra parte, la plancha offset se diferencia del polímero o del cilindro de hueco, ya que en ella las partes impresoras y no impresoras están en el mismo plano. Por ello, a este sistema se le denomina *planografía*.

La rápida adaptación del offset como sistema de impresión para los diarios se ha basado en el uso de planchas litográficas de aluminio montadas en rotativas de offset, las cuales pueden combinar de uno a seis colores, al mismo tiempo que ofrecen una gran flexibilidad para el montaje de las páginas. Por otra parte, la posibilidad de utilizar papel relativamente ordinario explica la gran aceptación que este sistema de impresión ofrece a la industria periodística.

3

1971-1975. LA REDACCION ELECTRONICA

- Introducción de las técnicas electrónicas en la redacción
- Sistemas redaccionales
- La confección electrónica

3.1. Introducción de las técnicas electrónicas en la Redacción

En los últimos treinta años hemos asistido a un cambio radical en las técnicas y métodos de trabajo en las empresas periodísticas. Ello se ha debido a la reconversión tecnológica que, en sucesivas fases, ha ido modificando los sistemas tradicionales de elaboración del diario.

La primera fase de esta reconversión tecnológica de la prensa tiene lugar a lo largo de la década de los sesenta y se caracteriza, fundamentalmente, por la introducción de los primeros sistemas de fotocomposición en los talleres del periódico, así como en las primeras rotativas offset para la impresión. Esta primera fase apenas afecta a la Redacción, cuyos integrantes siguen elaborando sus textos en máquinas de escribir convencionales, cuando no redactan sus informaciones en máquinas eléctricas IBM para después ser reescritas por los operarios del taller en máquinas idénticas.

La aparición de los sistemas de fotocomposición fue bien acogida, desde el principio, por los editores de periódicos. Suponía eliminar gran parte de las máquinas del viejo taller tipográfico, así como reducir, en buen número, la plantilla de trabajadores. En la década de los sesenta, algunas empresas periodísticas de Norteamérica y de Europa tenían plantillas de 3.000 y de 4.000 trabajadores, por lo cual del 75 al 85 por ciento de los costes de producción se debía al personal, según afirma Dietrich Ratzke en su libro *Manual de los nuevos medios*.

La separación entre Redacción y Talleres era un mal endémico en el viejo sistema de producción en plomo. Sin embargo, los textos escritos por los redactores requerían, para su composición e impresión, la colaboración de siete u ocho especialistas en el taller: distribuidor, cajista, linotipista, pruebero, corrector, estereotipista, manipulador de planchas, impresor, etc. (Figura 3.1)

Ante la amenaza que suponía la nueva tecnología para el mantenimiento del puesto de trabajo, los grandes sindicatos de tipógrafos recurrieron a la huelga. En 1962, la *International Typographical Union* (ITU) convocó una huelga en Nueva York que paralizó todas las publicaciones periodísticas durante 114 días. Después de la huelga, los periódicos más débiles dejaron de editarse. El *New York Mirror*, con una tirada de 800.000 ejemplares diarios, desapareció en 1963. Más de 1.400 empleados quedaron en la calle. Cuatro años después, en 1966, una nueva huelga dejaba a Nueva York sin periódicos durante 140 días, lo que motivó la desaparición de varios diarios. En 1970, los obreros retrasaron la reconversión tecnológica del *Washington Post*, lo mismo que ocurría, años después, con el *New York Times*.

En Gran Bretaña, el rechazo a la nueva tecnología se inició en 1978, cuando los trabajadores afiliados a la *National Graphical Association* convocaron una huelga que paralizó la edición del *Times* londinense durante un año. En este caso, el periódico llegó a perder 155 millones de ejemplares. En 1980 desaparece, en Londres, el *Evening News*, dejando a una de las ciudades más grandes del mundo con un sólo diario vespertino, el *Evening Standar*. Todavía, en 1987, los 2.500 tipógrafos de *The Times* mantenían un enfrentamiento radical con el nuevo editor, el magnate Rupert Murdoch, quien decidió trasladar sus periódicos desde la famosa Fleet Street, de Londres, hasta la planta de Wapping, y adoptar sistemas redaccionales para la elaboración de los mismos. El ejemplo de Murdoch sería seguido por otros editores, como Robert Maxwell y Lord Rothermore.

Los editores vieron en el ordenador el arma más eficaz para quebrar el poder sindical y, más concretamente, el poder de los linotipistas. Los sindicatos y los comités de empresa, como ocurría generalmente en España, estaban dominados por los representantes de los trabajadores de talleres. De una mano de obra de 30.000 operarios en 1984, más de 13.000 fueron despedidos en tres años en Gran Bretaña. De ellos, cinco mil correspondían a los diarios de Murdoch. Por otra parte, las huelgas sufridas por los periódicos norteamericanos animó a varios editores a sacar a la calle nuevas cabeceras. Así ocurrió, en 1982, con *USA Today*, de la cadena Gannet, que es hoy uno de los diarios con mayor tirada del mundo.

3.2. Sistemas redaccionales

Entre 1971 y 1975, la mayoría de los editores de diarios estaban convencidos de la necesidad de renovar el viejo procedimiento tipográfico de composición por

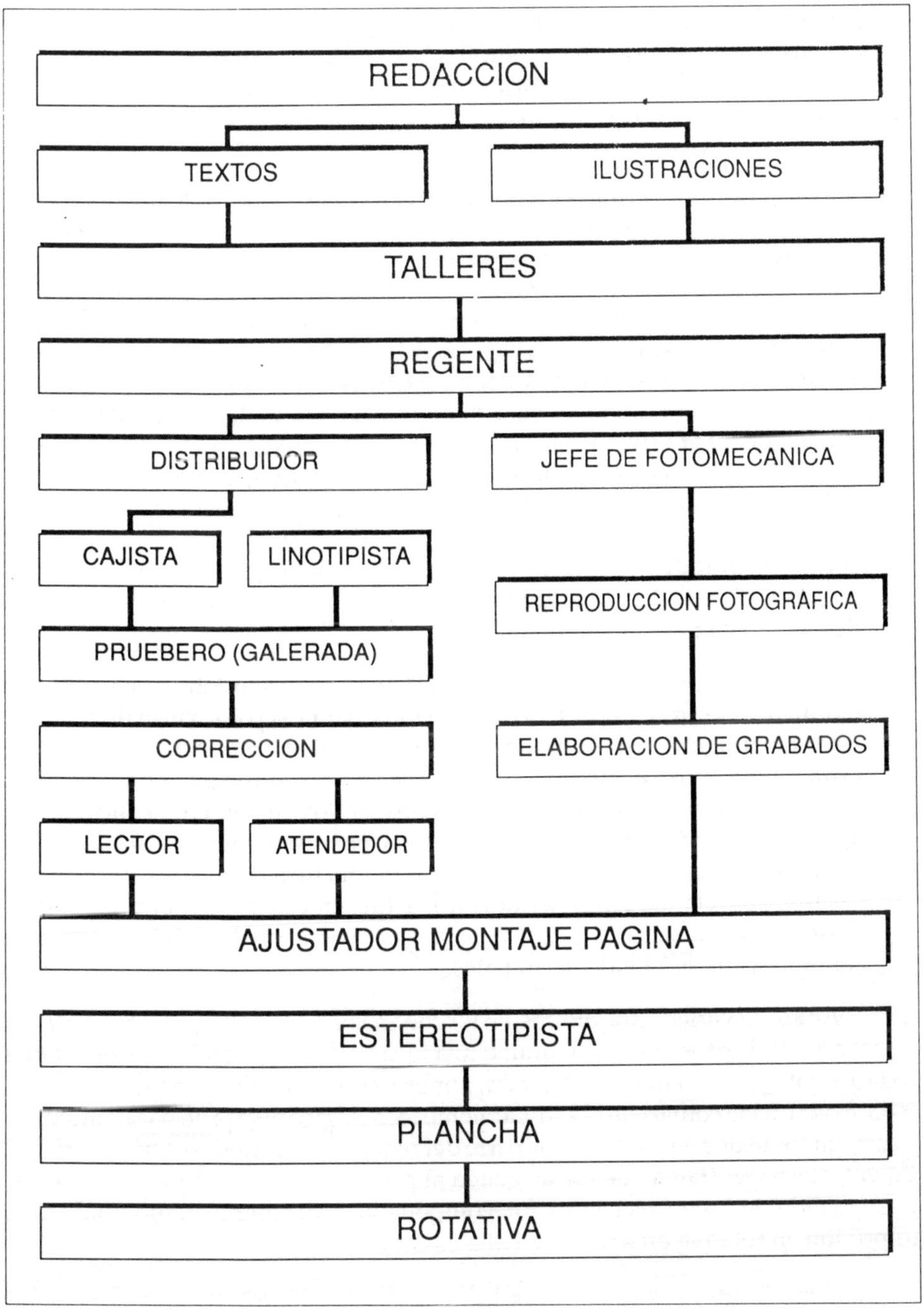

Figura 3.1. Proceso de producción tipográfica de un diario.

un nuevo sistema de fotocomposición. Dudaban, sin embargo, sobre la elección de un sistema concreto, dado que existía en el mercado una amplia y variada oferta de equipos tecnológicos. Por otra parte, las investigaciones en materia de composición de textos, se orientaban, por aquellos años, en tres direcciones:

1ª.- Mejora de la composición tipográfica automática. La poderosa firma *Linotype* se dedicaba a perfeccionar los sistemas de composición automática en plomo, mediante la incorporación de ordenadores *IBM 1130*, los cuales programaban y justificaban las cintas perforadas.

2ª.- Lectores ópticos de caracteres. En 1971 aparecen los lectores ópticos de caracteres *(OCR= Optical Character Reader)*, capaces de convertir en una versión electrónica los textos elaborados en máquina de escribir (Figura 3.2). Los textos quedan almacenados en la memoria del ordenador, de donde eran extraídos mediante cinta perforada o un videoterminal. Estos lectores ópticos podían leer unos 800 caracteres por minuto. En 1974, se introducen en las redacciones de los periódicos las máquinas eléctricas de escribir *IBM*, con una bola especial que permite elaborar textos de diversos tamaños y estilos. Estos textos son introducidos en el ordenador con el auxilio de los lectores ópticos. Algunos diarios llega a adquirir hasta cien máquinas eléctricas que, años después, debían ser abandonadas.

3ª.- Los videoterminales. En 1973, la firma *Harris Corporation* fabrica los primeros terminales electrónicos, dotados de teclado y pantalla para la visualización de los textos (Figura 3.3). Se trataba del VDT o videoterminal que ya, desde el primer momento, se adivinó como un sistema de «principio a fin», es decir, apto para la composición y tratamiento de los textos en Redacción. La aparición del videoterminal dejó confusos a los editores que habían adquirido los lectores ópticos. En 1975 existían unas treinta firmas que ofrecían sistemas electrónicos a la industria periodística. Y fue, en este mismo año, cuando el *Detroit News* instaló la primera sala electrónica de Redacción, con una configuración de 72 videoterminales.

Ante esta variedad de ofertas, en los congresos celebrados por *ANPA* e *IFRA* a partir de 1974 se fue abriendo camino una idea bastante generalizada: el sistema redaccional. ¿Qué se entendía entonces por este concepto? En esencia, un sistema redaccional debía contar con el equipamiento tecnológico necesario para componer y corregir los textos en pantalla por parte del redactor, tratarlos posteriormente en un videoterminal (tarea que fue asignada al principio a trabajadores especializados) y salida de los textos en una fotocomponedora. El complemento final era la impresión en rotativa offset.

Estas posibilidades se encontraban, ya en 1975, en los equipos producidos por varias firmas con arraigo internacional, como *IBM*, *Intertype Corporation*, *Harris*, *Atex*, etc. El corazón de estos nuevos sistemas era un potente ordenador, al que se

Figura 3.2. Lector óptico de caracteres.

Figura 3.3. Modelo de uno de los primeros videoterminales instalados en las redacciones de los diarios.

conectaban los equipos de entrada de información, es decir, los videoterminales, y los de salida: fotocomponedora e impresora. Estos sistemas permitían un flujo continuo de la información, la cual era susceptible de ser archivada en diversos estados, según el tratamiento que se le diera en cada fase del proceso de composición.

El sistema redaccional vino a revolucionar los métodos tradicionales de trabajo que habían perdurado en las redacciones de un diario. El redactor abandonaba la máquina de escribir por un instrumento electrónico, el videoterminal, el cual le permitía componer su información y verla reflejada en la pantalla. Posteriormente podía corregirla, aumentarla, reducirla y transmitirla a la página correspondiente, de donde sería extraída para darle la configuración precisa en la maqueta electrónica.

Una de las consecuencias principales de esta segunda fase de la reconversión tecnológica sería el cambio de método de trabajo en la Redacción. Por primera vez, el redactor se veía obligado a componer sus informaciones de acuerdo con unas indicaciones previas, referentes al número de líneas que debía dar a su información, así como a la creación de unos titulares ajustados al número de columnas que ocuparía la noticia. De este modo, el redactor comenzó a ser disciplinado, respetando las normas que provenían del departamento de diagramación. Esta «tiranía» se compensaba, sin embargo, por una mayor participación y responsabilidad del redactor en todo el proceso de elaboración de su información. De ser un sujeto pasivo tecnológicamente, el redactor se convertía en un elemento activo del proceso de producción del diario, componiendo y ajustando sus originales en la página electrónica.

3.3. La confección electrónica

Quizás ninguna otra expresión como la francesa «mise en page» resuma con más propiedad la finalidad última de un sistema redaccional: la salida de la página completa de la fotocomponedora. La posibilidad de la confección electrónica de una página completa del diario, con exclusión de las ilustraciones, fue una realidad desde que, en 1976, la firma *Mergenthaler Linotype* lanzó al mercado su fotocomponedora *Linottron 606*. Años después, las firmas *Linotype*, *Itek*, *Raytheon* y *Harris Corporation* fabricarán potentes fotocomponedoras con capacidad para fotocomponer una página, con sus ilustraciones incluidas, en dos minutos.

Durante los años 1971 a 1975, las operaciones de ajuste y montaje de la pagina se hacían manualmente en la mayoría de los periódicos. En el viejo taller tipográfico, este trabajo estaba reservado a los montadores o ajustadores, quienes, siguiendo las órdenes señaladas por el confeccionador en la maqueta, iban distribuyendo en la forma los paquetes de plomo hasta dejar ajustada la página. Al desaparecer la composición tipográfica, el ajustador abandona las pinzas y las

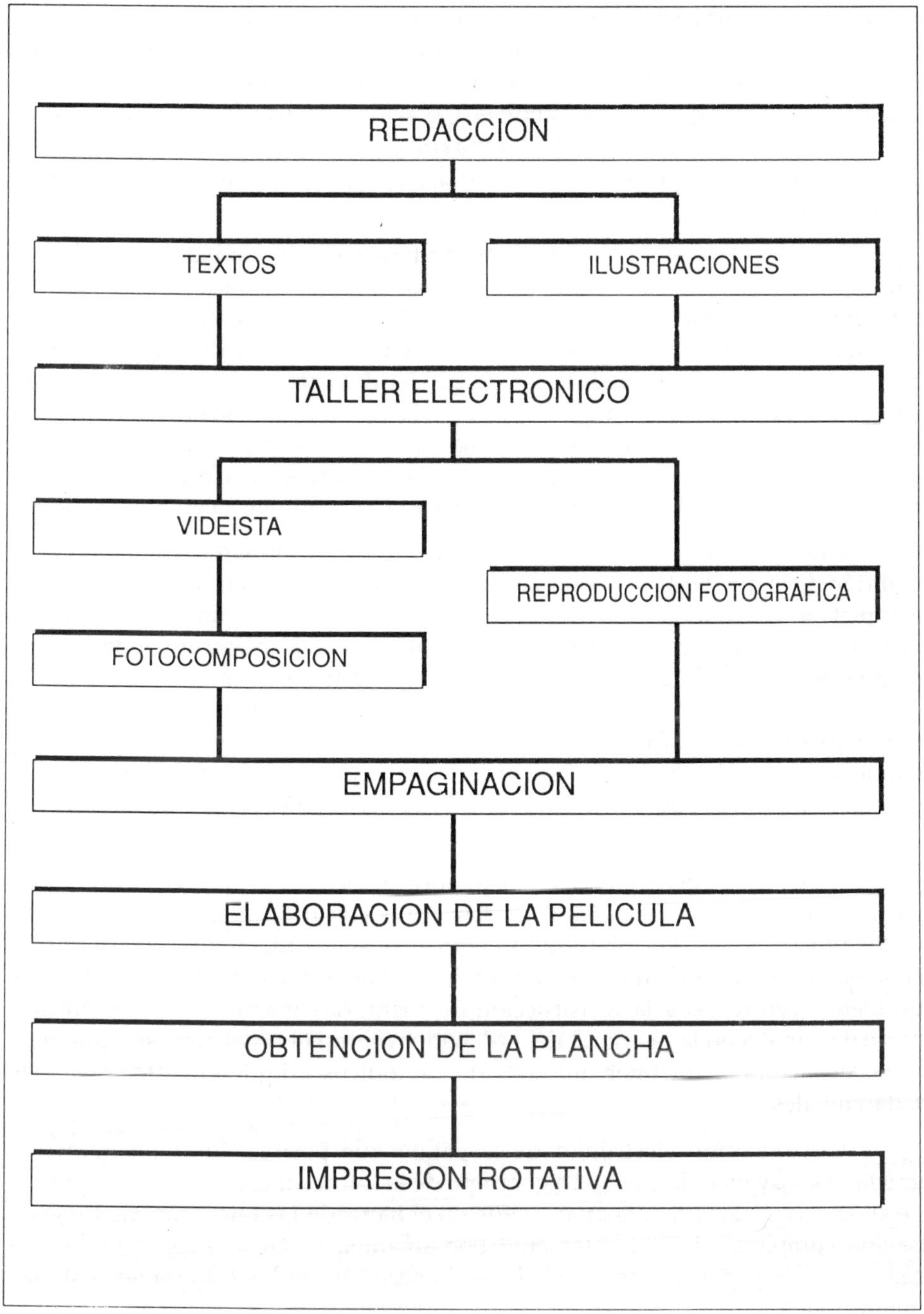

Figura 3.4. Producción de un diario con un sistema redaccional centralizado.

tenazas, con las que cortaba las líneas de plomo, por unas tijeras normales y un bote de pegamento. Con estos materiales cortaba las tiras de papel fotográfico que salían de las primitivas fotocomponedoras y las iba «empastando» en la página. Esta fue la razón de que, durante años, la operación de ajuste de la página recibiera el nombre de «empastado», ya que las tiras de papel se pegaban sobre un soporte, del cual saldría después la película que daría lugar a la plancha de impresión (Figura 3.4).

La mayor parte de las fotocomponedoras adquiridas por los periódicos entre 1971 y 1975 sólo servían para fotocomponer informaciones sueltas. Una vez elaborada la información de una página en Redacción, el confeccionador diseñaba la maqueta, con las indicaciones tipográficas referentes a la medida de los textos y titulares, así como a los tipos de letras y lugar que debían ocupar cada información. Un especialista en tratamiento de textos, con la ayuda de un videoterminal, ponía los códigos necesarios a cada información. Estos códigos, serían leídos e interpretados por la computadora, la cual daba las órdenes a la fotocomponedora. El producto final era la salida de la información fotocompuesta en tiras de papel.

Estos primeros sistemas de fotocomposición, sin embargo, contenían ya el embrión de lo que llegaría a ser, más tarde, la confección electrónica de la página completa. Ello requería el auxilio de pantallas de representación gráfica, a través de las cuales se pudieran visualizar las diferentes informaciones contenidas en una página. Se trataba de una especie de maqueta electrónica, en la cual, mediante códigos adecuados, el operador iba distribuyendo las informaciones hasta lograr el ajuste de la página. Desde 1976 hasta 1980, estos sistemas se fueron perfeccionando mediante la incorporación al ordenador de programas informatizados con diversos diseños de páginas, lo cual contribuyó a acortar el tiempo de tratamiento de la página en el taller de fotocomposición.

Desde 1980, los esfuerzos de los fabricantes de sistemas se encaminaron hacia la construcción de potentes ordenadores con capacidad para almacenar textos e ilustraciones, de forma que pudieran ser después integrados conjuntamente en la página a través de un videoterminal. Aunque hubo que solucionar muchos problemas, entre ellos la construcción de memorias masivas -una ilustración normal ocupaba en la memoria del ordenador central el lugar correspondiente a 250.000 palabras-, un buen número de periódicos adquieren estos sistemas redaccionales.

La confección electrónica de la página fue posible, fundamentalmente gracias a los avances logrados en el campo de la fotocomposición. Desde el inicio de la década de los ochenta aparecieron en el mercado las fotocomponedoras de página completa, si bien solamente podían integrar en la página los textos redaccionales y publicitarios. Faltaba la integración de las fotografías y de las ilustraciones.

Estas fotocomponedoras, conocidas como de la tercera generación, ya que funcionan por tubos de rayos catódicos, se limitan a proporcionar la confección de una página en papel fotográfico, cuyos elementos informativos han sido previamente tratados en videoterminales y en una pantalla de representación gráfica. Posteriormente, aparecieron las fotocomponedoras de rayos láser, cuyo producto final es una página acabada de textos e imágenes. A estas fotocomponedoras se añaden ahora los últimos adelantos en el tratamiento electrónico de las ilustraciones en color y la sustitución del papel fotográfico por la obtención directa de la película en una filmadora, con lo cual se eliminan los trabajos de reproducción fotomecánica.

La tercera fase de la reconversión tecnológica se inicia, a finales de la década de los ochenta, con la sustitución de los sistemas electrónicos centralizados por los ordenadores personales. De esta fase que ha afectado profundamente a todo el sistema de edición del diario nos ocuparemos en temas posteriores.

4

1976-1980. LA TRANSMISION DEL PERIODICO A DISTANCIA

- **Prensa y telecomunicaciones**
- **La transmisión del periódico por facsimil**
- **La impresión multilocacional**

4.1. Prensa y telecomunicaciones

El profesional de la información periodística se ha valido, desde siempre, de los medios de transmisión a distancia, como el telégrafo, el teléfono, la radiocomunicación y la televisión, para difundir la información. En la década de los años setenta, la tecnología informática revolucionará los servicios tradicionales de comunicación, al mismo tiempo que comienzan a utilizarse nuevos soportes tecnológicos, como los cables de fibra óptica y los satélites INTELSAT IV, con capacidad para transmitir miles de conversaciones telefónicas simultáneas y otros servicios, como canales de televisión y transmisión de datos. Estas innovaciones tecnológicas darán lugar a la consolidación de un nuevo término, *telecomunicación*, entendiéndose por tal todo proceso de transmisión, emisión o recepción a distancia de signos, señales, imágenes, sonidos e informaciones de cualquier naturaleza, a través de conductores electrónicos, medios ópticos y ondas electromagnéticas, las cuales utilizan un sistema electrónico. La telecomunicación, pues, permite disponer de informaciones soportadas electromagnéticamente, de una forma prácticamente instantánea e independiente de la distancia a la que se encuentra la fuente que origina la información.

El telégrafo eléctrico sería el primer sistema de comunicación a distancia utilizado para el envío de mensajes informativos. Inventado en 1836 por el norteamericano Samuel Morse y perfeccionado años más tarde, por el francés

Emile Baudot, el telégrafo de puntos y rayas llegaba a Europa hacia 1850 y sería utilizado por las agencias informativas *Reuter* y *Havas* para sustituir a las palomas mensajeras en la transmisión de las noticias a sus abonados.

En la técnica telegráfica se basan tres instrumentos o aparatos que vienen prestando, desde hace años, un gran servicio a los periódicos para la captación de las noticias: el teleimpresor, el télex y el teletipo.

En 1887, el físico inglés Charles Wheatstone desarrolla un mecanismo para la automatización de la transmisión de mensajes telegráficos. El mensaje se grababa primero en una cinta de papel por medio de un sistema de cinco perforaciones para cada carácter (código Baudot). Dicha cinta alimentaba a un transmisor, que emitía un código a la línea telegráfica. A estos terminales se les llamó *teleimpresores*. Estos aparatos trabajan en forma *semiduplex*, que permite la transmisión en ambos sentidos, pero no al mismo tiempo.

Una versión más moderna del *teleimpresor*, si bien fue inventado en 1897 por Frederick George Creed, empleado del periódico *Glasgow Herald*, es el *teletipo*, aparato telegráfico que consta de dos unidades, una emisora (*teletipo emisor*) y otra receptora (*teletipo receptor*). Para transmitir la información, se teclea primero el texto en el teletipo emisor, el cual es recibido inmediatamente en el teletipo receptor a través de impulsos electromagnéticos por cable o por radio. El texto aparece impreso en papel o en cinta perforada. Aunque el teletipo puede ser mixto -transmisor/receptor-, en los periódicos suele utilizarse sólo como receptor. Por extensión, se denominan también *teletipos* a las informaciones escritas en papel y que han sido transmitidas por las agencias a través de estos aparatos. En los últimos años, la mejora en las transmisiones tipo telegráfico ha permitido acelerar la transmisión de los teletipos, que han pasado de 60 a más de 300 palabras por minuto.

El *télex* es un aparato que sirve para transmitir, por cable o por radio, información a distancia, la cual es recibida simultáneamente en forma escrita en otro receptor. La palabra *télex* proviene de los vocablos ingleses *teleprinter exchage*, que significa conmutación en la impresión. Esta técnica se basa en el mismo principio que la telefonía, ya que posibilita la comunicación directa y bidireccional entre los usuarios en una red, con la diferencia de que, en lugar de transmitir la palabra hablada, se transmite la palabra escrita. Los aparatos de télex son siempre emisores-receptores, mientras que los teletipos, como ya hemos indicado, suelen ser sólo emisores o receptores.

El servicio telex, que en la actualidad cubre el mundo entero, comenzó a funcionar en 1932, en la Oficina Central de Correos de Londres. En 1933 se inauguró en Alemania. En 1934, en Suiza. El primer servicio de telex internacional se inaugura en 1934, con la conexión Berlín-Zurich.

En la actualidad, el telex se sigue utilizando en los diarios para la recepción de noticias de sus corresponsales, si bien, en el ámbito de las empresas e instituciones, este servicio está siendo sustituido por el *fax*.

La telefonía, en cuanto sistema de telecomunicación que permite la transmisión de la palabra entre dos puntos situados a distancia por medio de ondas eléctricas o electromagnéticas, ha tenido y tiene una gran utilidad en las empresas periodísticas. Inventado por el norteamericano Alexander Graham Bell en 1886, el teléfono era utilizado al año siguiente por los corresponsales del *Boston Globe* para enviar sus crónicas. En la técnica telefónica tiene su fundamento el *telefax*, aparato que sirve para la transmisión de fotografías desde las agencias a los periódicos.

El perfeccionamiento técnico de las redes telefónicas terrestres hizo posible que fueran utilizados, en los primeros años de la década de los sesenta, para la transmisión de fotografías en color. El grupo *Argus Newspaper*, de Africa del Sur, fue el primero en utilizar, en 1963, la red telefónica para la impresión en color de una fotografía transmitida desde 1.600 kilómetros de distancia. Al año siguiente, el grupo editorial alemán *Axel Springer* y el periódico *Miami Herald* se asocian para transmitir una foto en color del combate entre Cassius Clay y Johnny Liston. El *Miami Herald* elaboró los negativos y, dos horas y media después de la transmisión, la fotografía estaba lista para su impresión.

Los juegos olímpicos de 1968, celebrados en Méjico, constituyeron la mejor oportunidad para lograr el perfeccionamiento de la transmisión de fotografías en color, con lo cual las páginas de algunos diarios alcanzaron una nueva dimensión informativa. Mediante un escaner *Crosfield* se realizaba la selección de los cuatro colores en veinticinco minutos y los positivos eran transmitidos por teléfono, en una hora, desde las agencias hasta los diarios a través del emisor *Muirhead* (Figura 4.1)

4.2. La transmisión del periódico por facsimil

La introducción de las técnicas de transmisión de datos, basadas en sistemas de naturaleza digital, así como el desarrollo de los terminales electrónicos contribuirían, en la década de los sesenta, a un mayor incremento de nuevos servicios de telecomunicación. Estos servicios, basados en el sistema telefónico, van a permitir transmitir textos e imágenes con mayor rapidez y flexibilidad. Entre estos nuevos sistemas de transmisión destaca el *telefacsímil*, (Figura 4.2)que tendría una gran aceptación en la empresa periodística. En 1963, el periódico japonés *Asahi Shimbun* inició la experiencia de transmisión por facsimil de páginas entre Tokio y la ciudad de Hokkaido.

Se denomina telefacsímil al proceso de transmisión eléctrica de imágenes estáticas, como fotografías, mapas, dibujos, planos, documentos, mensajes manuscritos o impresos. Mediante este sistema es posible obtener una reproducción exacta, a distancia y en breve tiempo, de un documento original e incluso de una página del diario.

El principio de la transmisión de imágenes a distancia se basa en la utilización de emisores fotoelectrónicos, dispositivos que tienen la propiedad de transmitir en variaciones eléctricas los cambios de iluminación a los que se ven expuestos. Para ello, se ilumina punto por punto cualquier imagen y se sitúa, frente al reflejo de iluminación resultante, un dispositivo fotoelectrónico, el cual convierte la imagen puntual en una señal eléctrica, que puede ser transmitida por los medios convencionales de telecomunicación. En el extremo receptor se utiliza un sistema que permite la conversión en sentido opuesto, reconstruyendo la imagen a partir de la señal eléctrica.

La transmisión por facsimil de páginas enteras de un diario, mediante el auxilio del cable telefónico, comienza a consolidarse a partir de 1966, tras el lanzamiento por la firma británica *Muirhead* de su transmisor K170. Ese año, el diario *Daily and Sunday Mirror* es transmitido íntegramente desde la ciudad de Manchester hasta Londonberry, en Irlanda del Norte.

En octubre de 1967, se realiza, por primera vez y con carácter experimental, la transmisión por satélite de una página de un diario entre Londres y San Juan de Puerto Rico. A través del satélite *Early Bird*, la primera página del *Daily Express* fue trasmitida, en catorce minutos, hasta el periódico *El Mundo*, de San Juan.

Entre 1971 y 1975, se perfecciona la técnica del facsimil y se logran importantes avances en los soportes de telecomunicación, con el desarrollo de los cables coaxiales y los satélites artificiales. Ello animó al grupo norteamericano *Dow Jones* a iniciar, en 1974, la construcción en Orlando (Florida) de una estación terrena para transmitir, vía satélite Intelsat IV, las páginas del *Wall Street Journal* hasta varias imprentas satélites, distribuidas por todo el país. Más tarde, el sistema sería adoptado por el *Washington Post* y, en 1978, por el *New York Times*, con la inauguración de una planta satélite de impresión en Carlstad (New Jersey), hasta donde son transmitidos por facsimil los negativos de las páginas desde Nueva York.

En 1978, tuvo lugar, por primera vez en la Historia, la transmisión de una página en color, vía satélite, de un continente a otro. El 7 de junio de ese año, y con motivo del acto de hermandad entre las ciudades de San Luis (USA) y Lyon (Francia) aparece una misma página bilingüe -en inglés y en francés- y en cuatricomía en el St. *Louis Globe Democrat* y en *Le Progrés*. Después de ser leída por el escaner, la página fue transmitida desde San Luis por cable hasta la estación terrena de Richmon (Virginia); después, vía satélite, a la estación de Champagne y desde aquí, al satélite *Symphonie*, el cual la envió finalmente a Lyon. En total, la página recorrió un periplo de 15.000 kilómetros en 25 minutos (Figura 4.3).

En esquema, el proceso de transmisión de páginas por facsimil se inicia en un escaner, el cual lee la página completa y convierte dicha lectura en impulsos eléctricos que son transmitidos (por teléfono, cable, fibra óptica, radio o satélite artificial) a un aparato receptor, en el que tiene lugar un proceso inverso: los impulsos eléctricos excitan una lámpara que produce un rayo de luz, mediante el

Figura 4.1. El emisor Muirhead, pionero en la transmisión de página por facsímil.

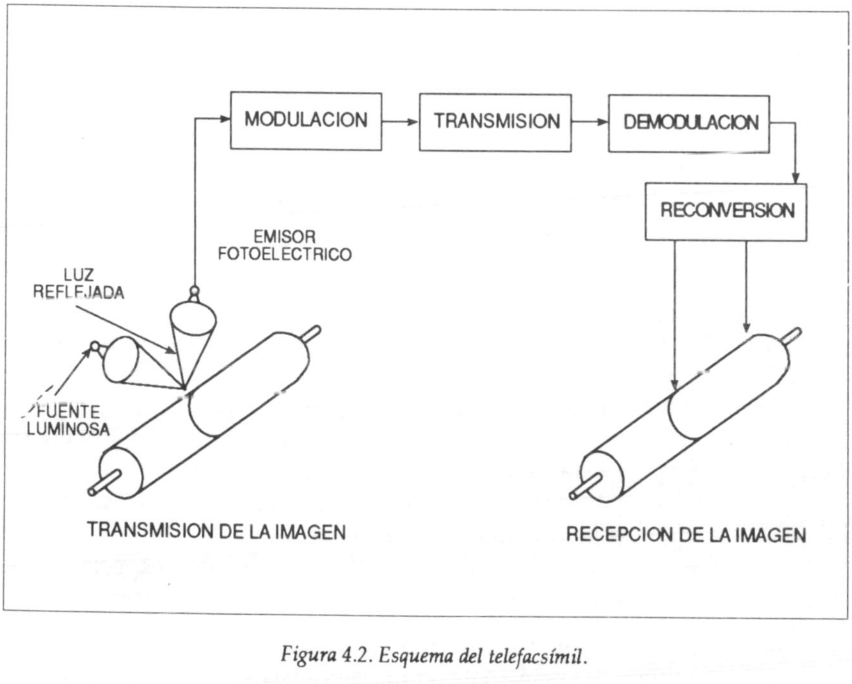

Figura 4.2. Esquema del telefacsímil.

cual queda expuesta la película. Los elementos distintivos, pues, del facsimil residen en el equipo terminal (transmisores y receptores) y en el llamado proceso de escaneado o lectura del texto. En la actualidad, los equipos convencionales funcionan como una fotocopiadora, por un proceso llamado electrolítico, pero también se utilizan los rayos láser para leer o *rasterizar* las páginas, descomponiendo su información en impulsos electrónicos. Textos e ilustraciones son codificados a través del *RIP (Raster Image Procesor)* y su salida puede ser película o plancha para la impresión. A esto se añade en la actualidad, el uso de la fibra óptica como soporte de transmisión, con lo que una página puede ser transmitida a distancia en pocos segundos.

4.3. La impresión multilocacional

El 12 de julio de 1980, la revista norteamericana *Newsweek* transmitió, por primera vez, desde Estados Unidos hasta Hong-Kong, la totalidad de las páginas de su edición del Pacífico. En la Redacción de Nueva York, los redactores habían elaborado los textos que serían procesados después por el sistema *Video- Comp 570 Pagesetter*. Una vez fotocompuestas las páginas, eran leídas por un escaner, que transformaba las informaciones (texto, grabados de línea y tramados) en señales digitales. Estas señales fueron transmitidas, por línea telefónica, hasta San Francisco y desde allí, vía satélite, hasta Hong-Kong. Con anterioridad a la adopción de este sistema, las películas de las páginas de la edición del Pacífico eran enviadas a Hong-Kong por avión. La transmisión por vía electrónica permitió reducir el proceso de impresión en veinticuatro horas y ganar, por tanto, en actualidad.

Esta experiencia de *Newsweek* se unía a otros procesos de impresión multilocacional, de los que fueron pioneros, como hemos indicado anteriormente, diarios como el *Wall Street Journal*, el *Financial Times*, el *Daily Express*, de Londres, y el *Asahi Shimbun*, de Tokio. Estas experiencias abrirían un camino de extraordinaria importancia para la expansión de la prensa escrita, de amplias repercusiones en el terreno informativo y económico (Figura 4.4).

La introducción de las técnicas electrónicas para los trabajos de preimpresión hizo posible la descentralización de la Redacción, por una parte, abriendo nuevos centros redaccionales en núcleos urbanos regionales, y, por otra, separar la Redacción de las plantas de impresión. La descentralización informativa permitía elaborar ediciones especiales del diario para las distintas configuraciones geográficas, con unas páginas comunes y otras específicas, cuyos contenidos y publicidad eran diferenciados. Una vez consolidados estos centros informativos, surge la necesidad de imprimir también en ellos las ediciones especiales, lo que daría lugar a la impresión multilocacional o satelización de las ediciones.

Una vez lograda la cobertura nacional, mediante la construcción de plantas satélites de impresión en las principales ciudades del país, varios diarios refuerzan

St. Louis Globe-Democrat

125 Years of Public Service / Founded July 1, 1852

119e ANNÉE

LE PROGRÈS

1,50 F
0,80 F Suisse
Mercredi 7 Juin 1978
No. 40536

Partage d'une 1ERE mondiale
U.S. to France—in an instant

Globe-Democrat Photo

Mayor James F. Conway greets Mayor Francisque Collomb of Lyon, France, on the steps of St. Louis City Hall before the ceremonies officially declaring Lyon and St. Louis sister cities.

Monsieur James F. Conway, le maire de Saint Louis, salue Monsieur Francisque Collomb, le maire de Lyon, sur les marches de l'hotel de Ville, avant les ceremonies officielles du jumelage des deux cites-soeurs.

A message from President Carter

The ceremonies in Lyon and in St. Louis marking the twinning of these two great cities also mark a new step in the long and cordial relationship between the French and American people.

To President Giscard, the citizens of France, and both cities, I offer my best wishes for a fruitful and lasting relationship.

Les ceremonies a Lyon et a Saint Louis marquant le jumelage de ces deux grandes villes marquent aussi un nouveau pas dans les longues et cordiales relations entre le peuple francais et le peuple americain.

Au president Giscard, aux citoyens de France et aux deux villes, j'offre mes meilleurs [illegible] pour des relations fructueuses et durables.

Jimmy Carter

Un message du president Giscard d'Estaing

Au moment meme ou sont reunis a Saint Louis du Missouri les maires des deux grandes [illegible] a Lyon le [illegible] "Espace et Civilisation", je tiens a saluer, un demi siecle apres la traversee de l'Atlantique par le "Spirit of St. Louis" de Lindbergh, l'initiative du Progres qui fetera bientot ses 120 ans et de son confrere americain pour realiser une premiere mondiale, en echangeant par satellite au dessus de l'Atlantique leurs pages et les documents couleur qui les illustrent et qui scelleront le jumelage Lyon-Saint Louis.

Puisqu'ils sont porteurs d'espoir et de paix, je confie au Progres comme au Globe-Democrat la mission d'etre de mes messagers aupres du President Carter et de la nation americaine pour leur dire l'amitie du peuple francais et de son gouvernement.

[illegible] moment that the mayors of the two great cities are meeting in St. Louis, Mo., and that the convention of "Space and Civilization" is starting in Lyon, I wish to salute, a half-century after the crossing of the Atlantic by Lindbergh's Spirit of St. Louis, the initiative of Le Progres, which will soon celebrate its 120th birthday, and of its American counterpart to achieve a world premiere exchange by satellite over the Atlantic of their pages and their colored documents which will seal the sisterhood of Lyon-St. Louis.

Since they are harbingers of hope and peace, I entrust to Le Progres as well as to The Globe-Democrat the mission to be among my messengers to President Carter and to the American nation and to express to them the friendship of the people of France and of its government.

V. Giscard d'Estaing

For the first time in history, newspaper page in color flashes across the Atlantic Ocean by satellite

By JAMES FLOYD
Globe-Democrat Staff Writer

For the first time in history, a color newspaper page has been transmitted by satellites and published simultaneously in newspapers in two nations.

The sister cities of St. Louis and Lyon, France, were linked by the historic publication Wednesday in The Globe-Democrat and Le Progres.

Color pictures and French and English text were transmitted from the banks of the Mississippi River to the banks of the Rhone River Tuesday evening by the push of a button by Lyon Mayor Francisque Collomb at the Cervantes Convention Center.

The page, prepared in St. Louis, was then tranamitted in seconds from St. Louis to Washington, D.C., and then from Washington to Lyon via the INTELSTAR IV-A communications satellite. Within France the link was extended via the "Symphonie" satellite.

Collomb touched the button for the historic transmission during an official four-day visit here for ceremonies making St. Louis and Lyon sister cities.

And the Wednesday morning edition of Le [illegible] carried this page to the people of Lyon long before Collomb reaches France by Concorde jet after leaving St. Louis at 7 a.m. Wednesday.

Collomb arrived in St. Louis Sunday night, heading a delegation that included Deputy Mayors Andre Blanc, Rene Perrin and Andre Soulier.

ST. LOUIS MAYOR James F. Conway, Stanley J. Goodman, the honorary consul of France in St. Louis, and officers of St. Louis-Lyon Sister Cities Inc. were hosts to the French delegation, which toured the city and held a round of talks with St. Louis leaders.

An historic anniversary occurred during Collomb's visit. Tuesday was June 6, the 34th anniversary of D-Day. The Allied landings on Normandy Beach in 1944 meant the liberation of France from Nazi tyranny was at hand, and some of the young men who fought and died 34 years ago to free France and the world were St. Louisans.

Collomb marked the D-Day anniversary Tuesday by laying a wreath at the monument at the Soldier's Memorial to St. Louisans who died in World War II.

The historic ties between St. Louis and France — including the founding and development of St. Louis by the French and Charles A. Lindbergh's flight — convinced the editors of The Globe-Democrat and Le Progres that the meeting of the officials of St. Louis and Lyon also should be a meeting of the peoples of the sister cities.

Coincident to Collomb's visit, the 50th annual American Newspaper Publishers Association/Research Institute Production Management Convention was being held in St. Louis, and an international Conference on Space and Civilization was getting under way in Lyon. Equipment in the two cities for the two conferences made satellite transmission of this page possible.

Facsimile equipment of Rapicom Inc. of Fairfield, N.J., and Muirhead Ltd. of Beckenham, England, at the convention center here was set up and used to make the live facsimile transmission of newspaper pages between St. Louis and Lyon.

Globe-Democrat Publisher G. Duncan Bauman and Pierre Villez, assistant to the director of Le Progres, called this an historic use of space-age technology in newspaper communications.

"We are celebrating a [illegible] that, thanks to use most modern instruments of human science, looks toward the future: a future of cultural exchange, of economic exchange," Bauman and Villez stated.

After the Southwestern Bell-ATT digital data service circuit carried the newspaper page signal from St. Louis to Washington, a NASA line transmitted the signal to the major Comsat satellite ground station in Etam, West Virginia. An INTELSTAT satellite, owned by the international communications consortium, served as the relay between the United States and France.

The signal was then carried to a ground station that had been specifically erected at Lyon for the transmission of this [illegible] page.

Technicians who made it possible

This historic page appearing simultaneously in The Globe-Democrat and Le Progres of Lyon, France, was made possible through the technical help of the following:

Rapicom, Inc., of Fairfield, N.J.; Muirhead, Ltd., of Beckenham, England; Southwestern Bell Telephone Co., of St. Louis; L'Administration des Postes et Telecommunications (French PTT); ITT Worldcom; COMSAT; the National Aeronautics and Space Administration; and INTELSTAT, the international satellite communications consortium.

Le jumelage Lyon-Saint Louis transmis en couleur par satellites entre journaux des 2 cites

Ce journal bilingue en couleur est le fruit d'une Premiere mondiale.

Cette page et ces photos placees sous les titres du principal quotidien de Saint Louis (Etats-Unis) et du principal quotidien de Lyon (France) ont ete realisees hier sur les bords du Mississipi et transmises par satellite jusque sur les bords du Rhone.

Cela, pour une publication simultanee dans le "Saint Louis Globe-Democrat" et dans "Le Progres". Ainsi les citoyens de Saint Louis et de la region Rhone-Alpes lisent-ils en francais et en anglais les memes informations et vivent-ils le meme evenement.

Cette performance sans precedent est d'autant plus remarquable qu' au moment ou les "mayors" des deux cites se serraient la main sous le soleil du Missouri, la nuit tombait deja sur la France.

Si la prouesse technique marque une date dans l'histoire de la presse, l'occasion choisie pour la tenter est egalement d'importance.

Les deux villes sont en effet depuis quelques heures officiellement jumelles.

Leur volonte d'etre "cites-soeurs" etait ancienne, mais elle ne s'etait encore traduite que par une deliberation des Conseils Municipaux et un echange de documents.

L'etape des froides formalites est desormais franchie. Hier, a ce point Omega de la vaste Amerique ou se dresse "la porte de l'Ouest", on en etait au stade de la chaleur humaine et d'une amitie qui nait entre des villes et entre des hommes.

Demain ce sera le temps du travail. Mais en attendant il etait necessaire que les deux maires se rencontrent pour se connaitre et pour s'informer. Ce contact, qui prelude a d'autres echanges, economiques, culturels, touristiques, a eu lieu. Non pas dans le secret des bureaux, mais devant la foule de leurs concitoyens. Sur la place du village.

Quand le village est devenu trop grand pour que tous les habitants puissent ainsi se rassembler, ce sont les journaux qui font office de place, d'agora, et deviennent le lieu de rencontre pour tous.

La chance a voulu qu'en ce debut de juin, se reunissent a Lyon, sous le signe du congres "Espace et Civilisation" des scientifiques de toutes disciplines venus de tous les continents, et des astronautes des Etats-Unis et de l'Union Sovietique.

Le Progres, journal de Lyon, se devait d'etre present a un tel carrefour. Il ne pouvait mieux le faire qu' en demandant a utiliser l'antenne d'ecoute des satellites, installee pour l'occasion dans la ville, tout pres du Palais des Congres.

Pour signer ensemble une page vraiment commune, vos journaux n'ont donc pas hesite sur les moyens. Ils ont fait appel a l'espace.

La visite de Monsieur Francisque Collomb, maire de Lyon, a Monsieur James Conway, maire de Saint Louis, a ete photographiee en couleur et transmise de Saint Louis a Washington et de Washington a Richmond en Virginie. De la elle a [illegible] envoyee au satellite americain "Intelsat 2" et de "Intelsat 2" a Bercenay sur Othe, en Champagne. Enfin, de Bercenay a Lyon.

Dans l'immense hall du Convention Center de Saint Louis ou, pendant les Assises de l'Association Americaine des editeurs de Journaux, paradent les materiels de Telecommunication et d'imprimerie les plus sophistiques, c'est le maire de Lyon qui a eu le privilege de presser le bouton qui ouvrait l'espace a nos informations.

Deux grands drapeaux, francais et americain, veillaient sur l'evenement.

Aucun journal au monde n'avait encore ose une semblable transmission en [illegible], ni reussi a se jumeler aussi etroitement avec un lointain confrere. A plus de 7.500 kms de distance.

Aussi est ce tres spontanement qu'apres cette performance, Monsieur Duncan Bauman, editeur de Globe-Democrat et les representants du Progres se sont felicites ensemble de voir la technologie des satellites au service de la presse ecrite et de ses lecteurs.

"Nous avons realise un jumelage tout entier tourne vers l'avenir."

Meme si cette celebration regardait aussi vers le passe. Hier, en effet, 6 Juin 1978,le Jour "J" fetait son 34 eme anniversaire.

[illegible] de Saint Louis furent nombreux qui debarquerent sur les plages normandes.

Cette performance a pu etre realisee grace a la collaboration, aux initiatives et a l'aide des societes ou administrations americaines et francaises suivantes:

Aux Etats-Unis: La NASA, les Societes ITT et ATT,la Societe Rapicom-Muirhead.

En France: Les services des Telecommunications en France et plus particulierement la Direction des Telecommunications Reseau International et Reseau National, la Sous-Direction de la Teleinformatique et des Reseaux Specialises, la Direction Regionale des Telecommunications de Lyon, le Centre Sevigne, la Societe EFI, la Societe Dupont de Nemours-France, et bien sur les services du Progres, de l'Entreprise de Presse no 1, du Globe-Democrat, le Consulat general a Lyon des Etats-Unis et l'Ambassade en France des Etats-Unis.

TRANSMITTED BY SATELLITE... TRANSMIS PAR SATELLITE...

Figura 4.3. Portada de la primera página en color transmitida entre Francia y Estados Unidos.

sus ediciones internacionales creando plantas impresoras propias o asociadas en el extranjero. Esta apuesta editorial contribuirá a la expansión y diversificación de la oferta informativa, al mismo tiempo que supondrá una fuente de nuevos recursos tanto en publicidad como en difusión de ejemplares.

En 1974, el diario en lengua inglesa *The International Herald Tribune*, con sede en París, comenzó a imprimirse simultáneamente en Londres. Tres años después se editaba, vía satélite, en diez países. En 1979, *The Financial Times* inauguraba la impresión de su edición internacional en Francfort, de cuyo aeropuerto salían los ejemplares que llegaban a Nueva York a primera hora de la mañana.

Una experiencia más reciente de este tipo de prensa global o transnacional fue la realizada, en 1986, por *USA Today*, al imprimir su edición europea en Lucerna, cerca de Zurich. En poco más de dos horas se transmitían las 32 páginas del periódico desde la Redacción de Washington hasta la imprenta suiza. El mismo periódico, que cuenta con más de treinta plantas de impresión en Estados Unidos, imprime su edición para Asia en Singapur. En 1987, los diarios japoneses, el *Yomiuru*, con una tirada de catorce millones de ejemplares, y el *Nihon Keizai Shimbun*, el periódico económico japonés de mayor difusión (cuatro millones de ejemplares), iniciaron la edición de sus páginas en Estados Unidos.

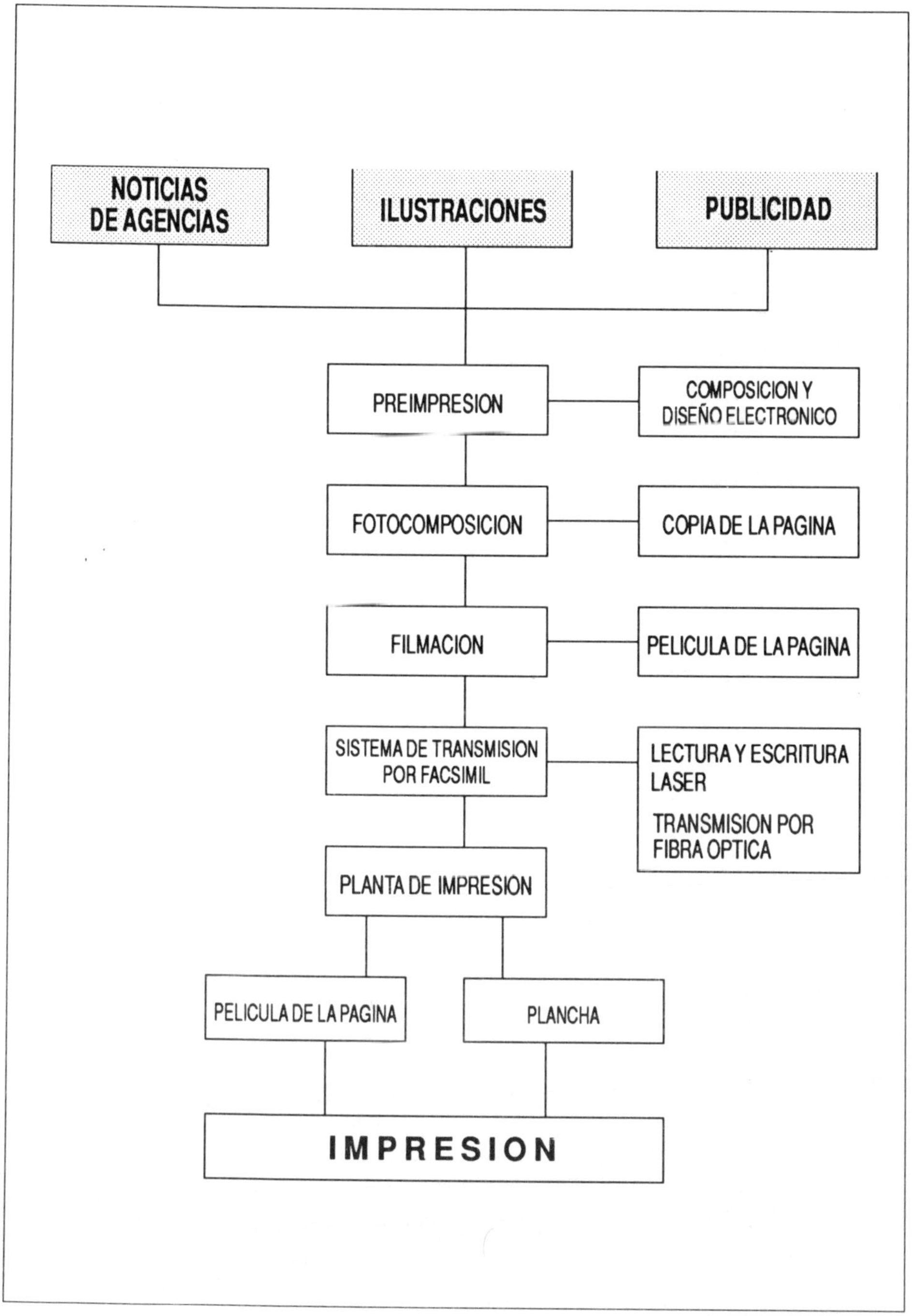

Figura 4.4. Esquema de un sistema de preimpresión y de impresión a distancia.

1981-1985. NUEVOS SERVICIOS DE INFORMACION

- Videotex y teletex
- El teleperiódico y otros servicios
- Los bancos de datos de prensa

5.1. Videotex y teletex

En su libro *Goodbye Gutenberg*, publicado en 1980, Anthony Smith presagiaba que la década de los años ochenta sería la del nacimiento de nuevos servicios sobre textos enviados hasta el hogar mediante un receptor de televisión común. Un año más tarde, el escritor italiano Enrico Caritá escribía en su libro *Una Sfida per la stampa* que «la tradicional división en que está repartido el mundo de los medios de comunicación de masas se irá gradualmente disolviendo. Se va hacia una nueva interdependencia y compenetración entre los diversos sectores, hacia un aumento de los satélites de comunicación y hacia un mayor acceso a los bancos de datos. Todo ello está dando lugar a la aparición de los nuevos medios de comunicación».

El videotex, el teletex y el teleperiódico serán los nuevos servicios de información que, lanzados al mercado, en plan experimental, durante la década de los años setenta, van a lograr un rápido desarrollo en la primera mitad de la década de los ochenta, suscitando una gran expectativa entre los editores de prensa en cuanto constituían nuevos instrumentos de comunicación masiva.

Desde 1973 se empieza a hablar de los nuevos medios, tras la infiltración de la radio y de la televisión en el santuario tradicional de la prensa escrita. Aquel año, la BBC británica anuncia la explotación del *Ceefax* (transmisión de textos a través de la pantalla) y los especialistas en comunicación hablan ya del futuro desarrollo de los servicios electrónicos en dos frentes: la televisión por cable a domicilio y la llegada hasta los hogares de los programas de televisión vía satélite.

Ante este reto, los editores de diarios intentarán responder con una serie de medidas, entre las que cabe destacar la informatización de todos los servicios de las empresas, la creación de bancos de datos informativos, la introducción de la impresión en offset en color, la mejora de la cobertura informativa, la búsqueda de un estilo periodístico más documentado y más orientado hacia la investigación, y el incremento de la productividad, mediante el acceso a los nuevos servicios de información. Surge así la empresa *multimedia* (prensa más audiovisuales), con una concepción diversificada de servicios, que supera la tradicional estructura de las empresas periodísticas.

Videografía es el nombre genérico para las técnicas de presentación de información computerizada en un televisor doméstico. Existen dos clases o dos filosofías fundamentales:

- *Videografía interactiva* o *videotex*, en la que el terminal es el televisor doméstico, auxiliado por el teléfono, un módem y el correspondiente decodificador para la presentación de la información en la pantalla.

- *Videografía radiodifundida* o *teletex*, en la que, aprovechando algunas de las 625 líneas de que consta la imagen emitida por televisión, se puede transmitir un cierto número de páginas que posteriormente son seleccionadas por el usuario para su representación en la pantalla o su copia en una impresora.

Los dos sistemas fueron inventados en Gran Bretaña. La BBC y el grupo de compañías ITV desarrollaron, entre 1976 y 1979, diversos servicios, a través de los cuales se enviaban a los televisores domésticos, por medio de las ondas hertzianas, varios cientos de páginas -lo que cabe de una sola vez en la pantalla- con información. La BBC denominó a este sistema de teletexto *Ceefax* y la ITV lo llamó *Oracle*. A finales de la década de los setenta, la British Post Office comenzó a desarrollar el servicio de videotex, el cual llegaba, por medio de los cables telefónicos, a los receptores de televisión, debidamente adaptados. Este servicio recibió el nombre de *Wiewdata* primero y después de *Prestel* (Figura 5.1).

Fueron numerosos los paises que, a imitación de Gran Bretaña, comenzaron a desarrollar los nuevos sistemas de transferencia de información, los cuales recibieron distintos nombres. Aparte de la nomenclatura, tanto el videotex como el teletex ofrecían diferencias en cuanto a su contenido, número y capacidad de páginas en pantalla. Asimismo, algunos sistemas recurrían a la publicidad en las páginas de información, convirtiéndose estos nuevos servicios en un importante soporte para los anuncios clasificados.

En 1985, *The European Institute for the Media* celebró en Hamburgo un congreso, en el cual se presentó el informe Wedell-Luyken, según el cual 17 países -todos los de Europa Occidental, además de EE.UU., Canadá, Australia, Brasil, Escandinavia y Japón- contaban con videotex, si bien su penetración en los hogares era inferior al 1 por ciento, con excepción de Francia, donde superaba el 8 por ciento y se observaba una rápida expansión.

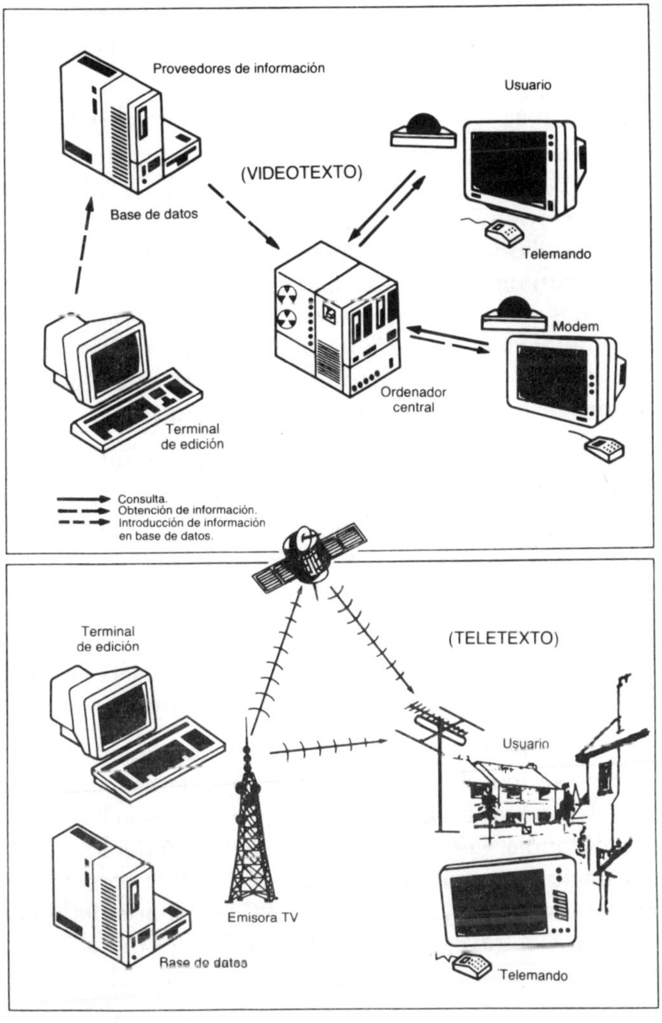

Figura 5.1. Diferencias entre videotexto y teletexto.

El caso del videotex francés es digno de un análisis más detallado. Los primeros experimentos, realizados por el ministerio de Correos, Teléfonos y Telégrafos (el «PTT»), se desarrollaron a principios de los años setenta. Se trataba de diseñar una guía de teléfonos electrónica para sustituir a las guías impresas y, al mismo tiempo, crear un servicio público de videotex, desarrollando equipos y programas específicos. Surgieron así los célebres *minitel*, terminales de pantalla y teclado, del cual se servirían los usuarios para conectar con el sistema, al que se le denominó *Teletel*.

Entre 1981 y 1983, se distribuyeron gratuitamente 4.000 terminales *minitel* en Ille-et-Vilaine (Bretaña), a través de los cuales se accedía a la guía telefónica electrónica. También se instalaron en domicilios particulares más de 2.000 terminales que ofrecían servicios de información general y correo electrónico, mediante el cual se podía enviar y recibir todo tipo de mensajes. Ambas experiencias, respaldadas por los *PTT*, tuvieron un enorme éxito, lo cual animó a la Dirección General de Telecomunicaciones a distribuir centenares de miles de terminales. En 1988, había más de cuatro millones de *minitels* instalados en domicilios particulares y en empresas de toda Francia, a través de los cuales se podía acceder a miles de servicios de información, creados por siete mil suministradores.

El servicio *Teletel* ha seguido creciendo en los últimos años y se han multiplicado sus servicios -más de 10.000-, que se pueden agrupar en tres categorías:

- Guía electrónica normal: Contiene los números telefónicos de todos los abonados franceses.

- Correo electrónico; con sus diversas variantes, entre las que se incluye la «mensajería rosa», enormemente popular.

- Información general, con posibilidad de hacer reservas, obtener todo tipo de información, realizar transacciones financieras, etc.

El videotex español (Ibertex) comenzó a ser experimentado por la Telefónica en 1977. Al principio se utilizaban equipos con normas de visualización y codificación inglesas, si bien después se estableció un plan de actuación basado en una norma de señalización española. Con motivo de la celebración del Mundial de Fútbol en nuestro país, se inició la promoción del Ibertex. Cualquier persona con un terminal y la tarjeta adaptadora podía ya convertir su PC en usuario del servicio videotex. Este servicio se presta a través de la Red Telefónica Conmutada y de IBERPAC.

5.2. El teleperiódico y otros servicios

En el verano de 1977, y durante los diez días que duró la Exposición de Electrónica de Berlín, los editores de prensa de Alemania Federal pusieron en práctica, de manera experimental, un *Bildschirmzeitung*, un teleperiódico y reivindicaron la exclusiva de la explotación del nuevo medio. Se trataba, de un hito en la historia del periodismo universal, ya que, por primera vez, un grupo de redactores habían elaborado y confeccionado un periódico completo, no para difundir por rotativa, sino por pantalla de televisión.

El primer ensayo del teleperiódico constaba de diversas secciones -nacional, internacional, economía, sucesos- y hasta de un sumario, en el que se indicaba la página en la que iban las diversas informaciones. La transmisión de las páginas corrió a cargo de la General Electric Company. La redacción del teleperiódico estaba instalada en el edificio de la cadena *Springer*, en Berlín, y los trabajos redaccionales fueron realizados por una treintena de profesionales.

Este primer ensayo fue perfeccionado en los años siguientes y surgieron nuevas empresas que ofrecían a los abonados información de actualidad a través del *Bildschirmtext*. Entre estas experiencias destacan las realizadas por el diario *Frankfurter Allgemeine Zeitung* en Berlín y Dusseldorf. Desde junio de 1981, el F.A.Z. elabora varias páginas para ser transmitidas a los televisores domésticos sobre aspectos de actualidad, documentación y publicidad.

El servicio videotex comenzó a ser prestado por otros periódicos entre 1981 y 1985. Dicho servicio ofrecía el contenido completo del diario, con excepción de las fotografías y la publicidad comercial, además del correo electrónico con el propio periódico y con otros suscriptores del mismo, servicios financieros, etc. Se había hecho realidad, pues, el *periódico electrónico*.

Los periodistas tuvieron que especializarse en la elaboración de los textos que se introducían en el videotex. Como se sabe, en una página del videotex no caben más de 20 líneas, en las que hay que resumir y presentar, de forma atractiva, una información. Acostumbrados a escribir informaciones extensas, los periodistas tuvieron que acostumbrarse a ser «resumidores» de información. En menos de ochenta palabras debían sintetizar todos los elementos de la noticia.

Los editores de diarios, especialmente los norteamericanos, vieron en la tecnología del cable la posibilidad de explotar nuevos servicios de información, dando de esta manera una respuesta adecuada al reto tecnológico. Fueron varios los grupos editores de prensa que, al inicio de la década de los ochenta, crearon programas de televisión por cable con la posibilidad de acceder a más de cuarenta canales a través del aparato doméstico.

En Estados Unidos, concretamente, a finales de 1985, existían 6.600 sistemas de televisión por cable en funcionamiento, los cuales prestaban servicio a 18.500 poblaciones y a un total de 37 millones de hogares. Muchas de las empresas editoras de diarios incrementaron entre 1981 y 1985 sus inversiones en sistemas de televisión por cable, entre las que destacan las siguientes:

- *Time Group*. Edita varias revistas (*Time*, *Fortuny* y *People*, entre otras) y es la entidad que posee más concesiones de cable-televisión. La empresa ha declarado que obtiene más beneficios con sus negocios por cable que con los de todas sus revistas. Hace unos años, se unió con Warner Communications, que produce películas y programas de TV.

• *Cadena Hearts.* Edita el *Washington Post* y tiene participación en la cadena de televisión *ABC*. Explota varias concesiones de televisión por cable.

• *The Gannett Company.* Es la mayor cadena norteamericana de diarios. Posee cerca del centenar y cuarenta semanarios, además de 18 emisoras de radio, ocho cadenas de televisión y varias concesiones de cable-televisión. Entre sus diarios destaca *USA Today*.

• *Dow Jones.* Es la empresa que edita el *Wall Street Journal*, el diario financiero de mayor tirada de EE.UU., con cerca de dos millones de ejemplares diarios. Hasta 1985 había invertido 300 millones de dólares en cable-televisión.

• *Tribune Company.* Posee los diarios *Los Angeles Times* y *Newsday*. Desde 1969 entró en el terreno de la televisión por cable y tiene más de 625.000 abonados al cable-televisión desde que empezó a funcionar en California.

• *Grupo Newhouse.* Cuenta con 29 diarios, varios semanarios y la empresa editorial *Random House*, una de las más prestigiosas de USA. En 1985 tenía más de medio millón de suscriptores de cable-televisión.

• *New York Times Company.* Grupo editor del *New York Times*, explota 55 concesiones de televisión por cable en Nueva York.

En Europa, el contexto del desarrollo de la radiotelevisión bajo el monopolio de los gobiernos limitó las iniciativas privadas para la explotación de la televisión por cable. Algunos países cuentan con extensas redes de cables coaxiales que permiten distribuir los programas nacionales y los de los países vecinos (por ejemplo, dos millones y medio, es decir, el 85 por ciento de los hogares belgas estaban conectados por cable en 1990). Sin embargo, hasta 1988 no existía en ningún país europeo una producción televisiva destinada específicamente a los abonados al cable. La nueva legislación, promovida desde el Parlamento Europeo, así como el perfeccionamiento de la red europea de telecomunicaciones contribuirán a hacer posible la penetración de este servicio en los hogares.

5.3. Los bancos de datos de prensa

Para poder participar en la explotación de los nuevos servicios, en igualdad de condiciones que otras empresas que crearon sus propios bancos de datos, los periódicos debían disponer de un archivo automatizado. Este hecho, aparte de sus posibles ventajas adicionales, constituye una exigencia del periodismo moderno, que debe caracterizarse por una adecuada documentación y actualización de la noticia. Sin embargo, el trabajo de archivo y documentación, en una gran mayoría de los diarios, se ha estado realizando, y se realiza todavía, por procedimientos manuales y por personal no especializado, con lo cual la labor de investigación y documentación no resulta fácil ni rápida.

La inadecuación de los procedimientos tradicionales en el archivo de un diario es evidente. En los últimos años ha aumentado el campo de las especialidades y la producción, en cada una de las áreas de interés, no sólo se diversifica, sino que la masa de documentos aumenta constantemente, con lo que su ordenación y clasificación en las tradicionales carpetas o *dossiers* resulta cada día una tarea más árdua y, en consecuencia, el proceso documental es más laborioso y difícil.

Dos son los problemas fundamentales que tiene que resolver un buen proceso de documentación: en primer lugar, el almacenamiento -recuperación de los fondos documentales- y, en segundo lugar, la selección más exacta posible de los documentos para el estudio e investigación en un campo preciso. Para resolver convenientemente estos problemas, los modernos ordenadores electrónicos poseen abundantes recursos técnicos tanto para codificar la información, como para almacenarla y recuperarla a través de un videoterminal.

A partir de 1968, se introducen los primeros sistemas electrónicos en el tratamiento de los archivos de prensa. En la memoria de los ordenadores se comienza a archivar informaciones breves sobre temas generales, personalidades, organizaciones y empresas, al mismo tiempo que se va creando un banco de datos con biografías, resúmenes de artículos de revistas y de otras publicaciones, así como información referente al propio periódico (número de suscriptores, venta de ejemplares, devoluciones, anunciantes, etc.).

La aplicación conjunta de los ordenadores y de las redes de telecomunicación permitió organizar en las empresas periodísticas los primeros sistemas de teledocumentación (posibilidad de acceder desde cualquier punto, a través de un terminal, a un banco de datos). En marzo de 1981 existían ya 35 bancos de datos de prensa, de los cuales diez proporcionaban las indicaciones sobre las fuentes originales de los documentos solicitados, otros diez facilitaban los documentos íntegros y quince daban además una copia impresa en facsímil. Entre estos últimos se encontraba el *Information Bank*, del *New York Times*.

El Banco de Información del *New York Times* consistía en un sistema electrónico «interactivo», destinado al almacenamiento y facilitación de un variadísimo acopio de datos informativos previamente publicados en los diarios y revistas más importantes del mundo. Todo el material de noticias y artículos contenidos en más de noventa publicaciones, incluidos los del *New York Times*, fue condensado desde 1969 en resúmenes e índices que posteriormente se almacenaban electrónicamente en una base de datos, de donde se podían obtener interactivamente (por medio de terminales de visualización) en cuestión de segundos.

The Information Bank simplifica todo el proceso de búsqueda en cuestión de segundos al realizar «interactivamente» (previa petición desde un terminal al ordenador con el que está conectado «en línea») la labor de localización de todos los datos deseados sobre el tema específico que se busca. La conexión en línea entre el terminal de visualización y el ordenador central donde está situada la base de datos se realiza con la misma rapidez que una comunicación telefónica, aunque el terminal y el ordenador están separados por miles de kilómetros.

Desde *Bussiness Week* hasta el *Bulletin of Atomic Scientists*, pasando por *The Times*, de Londres, y el *Wall Street Journal*, el Banco del *Times* da entrada a todo el material informativo publicado que tenga interés y significado en nuestros días. La mitad aproximadamente de todos los extractos que son introducidos en la base de datos procede del propio *New York Times*, del cual se condensan las noticias, material bibliográfico, encuestas, crónicas y editoriales de la última edición, así como todo el caudal de las importantes secciones dominicales del periódico. El resto de extractos procede de otros noventa periódicos y revistas.

Un equipo de redactores y de analistas, compuesto por más de un centenar de personas, realiza a diario la labor de síntesis. Los artículos se cortan, se fechan y se colocan en hojas especiales, de las que se obtienen fotocopias. Sobre terminales de redacción los analistas hacen extractos detallados de cada artículo, de forma que no sea necesaria la petición posterior del artículo original. Al comienzo de cada extracto se detalla un índice de términos bibliográficos sobre la materia, organizaciones, nombres, lugares geográficos y la fecha. Mientras los redactores trabajan en los extractos, los artículos originales se trasladan a microfichas, las cuales se enumeran también por secuencias.

Cuando se solicita una información al banco, las respuestas se dan en forma de extractos, redactados sucintamente y encabezados por la serie de citas bibliográficas. La extensión de los mismos varía desde una a dos frases hasta párrafos de trescientas a cuatrocientas palabras.

Desde 1981, el Banco de Datos comenzó a ofrecer dos nuevos servicios a los usuarios: el *KIT* y el *AMI*. El primero comprende el acceso a miles de resúmenes de artículos y noticias publicados en el *New York Times* y otros cuarenta y cuatro diarios sobre personalidades y organizaciones importantes. Cada mes se añaden tres mil resúmenes a este servicio. El segundo servicio -*AMI* - ofrece información sobre publicidad, marketing, relaciones públicas, bienes de consumo, etc. La tasa de crecimiento anual es de 35.000 entradas. La búsqueda se efectúa de la misma forma que se hace con el *KIT*, es decir, solicitando del sistema los nombres de personas, empresas, instituciones y tipos de productos.

Desde su puesta en funcionamiento, el Banco Informativo del *New York Times* ha demostrado que es un procedimiento de archivo y acceso electrónico de material informativo con grandes posibilidades, pero que ofrece paralelamente numerosas complicaciones técnicas y económicas. Por ello, otros diarios, como *Los*

Angeles Times, el *Chicago Sun Times* y el *Lousville Courier-Journal*, recurrieron a sistemas de archivo electrónico más aceptables y menos costosos. Se trata de una mezcla de computador y microfichas.

Una de las experiencias más novedosas, a nivel regional, fue la realizada por la agencia holandesa *Audet Nieuwsdienst*, que trabajaba para las redacciones de cinco diarios ubicados en las ciudades de Nijmegen, Arnhem, Breda, Maastricht y Venlo. Dado que el 70 por ciento de la información de estos periódicos es local, se dotó a cada diario de su propio banco de datos, el cual, a su vez, está integrado en el sistema central de archivo. En el sistema central se archivan las informaciones de interés general, mientras que cada periódico almacena las informaciones locales.

El sistema permite consultar varias bases de datos, de forma que, si el periodista no encuentra en su archivo la información deseada, puede acceder a cualquiera de las otras cinco. La búsqueda se inicia con la instrucción *Sa* (Start archive) y, una vez identificado con su nombre, el redactor comienza la búsqueda a base de palabras clave -Reagan, Gorvachov, Madrid, etc.-. Si existen varios artículos sobre un mismo tema, basta con teclear el comando *Last 5* y el archivo proporciona los cinco últimos artículos más recientes. Si desea conocer todo lo que hay archivado sobre Reagan, por ejemplo, pulsa el comando *List* y obtiene una visión de conjunto de los documentos, titulares, extensión y fecha de publicación. Al mismo tiempo, puede sacar una copia del documento en impresora.

En el caso de que un redactor considere que su información debe ser archivada, escribe la letra *a* (archivo) al comienzo de su información en el videoterminal y pasará automáticamente al archivo electrónico. Un documentalista decidirá finalmente si debe o no quedar archivada. La capacidad del sistema permite archivar informaciones por espacio de varios años.

La revolución tecnológica actual constituye una conmoción tan importante para las agencias como para los diarios. Ambos medios de comunicación han vivido una historia bastante paralela. A medida que las agencias modernizaban sus equipos de recepción y transmisión y ampliaban su cobertura informativa, sus clientes (los diarios) mejoraban sus contenidos. En la actualidad, las agencias dependen enteramente de las nuevas tecnologías, basadas en sistemas redaccionales, terminales o portátiles, ordenadores con memorias masivas, sistemas de tratamiento o almacenamiento de imágenes, transmisión por cable, satélite o fibra óptica, etc.

Todas las agencias internacionales disponen hoy de equipos electrónicos para la recepción, procesamiento y transmisión de la información de textos y fotografías a sus abonados. En España, las agencias *EFE*, *Europa Press* y *OTR-Press* introducen sus informaciones directamente en el ordenador de los periódicos que cuentan con sistemas electrónicos. La agencia *EFE* fue la primera en adquirir, en 1977, un ordenador *Vídeo-editing*, dotado de un sistema de videoterminales para la edición de noticias y gobierno de las comunicaciones. En 1981 puso en funcionamiento un nuevo ordenador digital *PDP-11*, de mayor capacidad, gracias al cual pudo incrementar la velocidad de sus transmisiones, pasando de 75 a 300 y 1.200 baudios por minuto.

En la actualidad, las grandes agencias internacionales de información disponen de potentes equipos electrónicos para la recepción, procesamiento y transmisión de textos e ilustraciones a sus abonados. Este equipamiento tecnológico les permite mantener en servicio sus propios bancos de datos, algunos de ellos de muy reciente creación, como *Efedata* , creado por la agencia EFE. *Efedata* cuenta ya con el siguiente fondo informativo: noticias EFE (texto íntegro de todas las noticias servidas por la agencia a sus abonados durante los tres últimos años), biografías de personas, biografías de entidades, documentos temáticos y anuario iberoamericano.

La Agencia *France Press* (AFP) creó en 1981 el primer banco de datos de prensa en lengua francesa, denominado *Agora.* Las mil noticias diarias que genera la agencia son clasificadas en cinco repertorios (general, economía, deportes, documentación e inglés) y se puede acceder a ellos a través del teléfono y de un terminal compatible.

La *Deutsche Press Agentus* (DPA), situada en Hamburgo, es la agencia de prensa más importante de los paises germanos. Diariamente, difunde unos mil despachos, que constituyen la base de banco de datos *Selektion.* Funciona desde 1984 y cuenta con varios centenares de abonados, los cuales pueden acceder a los textos originales de la agencia.

ANSA, la agencia italiana de noticias, cuenta con un banco de datos denominado *DEA* (Documentación Electrónica ANSA), cuyas informaciones se remontan a 1975. El banco de datos dispone de unos dos millones de documentos, con lo cual se puede responder al 80 por ciento de las cuestiones que plantean los abonados.

6

1986-1990. LA NUEVA IMAGEN DE LA PRENSA EUROPEA

- **Cambios estructurales y de diseño**
- **Incremento de la oferta editorial**
- **Expansión de la prensa española**

6.1. Cambios estructurales y de diseño

En la tres últimas décadas, la prensa europea experimentó una profunda transformación, sólo comparable, en cierto modo, a los cambios introducidos, entre 1820 y 1850, en el proceso industrial de elaboración de los diarios. La incorporación del vapor al sistema de impresión primero y, después, del papel continuo y de las primeras rotativas contribuyó, entonces, a que el diario dejara de ser un producto elitista para convertirse en un medio de masas, reflejo de la cultura urbana contemporánea. También, entre 1960 y 1990, como hemos expuesto en los temas anteriores, la prensa ha dado un salto cualitativo, al abandonar las viejas técnicas de composición e impresión, basadas en el sistema tipográfico diseñado por Gutenberg, e incorporar, junto a las nuevas tecnologías electrónicas, una mayor preocupación por los aspectos estéticos. Todo ello ha contribuído a forjar una nueva imagen de la prensa, al convertirse el periódico en un producto moderno, sugestivo y creativo.

Como culminación de la renovación tecnológica, entre 1986 y 1990, se producen importantes cambios en los diarios, los cuales van a afectar, especialmente a su estructura externa. Se renuevan el formato y el diseño, mediante la elección de caracteres modernos, la acentuación de los aspectos gráficos y la generalización del uso del color. Al mismo tiempo, se incrementa la oferta editorial, a través de la publicación de suplementos, cuadernillos y otras acciones especiales. De todos estos aspectos nos ocuparemos en el presente tema y lo haremos mediante el análisis de los cambios introducidos por los periódicos más importantes de Alemania, Francia, Gran Bretaña, Italia y España.

Alemania: tradición y renovación tipográfica. Alemania es un país con una larga y fecunda tradición tipográfica. Esta nación es la cuna de la imprenta, inventada por Gutenberg, a mediados del siglo XV, en Maguncia. Otro ilustre alemán, Ottmar Mergenthaler, emigrado a los Estados Unidos, construyó en 1884 la primera linotipia, con la que el proceso mecánico se incorpora a la composición de los textos. Con anterioridad, entre 1708 1709, Jacob Christoph Le Blond realiza experimentos para imprimir grabados en tres colores, semejantes a las miniaturas pintadas por los artistas de la época. En 1725 publica su libro *Coloritto*, en el que explica su técnica, basada en la utilización de los tres colores primarios -amarillo, rojo y azul-, cuyas tintas deben unirse de forma que su mezcla dé un negro puro. Con ello, Le Blond establecía los principios técnicos del grabado en color.

También en Alemania surge, en los años veinte de este siglo, un movimiento cultural que renovará los principios del diseño industrial. En concreto, Walter Gropius inaugura, en 1919, una escuela de diseño que será conocida como la Bauhaus. Situada primero en Weimar y después en Dessau, la Bauhaus constituye un movimiento artístico que concede gran importancia a los objetos que forman parte del entorno humano. Este movimiento contribuirá a crear un interés específico por el diseño, concebido éste como una actividad independiente de la realización del objeto.

Varios artistas de la Bauhaus se ocuparon de las artes gráficas, llegando a diseñar nuevos alfabetos tipográficos. Entre ellos, destacaría Paul Renner, creador de la letra *futura*, uno de los tipos clásicos de la tipografía universal, la cual sería utilizada profusamente por los nazis en sus carteles de propaganda. Ello contribuyó a que, una vez terminada la Segunda Guerra Mundial, la letra *futura* quedara relegada a un segundo plano y su lugar fuera ocupado, a partir de la década de los años cincuenta, por la *helvética* y la *univers*, dos tipos espléndidos suizos, diseñados, respectivamente, por Max Miedinger y Adrian Frutiger.

En Alemania, sede de IFRA, la institución que, a semejanza de la norteamericana ANPA, agrupa a los principales editores de diarios de Europa, existen más de cuatrocientos diarios, de los cuales tres -*Die Welt, Bild Zeitung y Frankfurter Allgemeine*- tienen tiradas muy elevadas. Los dos primeros pertenecen a la cadena Springer, uno de los mayores emporios periodísticos del mundo, fundado por Axel Springer después de la segunda Guerra Mundial. El *Bild* vende más de cinco millones de ejemplares diarios y *Die Welt*, unos 250.000.

El *Bild* es un periódico escandaloso, tanto por sus contenidos como por la forma en que los presenta. De formato grande, el periódico consta de doce páginas a todo color, con predominio del rojo y del amarillo, propios de los diarios sensacionalistas. La página está estructurada en diez columnas y utiliza caracteres sin remate de gran mancha para los titulares, mientras que, en el magazine a todo color que encarta en el interior, recurre a los tipos clásicos, con remates.

El diario *Die Welt* presenta una diagramación clásica. Su página está dividida en siete columnas y sus tipos en textos y titulares son romanos antiguos y de tamaño moderado. Como recursos tipográficos utiliza los recuadros con filetes en azul celeste, entradillas, faldones aéreos, etc. Está estructurado en varios cuadernillos, lo mismo que sucede con el *Frankfurter Allgemeine*, si bien éste último divide su página en seis columnas, recurre a la letra gótica para los titulares de los artículos y mantiene una confección vertical, poco acorde con la tendencia actual hacia el diseño modular u horizontal.

Entre 1986 y 1990 fueron varios los diarios regionales que renovaron su diseño en Alemania. En 1989, el *Saarbrücker Zeitung*, editado en Sarrebruck, ciudad de la región del Rin, y con una tirada superior a los 200.000 ejemplares, estrenó nueva maqueta, diseñada por Rolf F. Rehe. En ella (Figura 6.1) destaca una mayor preocupación por la claridad y el orden en la presentación de las informaciones, la alineación de los titulares a la izquierda, mayor utilización de los recursos gráficos y uso del color. Todo ello le dió al periódico mayor legibilidad y le convirtió en un producto más vivo, dinámico y estético que el antiguo.

Otro ejemplo significativo del nuevo diseño en la prensa lo constituye el diario *Mainzer Allgemeine Zeitung*, del grupo Mainzer Verlagsantalt, de Maguncia, el cual edita otros dieciocho diarios. En enero de 1989, los diarios del grupo incorporaron la nueva maqueta diseñada por Norpert Küpper. Se trata de un diseño moderno y funcional, con una presentación clara y coherente de las informaciones, separadas por filetes horizontales y verticales, y acompañadas de abundante material gráfico. De cinco columnas, el *Allgemeine Zeitung* pasó a seis, lo que incrementó sus posibilidades gráficas y tipográficas, al mismo tiempo que mantuvo un tipo de letra moderno para textos y titulares, como el *times new roman*.

Francia: la transformación de Le Monde. Existen en Francia dos grandes grupos editoriales que controlan la prensa nacional y regional. El primero es Hersant, grupo *multimedia*, dueño, entre otros diarios, de *Le Figaro* y de *France Soir*. *Le Figaro* es el buque insignia del *holding* y constituye un modelo de la prensa descentralizada, con ediciones en otras ciudades, además de París, y de una estrategia expansiva, mediante la oferta de revistas y de suplementos especiales a lo largo de la semana, como *Figaro Magazine*, *Madame Figaro*, *Figaro TV* y *Figaro-ECO*. Algunas de estas publicaciones, como *Figaro Magazine* y *Madame Figaro*, ocupan el segundo puesto en difusión en su especialidad, después de *Paris Match* y *Marie Claire*, respectivamente.

Hachette Press constituye el segundo grupo editorial francés, con predominio en la prensa regional. Es dueño de *Le Provençal*, grupo que engloba a varios periódicos regionales, con una tirada en conjunto de 600.000 ejemplares diarios. Otros periódicos regionales de gran difusión son *Ouest France* (730.000 ejemplares), editado en Rennes; *La Voix du Nord* (380.000 ejemplares), de Lille y *Sud Ouest* (370.000

ejemplares) de Burdeos. Además de *Le Figaro* y de *France Soir*, París cuenta con otros tres diarios de gran difusión: *Le Monde, Le Parisen Liberé* y *Liberation*, periódico en continuo progreso, debido, entre otros factores, a su agresivo diseño, con portadas estilo cartel y sus páginas arrevistadas, que llaman poderosamente la atención de los lectores (Figura 6.2).

Uno de los casos más significativos de adaptación a las exigencias modernas lo constituye el diario *Le Monde*, la «biblia» de la prensa francesa como ha sido calificado. Este diario, símbolo de la prensa de calidad, estuvo al borde del cierre en los primeros años de la década de los años ochenta, logrando una cierta recuperación a partir de 1985. En septiembre de 1989, el periódico estrenó formato berlinés (32 x 47 cm) y nueva planta de impresión en Ivry, en los arrabales del sur de París, lo que significó una inversión de 6.500 millones de pesetas.

El periódico que fundara, en 1944, Hubert Beuve-Méry estructura ahora la información en tres grande secciones: información del extranjero y política francesa, sociedad y cultura, y economía. La primera página de cada una de estas secciones lleva un diseño singular, que la diferencia del resto. Para ello, recurre a titulares a toda página, columnas falsas, grabados, recuadros, sumarios, etc., a lo que se une la publicación, tres días a la semana, de un suplemento especial, consagrado a artes y espectáculos (miércoles), libros e ideas (viernes), y radio-televisión (sábados). La cabecera de *Le Monde* va ahora apoyada en un franja de color azul celeste y, aunque el diario mantiene su tradicional austeridad tanto en el tratamiento del color -sólo lo emplea en anuncios publicitarios- como en la utilización de elementos gráficos, el producto ha mejorado sensiblemente.

Gran Bretaña: la apuesta por el color. Después de muchas dificultades, surgidas entre los años 1975 y 1985 para implantar las nuevas tecnologías electrónicas, a lo que se opusieron los sindicatos -*The Times* estuvo cerrado desde diciembre de 1978 hasta noviembre de 1979-, el 5 de febrero de 1987 la industria periodística de Gran Bretaña ganó una batalla histórica. Ese día, en Wapping, Sogat 82 (*Society of Graphical and Allied Traders*), el sindicato más importante del libro, depuso sus armas ante Rupert Murdoch, el cual había abandonado Fleet Street en 1986 para imprimir en la planta de Wapping sus periódicos: *The Times* (467.000 ejemplares), *Sunday Times* (1.147.000), *The Sun* (4.050.000) y *News of the World* (cerca de cinco millones).

Otro gran sindicato, la NGA (*National Graphical Association*), renunció a la lucha un día después de que lo hiciera el sindicato del libro. Desde entonces, la mayoría de los diarios que se editaban en la popular calle de Fleet Street cambiaron sus viejos edificios por modernas plantas de impresión, alejadas del corazón de Londres. De una mano de obra de 30.000 operarios, más de 13.000 fueron despedidos entre 1986 y 1988. En estos dos años, sin embargo, aparecieron nuevos periódicos, entre ellos *Today*, con novedosas aportaciones, como el color y edición totalmente electrónica, y *The Independent*, un diario de calidad tanto por sus contenidos como por su diseño.

Saarbrücker Zeitung

UNABHÄNGIG *Gegründet 1761* ÜBERPARTEILICH

Justizminister zerstritten über Bedingungen für RAF-Häftlinge

Jetzt 34 im Hungerstreik — Drei SPD-Länder planen Alleingang

Die RAF-Terroristen im Hungerstreik

Ein Scherenschleifer

Das neue Gesicht der SZ

CDU-Basis: Unmut über die Partei — Geißler bleibt im Amt

Oberthaler Rötel-Akademie

Angeblich bis zu 150 Tote und Bürgerkriegs-Zustände in Tiflis

Schwestern gestanden 49 Morde

Vier „Todesengel" in Haft — Höhere Opfer-Zahl befürchtet

Auch in der Union Bedenken

Annullierung der Wehrdienstverlängerung gefordert

Benzinpreise steigen weiter

Mild und gelegentlich wieder Regen

Rund 5000 Zonen mit Tempo 30

Immer mehr akzeptieren verkehrsberuhigten Ausbau

Kernfusion-Experiment wiederholt

Figura 6.1. Portada del Saarbrücker Zeitung, del 11 de abril de 1989, con el nuevo diseño.

El año 1988 sería excepcional par la prensa en Gran Bretaña. Fue el primer año sin conflictos sociales desde 1978, apareció el color en las ediciones diarias y proliferaron los suplementos en color, entre los que hay que destacar el semanal del diario *The Independent*, el cual ha contribuído a que el periódico incremente su difusión en 80.000 ejemplares. También el veterano *The Times* potenció su oferta, mediante la publicación de un suplemento a todo color, que ofrece los sábados.

A estas acciones empresariales, calificadas en los años a los que nos venimos refiriendo como la primera fase de una revolución en el panorama editorial británico, hay que añadir el asalto al continente, mediante la participación económica en grupos editoriales de otros países europeos y la edición de miles de ejemplares en imprentas situadas en Francia y en Alemania. Tal es el caso de *The Finacial Times*, que imprime una edición en Francfort; *The Guardian*, con edición en Marsella y en Francfort; *Daily Mail*, con edición en Marsella, y *The Independent*, diario que imprime una edición en Francfort y ha firmado diversos convenios de colaboración con *El País*, *La Repubblica* y el diario alemán *Süddeustche Zeitung*, a fin de mejorar su cobertura informativa y ofrecer suplementos especiales conjuntos.

Algunos periódicos centenarios, como *The Times* y*The Guardian*, realizaron también en estos años una profunda renovación de su diseño. En el caso concreto del *Guardian*, periódico que se edita en Londres y en Manchester, y que está considerado como uno de los grandes diarios de calidad existentes en el mundo, inauguró e 1988 nueva planta de impresión en Isle of Dogs, al este de Londres, y nuevo diseño, estructurando el periódico en dos cuadernillos y ofreciendo páginas especiales sobre libros, arte, educación, etc., confeccionadas con abundante material gráfico.

Italia: Creatividad dentro del gran formato. Entre 1980 y 1985, la principal preocupación de la prensa italiana fue la crisis económica, que obligó al cierre de periódicos importantes, como *La Gazzetta del Popolo* y *Paese Sera* . Entre 1986 y 1990, la crisis sería superada a costa de la concentración de los diarios más influyentes en manos de dos grande grupos industriales: la Fiat, a través de la familia Agnelli, y Olivetti, a través de Carlo de Benedetti.

Los grandes diarios nacionales o regionales italianos, como *Il Tempo*, de Roma; *La Stampa*, de Turín; *Corriere della Sera*, de Milán; *Il Menssagero* y *La Repubblica*, de Roma, están apoyados o pertenecen a grandes grupos industriales y a partidos políticos. Así, la familia Agnelli es dueña de *La Stampa*, *Corriere della Sera* y *Corriere dello Sport*, con lo cual controla más del 20 por ciento de toda la prensa de Italia. La Democracia Cristiana posee una participación importante en diarios como *Il Popolo* e *Il Tempo*, de Roma; *Il Mattino*, de Nápoles, y *La Notte*, de Milán. Por su parte, los socialistas cuentan con *Il Mensaggero* y *Avanti*, de Roma, asi como *Il Lavoro*, de Génova.

Uno de los últimos ejemplos por controlar el mundo editorial italiano se produjo a finales de la década de los ochenta en torno al diario *La Repubblica*. Dicho

6 F ● LUNDI 28 JUIN 1993

NOUVELLE SERIE N° 3763

Libération

ATTAQUE DE MISSILES AMERICAINS SUR LA CAPITALE IRAKIENNE

CLINTON FRAPPE BAGDAD ET L'OPINION

Dans la nuit de samedi à dimanche, des bâtiments de l'US Navy ont tiré vingt-trois missiles de croisière qui ont détruit le quartier général des services de renseignement irakiens. Plusieurs civils ont été tués. Bill Clinton a expliqué qu'il avait ordonné cette opération de représailles après avoir obtenu les preuves de l'implication de Bagdad dans une tentative d'attentat contre George Bush au Koweït en avril. L'attaque lui permet aussi d'espérer redorer son blason auprès d'une opinion américaine désenchantée. Lire page 2.

L'enterrement, hier, d'une des six victimes civiles du raid américain. Sept missiles ont raté leur cible et certains ont touché des zones résidentielles.

OM-VALENCIENNES: UN JOUEUR A L'OMBRE

Le Marseillais Jean-Jacques Eydelie, qui nie avoir servi d'intermédiaire pour truquer le match contre les Nordistes, a été mis en examen et écroué. Dans un entretien à «Libération», le Valenciennois Jacques Glassmann, par qui tout a commencé, explique pourquoi il a voulu faire éclater le scandale. Lire notre supplément Sports page 27.

GUERILLA SCOLAIRE A L'ASSEMBLEE

Les députés socialistes et communistes ont présenté une pluie d'amendements qui a contraint l'Assemblée à prolonger tout le week-end l'examen de la proposition d'abrogation de la loi Falloux sur le financement de l'enseignement privé. Lire page 7.

CARTES BLEUES: LA GRANDE PANNE

Une panne du système informatique a empêché la moitié des possesseurs de Carte bleue de retirer de l'argent dans les distributeurs. Et de nombreux commerçants ont dû ressortir leur vieux «fer à repasser» pour accepter les paiements. Lire page 13.

LES TROTTOIRS DE LA GOUTTE D'OR

Le quartier du nord de Paris connaît depuis quelques années une augmentation des trafics en tous genres, depuis les fausses chemises Lacoste jusqu'aux doses d'héroïne en passant par les divers produits de larcins. Enquête page 24.

Figura 6.2. Portada de Liberation.

periódico, fundado por Eugenio Scalfari y Carlo Caracciolo, pasó a ser controlado, en 1989, por Silvio Berlusconi a través de la editorial Mondadori. Dicha editorial publicaba además los influyentes semanarios *L'Espresso* y *Panorama*, con lo cual el grupo de Berlusconi, dueño por otra parte de varias cadenas de televisión europeas, se convertía en el tercero más importante de Europa, después del alemán Bertelsman y el francés Hachette. Después de más de un año de negociaciones, durante el cual *La Repubblica* no se publicó varios días por la huelga de sus redactores, que acusaban a Berlusconi de acumulación de poder, Carlo de Benedetti y Silvio Berlusconi llegaron a un acuerdo, mediante el cual el primero recuperaba *La Repubblica* y *L' Espresso*, mientras que el segundo se quedaba con la editorial Mondadori y con la revista *Panorama* .

Como característica general, los diarios italianos son de gran formato, como ocurre con los tres de difusión multirregional *Il Tempo*, *La Stampa* y *Corriere della Sera*, mientras que *La Repubblica* (Figura 6.3) presenta un formato más reducido y sus páginas están distribuídas en seis columnas, frente a las nueve de los tres anteriores. Destaca, por su diseño, vivo y creativo, *Il Tempo*, con profusión de antetítulos y sumarios, especialmente en las informaciones que abren una sección o una página. Gracias a la utilización de recursos tipográficos, como los recuadros y ventanas, las páginas ofrecen, pese a su gran formato, un diseño modular, que facilita la lectura de los textos. Destaca especialmente su tercera página, «Terzapagina», por su confección singular, al estilo del gran reportaje. Suele versar sobre un tema de actualidad y para su diseño recurre a las fotografías siluetadas y enmarcadas, capitulares, textos a columna falsa y pies de fotos en bandera.

6.2. Incremento de la oferta editorial

El mercado europeo de la prensa escrita experimentó, como hemos expuesto anteriormente, un cambio radical entre 1986 y 1990. Aparte de la consolidación de los grandes grupos *multimedia* y de los cambios introducidos en el diseño de gran número de diarios, en estos cinco años la prensa incrementó su oferta editorial mediante la publicación de cuadernillos especiales y de suplementos semanales, que se ofrecen al lector los viernes, sábados o domingos. Estos suplementos, que responden al concepto tradicional de magazine (publicación de carácter cultural o literario, con un contenido variado), se han convertido en un importante soporte publicitario y en un medio de captación de nuevos lectores, gracias a la profusión de sus ilustraciones en color y a su cuidada presentación. A continuación ofrecemos algunos aspectos de la prensa de fin de semana, con datos recogidos, en gran parte, de *Cuadernos para el debate*, que editaba la Dirección General de Medios de Comunicación.

En Italia, país que cuenta con semanarios muy importantes, como *El Europeo*,

Spatafora

la Repubblica

Spatafora

Direttore Eugenio Scalfari

Anno 18 - Numero 128 - L. 1200

SEDE: 00185 ROMA, P.zza Indipendenza 11/b, tel. 06/49821, Fax 49822923 (c. post. 2412 Roma AD). Sped. abbon. postale gr. 1/70. PREZZI DI VENDITA ALL'ESTERO: Austria Sc. 28; Belgio F.B. 75; Canada $C. 2,5; Danimarca Kr. 15; Egitto Pt. 700; Finlandia Fmk 10; Francia F. 12; Germania D.M. 3,5; Grecia Dr. 450; Regno Unito Lst. 1,30; Lussemburgo F.L. 50; Malta Cents 32; Monaco P. F. 12; Norvegia Kr. 15; Olanda Fl. 4; Portogallo Esc. 350; Spagna Pts 230; Svezia Kr. 15; Svizzera Fr. 2,80; Svizzera Tic. Fr. 2,5; Ungheria Ft. 215; U.S.A. $ 2,25; U.S.A. West Coast $ 2.50. La Repubblica (Uspa 005783) is published daily except monday for $795 per year. Second class postage paid at Long Island City N.Y. and additional office. Postmaster: send address changes to La Repubblica c/o Speedimpex USA, Inc. - 3502 48th Avenue L.I.C., NY 11101-2421. Pubblicità concessionaria: A. MANZONI & C. - Milano - via Nervesa 21 tel. 02/574941

F

martedì 8 giugno 1993

Da Milano a Catania i partiti del regime travolti da Lega, Rete, Rifondazione e dalle nuove Alleanze

C'era una volta la Dc

Dimezzati i voti, finisce l'unità politica dei cattolici

Trionfa Bossi, risorge Occhetto

Storica spallata

di EUGENIO SCALFARI

LA PRIMA questione è l'avanzata travolgente della Lega in tutta l'Italia padana, dalla Lombardia a Torino al Friuli. La seconda è il successo della sinistra e il ruolo del Pds come forza politica in posizione centrale non solo nel Centro-Nord ma anche nel Centro-Sud e nel Sud. La terza è la disarticolazione della Dc che dà la sensazione visibile d'un vecchio pachiderma cui è stato tolto il cervello e la capacità di orientarsi e tenersi in piedi; accanto a questa rovina democristiana c'è la polverizzazione delle vecchie forze laiche centriste, a cominciare dal Psi del quale in pratica non si trova più traccia salvo in qualche isola clientelare. La quarta questione è il ruolo di Segni e di Alleanza democratica. La quinta i progressi di Rete e dei comunisti di Rifondazione.

SEGUE A PAGINA 8

Io ringrazio quei barbari...

di GIORGIO BOCCA

HO VOTATO per la Lega come da dichiarazioni di voto pubblicate dalla stampa, per ragioni che a me sembrano di comune buon senso politico. Chi come me pensa che il sistema dei partiti abbia fatto il suo indecoroso tempo, chi è convinto che bisogna arrivare presto a una nuova legge elettorale, a una nuova costituzione, a facce nuove, in pratica a Milano non aveva scelta. Votare per Bassetti significava votare per la Democrazia cristiana nelle sue forze più retrive come Comunione e Liberazione. A dirla chiara la lista Bassetti era stata messa assieme per silurare Segni e il suo movimento.

SEGUE A PAGINA 14

Forattini 93

A Milano Formentini col 40% supera Dalla Chiesa. Torino, duello a sinistra tra Novelli e Castellani. A Catania ballottaggio tra Bianco e Fava

Parla il leader lumbard: "C'è un nuovo centro in Italia, è la Lega". E a Ciampi dice: "Faccia alla svelta la nuova legge elettorale"

Intervista al leader della Quercia: "E' un successo: nel Pds è finito il tempo del lutto. Siamo l'argine democratico all'ondata leghista"

Mario Segni soddisfatto per l'esordio di Alleanza democratica dice a 'Repubblica': "E' ora di cominciare a costruire"

Martinazzoli: "Sono deluso, adesso devo riflettere". E a piazza del Gesù qualcuno dice che starebbe sul punto di dimettersi

La "sorpresa" di Rifondazione comunista: secondo partito a Milano e a Torino dove sorpassa Pds e Dc. Garavini: "Vittoria operaia"

Terremoto elettorale anche nel Sud: in Campania, tradizionale feudo bianco, la Dc frana; alla sinistra 5 comuni già al primo turno

Decimato il Partito socialista che a Milano e Torino addirittura sparisce. Bobo Craxi spiega così il crac: "Se ci fosse stato papà..."

Da PAGINA 2 a PAGINA 16 i servizi di GIORGIO BATTISTINI, GIOVANNI MARIA BELLU, SANDRA BONSANTI, MINO FUCCILLO, ROBERTO FUCCILLO, FEDERICO GEREMICCA, RINALDO GIANOLA, ALESSANDRA LONGO, GIUSEPPE LUCCHELLI, GIANLUCA LUZI, STEFANO MARRONI, PIERO MELATI, SEBASTIANO MESSINA, VITTORIA SIVO, VITTORIO TESTA, SALVATORE TROPEA, GIOVANNI VALENTINI e FRANCESCO VIVIANO

La Finanza alla compagnia aerea. Bisignani indagato: falso in bilancio

Alitalia sotto inchiesta

A San Vittore l'ex ministro dc per concorso in corruzione

Mazzette Fiat in carcere Clelio Darida

di PIERO COLAPRICO e LUCA FAZZO

A PAGINA 21

ROMA – Scatta l'operazione «cieli puliti». Da ieri l'amministratore delegato dell'Alitalia Giovanni Bisignani è indagato dalla Procura della Repubblica di Roma. L'indagine riguarda le più recenti operazioni di «lease-back» di aerei: molti velivoli, negli ultimi due esercizi, sarebbero stati venduti dalla compagnia alla Cofiri (società di leasing del gruppo Iri), e poi ripresi in affitto. I documenti relativi a queste operazioni sono stati sequestrati dalla Guardia di Finanza nel corso delle ispezioni presso la sede della compagnia.

A PAGINA 45 il servizio di RICCARDO LUNA

La decisione del giudice contro Allen

Woody sconfitto i bambini a Mia

Woody Allen e Mia Farrow

dal nostro corrispondente ENNIO CARETTO

A PAGINA 23

Figura 6.3. Portada de La Repubblica.

L' Espresso, Epoca y *Panorama,* aparecen, en los últimos años, dos suplementos dominicales, el *Sette* y *El Venerdi,* editados respectivamente por *Corriere della Sera* y *La Repubblica* . El primero se situó pronto en una media de 600.000 ejemplares de venta y el segundo alcanzó los 800.000. Desde su aparición, uno y otro hicieron del color y de las ilustraciones los dos ejes de mayor atractivo de sus páginas.

Magazines, en el sentido estricto del término, existe tan solo uno en Alemania, pero muy prestigioso: el del *Frankfurter Allgemeine Zeitung*. El periódico lo incluye en su edición de los viernes. Está impreso en papel satinado y en él colaboran los mejores reporteros gráficos del país. El *FAZ* (Figura 6.4) vende habitualmente entre 350.000 y 400.000 ejemplares, número que aumenta algo lo viernes. Sus lectores, por otra parte, están considerados entre los más preparados culturalmente o pertenecientes a la clase media alta: agentes de bolsa, industriales, directores de empresas, etc.

El esquema del magazine del *FAZ* suele ser fijo. Dedica sus primeras páginas a informaciones de carácter cultural, a primicias en materia de cine, teatro y televisión, o a noticias sobre *best sellers*. Le sigue normalmente un personaje célebre del mundo de la cultura o de la política, ilustrado con fotos realizadas por algún fotógrafo de renombre y un texto escrito por una pluma importante.

Welt am Soontag es el magazine europeo más antiguo. En realidad, no constituye un suplemento de *Die Welt,* sino un verdadero y propio semanario de calidad. Fundado en 1948 y editado por Axel Springer, se vende separadamente de la cabecera titular y tiene una redacción totalmente independiente. *Welt am Sonntag* aparece los domingos y vende ejemplares por encima de la media del diario. Así, mientras que *Die Welt* tiene una difusión de unos 230.000 ejemplares diarios, la venta de *Welt am Sonntag* alcanza los 345.000.

Impreso en papel de periódico y con un amplio uso de la cuatricomía, *Welt am Sonntag* se compone de diversas secciones independientes. Más de 16 páginas de actualidad constituyen la primera sección, a la que siguen deportes, arte, cultura, televisión, economía, motor y viajes.

El único periódico que ha seguido en Francia la iniciativa del magazine ha sido *Le Figaro,* el cual sacó, en 1977, *Le Figaro Magazine* . Se trataba de un suplemento en color de cuatro páginas culturales. El 7 de octubre de 1978, estas páginas se convirtieron en un semanal de 166 páginas, la mitad de ellas impresas en cuatricomía. Aquel primer número vendió 240.000 ejemplares y, unos mes más tarde, las ventas aumentaron a 400.000, alcanzando en 1990 los 800.000 ejemplares.

Otros suplementos, vendidos siempre los sábados, vinieron a unirse a *Figaro Magazine*. En 1980 aparece *Madame Figaro,* similar al anterior, pero con un destinatario más concreto, y, desde el otoño de 1986, *Figaro TV,* suplemento sobre los programas de televisión. Con estas acciones especiales, el periódico ha conseguido la fidelidad de su público, al mismo tiempo que ha aumentado las ventas y los ingresos publicitarios. La media de difusión de *Le Figaro* pasó de los 274.000 ejemplares de

Figura 6.4. Portada del dominical del F.A.Z.

1978, antes del lanzamiento de *Le Figaro Magazine*, a los 450.000 en 1986, con sus tres suplementos.

Los magazines ingleses constituyen el complemento de un periódico normal, que sale rigurosamente los domingos. Están diseñados expresamente como un diario para el domingo, razón por la cual reciben el nombre de *Sunday papers*. Estos dominicales tienen el mismo formato que los periódicos que se editan durante el resto de la semana, están impresos en blanco y negro, e incluyen varios cuadernillos o separatas.

Algunos de estos dominicales tienen relación, bien de nombre o de propiedad, con un diario o con un editor. Así ocurre, por ejemplo, con *The Sunday Times*, *Sunday Telegraph*, *Sunday Expres* y el más reciente, *The Independent on Sunday* , aparecido el 28 de enero de 1990. Los dominicales más importantes pertenecen a los tres grupos periodísticos siguientes:

Grupo editorial	Título del dominical	Tirada
News International	Sunday Times	1.200.000
(Rupert Murdoch)	News of de World	7.000.000
Mirror Group Newspaper	Sunday Mirror	3.050.000
(Robert Maxwell)	Sunday People	3.040.000
Associated Newspaper	Mail on Sunday	3.000.000

Todos estos dominicales ofrecen, además de varios cuadernillos sobre temas específicos -educación, sanidad, viajes, etc.-, un magazine en color, ya que es casi imposible para un periódico dominical sobrevivir sin el suplemento a color.

Por lo que respecta al fin de semana, en concreto los sábados, los periódicos de calidad iniciaron en 1988 la batalla para detener el descenso de lectores que se producía ese día. Algunos periódicos incrementaron el número de cuadernillos y otros, como *The Times*, inició la publicación de *Saturday Review* , un suplemento a todo color, elaborado con grandes reportajes sobre temas de actualidad.

6.3. Expansión de la prensa española

El quinquenio comprendido entre los años 1986 y 1990 supuso para la prensa española, en general, la recuperación económica, tras haber culminado el amplio ciclo de reconversión tecnológica, el cual contribuyó a mejorar los periódicos y a racionalizar su proceso de producción. En estos años, las ventas de los diarios se incrementaron de forma espectacular hasta alcanzar, en 1990, el índice de 100 ejemplares vendidos por cada mil habitantes. Este índice, todavía uno de los más bajos de los paises de la CE, era de 81 en 1988 y de 86 en 1989. Por otra parte, los beneficios netos declarados por las empresas periodísticas se multiplicaron por siete entre 1984 y 1987, pasando de 1.778 millones a 11.658.

El número de cabeceras también aumentó entre 1985 y 1990, después de que, en el quinquenio anterior, desaparecieran once diarios. De 1985 a 1988 aparecen doce cabeceras nuevas; en 1989 se registraban dieciocho nacimientos, entre ellos los de *El Mundo, El Independiente* , *La Gaceta de los Negocios* y *La Opinión de Murcia* , y tres defunciones. En 1990 se producían catorce altas y cuatro bajas, dos de ellas de periódicos aparecidos dentro del mismo año, como *Las Noticias* (Barcelona) y *Orense Diario* (Figura 6.5).

En resumen, las características que presenta la prensa española entre 1986 y 1990 fueron las siguientes:

a) *Concentración empresarial*. En estos cinco años quedan consolidados los grandes grupos *multimedia*, como Prisa, editora de *El País;* Grupo Vasco (Comecosa), que en 1989 adquiere los periódicos de la Editorial Católica; Prensa Española, editora de *ABC;* Grupo Godó (*La Vanguardia* y *Mundo Deportivo*); Grupo Zeta y Once. Estos grupos diversifican su oferta mediante la explotación de emisoras de radio y canales de televisión.

b) *Mejora del producto*. Si en años anteriores, la renovación tecnológica se centró en la modernización de los sistemas redaccionales y de las salas de impresión, entre 1988 y 1990 se observa una importante tendencia hacia la remodelación de la imagen externa de los periódicos. El diseño gráfico aparece como un factor más de comunicación, a través del cual se intenta mejorar la presentación de los contenidos y dotar al diario de unos signos de identidad, acordes con el impacto de la cultura visual. Diseñadores famosos, como Milton Glaser y Walter Bernard, crean un modelo de diseño gráfico para *La Vanguardia,* el cual se apoya en la introducción del infografismo y en un tratamiento específico de la tipografía. El alemán Reinhar Gade remodela *Heraldo de Aragón* y *Diario de Cádiz* . Louis Silverstein, ex director de arte del *New York Times*, personaliza la imagen de *Las Noticias*, que aparece en mayo de 1990. Roger Black y Eduardo Danilo diseñan el prototipo de *El Sol* .

c) *Incremento de la oferta informativa* . La mejora de la oferta publicitaria y el incremento del tiempo libre, especialmente en los colectivos de jubilados, indujo en estos años a los periódicos a buscar nuevos recursos que atrajeran la atención de los lectores. En este sentido, las *guías* de espectáculos o *city magazine*, así como los suplementos, a todo color, sobre televisión constituirán las principales novedades de algunos diarios. *El País, El Mundo* y *Diario 16* , entre otros periódicos, comienzan a publicar, entre el jueves y el viernes, sus famosas *guías* que constituyen un suplemento informativo de gran utilidad a la hora de elegir un restaurante, una película, una exposición o una comedia musical. Impresas a todo color, estas guías están diseñadas con un estilo muy funcional e incorporan un alto porcentaje publicitario, lo que les hace altamente rentables.

Entre 1986 y 1990 se incrementa también la oferta dominical. Varios periódicos cuentan, desde hace años, con un suplemento propio en color. Los que no lo tienen se agrupan para compartir un magazine dominical, como es el caso de *Antena Semanal*, distribuído en 1990 por veinticuatro diarios, y de *Suplemento Semanal*, compartido por dieciocho periódicos, algunos de ellos tan importantes como *Diario de Mallorca* , *Diario de Navarra*, *Heraldo de Aragón*, *La Voz de Galicia* y *Las Provincias*. La temática de estos suplementos dominicales comunes viene determinada por los grandes reportajes turísticos, entrevistas con artistas o personajes del deporte, amplias secciones de humor y de pasatiempos, etc.

Además de los magazines dominicales, bastantes diarios publican los domingos cuadernillos o páginas especiales, dentro del número normal. Su temática es rica y variada. Veamos algunos ejemplos:

El País. El número de *El País* constituye el ejemplo más significativo de lo que puede ser la prensa dominical, con una oferta próxima, en los años a los que nos referimos en este tema, a las 400 páginas. El ejemplar normal incluye varios cuadernillos, de los cuales «Negocios», es el más destacado. Impreso en color salmón, consta de 48 o 64 páginas, la mayoría de las cuales están dedicadas a los anuncios de ofertas de trabajo. Otros cuadernillos son «Domingo», «Libros», «Viajes».etc. Esta oferta se incrementa con *El País Semanal*, una auténtica revista, impresa en offset color. En octubre de 1988, el periódico anunciaba un récord nacional de tirada -1.100.000 ejemplares- al desdoblar el dominical en tres suplementos en color, perfectamente diferenciados y dirigidos a públicos diferentes: *El País Semanal* , *El País Estilo* y *Pequeño País*. Asimismo, los viernes comenzó a publicar *Tele País* .

ABC. En 1968 apareció el magazine *Los Domingos de ABC*, un suplemento impreso en huecograbado en color. Dicho suplemento fue sustituído veinte años después, concretamente en marzo de 1988, por *Blanco y Negro* , cabecera de una de las revistas más prestigiosas de España durante la primera mitad de este siglo. La recuperación de *Blanco y Negro*, fundada en 1891 y desaparecida en 1980, en un momento de intensa competencia entre las revistas de información general, logró incrementar la venta dominical del diario en unos 140.000 ejemplares. Este suplemento iba acompañado de un fascículo sobre la II Guerra Mundial y de *Gente menuda*, suplemento en color para los niños.

Diario 16 . En 1989, este diario madrileño comienza a publicar los domingos *Gente*,

Año 1988

Periódico	Provincia	Editor
Diario de Galicia	Vigo	Independiente
La Opinión	Murcia	Prensa Ibérica
El Día 16 de Baleares	Baleares	El Día/Grupo 16
Granada 2000	Granada	Prensa Malagueña
El Sol del Mediterráneo	Málaga	Independiente
La Prensa de Ibiza	Ibiza	Independiente
Europa Sur	Algeciras	F. Joly y Cía.

Desaparecidos: *El Día de Cataluña y Catalunya Sud*

Año 1989

Periódico	Provincia	Editor
La Economía 16	Madrid	Grupo 16
La Gaceta de los Negocios	Madrid	Grupo Zeta
Gaur Expres	Bilbao	Independiente
El Día de Huesca	Huesca	El día de Aragón
El Guardián	Granada	Independiente
Diario 16 de Aragón	Zaragoza	Grupo 16
El Independiente	Madrid	Ediobser
Diario 16 de Galicia	Vigo	Grupo 16
Diario 16 de Burgos	Burgos	Grupo 16
El Mundo	Madrid	Unidad Editorial
La Gaceta de Canarias	Tenerife	Independiente
El Periódico de Ceuta	Ceuta	Independiente
Diario 16 de Málaga	Málaga	Grupo 16

Desaparecidos: *Diario de Galicia, El Correo de Asturias, La Economía 16, Gaur Expres, El Guardián*

Año 1990

Periódico	Provincia	Editor
La Opinión de Zamora	Zamora	Prensa Ibérica
El Diario de la Bahía	Cádiz	ONCE
La Crónica 16 de León	León	La Crónica/Grupo 16
Nuevo Diario	Cuenca	Independiente
Las Noticias	Barcelona	Ediciones 93
El Sol	Madrid	Grupo Anaya

Figura 6.5. Nuevos periódicos aparecidos en España entre 1989 y 1990.

un magazine a todo color, en el que destacan entrevistas con personajes de actualidad y reportajes sobre una temática muy variada. Por otra parte, el ejemplar del día se incrementa con páginas especiales, agrupadas en cuadernillos, con los siguientes títulos: Dossier, Dinero, Ciencia, Automóvil etc.

El Mundo . Magazine es el título del suplemento dominical que viene publicando *El Mundo* desde su aparición en 1989. Como nota característica hay que señalar que su formato es el doble del tamaño del resto de los dominicales. Consta, por lo general, de 48 páginas, con un diseño muy vivo y muy atractivo. Los personajes noticiosos de la semana suelen ocupar las páginas de este suplemento, el cual, desde enero de 1990, comenzó a incluir fascículos coleccionables, como los referidos a la Historia del Comunismo.

El Sol. Aunque desaparecido a los dos de su publicación, *El Sol* fue un diario que cuidó especialmente su oferta de los domingos. Su *Revista,* de 48 páginas, era un modelo de diseño y de tratamiento gráfico de las ilustraciones, como podemos observar en la figura 6.6. Además de este suplemento, el diario ofrecía, los domingos, un cómic, un curso de inglés en cassette y un cuadernillo de pasatiempos.

Figura 6.6. Portada del dominical de El Sol.

EL FUTURO DE LA PRENSA

En los seis capítulos anteriores hemos analizado los profundos cambios que la prensa ha experimentado desde 1960 hasta 1990. Han sido treinta años, en los que la mayoría de los diarios han realizado una total renovación de su equipamiento tecnológico, introduciendo los sistemas redaccionales electrónicos que han contribuído a lograr una mayor integración entre los diversos sectores de la empresa periodística en la edición del diario, al mismo tiempo que han adoptado nuevas formas en la elaboración y diseño de la información, con lo cual el diario se ha convertido en un producto moderno y atractivo.

Tras esta etapa de renovación, la prensa escrita se enfrenta, ya en la década de los años noventa, a una nueva crisis, motivada, en gran parte, por la recesión económica internacional y por la competencia de los medios audiovisuales y de los nuevos medios de información, cuya aparición y desarrollo se debe, fundamentalmente, a las modernas tecnologías electrónicas. Desde 1988 han desaparecido en España cuatro diarios de difusión nacional y, en Estados Unidos, las cifras actuales de difusión de los diarios son las más bajas en los últimos veinte años. También los diarios británicos y franceses experimentan un descenso importante en sus tiradas. Todo ello nos sitúa ante un futuro incierto que exige, por parte de las empresas editoras de diarios, la adopción de nuevas estrategias, capaces de mantener la permanencia de los lectores fieles y atraer a los lectores eventuales y potenciales.

En una era como la actual, en la que la comunicación está marcada por lo audiovisual, las técnicas modernas constituyen una de las respuestas capaces de superar las dificultades del mercado de medios impresos. Ello requiere disponer de sistemas redaccionales y de tratamiento electrónico de los anuncios, de sistemas de transmisión de datos por cable y por satélite, así como de una estructura informatizada para la impresión y distribución del diario. A este moderno equipamiento tecnológico deberá unirse la incorporación del diseño gráfico y la explotación de nuevos servicios de información, como el periódico facsimilar, el audiotext, o el periódico electrónico, factores todos ellos que configuran las nuevas estrategias capaces de lograr la supervivencia y consolidación del diario tradicional. Al análisis de estas cuestiones dedicamos los cuatro temas siguientes.

EL PERIODICO EN UN MERCADO DIFICIL

- Tiempos de crisis
- Evolución de los medios
- El futuro del periódico

7.1. Tiempos de crisis

«La primavera de la prensa española, así calificado por Pedro Crespo de Lara, secretario de la Asociación de Editores de Diarios Españoles, el período 1988-1990, se ha transformado en una edad de piedra o, cuanto más, en una edad de bronce». Con estas palabras resumía en *El País* (22-3-1992) José F. Beaumont la nueva crisis que se cierne sobre la prensa española pocos días después del cierre del diario *El Sol*, apenas veintidós meses después de su salida. Beaumont apoyaba su afirmación en el cierre, desde 1988, de cuatro diarios de difusión nacional -*La Economía 16*, *Claro*, *El Independiente*, y *El Sol* -, y en la consiguiente desaparición de más de mil puestos de trabajo en Prensa.

Hay que remontarse hasta 1985 para encontrar una situación similar, en ciertos aspectos, a la crisis que comienza a ser apreciada en la prensa española desde los inicios de los años noventa. Debido a las inversiones en nuevas tecnologías, la mayoría de las 91 empresas periodísticas que existían en España en 1985 estaban endeudadas con el Tesoro Público. En su conjunto, las empresas debían 2.000 millones a la Seguridad Social y 3.000 millones a Hacienda. Ante esta circunstancia, el Gobierno decidió descontar estas deudas de las subvenciones que concedía a la Prensa y que, en 1985, fueron de 1.112 millones para el consumo de papel prensa,1.148 para la difusión y 500 para reconversión tecnológica.

Estas ayudas de la Administración a la Prensa, que, entre 1983 y 1987, ascendieron a 14.200 millones de pesetas, desaparecieron en 1988. La medida respondía a la necesaria armonización con la Comunidad Europea y al clima de bonanza que el sector experimentó a partir de 1986, con un notable incremento de la difusión y de la publicidad, la cual, en 1989, alcanzó la cifra de 250.000 millones de pesetas.

Entre 1986 y 1988 aparecieron 12 cabeceras nuevas, mientras que, entre 1980 y 1985, habían desaparecido 11 periódicos. En 1989 aparecieron 13 nuevos diarios, de los cuales cuatro -*La Economía 16*, *La Gaceta de los Negocios*, *El Independiente* y *El Mundo*- eran de difusión nacional. El año 1990 registró el nacimiento de otros 10 periódicos, entre ellos *El Observador*, *Las Noticias*, el cual cerró a los pocos meses, y *El Sol*.

Desde el punto de vista tecnológico, *El Sol* fue un diario modélico. Equipado con ordenadores Macintosh para la elaboración y tratamiento de la información, así como de modernísimos sistemas para el tratamiento y reproducción de las ilustraciones (Figura 7.1), este diario disponía de un sistema descentralizad de gestión de la producción, con la construcción de una planta de impresión en Illescas (Toledo), hasta donde eran transmitidas, mediante un sistema Crosfiel (Figura 7.2), las páginas elaboradas en su Redacción. Tras veintidós meses de existencia, en los que la difusión se había estabilizado en torno a los 40.000 ejemplares diarios, el periódico cerró, dejando pérdidas superiores a los 3.000 millones de pesetas.

La crisis ha llegado también, después de unos años de resurgimiento, a la mayoría de los periódicos del mundo entero, los cuales han comenzado a registrar un sensible descenso en sus tiradas y en su publicidad. En concreto, en Estados Unidos, recientes estudios demuestran que la cifras actuales de difusión de los diarios son las más bajas de los últimos veinte años. Y lo mismo ocurre en Francia, donde el conjunto de la Prensa escrita perdió, en 1991, un 1,1 por ciento de sus ventas y tuvo una caída de los ingresos publicitarios del 16,9 por ciento. Desde 1945, año en que la difusión global de los diarios nacionales y regionales franceses era de 12,1 millones de ejemplares, el descenso ha sido progresivo, hasta situarse, en 1991, en 9,7 millones.

7.2. Evolución de los medios

La recesión económica y la competencia de los medios audiovisuales constituyen, entre otros, los factores principales de la crisis de la prensa escrita. Ello obliga, como ya ocurrió al inicio de la década de los años ochenta, a buscar nuevas estrategias, capaces de mantener la permanencia de los lectores fieles y de atraer a los lectores eventuales y potenciales.

Las estrategias promocionales, puestas en práctica por bastantes diarios durante la década de los ochenta, no parecen ser, sin embargo, las más adecuadas para captar nuevos lectores en la década de los noventa. Estas estrategias estaban fundamentalmente basadas en la introducción de juegos y de sorteos, los cuales tuvieron, en la mayoría de los casos, una influencia inmediata en la difusión, que no se logró mantener una vez concluídos estos concursos.

Los juegos promocionales nacieron en Gran Bretaña en los primeros años de 1980 y se basaban en la distribución gratuita de tarjetas, con diferentes combinaciones de números y de símbolos, entre los lectores potenciales del diario. Posteriormente, el periódico publicaba diariamente la combinación ganadora y entregaba al acertante cierta cantidad de dinero u otros premios, como un automóvil, un chalet, etc. El efecto de estos juegos, basados en los bingos, llegó a ser espectacular en algunos casos. Así, por ejemplo, el diario londinense *The Sun* experimentó un incremento de 700.000 ejemplares. Por su parte, *La Repubblica*, de Italia, lanzó el *portfolio* en febrero de 1987 y pasó, en un día, de 480.000 a 730.000 ejemplares, desbancando del primer puesto en la difusión de diarios al *Corriere della Sera*, el cual tenía una difusión de 550.000 ejemplares y, desde hacía 120 años, venía ocupando la primacía en la difusión de los diarios italianos.

Una vez finalizados estos juegos, se pudo comprobar que no se lograba mantener la fidelidad de los miles de lectores que adquirían el periódico en los momentos iniciales del juego. Se trataba, en efecto, de estrategias a corto plazo, que no contribuían a crear nuevas cotas permanentes de mercado. De ahí, el cambio hacia una oferta cultural, más acorde con los contenidos del producto impreso, y que se concretó en la edición de fascículos coleccionables o de suplementos dominicales, con el propósito de incitar al comprador a la lectura.

La posibilidad de disponer de más tiempo libre en los fines de semana contribuyó a que los lectores mostraran una acentuada preferencia hacia el periódico de los domingos. Esto animó a las empresas editoras, las cuales, como expusimos en el capítulo anterior, incrementaron, en la segunda mitad de la década de los ochenta, la oferta informativa del fin de semana a través de cuadernillos especiales, coleccionables y suplementos en color.

El incremento del índice de lectores de diarios durante el fin de semana es un hecho constatable desde 1978, según podemos observar en el siguiente cuadro, el cual recoge la venta dominical de los principales periódicos desde 1978 hasta 1985. El incremento de la venta dominical de algunos periódicos, como *ABC*, llegó a ser del 125 por ciento en 1980. En 1988, el índice de la difusión dominical de la prensa española se situaba, según datos de la OJD, en 115 ejemplares /1.000 habitantes, mientras que el índice de ventas de lunes a sábado era de 80 ejemplares/ 1.000 habitantes. En 1989, el índice de difusión de los domingos alcanzó los 120 ejemplares/1.000 habitantes, lo que supuso un 68 por ciento de incremento con respecto a la venta del resto de la semana, y, en 1990, las ventas de los diarios con suplementos en color ascendió a 4.745.200 ejemplares, mientras que las ventas entre semana fueron de 2.875.500 ejemplares, lo que supone un incremento del 60 por ciento.

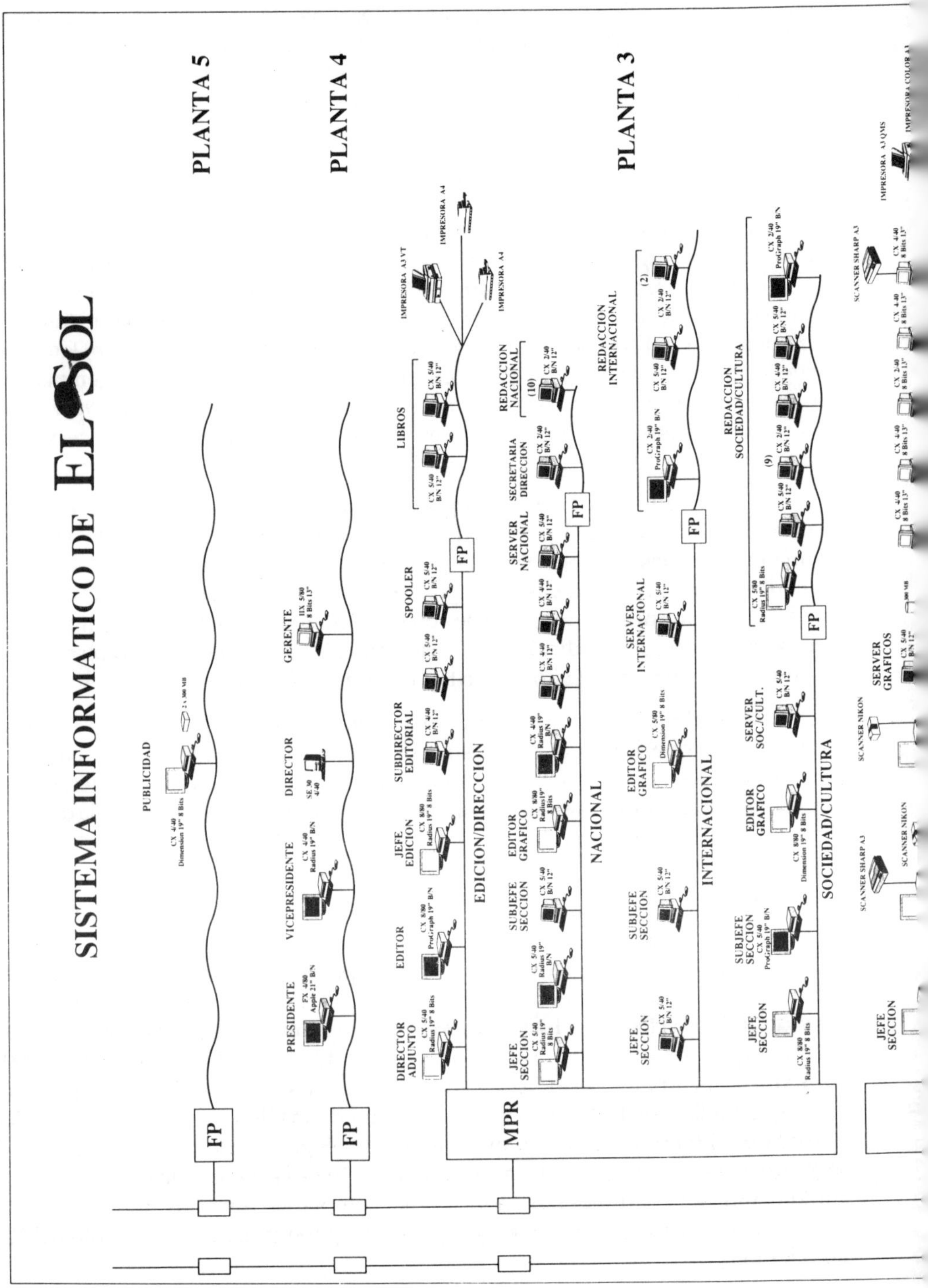
SISTEMA INFORMATICO DE EL SOL
PLANTA 5
PLANTA 4
PLANTA 3
PUBLICIDAD
PRESIDENTE
VICEPRESIDENTE
DIRECTOR
GERENTE
DIRECTOR ADJUNTO
EDITOR
JEFE EDICION
SUBDIRECTOR EDITORIAL
SPOOLER
LIBROS
IMPRESORA A3 VT
IMPRESORA A4
EDICION/DIRECCION
JEFE SECCION
SUBJEFE SECCION
EDITOR GRAFICO
SERVER NACIONAL
SECRETARIA DIRECCION
REDACCION NACIONAL
(10)
NACIONAL
SERVER INTERNACIONAL
REDACCION INTERNACIONAL
(2)
INTERNACIONAL
SERVER SOC./CULT.
REDACCION SOCIEDAD/CULTURA
(9)
SOCIEDAD/CULTURA
SERVER GRAFICOS
SCANNER SHARP A3
SCANNER NIKON
IMPRESORA A3 QMS
FP
MPR

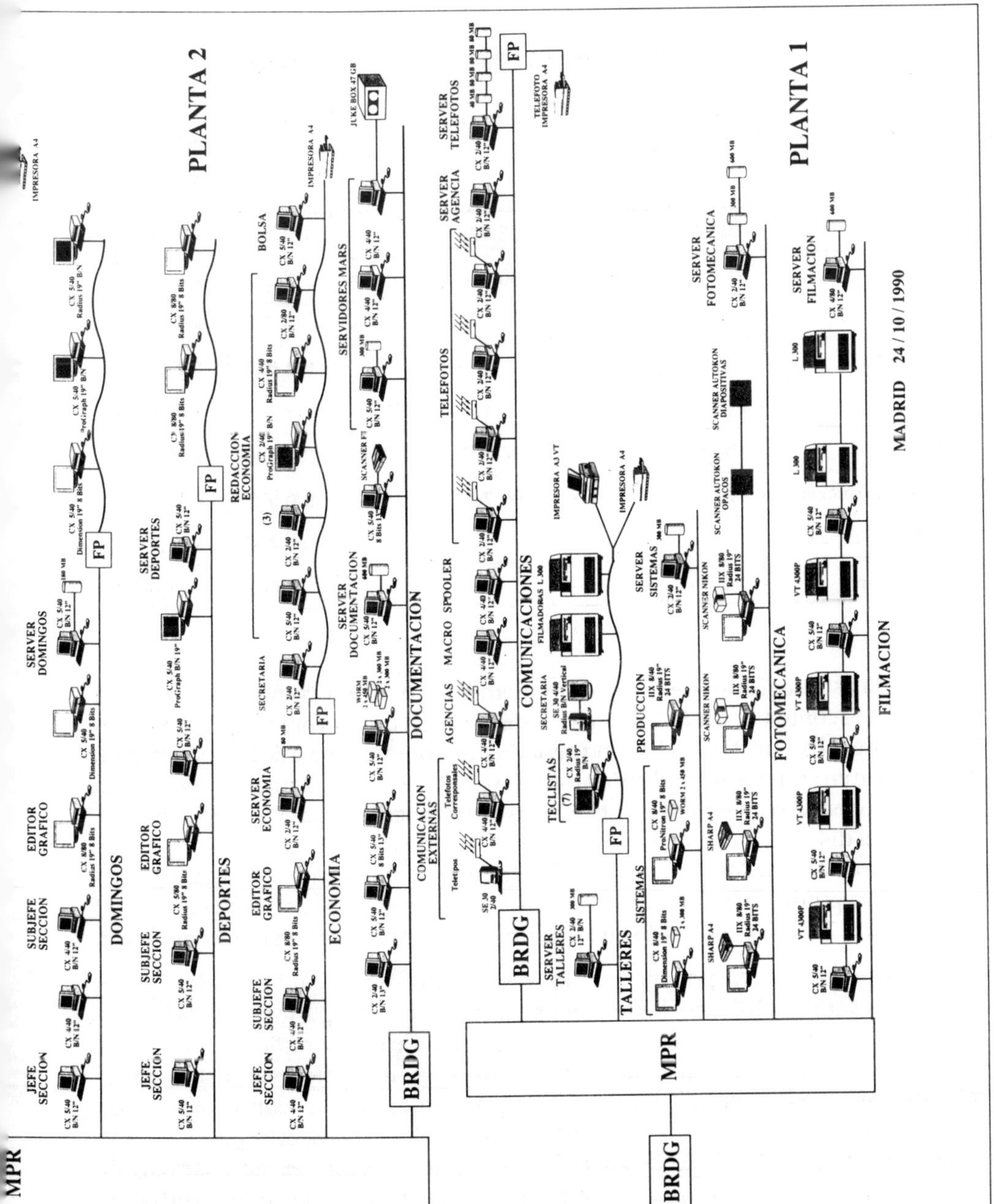

Figura 7.1. Sistema informático de El Sol.

La venta de prensa durante los domingos

	1978	% aumento sobre difusión normal	1980	% aumento sobre difusión normal	1985	% aumento sobre difusión normal
El País	203.417	+ 59,1%	303.423	+ 50,3%	613.303	+ 76,1%
La Vanguardia	254.800	+ 36,8%	280.726	+ 45,5%	308.072	+ 61,1%
El Periódico	---	---	---	---	183.818	+ 34,2%
Diario 16	---	---	---	---	191.837	+ 47,1%
ABC	268.887	+ 118,3%	300.185	+ 125,1%	342.325	+ 56,4%
Ya	198.823	+ 64,7%	184.327	+ 63,7%	131.796	+ 50,1%
La Voz de Galicia	77.745	+ 10,3%	86.766	+ 18,3%	109.525	+ 40,1%
El Correo Español	---	---	---	---	150.402	+ 31,4%
Diario Vasco	---	---	---	---	74.093	- 1,6%

Esta estrategia de la edición de suplementos debe ser completada con una mejora de los contenidos informativos del diario y con una apropiada presentación de los mismos. Es aquí donde el diseño periodístico, como lenguaje de la modernidad, se convierte en la clave del poder de atracción que ejercen las páginas del periódico en sus lectores. La convergencia entre textos e imágenes se produce, precisamente, a través del diseño y una buena utilización de los recursos tipográficos y gráficos contribuye a hacer del diario un producto moderno, expresivo y visual. Este efecto ha sido conseguido por periódicos regionales que, como *Diario de Cádiz* (Figura 7.3) y *Sur* (Figura 7.4), han realizado en los últimos años su reconversión tecnológica.

La preocupación por mejorar los contenidos -no hay que olvidar que el contenido es arte- y el diseño -los lectores recuerdan el mensaje a través de la forma- es un hecho constatado en la mayoría de los diarios. En este sentido, cabe destacar los sondeos y encuestas que han comenzado a realizar algunas instituciones relacionadas con la prensa escrita, a fin de poder ofertar a los consumidores de diarios el producto que ellos demandan. Tal es el caso del estudio efectuado recientemente por la ASNE (Sociedad Americana de Editores de Diarios), de Washington. Bajo el lema «Las claves de la supervivencia», esta institución promovió una encuesta entre 1.264 personas, en la que se abordaban dos aspectos vitales: cómo atraer a los lectores eventuales y potenciales, y qué prototipo de diario es el más adecuado para un determinado tipo de lectores. He aquí algunas de sus conclusiones:

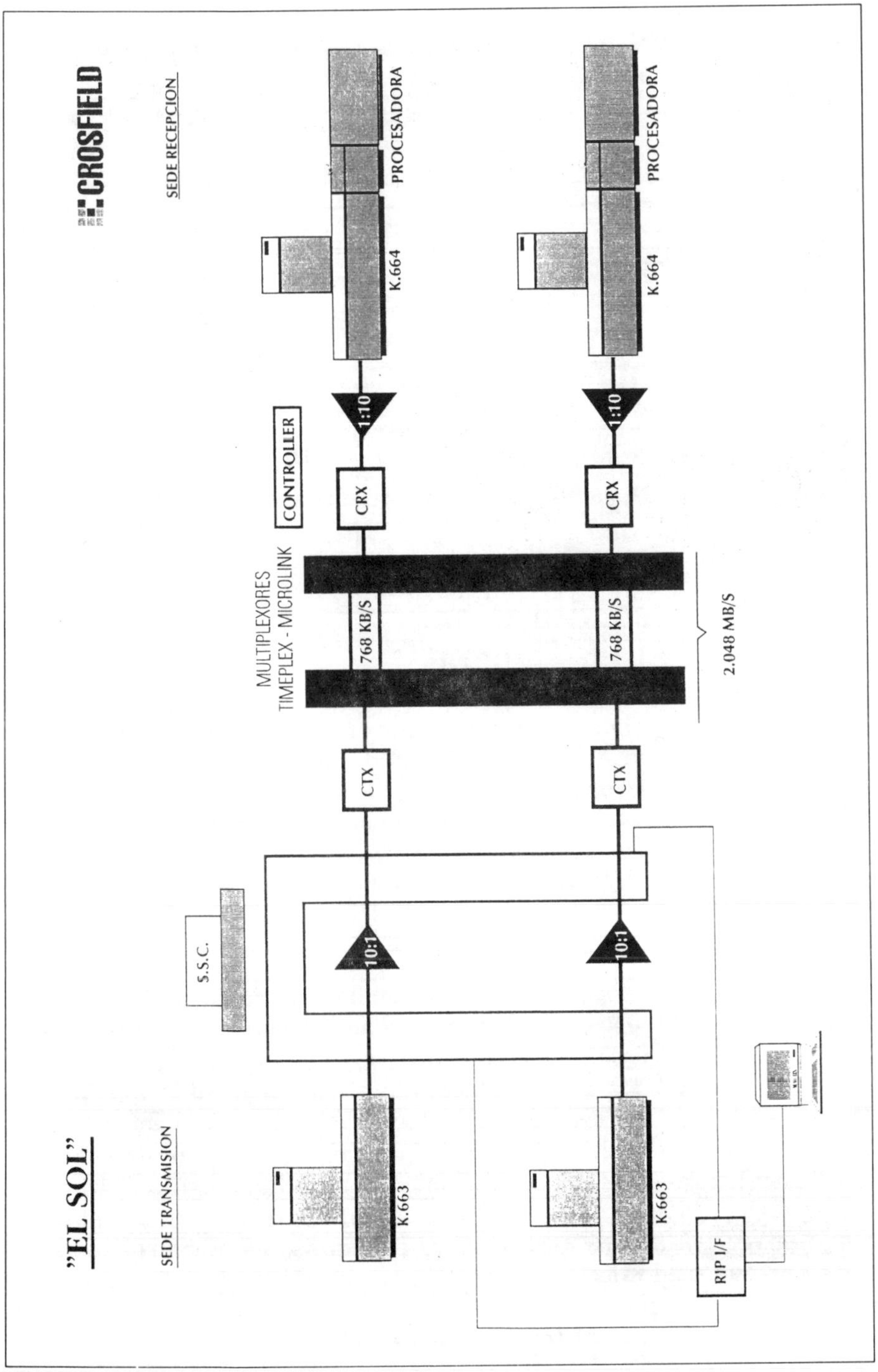

Figura 7.2. Sistema de transmisión de las páginas de El Sol

DIARIO DE CADIZ

EDITA: FEDERICO JOLY y Cía., S. A.
TALLERES: POLIGONO RIO SAN PEDRO

FUNDADO EN 1867

REDACCION Y ADMINISTRACION:
CEBALLOS, 1. TELEFONO 226705

AÑO CXXVI N.º 41.880 — DOMINGO, 21 DE JUNIO DE 1992 — 125 PESETAS

El Cádiz acude al partido en Figueras con prácticamente un pie en Primera

El Cádiz, a confirmar su permanencia en Figueras

Linares y Milanko, en el equipo inicial

El Cádiz afronta esta tarde —20.00 horas, Canal Sur TV— el partido de vuelta de la promoción de permanencia, encuentro en el que parte con dos goles de ventaja producto de su victoria en el choque de ida disputado el pasado domingo en Carranza.

Para confirmar su permanencia en Primera División, al equipo amarillo le basta con un empate o perder por la mínima, si cayera por dos/cero la eliminatoria quedaría igualada a dos y se tendría que disputar un tercer partido el próximo miércoles, probablemente en el estadio Vicente Calderón de Madrid.

Ramón Blanco considera que el Cádiz está capacitado para sacar airosamente la eliminatoria y, de salida, planteará un partido de contención para lo cual incluirá en el centro del campo a Goran Milanko en apoyo de la defensa, sacrificando en el banquillo a Pepe Mejías. Por lo demás, y contando con la sustitución de Linares por el sancionado Oliva, el «once» amarillo será el mismo que el pasado domingo venció al Figueras.

En lo que al equipo ampurdanés se refiere, su entrenador Jorge D'Alessandro afirma que no ve la eliminatoria perdida y que su equipo es capaz de dar la vuelta al marcador. Definitivamente Tab Ramos no se recuperó y tampoco podrá jugar este domingo, por lo que Márquez y Altimira formarán el tándem atacante local.

Páginas 49 a 53

125 años a través de DIARIO DE CADIZ

Con motivo del 125 aniversario de DIARIO DE CADIZ se ha editado un suplemento extraordinario en el que se resumen las noticias aparecidas durante sus cerca de 42.000 números. Cada página de este suplemento es el reflejo de lo acontecido y publicado por DIARIO DE CADIZ durante el período de un año. El criterio de selección ha sido el de dar a conocer la gran variedad de artículos y anuncios que en su siglo y cuarto ha publicado DIARIO DE CADIZ.

El suplemento consta de 144 páginas y se vende conjunta e inseparablemente a la edición normal del periódico del domingo al precio de 125 pesetas.

El SAS debe 600 millones a sus proveedores de víveres

Una veintena de empresas que se encargan de suministrar alimentos y bebidas a los hospitales del SAS en la bahía de Cádiz y Jerez atraviesan una difícil situación económica a causa de las deudas que tiene contraídas con ellas el Servicio Andaluz de Salud.

En total estas empresas, que totalizan unos 300 trabajadores, tienen pendientes de cobro 600 millones de pesetas.

Parte de las facturas impagadas pertenecen a 1990, aunque la mayoría de la deuda corresponde al pasado año del que no han cobrado ni una peseta.

Los empresarios señalan que están fuertemente endeudados y ya los bancos no les dan más aplazamientos por lo que «si esto no se soluciona pronto no sabemos lo que va a ocurrir».

El SAS, por su parte, reconoce la existencia de una fuerte deuda con estas empresas y señala que los problemas de liquidez de este organismo a nivel regional han impedido realizar los pagos.

Página 3

El desdoble Jerez-Puerto, totalmente listo el día 30

El Ministerio de Obras Públicas ha garantizado la terminación total de las obras de desdoblamiento de la Nacional IV, entre Jerez y El Puerto para el día 30 de este mes. Las obras, cuyo presupuesto se ha incrementado en 200 millones al introducirse en el proyecto varias actuaciones solicitadas por el Ayuntamiento, estarán listas un mes antes de la fecha que fijaba el plazo para su terminación. Según el MOPT, sólo resta para acabar las glorietas, semaforización, iluminación y jardinería.

Página 19

González frenó la lucha dentro del PSOE

El secretario general del PSOE, Felipe González, consiguió ayer parar el enfrentamiento entre el aparato socialista y los dirigentes renovadores con un discurso en el que defendió la libertad de expresión de las ideas a la vez que la unidad frente a las decisiones, palabras que satisficieron a ambos sectores. La nota destacada fue la intervención del presidente de la Comunidad de Madrid, Joaquín Leguina, quien criticó a la dirección del PSOE por no abrirse al partido.

Página 40

SUMARIO

Hoy, suplemento semanal

LOTERIA PRIMITIVA
13-24-29-30-37-42
Complementario 40 Reintegro 7

7.3. Portada del Diario de Cádiz

SUR

Director: Joaquín Marín

Checoslovaquia dejará de existir como nación en septiembre

Los líderes políticos checos y eslovacos llegan a un acuerdo para dividir pacíficamente el Estado común, creado hace 74 años

Página 43

González consigue frenar el enfrentamiento entre los dos sectores del PSOE

El comité federal aprueba el proyecto político para la convergencia con Europa

Página 39

● MALAGA

Millones para La Paz. La Lotería Nacional dejó ayer 876 millones de pesetas en la barriada de La Paz, repartidos entre el más de centenar de socios de la peña del mismo nombre. La serie completa del número 27.434 fue adquirida en la administración de loterías Fray Leopoldo, de la Cruz del Humilladero, y vendida en su totalidad entre los socios de la peña, que ayer celebraron, con júbilo y alegría, entre risas y lágrimas de emoción, haber entrado en el club de los millonarios. Información en página 4.

● EN ESTE NUMERO

Ya son once los detenidos por su vinculación con el «comando Nafarroa» de ETA

Gobierno y PP, seguros de que Mario Conde prepara su paso a la política

Real y Atlético de Madrid disputarán la final de la Copa del Rey

El PSOE, de boda

Altos cargos socialistas asisten en Rincón al enlace matrimonial de Martín Toval

Página 8

Carne de patera

Miles de africanos se juegan la vida en el Estrecho en busca del sueño europeo

Páginas 16 y 17

Figura 7.4. Portada del diario Sur, de Málaga.

- De las 1.264 personas encuestadas, el 55 por ciento se declaran lectores fieles, que leen casi todos los días un diario; un 13 por ciento, lectores eventuales (leen el periódico con frecuencia); otro 13 por ciento, lectores potenciales (leen el periódico ocasionalmente), y el 19 por ciento restante afirman no estar interesados en la lectura de periódicos.

- Los lectores fijos manifiestan que no se oponen a los cambios o innovaciones, siempre que el diario lleve buena información. El resto de los lectores se muestra proclive a las modificaciones, siempre que éstas conduzcan a elaborar un mejor producto.

- Los lectores eventuales subrayan como más importante el diseño que el contenido, mientras que lo lectores potenciales dicen lo contrario. Esto debe inducir a armonizar la presentación y el contenido, de forma que ambos aspectos contribuyan a elaborar un diario atrayente e interesante.

- Los lectores eventuales prefieren las noticias «cortas y simples», mientras que lo lectores potenciales prefieren una información profunda, pero sólo en determinados temas. Los periódicos, por tanto, deberán encontrar un equilibrio entre una presentación sucinta de las noticias de carácter general y un tratamiento más profundo de las informaciones más interesantes.

- Los lectores eventuales se ven atraídos por los artículos amenos e interesantes desde el punto de vista humano, mientras que los lectores potenciales prefieren los temas serios. Esto debe obligar al periódico a buscar un equilibrio entre los aspectos agradables y los serios de su contenido.

La mejora, pues, de los contenidos informativos, manteniendo un equilibrio entre las noticias breves y las informaciones de fondo, así como una presentación que contribuya a crear una atmósfera agradable o seria cuando convenga, son aspectos que demandan los lectores de un periódico moderno y a los que el diario habrá de responder mediante una estrategia innovadora.

7.3. El futuro del periódico

En sus trescientos años de existencia, los diarios han procurado disponer siempre de los medios técnicos más perfeccionados que existían en cada momento, a fin de mejorar sus servicios, tanto con sus lectores como con sus anunciantes. Durante siglos, el diario procuró también crear una sólida unión con sus lectores y servir de vehículo de información y de publicidad. La aparición de los medios audiovisuales primero y, más tarde, de los medios electrónicos, aparte de romper el monopolio informativo de que disfrutaban los periódicos, han puesto en evidencia los puntos débiles del diario, los cuales, a juico de Friedrich Burkhardt, pionero en el estudio de la informática aplicada a la Prensa, son los siguientes:

- La imagen que ofrece el periódico es la de un producto técnicamente débil.

- La cantidad de información que ofrece el diario el limitada y, por otra parte, permanece congelada durante veinticuatro horas.

- El periódico, en general, se distribuye en un entorno geográfico limitado, al cual se circunscribe exclusivamente su influencia.

- El diario no es interactivo.

Si es cierto que el periódico presenta éstos y otros puntos débiles no es menos evidente también que tiene sus puntos fuertes, los cuales constituyen determinadas ventajas sobre los otros medios. A estos puntos fuertes se refirió Günter Ville, presidente del comité de dirección de Axel Springer Verlag AG, la empresa editorial más importante de Alemania, en la conferencia que pronunció en el Congreso de IFRA, celebrado en Amsterdam en octubre de 1991 sobre el tema «Los periódicos en un mercado difícil».

A juicio de Günter Ville, la situación de crisis que padece la prensa escrita viene determinada por tres factores: la transferencia de los paquetes publicitarios de los medios impresos hacia la radio y la televisión, la evolución de las comunicaciones hacia aspectos más visuales que literarios y el estancamiento del tiempo de lectura, lo que obliga al lector a seleccionar los medios en un mercado superabundante de productos impresos.

Ante esta situación de crisis, no cabe la resignación, en palabras del propio Ville, sino que es necesario una renovación permanente. En una era en la que la comunicación está marcada por lo audiovisual, las técnicas modernas constituyen una de las respuestas capaces de superar las dificultades del mercado de medios impresos. Con la ayuda de las técnicas modernas, el periódico puede resistir la concurrencia de otros medios y adoptar soluciones rápidas, racionales y flexibles. Estas soluciones requieren disponer de sistemas redaccionales y de tratamiento electrónico de anuncios, de sistemas de transmisión de datos por cable y por satélite, y de una estructura informatizada para la impresión y distribución del diario.

Aun siendo muy importante la técnica, existen otros aspectos, como señala también Günter Ville, que hay que reforzar en el diario. Para ello, hay que partir de que el periódico presenta una serie de ventajas (puntos fuertes) sobre los medios audiovisuales, como son las siguientes:

- El periódico está siempre y, en todo momento, disponible.

- Ofrece no sólo un conjunto de informaciones, sino que además destaca sus aspectos más originales, los analiza, los comenta y crea opinión.

- Informa con precisión de las cuestiones regionales y locales, cubriendo de este modo la vida en comunidad e interesando al lector por su entorno social.

- Esta proximidad con el lector contribuye a potenciar la función del periódico como soporte publicitario.

Estas ventajas del diario sobre los medios audiovisuales deben ser reforzadas mediante una serie de acciones que ayuden a mantener a los lectores fieles y sean capaces de conquistar a los lectores eventuales y potenciales. Para ello, el diario debe profundizar en la información, presentar sus contenidos de forma atrayente, hablar el lenguaje de los lectores y estar próximo al lector. Un periódico que quiera tener futuro -concluía Günter Ville- debe demostrar, con su profesionalismo, con el pluralismo de sus opiniones y con su concepción clara y atractiva, que es un medio de comunicación irremplazable.

8

INTEGRACION DEL PROCESO DE PRODUCCION

- **La preimpresión: nuevas técnicas y nuevos métodos**
- **La publicidad asistida por ordenador**
- **Automatización de la impresión y de la distribución**

8.1. La preimpresión: nuevas técnicas y nuevos métodos

En el tema anterior, nos referimos a la intervención de Günter Ville en el Congreso de IFRA sobre «Los periódicos en un mercado difícil» y decíamos que, según este destacado directivo de Axel Springer Verlag AG, hoy es imposible imaginar la existencia de diarios sin sistemas redaccionales y de tratamiento de anuncios, sin composición por ordenador y sin una estructura informatizada para la impresión y expedición del producto. Son estas tres cuestiones - preimpresión, tratamiento electrónico de la publicidad y automatización del proceso de producción y distribución- las que vamos a abordar en este tema.

Hace unos quince años, los redactores se preguntaban si el ordenador facilitaba o, por el contrario, complicaba su trabajo. Hace diez años, los periodistas se quejaban de la mala calidad del equipamiento tecnológico introducido en la Redacciones. Eran los años -inicios de la década de los ochenta- en los que se había suscitado una viva polémica sobre qué sistema editorial, de los muchos y variados que existían en el mercado, era el más apto para el trabajo redaccional. Todavía, hace cuatro años, en 1989, una encuesta realizada entre 160 periodistas empleados en periódicos norteamericanos, con una tirada entre cien mil y seiscientos mil ejemplares, revelaba un profundo descontento entre los profesionales. Más del 70 por ciento de los encuestados decía tener menos tiempo para realizar su trabajo, mientras que sólo el 27 por ciento afirmaba que los nuevos sistemas de compaginación electrónica permitían mejorar la calidad redaccional.

En estos últimos cuatro años, sin embargo, la situación ha cambiado radicalmente a raíz de la introducción, en las Redacciones de los diarios, del ordenador personal. Ahora, el periodista ha logrado servirse del ordenador para transmitir sus informaciones, desde cualquier parte del mundo, hasta la Redacción central. Al mismo tiempo, es el periodista el que compone ya sus textos en pantalla y les da el tratamiento tipográfico para su posterior impresión. Contenido y forma se unen, por fin, como elementos inseparables de la presentación de la información, en manos del profesional de la comunicación, logrando integrar, de este modo, todos los elementos de la preimpresión.

¿Qué es la preimpresión? Podríamos definirla como el conjunto de operaciones que tienen como finalidad la elaboración de la página de un diario, integrando en la misma, a través de un videoterminal, textos e imágenes. Estas operaciones son las que corresponden a la naturaleza del trabajo redaccional, como son captación, selección, tratamiento y presentación de la información textual y gráfica (Figura 8.1).

En esquema, la preimpresión se inicia a partir del planillo en que la sección de Publicidad ha indicado los anuncios que deben ir en cada página. A partir de ese momento, y una vez consultados los redactores-jefes y jefes de sección, se elabora una maqueta provisional del diario, con las páginas que corresponden a cada sección. El diseñador confecciona cada página, indicando en la misma los espacios dedicados a los titulares, textos e ilustraciones, al mismo tiempo que determina la longitud y posición de cada información. Otro diseñador o responsable de producción, recibe a continuación la premaqueta e indica el tipo y cuerpo de los caracteres, establece la geometría de todos los elementos de la página e integra el texto en sus correspondientes espacios. Este trabajo se realiza en un ordenador y, una vez finalizada esta operación, la maqueta electrónica constituye la base de las diversas operaciones que deben efectuar los redactores.

Los redactores escriben sus textos sobre la página electrónica, al mismo tiempo que las imágenes, en baja resolución, son transmitidas y situadas en los espacios previamente fijados. En cualquier momento, se pueden efectuar cambios tanto en los textos como en las imágenes. Elaborada ya la página, el redactor puede obtener una copia de la misma en una impresora. El siguiente paso será la filmación de la página a fin de elaborar la plancha de impresión, aspecto éste que corresponde al sector de producción.

Las operaciones que acabamos de describir son propias de lo que se denomina un sistema redaccional y tienen como finalidad, según hemos indicado, la ejecución de una serie de tareas que se integran en la preimpresión. Ahora bien, en la preimpresión podemos distinguir, por una parte, los aspectos técnicos, que pueden variar en cada periódico (Figura 8.2), según su equipamiento tecnológico,

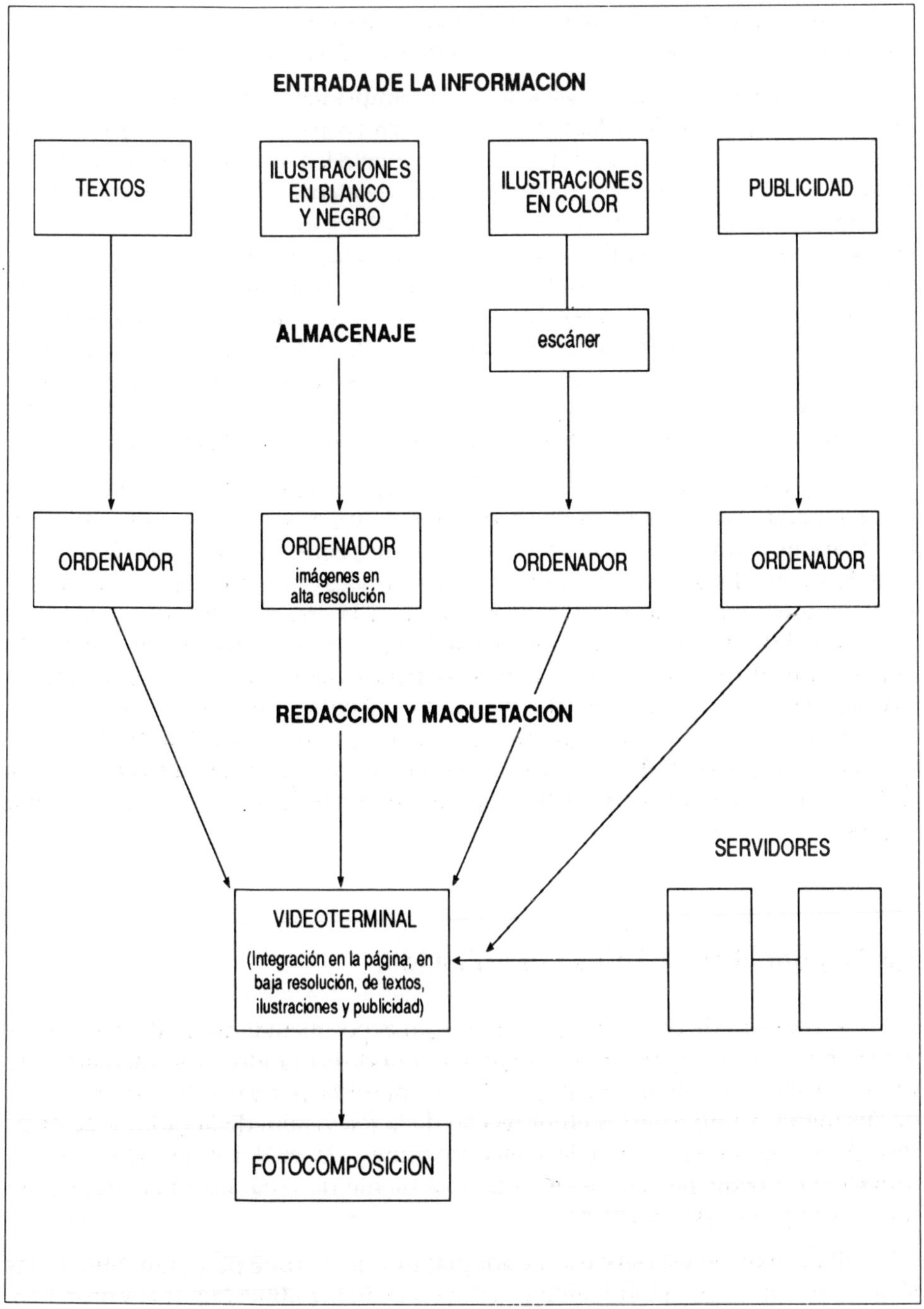

Figura 8.1.Esquema de un sistema de preimpresión.

y, por otra, los aspectos metodológicos, en cuanto que la preimpresión ha modificado sustancialmente el sistema de trabajo y organización de la Redacción.

En cuanto al segundo aspecto - la preimpresión como nuevo modelo de organización del trabajo redaccional- es un hecho constatado que los sistemas redaccionales vigentes han modificado no solamente los métodos de trabajo de los redactores, sino toda la estructura empresarial del diario. En los primeros tiempos del periódico, sucedía con frecuencia que el editor escribía los textos, los componía e imprimía el periódico. A partir de la segunda mitad del siglo XIX, con la invención de la rotativa y de la linotipia, el trabajo se especializa y surge la división de tareas, lo cual dará lugar a la creación de las tres secciones que han caracterizado , durante más de un siglo, a la empresa periodística: Administración, Redacción y Talleres. Con la llegada de las nuevas tecnologías electrónicas, esta división de tareas, que se apoyaba en las antiguas técnicas, ha quedado obsoleta, lo que ha obligado a las empresas periodísticas a adoptar nuevos modelos de organización.

Ha sido la evolución de la informática y de las telecomunicaciones el factor que ha modificado el proceso de producción de un diario. En este sentido, cabe destacar que el desarrollo de sistemas modulares, configurados sobre estaciones de trabajo estandarizado y conectadas por redes locales y líneas de telecomunicación, también estandarizadas, están contribuyendo a la creación de nuevas técnicas redaccionales sobre la base de sistemas de trabajo compartidos en línea. Además del tratamiento de textos, los nuevos sistemas integran ya técnicas para la telecomunicación, el acceso a bancos de datos, cálculo, creación y elaboración de la maqueta, previsión de la producción y gestión administrativa. Y todo ello desde una sola estación de trabajo, o mesa multi-tareas, que permiten a los redactores trabajar conjuntamente en la elaboración de un mismo artículo o de una misma página.

8.2. La publicidad asistida por ordenador

Como sucede con la recesión que están experimentando los diarios en sus ventas, también la mayoría de los periódicos de todo el mundo acusan actualmente un descenso considerable de la publicidad. La pérdida, por parte de los periódicos, de sus ingresos publicitarios en provecho de la televisión, de la radio y de otros medios, se ha agravado por la crisis económica, la cual incide incluso en la captación de pequeños anuncios, principal fuente de recursos financieros para muchas empresas periodísticas.

Para analizar esta situación y adoptar estrategias que permitan innovar las técnicas de captación, tratamiento y facturación de la publicidad, IFRA organizó, en febrero de 1992, un simposio en Londres sobre el tema «La publicidad asistida por ordenador». A dicho simposio asistieron 135 representantes de empresas

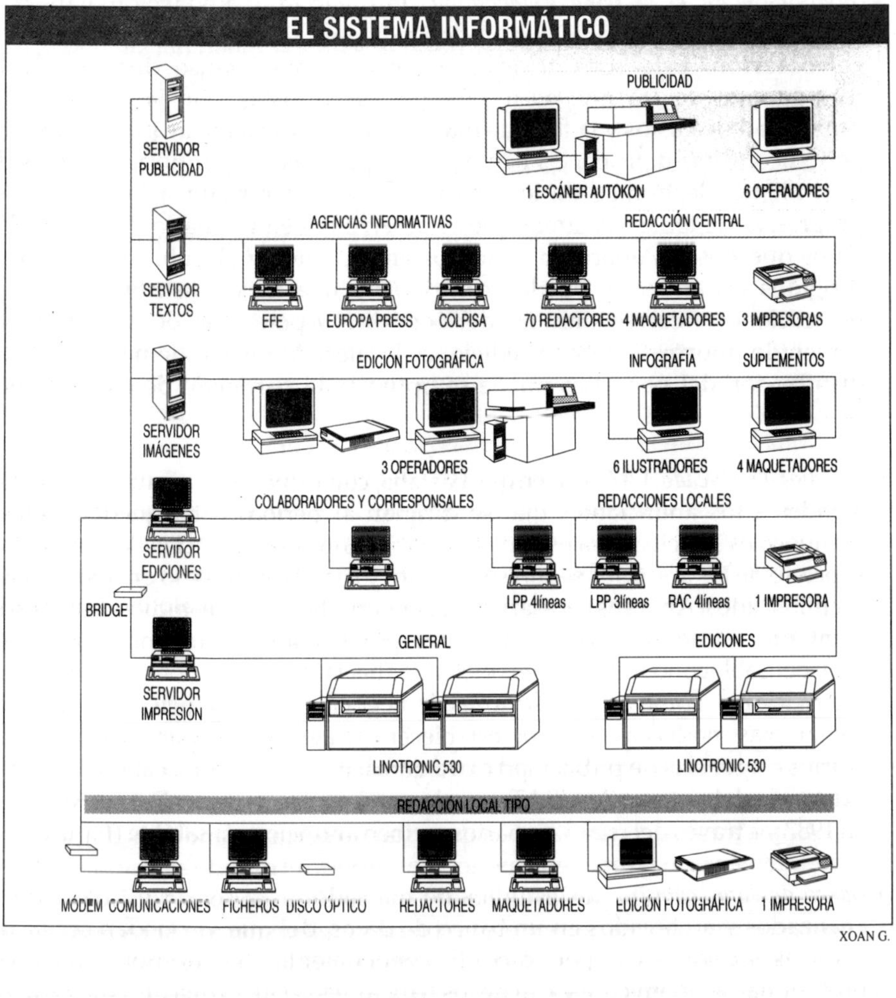

Figura 8.2. Sistema informático de La Voz de Galicia

informativas y de diarios, los cuales estudiaron las soluciones más adecuadas, desde el punto de vista técnico, de gestión, elaboración y producción, para mejorar la captación de anuncios y su posterior integración en el sistema de preimpresión de un diario. Resumimos algunas de las ideas expuestas en dicho simposio y publicadas en el boletín «Techniques de Press», correspondiente a marzo de 1992.

- *Integración en el sistema redaccional.* Publicidad y Redacción han sido tradicionalmente como «islotes» independientes, sin canales de información y colaboración. Esta separación se ha mantenido incluso después de la introducción de las nuevas tecnologías electrónicas, con la consiguiente duplicidad de gastos y la falta de integración en el sistema de producción del periódico. Estas deficiencias han de ser superadas y los futuros sistemas de tratamiento electrónico de los anuncios deben contribuir a la integración progresiva de todas las tareas que se desarrollan en un diario. En efecto, los datos que posee Publicidad sobre los anunciantes y el público al que van dirigidos los anuncios pueden contribuir a una mejor distribución de las delegaciones y corresponsalías del periódico y potenciar, de este modo, el contenido informativo de las ediciones locales. Al mismo tiempo, la red de distribución del periódico puede se optimizada partiendo de esos mismos datos.

- *Estudios de mercado.* La época en que bastaba, como sucedía hace unos años, con atender a los anunciantes que se dirigían al periódico ha quedado atrás. Tampoco es suficiente ya enviar, una vez al año, a las agencias de publicidad el precio de los anuncios según su formato y sección del diario en que vayan a ser publicados. Ahora es necesario realizar periódicamente estudios de mercado e intentar atraerse a los anunciantes potenciales. Al mismo tiempo, es indispensable conocer los nuevos mercados hacia los que se orienta la publicidad internacional, como son los sectores de negocios, los productos de lujo y las tecnologías modernas, a fin de establecer estrategias compartidas con otros diarios o agencias de publicidad extranjeras. En este sentido, cabe destacar la existencia del sistema AD/SAT, creado en Norteamérica por Robert Maxwell en 1987 y a través del cual 125 diarios reciben anuncios vía satélite (Figura 8.3).

- *Banco de datos común.* Los estudios de mercado, para ser útiles, han de ser analizados y archivados en un banco de datos, del que se puedan servir las diversas secciones del periódico. El conocimiento, por ejemplo, del nivel profesional, económico y social de los habitantes de una zona determinada de una ciudad puede contribuir a mejorar el sistema de gestión de la información de un diario. Por otra parte, un sistema de tratamiento electrónico de anuncios, combinado con un banco de datos, permite informar con prontitud y eficacia al cliente sobre tamaño, tarifas, días de publicación del anuncio, fecha de cobro del mismo, etc.

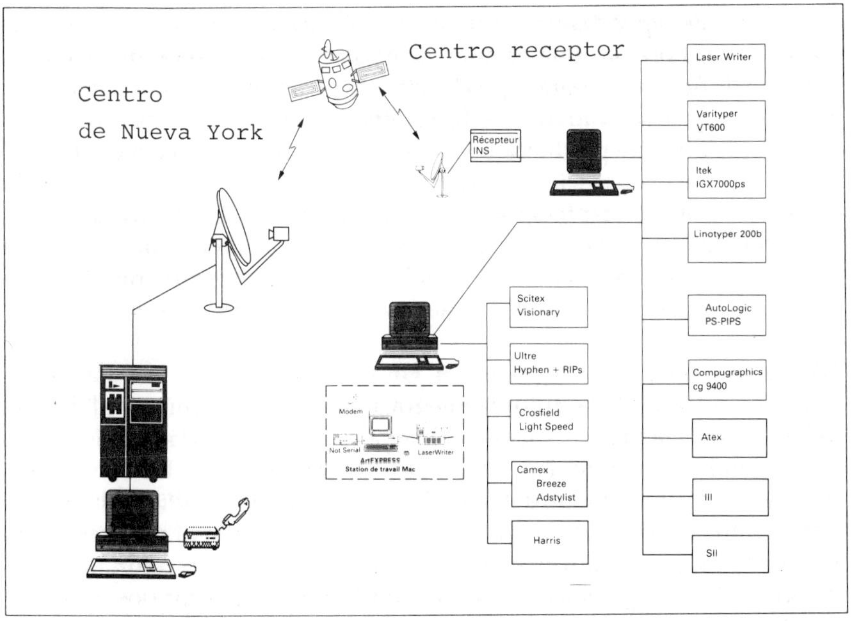

Figura 8.3. Esquema del sistema AD/SAT para la transmisión de anuncios.

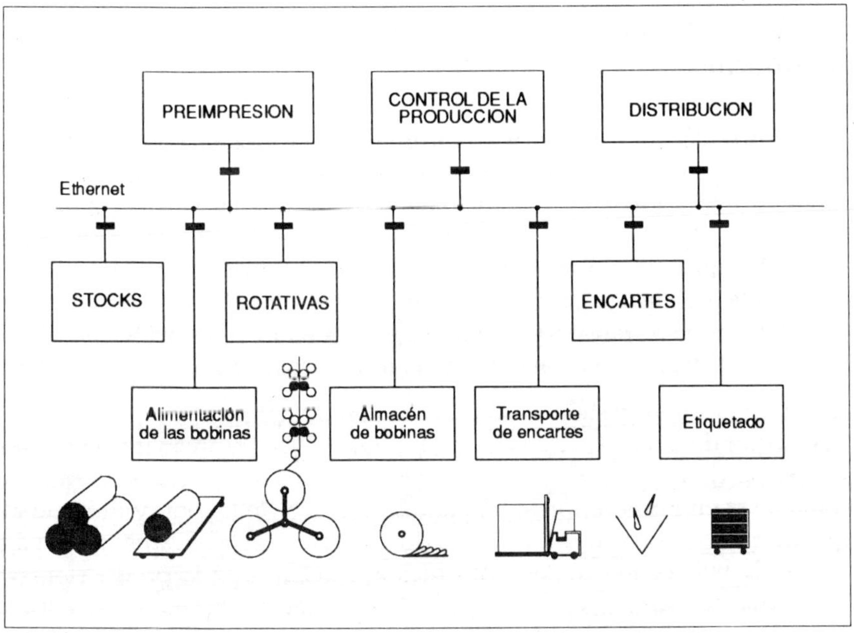

Figura 8.4. Arquitectura de un sistema para el control de la producción.

- *Eliminación de duplicidades.* El tratamiento electrónico de los anuncios ha dado lugar, hasta ahora, al establecimiento de sistemas duplicados: un sistema para la salida de órdenes y para la producción de los anuncios y otro sistema par su facturación y contabilidad. Esto ha originado que, durante mucho tiempo, la comunicación entre producción y la sección comercial haya tenido un sentido único, sin que los servicios de producción pudieran beneficiarse de los datos financieros, ni explotar todas sus ventajas potenciales. La eliminación de estas duplicidades está en la adopción de un sistema de gestión unificada, basada en un banco de datos, alimentado simultáneamente por producción y la gerencia comercial, y que sea accesible, al mismo tiempo, a ambos servicios.

- *Nuevos sistemas y nueva organización.* Un sistema moderno de tratamiento de anuncios, además de permitir la integración del proceso comercial del diario, debe tener en cuenta otros aspectos que plantea la publicidad moderna, como son el archivo electrónico de logotipos, tratamiento electrónico de las ilustraciones y tratamiento del color. Todo ello pone de manifiesto la necesidad de una estrecha colaboración entre Publicidad, Redacción y Producción, ya que los anuncios, con sus ilustraciones en blanco y negro o en color, deberán ser incorporados a la página electrónica y posteriormente impresos.

8.3. Automatización de la impresión y distribución

La producción de un diario concluye con las operaciones de impresión, encarte de páginas especiales o suplementos, expedición y distribución. Este conjunto de operaciones son extremadamente complicadas y, hasta el momento, los fabricantes de la industria de prensa no han logrado ofrecer un sistema que integre todo el proceso de producción. Algunos fabricantes se han especializado en el sector de la preimpresión; otros, en el de alimentación de bobinas, en el control de las rotativas, en el transporte, almacenaje e inserción de encartes, etc. Ninguno de ellos, sin embargo, ofrece, hasta el momento, un sistema completo de producción.

El tema de la gestión y automatización del proceso de producción fue estudiado por diversos especialistas en el simposio que organizó IFRA en Munich en diciembre de 1990. La mayoría de estos especialistas coincidieron en afirmar que, mientras en otros sectores del periódico, como Redacción y Publicidad, la integración de los sistemas ha permitido elaborar electrónicamente la página completa, la integración de las diferentes operaciones de la producción no es todavía una realidad. Existen demasiados islotes automatizados, pero mal combinados entre ellos y faltos de equipos de interconexión, que permitan optimizar el proceso de elaboración el diario. De ahí que la preocupación primordial de los editores de diarios se centre, en la década de los noventa, en conseguir integrar en un sistema único el control de la producción.

Este sistema integrado debe tener una configuración que permita, de acuerdo con la Figura 8.4, integrar todos los datos referentes a la preimpresión, a la producción y a la distribución. Estas tres secciones estarían conectadas a través de la red Ethernet, lo que facilitaría que el sistema de gestión de la producción recibiera las informaciones de los sistemas de preimpresión, publicidad y distribución. De esta forma, antes de iniciarse la tirada, la sala de rotativas conocería el número de páginas que se van a imprimir, el número de cuerpos de color que se van a utilizar, los encartes que hay que insertar en el periódico, el número de planchas que hay que fabricar y el conjunto de bobinas de papel con las que hay que alimentar a la rotativa.

La sala de rotativas ocupa una posición estratégica en una empresa periodística, ya que constituye el centro de todo el proceso de producción. Esta el la razón por la cual numerosas empresas periodísticas, una vez implantado el sistema redaccional para la elaboración electrónica de la página completa, hayan concentrado sus esfuerzos en adquirir modernas rotativas de impresión en offset, como lo han hecho, recientemente, cuatro de los más importantes periódicos españoles: *La Vanguardia* , *El País, El Correo Español* y *La Voz de Galicia.*

Con motivo de los Juegos Olímpicos, celebrados en Barcelona en 1992, y para poder ofrecer el suplemento especial «Diario Olímpico», *La Vanguardia* inauguró, en julio de ese mismo año, su segunda rotativa offset Wifag OF7, la cual, unida a la primera, instalada en octubre de 1989, permitió al diario lograr la impresión de 130.000 ejemplares a la hora, con 112 páginas, varias de ellas impresas en color. A estas dos rotativas hay que unir la Uniman de MAN Roland, que imprime *El Mundo Deportivo* y las dos de huecograbado para la impresión del suplemento dominical en color. Todas ellas se encuentran instaladas en la planta de impresión que el diario posee en Poblenou.

Desde su aparición el 4 de mayo de 1976, el diario *El País* ha realizado importantes inversiones en sus sistemas de impresión hasta ofrecer a sus lectores, en los primeros meses de 1993, páginas de publicidad impresas en color. Esto ha sido posible gracias a la adquisición, en 1990, de dos rotativas Commander 70, de Koenig & Bauer, las cuales garantizan la producción de 430.000 ejemplares diarios y 1.200.000, los fines de semana. Los seis cuerpos de cada una de las rotativas permite la impresión de 35.000 ejemplares por hora, con 96 páginas, de las que ocho pueden ir en cuatricomía y otras ocho en bicolor.

A principios de 1993, *El Correo Español* inauguró su planta de impresión de Zamudio, situada a diez kilómetros de Bilbao. Esta planta de impresión descentralizada ha sido dotada de dos rotativas Wifag OF7, de offset color, las cuales permitirán la impresión de un diario de 144 páginas, de las cuales 84 corresponden al número normal y 60 al suplemento preimpreso con anterioridad.

Esta mejora del diario bilbaíno se une a la reconversión tecnológica efectuada, en los últimos años, por el «Grupo Correo» en seis de sus siete diarios, dos de los cuales -*La Verdad* y *El Diario Vasco* - publican desde hace tiempo páginas a todo color. Ahora, *El Correo Español* podrá también imprimir hasta ocho páginas en color.

Desde 1992, *La Voz de Galicia* se imprime en dos nuevas rotativas Koenig & Bauer, instaladas en el Polígono de Sabón (Figura 8.5). La capacidad de producción ha pasado ahora de los 25.000 ejemplares por hora de la antigua rotativa, a los 30.000, y de un máximo de 80 páginas, con el equipamiento anterior, a 128 páginas. Además, estas rotativas disponen de cuerpos para la impresión en color.

Si la impresión de un diario constituye, como hemos dicho anteriormente, el momento culminante del proceso de producción, también su expedición y distribución son aspectos de gran importancia, que vienen a completar el sistema de gestión editorial de la empresa periodística. En este sentido, las antiguas salas de cierre, que empleaban a numerosos operarios en las tareas de embuchado y empaquetado, hoy disponen de moderno equipamiento tecnológico que permite efectuar, de forma automática, los trabajos de suministro de bobinas de papel a las rotativas, controlar la impresión de los ejemplares necesarios para cada una de las ediciones del periódico, así como el encarte de los suplementos, empaquetado de ejemplares, según su destino, y carga de los vehículos de transporte.

En la actualidad, la mayoría de los diarios disponen de salas de expedición automática, que permiten absorber con rapidez y eficacia la producción de las rotativas. Así, por ejemplo, *Le Monde* cuenta, desde 1989, con una moderna sala de expedición, situada en su planta de impresión de Ivry y dotada de líneas Ferag. Este diario, vespertino, tiene una tirada de 525.000 ejemplares, que distribuye en tres ediciones: 220.00 en su primera edición («Dernière»), 265.000 en su segunda edición («Derniére Bourse») y 40.000 en su tercera edición («Rhone-Alpes»). De los 525.000 ejemplares, 90.000 están destinados a los abonados al diario y el resto se vende en quioscos. En provincias distribuye 175.000 ejemplares y 75.000 en el extranjero. Las tareas de elaboración del periódico comienzan a las 8 de la mañana y, a las 12,45, se inicia la tirada de la primera edición. La expedición de los ejemplares se efectúa a un ritmo de 120.000 por hora.

Por su parte, *La Voz de Galicia* ha incorporado a su planta de impresión de Sabón una sala de cierre y expedición automáticas (Figura 8.6), dotadas de encartadoras Ferag para suplementos y encartes publicitarios; de apiladoras, que cuentan y distribuyen los ejemplares según su destino; de atadoras, que cierran los paquetes una vez identificados con la hoja de ruta, y de la cinta transportadora, que deposita automáticamente cada paquete junto a los camiones.

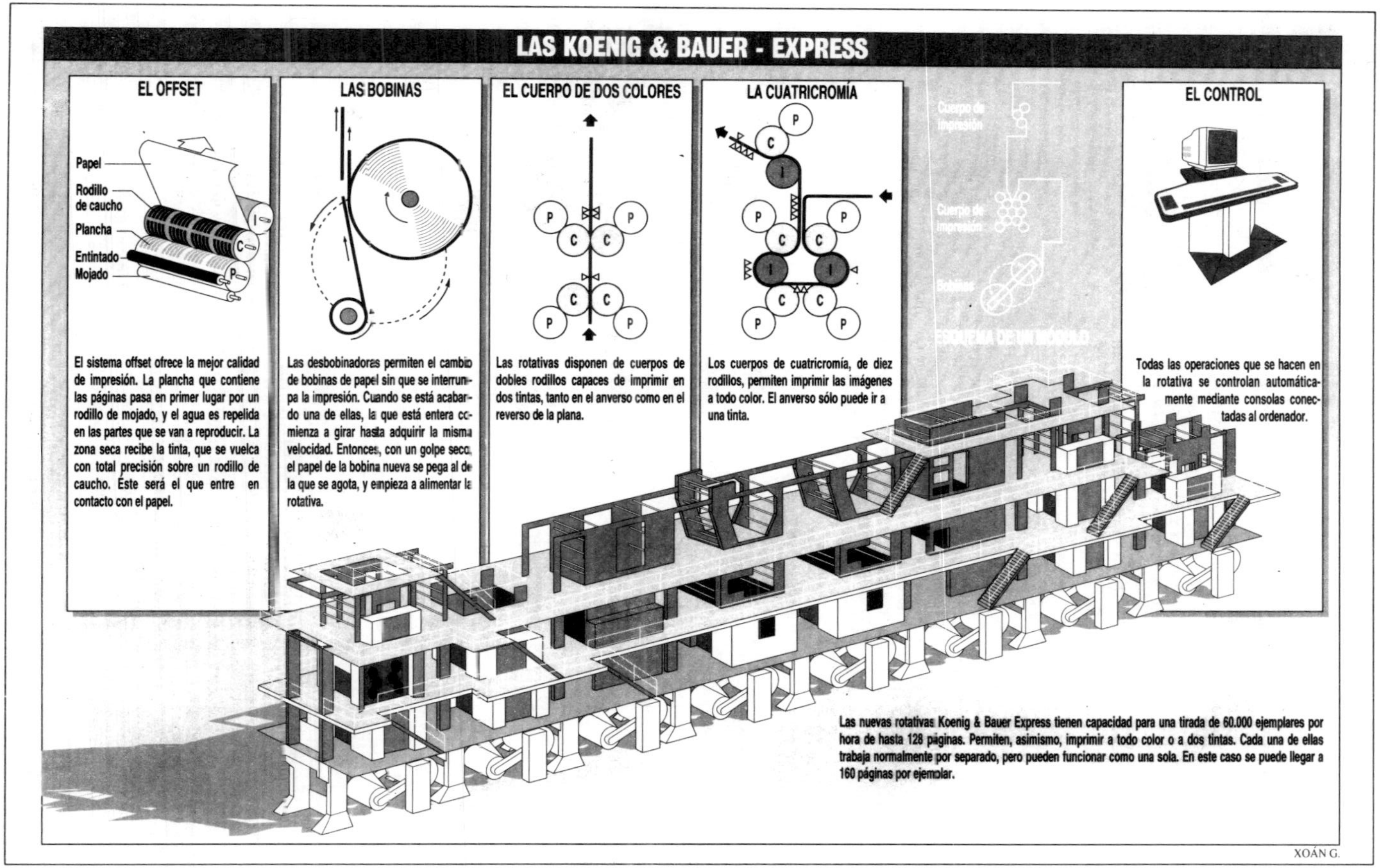

Figura 8.5. Configuración de la rotativa Express, de K&B, instalada en La Voz de Galicia.

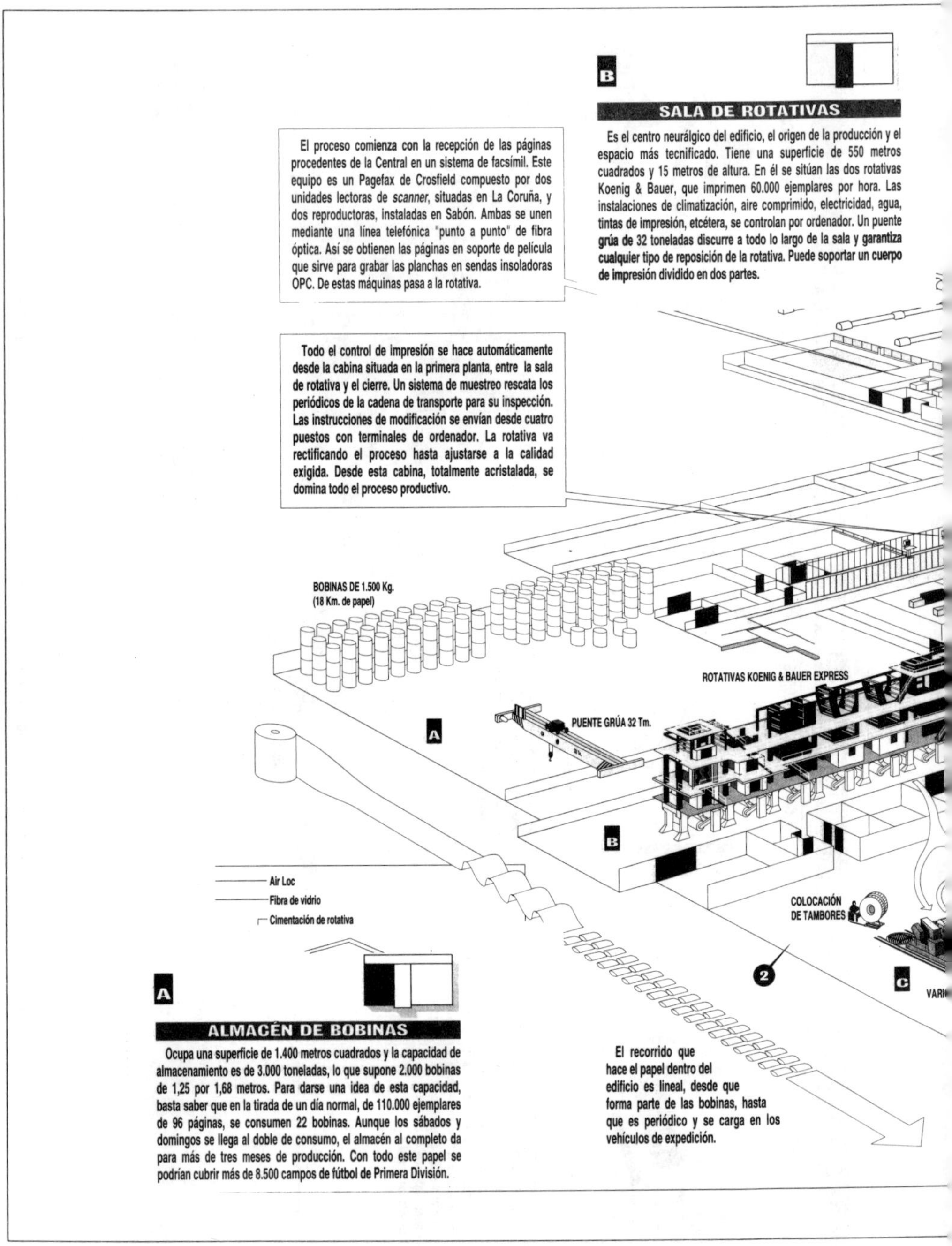

Figura 8.6. Planta de impresión de La Voz de Galicia, situada en Sabón,

C

CIERRE

La superficie es de 2.000 metros cuadrados y en ella se encuentra el sistema de encarte de suplementos y publicidad; las apiladoras, que cuentan y distribuyen los ejemplares según su destino; las atadoras, que cierran los paquetes una vez identificados con la hoja de ruta; y por último, la cinta transportadora que deposita automáticamente cada paquete en la salida donde lo espera su camión. Para los periódicos destinados a suscriptores existe también una empaquetadora que los etiqueta y envuelve en plástico.

D

OFICINAS Y SERVICIOS

Ocupa dos niveles de 1.800 metros cuadrados cada uno. En el inferior se sitúan los locales destinados a mantenimiento, instalaciones, talleres y personal. En el superior están las oficinas, la recepción de páginas enviadas desde la Central, la confección de las planchas y la cabina de control de la rotativa. El volumen principal está desarrollado a lo largo del edificio y en contacto con las tres zonas de producción, con un pasillo en cada planta desde el que se puede ver todo el proceso de edición.

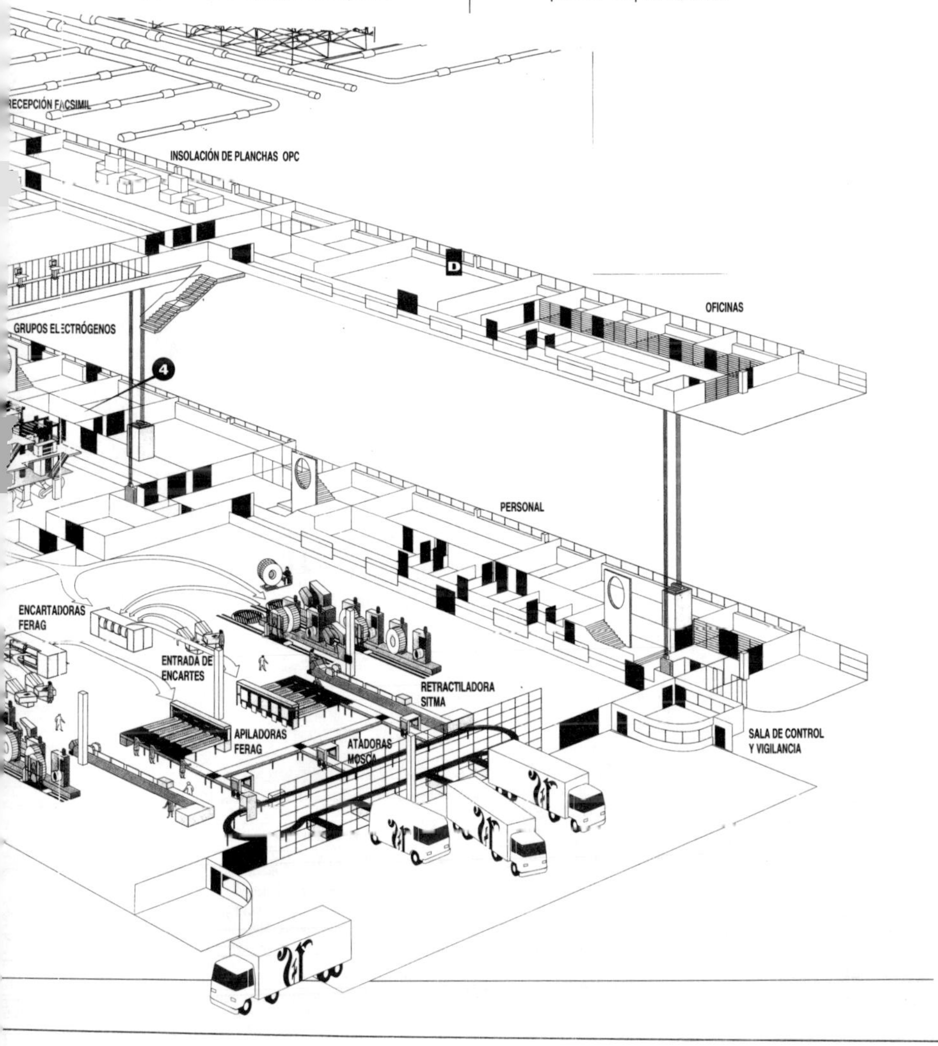

s salas de impresión, cierre y distribución. Fuente: La Voz de Galicia.

9

LA ESTRATEGIA DEL DISEÑO

- **El diseño tradicional de un diario**
- **Introducción del diseño gráfico**
- **Los componentes del diseño moderno**

9.1. El diseño tradicional de un diario

En unos momentos en que se cuestiona el desarrollo futuro de la prensa escrita, editores de diarios y especialistas ven en el diseño moderno uno de los principales recursos par captar la atención del lector. Todos son conscientes de que el diseño es indisociable del periodismo y de la publicidad y, ante la competencia que plantean al periódico los medios audiovisuales, la clave del éxito de un diario dependerá de su capacidad para responder a los retos que suscita la cultura visual, ofreciendo la mejor información posible y presentándola de la forma más atractiva.

La maqueta tradicional de un diario ha estado basada, sin embargo, en una estructura bastante sencilla y fue, durante el siglo XVIII y gran parte del XIX, tributaria del libro, tanto en formato como en diseño. Una vez definidos los márgenes, el texto ocupaba la zona viva de la página, distribuído de arriba a abajo. De esta forma, el texto fluía, como el caudal de un río, entre unos márgenes, sin encontrar apenas obstáculos - las ilustraciones eran muy escasas - en su corriente. Un título genérico, compuesto generalmente a una columna, bastaba para encabezar una información, la cual solía ocupar varias columnas en la página.

Desde la segunda mitad del siglo XIX, y gracias a los progresos técnicos logrados en los sistemas de composición, impresión y reproducción de las ilustraciones, el periódico deja de ser una obra artesanal -Benjamin Franklin, editor del *Pennsylvania Gazette*, es el mejor ejemplo del periódico «de una sola persona»-

para convertirse en un producto industrial, capaz de satisfacer la demanda de información que solicitan las masas. Aparecen los titulares a varias columnas, se jerarquizan las noticias y a los elementos tipográficos se unen ahora otros recursos, como los gráficos, las ilustraciones y las fotografías. Todo ello se presenta de acuerdo con un estilo que intenta proporcionar orden y sentido a la página impresa. Dicho estilo responderá a las exigencias clásicas de armonía y equilibrio, aspectos que, una vez redescubiertos en el Renacimiento, han formado parte de la cultura occidental durante siglos.

Para transmitir la información, el periódico se ha valido especialmente de los textos, compuestos en caracteres tipográficos y en cuya elección se han tenido en cuenta elementos tan fundamentales como su legibilidad, belleza y singularidad, tres aspectos que, a lo largo de siglos, han hecho de la tipografía el arte de la composición.

De los miles de versiones de caracteres que se han creado desde la invención de la imprenta, a mediados del siglo XV, sólo unos pocos se han utilizado en las páginas de los diarios y éstos han estado basados, en cuanto a su tamaño, forma y proporción, en la tradición renacentista. Dicha tradición se inicia con los tipos romanos creados por Nicolás Jenson, Aldo Manuzio, Claude Garamond, durante los siglos XV y XVI, y se consolida, en el siglo XVIII, con las aportaciones de François Didot y Giambattista Bodoni, los cuales diseñan el tipo romano moderno.

Durante el siglo XIX, la mayoría de los diarios recurren a los tipos romanos, antiguos y modernos, para la composición de sus textos, mientras que en los titulares usan caracteres de palo seco, sin remate, o tipos egipcios (letras de trazo ancho y remate rectangular). Ambos estilos aparecen en el primer tercio del siglo XIX. Las ilustraciones, por lo general, escasean en las páginas de los periódicos, las cuales presentan una estructura de tres, cuatro y cinco columnas.

Entre la portada de *El Imparcial*, aparecido en 1867 (Figura 9.1) y la primera página del *New York Journal* de 1.898 (Figura 9.2), han transcurrido 31 años, durante los cuales algunos diarios, especialmente norteamericanos, iniciaron la transformación de su confección, estática, vertical y lineal, hacia una presentación más dinámica, modular y visual. Aparecen, como podemos observar en la portada del *Journal*, de William Randolph Hearst, introductor y promotor del periodismo sensacionalista en Estados Unidos, los titulares a toda página; las letras de caja alta (mayúsculas) se combinan con las de caja baja (minúsculas); el titular se descompone en título y subtítulos, presentados en forma de *escalera* o de *pie de lámpara invertido*, y se recurre a orlas para enmarcar las informaciones y a dibujos para su ilustración.

Habrán de transcurrir bastantes años hasta que se produzca la renovación tipográfica y, con ella, la aparición de los caracteres modernos que se utilizan actualmente en las páginas de los diarios. Dicha reconversión se inicia con el alemán Paul Renner, quien en 1928 lanza al mercado la letra *Futura*, un tipo de palo seco, con una compleja gama de cuerpos y versiones, lo que la convertirá en uno

EL IMPARCIAL.

DIARIO POLÍTICO DE LA TARDE.

DECLARACION DE PRINCIPIOS.

LIBERTAD DE IMPRENTA.

LA UNION ADUANERA IBÉRICA.

EL ARBOL Y SUS FRUTOS.

DESESTANCO DE LA SAL Y DEL TABACO.

Figura 9.1. Portada de El Imparcial del 16 de marzo de 1867.

de los tipos clásicos de la tipografía universal. Cuatro años después, en 1932, el diario londinense *Times* utiliza la *Times New Roman*, un tipo de letra diseñado por el famoso tipógrafo e historiador inglés Stanley Morrison. Se trata de un tipo romano antiguo, pero renovado, que será muy utilizado en la edición actual de diarios y revistas.

Pero la renovación tipográfica más genuína tiene lugar en la década de los años cincuenta, con la aparición de la *univers* y de la *helvética* (Figura 9.3), diseñadas por los suizos Adrián Frutiger y Max Miedinger, respectivamente. Ambos tipos simbolizan la modernidad de cualquier diseño gráfico y son utilizados, con profusión, en la edición de periódicos.

La revolución tecnológica, introducida por la fotocomposición, ha hecho posible la digitalización de los caracteres tipográficos y, con ello, la desaparición de las letras de forma fija, compuestas en plomo, y su sustitución por caracteres dotados de movimiento y de animación. Se ha mejorado la legibilidad y la expresividad de los caracteres, al mimo tiempo que se les ha dotado de un aspecto visual, con lo cual, al valor tipográfico de los caracteres, se ha unido ahora una nueva dimensión gráfica, y todo ello en consonancia con los cánones que demanda la modernidad.

9.2. Introducción del diseño gráfico

La expresión de diseño gráfico, referida a la confección de un diario, es relativamente reciente, ya que comenzó a ser utilizada por los estudiosos del diseño periodístico en la década de los años setenta para destacar el uso de mapas, gráficos, blancos, color y otros recursos, como los módulos horizontales en la página, de forma que su lectura fuera más atractiva y se lograra el impacto visual del conjunto.

Frente al diseño tipográfico tradicional, basado en la utilización de los caracteres de impresión y de otros recursos, como los titulares, sumarios, recuadros, rayas, capitulares y orlas, el diseñador gráfico intenta trasladar al periódico las pautas de modernidad que impone la cultura visual, surgida tras la popularización de la televisión. Uno de los pioneros del diseño gráfico fue el norteamericano Peter Palazzo, quien, en 1963, introdujo en el *New York Tribune* un estilo vanguardista, con abundantes blancos, grandes fotografías, variación de tipos, páginas con técnicas de póster, ordenación del contenido y sentido de continuidad. Años después, el mismo Palazzo recibió el encargo de remodelar el *Chicago Daily News* , periódico fundado en 1876. El diseñador dotó al diario de una confección modular, coloreó casi todas sus páginas e introdujo en portada un índice llamativo. Pese a estas innovaciones, el periódico se cerró en 1978, debido a que el promedio de edad de sus lectores era de 52 años.

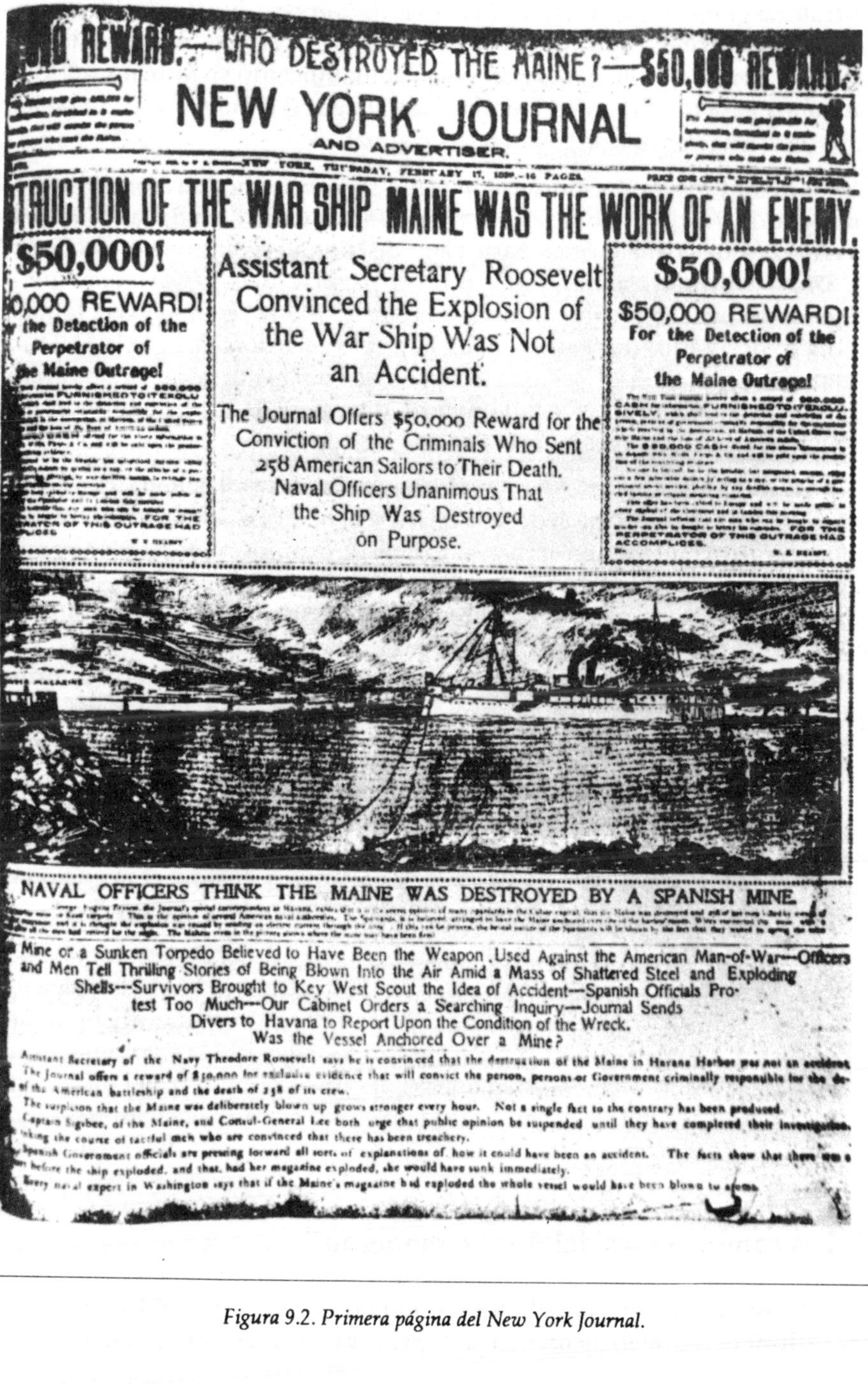

$50,000 REWARD.—WHO DESTROYED THE MAINE?—$50,000 REWARD.

NEW YORK JOURNAL

AND ADVERTISER.

DESTRUCTION OF THE WAR SHIP MAINE WAS THE WORK OF AN ENEMY.

$50,000!

$50,000 REWARD! For the Detection of the Perpetrator of the Maine Outrage!

Assistant Secretary Roosevelt Convinced the Explosion of the War Ship Was Not an Accident.

The Journal Offers $50,000 Reward for the Conviction of the Criminals Who Sent 258 American Sailors to Their Death. Naval Officers Unanimous That the Ship Was Destroyed on Purpose.

$50,000!

$50,000 REWARD! For the Detection of the Perpetrator of the Maine Outrage!

NAVAL OFFICERS THINK THE MAINE WAS DESTROYED BY A SPANISH MINE.

Mine or a Sunken Torpedo Believed to Have Been the Weapon Used Against the American Man-of-War—Officers and Men Tell Thrilling Stories of Being Blown Into the Air Amid a Mass of Shattered Steel and Exploding Shells—Survivors Brought to Key West Scout the Idea of Accident—Spanish Officials Protest Too Much—Our Cabinet Orders a Searching Inquiry—Journal Sends Divers to Havana to Report Upon the Condition of the Wreck. Was the Vessel Anchored Over a Mine?

Assistant Secretary of the Navy Theodore Roosevelt says he is convinced that the destruction of the Maine in Havana Harbor was not an accident.

The Journal offers a reward of $50,000 for exclusive evidence that will convict the person, persons or Government criminally responsible for the destruction of the American battleship and the death of 258 of its crew.

The suspicion that the Maine was deliberately blown up grows stronger every hour. Not a single fact to the contrary has been produced.

Captain Sigsbee, of the Maine, and Consul-General Lee both urge that public opinion be suspended until they have completed their investigation. taking the course of tactful men who are convinced that there has been treachery.

Spanish Government officials are pressing forward all sorts of explanations of how it could have been an accident. The facts show that there was a ... before the ship exploded, and that, had her magazine exploded, she would have sunk immediately.

Every naval expert in Washington says that if the Maine's magazine had exploded the whole vessel would have been blown to atoms.

Figura 9.2. Primera página del New York Journal.

Lo que en realidad había hecho Palazzo era adaptar el formato, el diseño y la estrategia gráfica de las revistas ilustradas de la época a un diario. El camino del cambio, sin embargo, se había abierto para los periódicos y fueron bastantes los diarios que, en la década de los años setenta, modificaron su formato, adoptando el tamaño tabloide y la confección modular, al mismo tiempo que incrementaban el uso de ilustraciones y de color en sus páginas.

En esta transformación del viejo estilo tipográfico por un modelo gráfico ha tenido gran incidencia la *Society of Newspaper Desing* (SND), fundada en Norteamérica en 1979 y de la que forman parte cerca de tres mil profesionales del periodismo. Dicha sociedad premia cada año las páginas mejor diseñadas, que son recogidas después en un libro titulado *The Best of Newspaper Desing* (ver láminas 1, 2 y 3 en color). Varios diarios españoles han sido galardonados por la SND en los últimos años y, en 1992, *El País*, que se presentaba por primera vez a estos premios, fue galardonado con una medalla de oro, dos de plata, tres de bronce y ocho premios de excelencia (ver lámina 4 en color).

La introducción de los ordenadores personales en las Redacciones de los diarios, a partir del inicio de la década de los ochenta, va a potenciar la creatividad iconográfica, permitiendo crear nuevas formas de expresión informativas y nuevos géneros periodísticos, como es el caso de la infografía, cuestión ésta a la que dedicamos la segunda parte de este libro. El ordenador personal se ha configurado como una herramienta imprescindible para generar mapas, diagramas, logotipos, símbolos y dibujos, incorporando textos, imágenes y color. De esta forma, la imagen se convierte en un valor añadido de la información, la cual adquiere así un carácter más visual.

La preocupación por la imagen visual del periódico fue la que motivó la remodelación en el diseño que efectuaron gran número de diarios a lo largo de la década de los ochenta y cuyas notas comunes, según exponíamos en nuestros anterior libro *Proyecto y diseño de un diario*, fueron las siguientes: diseño modular, uso de caracteres modernos, más blancos, más ilustraciones y más color.

Lo que comenzó siendo una renovación de los caracteres tipográficos, o una estructuración modular de las páginas, se ha convertido un un plan estratégico, que afecta a la concepción y elaboración del periódico en su conjunto. Por ello, el diseño gráfico puede definirse como la integración de los elementos tipográficos, gráficos y del color, que contribuye a hacer del diario un producto moderno, atractivo y visual.

9.3. Los componentes del diseño moderno

En su libro *El Diseño de la Noticia*, Robert Lockwood establece diez etapas para realizar el rediseño de un diario, la primera de las cuales es la planificación,

ABCDEFGHIJKLMNOPQRSTUVWXYZ
abcdefghijklmnopqrstuvwxyz
1234567890 æ ø ß Æ Ø &?!$£ (.,;:)

Tipo
Times

E1 a E1 a Ea1

72 pt 72 pt 48 pt 48 pt 36 pt.

ABCDEFGHIJKLMNOPQRSTUVWXYZ
abcdefghijklmnopqrstuvwxyz
1234567890 æ ø ß Æ Ø &?!$£ (.,;:)

Tipo
Univers

E1 a E1 a Ea1

72 pt 72 pt 48 pt 48 pt 36 pt.

ABCDEFGHIJKLMNOPQRSTUVWXYZ
abcdefghijklmnopqrstuvwxyz
1234567890 æ ø ß Æ Ø &?!$£ (.,;:)

Tipo
Helvetica

E1 a E1 a Ea1

72 pt 72 pt 48 pt 48 pt 36 pt.

Figura 9.3. Tres estilos de caracteres modernos: Times, Univers y Helvética.

cuestión ésta que no ha sido tradicionalmente el fuerte de los editores ni de los directores de periódicos. Planificar supone crear una organización estructural básica que implique a todas las secciones del diario, ya que, en opinión del propio Lockwood, para rediseñar un periódico hay que comenzar por rediseñar todo su funcionamiento.

La planificación, como elemento esencial de la estrategia de publicación de un diario -otros elementos serían la prevención y la innovación- fue uno de los aspectos también destacados por los especialistas que participaron en el seminario que, sobre el tema «Diseño internacional de periódicos», organizó IFRA en Luxemburgo en mayo de 1992. La planificación, según se puso de manifiesto en dicho seminario, contribuye a elaborar un diario mejor concebido, mejor gestionado y mejor comercializado. Se trata de comprender al lector medio en términos periodísticos y publicitarios, lo cual constituye, en definitiva, la clave del diseño.

De las exposiciones realizadas en el seminario de Luxemburgo se pueden extraer las siguientes conclusiones sobre las características que deben animar la nueva maqueta de los diarios:

- La remodelación de la maqueta debe tener en cuenta la mentalidad y la cultura de los lectores de la zona de influencia del diario, así como el contenido del mismo.

- Es esencial elegir una familia de caracteres tipográficos claros y legibles, que reflejen la incidencia del periódico en la sociedad, y elegir, entre los tipos, clásicos o modernos, aquellos que mejor se adapten al carácter del propio periódico. Esta elección, por otra parte, debe tener en cuenta otros elementos del diario, como son su formato, papel, fotografías, gráficos, color, etc.

- El color debe ser utilizado en función de los lectores y del contenido del diario; nunca por sí mismo. En este sentido, son significativos los cambios que están efectuando los diarios norteamericanos en relación con el uso del color. Las páginas coloreadas, con una mezcla de colores vivos y estridentes, comienzan a ser sustituídas por otras con menos colores y más contenido. Esta racionalización del uso del color ha originado que los colores primarios se utilicen menos en los titulares y textos y se apliquen más a las fotografías e ilustraciones, reforzando de este modo su contenido.

- Está comprobado que, mientras la mayoría de los lectores se detiene preferentemente en la lectura de los titulares, sobre todo si éstos van acompañados de fotografías, sólo un 25 por ciento de los mismos lee los textos redaccionales. Por esta razón, el diseño debe contribuir a facilitar la lectura del periódico, indicando a los lectores los principales centros de atención que pueden resultarles más interesantes.

- Todo esto hace necesaria una nueva organización del trabajo redaccional, en la que la comunicación sea constante entre los redactores, de forma que todos puedan ver y participar en las tareas de elaborar el diario, evitando, de este modo, que el periódico sea la suma de muchas individualidades.

En el seminario de Luxemburgo tuvo una actuación destacada Rolf F. Rehe, director del *Desing Research International*, de Indianápolis, y autor, entre otros libros, de *Tipografía y diseño de periódicos*. Rehe da mucha importancia a la tipografía de un diario, ya que, según él, aparte del color, de las fotografías, de las infografías y demás técnicas destinadas a captar la atención del lector, la palabra escrita, es decir, la tipografía, constituye la base del periódico.

En su intervención, Rehe expuso los principios que tuvo en cuenta a la hora de rediseñar el suplemento económico *Erhvery*, del diario *Berlingske Tidende*, de Copenhague. Este periódico, fundado en 1759 y con una tirada de 130.000 ejemplares, es un diario conservador, pero con un diseño moderno. En 1982, a raíz de la pérdida de lectores, introdujo dos suplementos tamaño tabloide, uno dedicado a información económica y otro, a temas variados. Un año después, la tirada del diario se incrementaba en diez mil ejemplares. En octubre de 1991, aparecía *Erhvery* con gran formato, tras el rediseño de Rehe, quien ha recurrido a combinar los artículos largos y cortos en una página, a una maqueta modular sobre una retícula de ocho columnas y a la separación de las informaciones mediante rayas azules, un color optimista, el cual se diferencia del rosa o salmón utilizados por otros periódicos para esta sección.

Refiriéndose al periódico del futuro, Rehe lo ve un un formato más pequeño que el de los actuales diarios. Su portada permitirá al lector conocer, de un vistazo, el contenido de las diversas secciones. La «frase del día» estará situada en la esquina superior derecha de la portada, junto a la información meteorológica, y al lado de la encuesta o sondeo al que los lectores serán invitados a responder por fax. En un recuadro a dos columnas, situado en la parte superior izquierda de la portada, se presentará un resumen sugestivo de las informaciones más importantes. Un artículo largo, con una foto de impacto, ocupará la parte central-superior de la página. La parte inferior de la página será horizontal y estará distribuída en recuadros, separados por rayas gruesas. En estos recuadros podrá ir publicidad, un gráfico informativo o una artículo breve.

Algunos diarios que han remodelado recientemente su maqueta, como es el caso del *Allgemeine Zeitung*, de Mayence, han adoptado la estructura modular en su portada, a la que incorporan también un sumario destacado (Figura 9.4) Por su parte, *Journal de Genève*, fundado en 1826, presentó en septiembre de 1991, tras su fusión con la *La Gazette de Lausanne*, un nuevo diseño (Figura 9.5), en el que la maqueta se apoya sobre un sistema de cuatro niveles de titulares: una palabra clave, en versales, indica el emplazamiento geográfico de la información; una línea, situada al lado de esta palabra clave, contextualiza la información; un titular breve sintetiza la información y, finalmente, una mancheta o rótulo (editorial, cultura, etc.) introduce un artículo.

En España, diarios como *El País, El Mundo* y *Diario 16* vienen manteniendo un diseño claro y funcional, en el que textos, ilustraciones y gráficos constituyen, como podemos observar en las portadas en que estos tres periódicos informan de los resultados de las elecciones generales del 6 de junio (Figuras 9.6; 9.7 y 9.8), un todo armónico y equilibrado. Otros diarios que han apostado por el color en sus páginas, como *La Vanguardia* y *La Voz de Galicia*, aprovechan este recurso tipográfico para resaltar los gráficos que ofrecen a sus lectores con los resultados de dichas elecciones (ver láminas 5 y 6 en color).

Allgemeine Zeitung
MAINZ

Ringen um Frieden bis zur letzten Minute

Bundestag fordert Bagdad zum Abzug aus Kuwait auf

Gorbatschow: Von Schüssen in Wilna erst später erfahren

Geduld oder Gewalt?

Spenden sollen trotz Litauen weiterfließen

Figura 9.4. Portada del diario Allgemeine Zeitung.

JOURNAL de GENÈVE
ET GAZETTE DE LAUSANNE

ALGERIE Après l'échec de la grève, le mouvement islamiste poursuit son offensive dans la rue
Arrestations et incidents redoublent dans divers quartiers d'Alger

MAGAZINE
Le Grütli au Yorkshire

EDITORIAL
Comment défaire une omelette?

PHILIPPINES L'explosion du volcan Pinatubo
Un typhon menace la population évacuée

FONDE EN 1826
JOURNAL DE GENÈVE
LE QUOTIDIEN SUISSE D'AUDIENCE INTERNATIONALE

IRAK
Un peuple au goutte-à-goutte

LIBAN
Le gouvernement a toujours peur du général Aoun

APRÈS SA 2e MISSION AU PROCHE-ORIENT
James Baker se dit frustré, mais pas découragé

SOMMAIRE
La BERD officiellement inaugurée

Figura 9.5. Nueva portada de Journal de Genève y primera página de su etapa anterior.

EL PAIS

EDICIÓN DE MADRID

DIARIO INDEPENDIENTE DE LA MAÑANA

LUNES 7 DE JUNIO DE 1993

Redacción, Administración y Talleres: Miguel Yuste, 40 / 28037 Madrid / ☎ (91) 337 82 00 / Precio: 100 pesetas / Año XVIII. Número 5.883

IMPORTANTE AVANCE DEL PP, QUE GANA 34 ESCAÑOS Y SUBE UN 9%

González vence por cuarta vez, con nueve millones de votos

El PSOE fue ayer, por cuarta vez consecutiva, el partido ganador en unas elecciones legislativas. Con más de nueve millones de votos, el PSOE supera las previsiones de todos los sondeos, aunque sufre una erosión de 16 escaños y su grupo parlamentario de 159 diputados tendrá que buscar apoyos para gobernar. Felipe González asumió el mensaje de cambio que le enviaban los votantes al agradecerles su confianza. El Partido Popular roza los ocho millones de sufragios, con una subida del 9%, que le lleva hasta los 141 escaños, 34 más que en la anterior legislatura. Izquierda Unida obtiene 18 diputados (uno más), los nacionalistas catalanes consiguen 17 (uno menos) y el PNV iguala los 5 que tenía. La jornada estuvo empañada por decenas de miles de errores en el censo, lo que originó que en varias provincias se prolongase la jornada electoral.

El **PSOE** necesitará acuerdos para gobernar al perder 16 escaños
Felipe González: "He entendido el mensaje de los ciudadanos: quieren el cambio del cambio"
Los **socialistas** seguirán siendo mayoría en el Senado
José María Aznar: "La hegemonía socialista ha terminado"

Felipe González declaró al conocer los resultados provisionales que promoverá el diálogo "con las fuerzas sociales, sindicales y parlamentarias para garantizar la gobernabilidad". "He entendido el mensaje de los ciudadanos", agregó, "quieren el cambio del cambio".

José María Aznar, presidente del PP, compareció ante los periodistas al filo de la medianoche para felicitar a los socialistas por su triunfo. Aznar valoró el "formidable" ascenso de su partido y agregó que se abre "una nueva etapa política". "La hegemonía socialista ha terminado; "nada será igual a partir de esta noche".

Entre las candidaturas regionalistas destaca el despegue de Coalición Canaria, que pasa de uno a cuatro escaños. Herri Batasuna ha perdido dos de sus cuatro diputados.

En el Senado, el PSOE obtuvo 96 escaños, por 93 del PP. La participación electoral superó el 77%.

Páginas 19 a 36

Participación: 77,29% — **Congreso de los Diputados** — Escrutado el 99,76% de los votos

	1993 Escaños	1993 %	1993 Votos	1989 Escaños	1989 %	1989 Voto válido
Partido Socialista Obrero Español (PSOE)	159	38,68	9.018.603	175	39,8	8.115.568
Partido Popular (PP)	141	34,81	8.120.973	107	25,9	5.285.972
Izquierda Unida (IU)	18	9,56	2.229.575	17	9,1	1.858.588
Convergència i Unió	17	4,97	1.162.244	18	5,0	1.030.476
Partido Nacionalista Vasco (PNV)	5	1,24	290.386	5	1,2	254.681
Centro Democrático y Social (CDS)	–	1,76	410.806	14	7,9	1.617.716
Esquerra Republicana de Catalunya (ERC)	1	0,81	188.759	–	0,4	84.756
Herri Batasuna (HB)	2	0,88	206.296	4	1,1	217.278
Eusko Alkartasuna (EA)	1	0,59	129.263	2	0,7	136.955
Coalición Canaria (CC)	4	0,88	205.852	1	0,3	64.767
Unió Valenciana (UV)	1	0,48	111.626	2	0,7	144.924
Partido Aragonés (Par)	1	0,62	144.261	1	0,3	71.733
Otros *				4		

* En 1989, el Partido Andalucista obtuvo dos escaños y otros tantos Euskadiko Ezkerra

RICARDO GUTIÉRREZ

Felipe González comparece ante sus seguidores en el hotel Palace de Madrid tras la victoria del PSOE.

EDITORIAL

Oportunidad concedida

EL PARTIDO socialista obtuvo ayer un éxito indiscutible al alzarse, por cuarta vez consecutiva, con la victoria en unas elecciones legislativas, con cerca de nueve millones de votos. La distancia con el Partido Popular se redujo sensiblemente y el número de escaños obtenido por el vencedor queda lejos de la mayoría absoluta. Pero Felipe González podrá seguir gobernando, lo que, dadas las circunstancias en que se produjo la convocatoria, supone un triunfo muy notable. El candidato del PP, que lleva meses dando por descontado que tendría que asumir esa responsabilidad, tendrá que esperar. Los populares deberán demostrar ahora que saben perder —Aznar reconoció los resultados con una grandeza que faltó a algunos de los suyos—, pero también González habrá de probar que sabe ganar. La movilización de última hora del voto crítico socialista, factor que ha contribuido a reducir la abstención y a limitar el ascenso de Izquierda Unida, ha permitido a los socialistas contener el retroceso anunciado como consecuencia de los escándalos de corrupción y los efectos de la crisis.

Pasa a la **página 16**

DEPORTES

TENIS

Bruguera gana Roland Garros

Sergi Bruguera alcanzó ayer la gloria tenística al ganar la final del torneo Roland Garros al norteamericano Jim Courier, por 6-4, 2-6, 6-2, 3-6 y 6-3, tras casi cuatro horas de juego.

Figura 9.6. Portada del diario El País

EDICION ESPECIAL 7:00 H.

EL MUNDO

DEL SIGLO VEINTIUNO

AÑO V NUMERO 1.310 PRECIO: 100 PTS. MADRID, LUNES 7 DE JUNIO DE 1993

La mayor victoria está en vencerse a sí mismo. (Calderón de la Barca)

ALTA PARTICIPACION DE UN 77,28% Y BROTES DE INDIGNACION CIUDADANA POR LAS OMISIONES EN EL CENSO

González conserva el poder, pero queda lejos de la mayoría absoluta

El PSOE aventaja al PP en 18 escaños, IU gana sólo uno y el CDS desaparece – PNV mantiene sus escaños, CiU pierde uno, Coalición Canaria logra 4, HB pierde 2, y con un escaño quedan EA, ERC, PAR y UV – El PSOE consigue 95 senadores y el PP, 94

MADRID.– El Partido Socialista Obrero Español (PSOE), liderado por el presidente del Gobierno, Felipe González, conservará el poder, según los datos oficiales conocidos al cierre de esta edición.

Con el 99,99 por ciento de los votos escrutados, el PSOE obtendría 159 escaños, con un porcentaje de voto del 38,6 por ciento.

El PP obtiene 141 escaños, con el 34,8 por ciento de los votos. La tercera fuerza política es, según estos datos, Izquierda Unida, con 18 escaños y un 9,5 por ciento de los votos escrutados.

Convergencia i Unió obtiene 17 escaños y el 5 por ciento de los votos. El PNV tiene 5 escaños; Coalición Canaria 4; Herri Batasuna 2 (pierde 2) y con escaño figuran Partido Aragonés Regionalista, Esquerra Republicana de Catalunya, Unión Valenciana y Eusko Alkartasuna. El CDS no logra representación.

Según estos resultados, el PSOE es el partido que formará Gobierno. Además, se da la circunstancia de que estos resultados sitúan a los socialistas en el margen de escaños que ellos mismos consideraban como suficientes para gobernar en solitario, sin necesidad de establecer pactos de Gobierno.

En el Senado, el PSOE logró 95 representantes, mientras que el PP obtuvo 94, con más del 99% del voto escrutado.

La jornada de ayer estuvo marcada por la alta participación y por las graves y generalizadas irregularidades en el censo. Sobre la participación, los datos oficiales aportados a la hora de cerrar esta edición la situaban en el 77,28 por ciento, seis puntos por encima de la de 1989.

Respecto a las irregularidades en el censo, éstas provocaron brotes de indignación de decenas de miles de ciudadanos, que no pudieron votar al no estar inscritos.

Estas irregularidades hicieron que las juntas electorales provinciales respectivas decidieran ampliar el horario de votación en las provincias de Sevilla, Granada, Almería y Las Palmas.

Págs. 5 a 25 y 80. Editorial pág. 3
Resultados en cuadernillo central

Escrutado el 99,99% de los votos (Participación electoral: 77,28%)

	1993 Escaños	1993 %	1989 Escaños	1989 %
PSOE	159	38,68	175	39,8
PP	141	34,82	107	26,0
IU	18	9,57	17	9,1
CDS	0	1,76	14	8,0
CiU	17	4,96	18	5,1
PNV	5	1,24	5	1,3

	1993 Escaños	1993 %	1989 Escaños	1989 %
HB	2	0,88	4	1,1
PA	0	0,41	2	1,0
PAP	0	0,18	0	0,2
EA	1	0,55	2	0,7
UV	1	0,48	2	0,7
CC*	4	0,88	1	0,3
PAR	1	0,61	1	0,4
BNG	0	0,54	0	0,2
ERC	1	0,80	0	0,4

* En 1989 AIC, este año se presenta como Coalición Canaria. Euskadiko Ezkerra se ha fusionado con el PSE-PSOE. En 1989 obtuvo 2 escaños.

González, anoche en su comparecencia ante los seguidores socialistas. / A. CASAÑA

EL MUNDO

DEPORTES

Bruguera, rey de Roland Garros

BORJA HERMOSO
ENVIADO ESPECIAL

PARIS.– La bola de Jim Courier se perdió detrás de la línea y Sergi Bruguera se derrumbó. No se lo creía. Roland Garros estaba a sus pies y 17.000 personas chillaban su nombre.

(Sigue en página D2)

Indurain, otra vez líder del Giro

CARLOS FRESNEDA
ENVIADO ESPECIAL

CORVARA ALTA BADIA.– Partía como víctima propiciatoria y remató la etapa reina exactamente como hace un año, en plan «padrone». Indurain vuelve a ver el Giro de color rosa tras una enome paliza por los Dolomitas, en la que sólo Chiapucci estuvo a su altura.

(Sigue en página D4)

Figura 9.7. Portada del diario El Mundo.

Diario16

16 aniversario

Edición Madrid • Año XVIII. Número 5.789. Precio: 100 pesetas. Madrid, lunes 7 de junio de 1993 • Información y Prensa, S. A.

ESPAÑA/6J El Partido Socialista, que pierde 17 escaños, sólo podrá pactar con IU y CiU, que se mantienen, para lograr mayoría absoluta. El partido de Aznar aumenta en 35 sus diputados, mientras el CDS no logra representación

Felipe González logra su cuarta victoria con 159 diputados frente a 141 del PP

En Madrid ganan los populares, con 16 escaños, por 13 del PSOE y 5 de Izquierda Unida

La participación fue de las más altas, un 77,31%, sólo superada por los comicios del año 82

El líder del PSOE dice que ha entendido el mensaje de «hacer el cambio sobre el cambio»

Aznar destacó que concluye una etapa, al «pulverizarse» la mayoría absoluta del PSOE

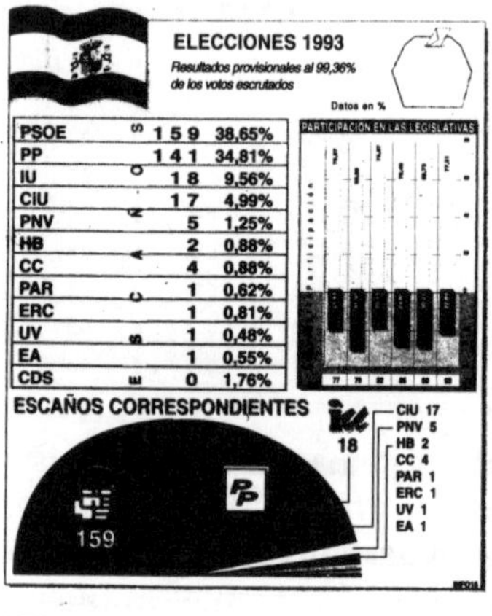

Felipe González, junto a Alfonso Guerra, en el hotel Palace de Madrid tras conocer la victoria socialista.

MADRID

El PSOE logró la victoria en las elecciones generales que se celebraron ayer, aunque perdió la mayoría absoluta. Con el 99,36 por 100 de los votos escrutados, los socialistas alcanzan 159 escaños, frente a los 141 del PP, que obtiene una gran subida.

Felipe González, secretario general del PSOE, reconoció que a partir de ahora es necesario introducir cambios. «He entendido el mensaje recibido, es decir, la necesidad de hacer el cambio sobre el cambio», declaró.

El candidato del Partido Popular, José María Aznar, admitió la victoria del PSOE y resaltó la pérdida de la mayoría absoluta en el Congreso. «Nada será igual», declaró Aznar, quien reconoció que «me gustaría haber ganado, pero no estoy decepcionado».

IU, con 18 escaños, se consolida como la tercera fuerza, mientras el CDS no logra ni un diputado y los nacionalistas (CiU y PNV) mantienen su situación. En Madrid el PP gana, con 16 escaños, por 13 del PSOE y 5 de IU. En el Senado el PP obtiene 95 escaños, 94 el PSOE y 10 CiU.

La jornada se desarrolló con normalidad, a excepción de algunos incidentes y las numerosas reclamaciones de ciudadanos por su no inclusión en el censo. La participación fue del 77,29 por 100, sólo tres puntos menos que la de 1982. **Págs. 5 a 51 y última**
Editorial, pág. 53

Espectacular triunfo de Sergi Bruguera en Roland Garros

Sergi Bruguera se impuso en la final al norteamericano Jim Courier y logró una espectacular victoria en el prestigioso torneo de Roland Garros, auténtico campeonato del mundo oficioso de tenis sobre tierra batida. **Suplemento Deportes**

Figura 9.8. Portada de Diario 16. El gráfico que va junto a la fotografía está impreso en cuatricomía.

10

NUEVAS ESTRATEGIAS INFORMATIVAS

- **Cables y satélites para la difusión de la información**
- **Los servicios complementarios del periódico tradicional**
- **El futuro de los servicios de información**

10.1. Cables y satélites para la difusión de la información

Cables y satélites constituyen los dos principales sistemas para la transmisión de la información a distancia. Ambos configuran hoy las grandes «rutas», a través de las cuales puede discurrir cualquier tipo de señal -voz, datos, imágenes, etc.- a tal velocidad que las conexiones se efectúan de forma prácticamente simultánea. Para 1994 está previsto que doce países europeos puedan acceder a la red de banda ancha, denominada ATM (Modo de Transferencia Asíncrona), una red telefónica mil veces más potente que la actual, la cual facilitará el acceso, a través de un terminal *multimedia,* a una amplia y variada gama de servicios de información, como telefonía digital, conexión de ordenadores, fax de alta resolución, videotelefonía, cine y televisión a la carta, videotex avanzado, bases de datos multimedia, sonido estereofónico, etc.

El descubrimiento de los cables metálicos como canales de comunicación se remonta a 1747, año en el William Watson demostró que los hilos metálicos podían conducir la electricidad. Sin embargo, no fue hasta finales del siglo XIX cuando comenzó a utilizarse el cobre como soporte de transmisión de señales eléctricas, a través de las cuales se canalizaba la información. Durante muchos años, los hilos desnudos aéreos o los hilos trenzados de cobre, en pares o cuadretes, sirvieron de conductores para enviar señales telegráficas, que se ampliaban con la ayuda de relés electromagnéticos, y para la transmisión de señales telefónicas.

En 1937 aparecen los cables de banda ancha, entre ellos el cable coaxial, que va a permitir pasar de los doce canales de voz, de la telefonía clásica, a los 960 circuitos telefónicos. Los primeros cables coaxiales, terrestres y submarinos, entran en servicio en España en la década de los años sesenta. En 1968, se inaugura el primer cable submarino español, el PENCA-1, y en los años sucesivos, la red se irá extendiendo hacia la Cuenca Mediterránea, Norte de Europa, América y, muy especialmente, hacia los archipiélagos canario y balear. En la actualidad, España, a través de Telefónica, dispone de una importante red de 19 sistemas de cables coaxiales submarinos (Figura 10.1), la cual asciende a 31.083 kilómetros de longitud, con una capacidad de 33.665 circuitos. Ello sitúa a nuestro país como tercera potencia mundial en cables submarinos, detrás de Estados Unidos y Gran Bretaña.

En los últimos años, sin embargo, asistimos a un cambio muy importante en el campo de los cables submarinos: la sustitución de las técnicas analógicas de transmisión por cable coaxial por las técnicas digitales sobre fibras ópticas. Las primeras tienen una capacidad máxima de 5.000 circuitos, mientras que los sistemas submarinos ópticos pueden llegar hasta 15.360 circuitos básicos, utilizando un cable con cuatro pares de fibras ópticas.

En 1984, Telefónica inauguraba el último cable submarino analógico de la red telefónica, el sistema MERIDIAN y, en 1986, el OPTICAN, entre Tenerife y Gran Canaria, pionero, en su género, de la futura red de cables submarinos de fibra óptica. En 1989 entró en servicio el Pencan-4, entre la Península y Canarias; en 1991, el Penbal-3 (Barcelona-Palma-Valencia); en 1992, el ALPAL-2 (Palma de Mallorca-Argel) y, a partir de 1993, estaba prevista la entrada en servicio de otros cables que conectarán a España con el Norte de Europa, América y Africa (Figura 10.2).

Si el sistema de transmisión de información por cable ha experimentado, en los últimos años, un desarrollo espectacular, no ha sido menos importante el logrado en el campo de las telecomunicaciones por satélite. Desde que en 1945, el ingeniero británico Arthur Clarke demostrara que los satélites artificiales, girando en órbitas de gran altura (36.000 kilómetros) podían actuar como estaciones transmisoras, los esfuerzos se encaminaron a lograr la cobertura mundial a través de estos repetidores de ondas en el espacio, situados en una órbita geostacionaria sobre los océanos Atlántico, Indico y Pacífico, y capaces de canalizar 24.000 conversaciones telefónicas y varios canales de televisión.

En 1957 se iniciaba la era espacial con el lanzamiento del *Spunik 1*, al que seguirían el *Spunik 2* (1957), el *Pioner* (1958), el *Score* (1958) el *Lunik 1, 2* y *3* (1959) y el *Echo 1* (1960). Este último fue el primer satélite *pasivo* (se limitaba a reflejar las señales que recibía y actuaba a modo de ionosfera artificial) de telecomunicación. A partir de 1962, con el lanzamiento del *Telstar*, se iniciaba la serie de los satélites *activos* (reciben señales, cambian su frecuencia y las transmiten convenientemente

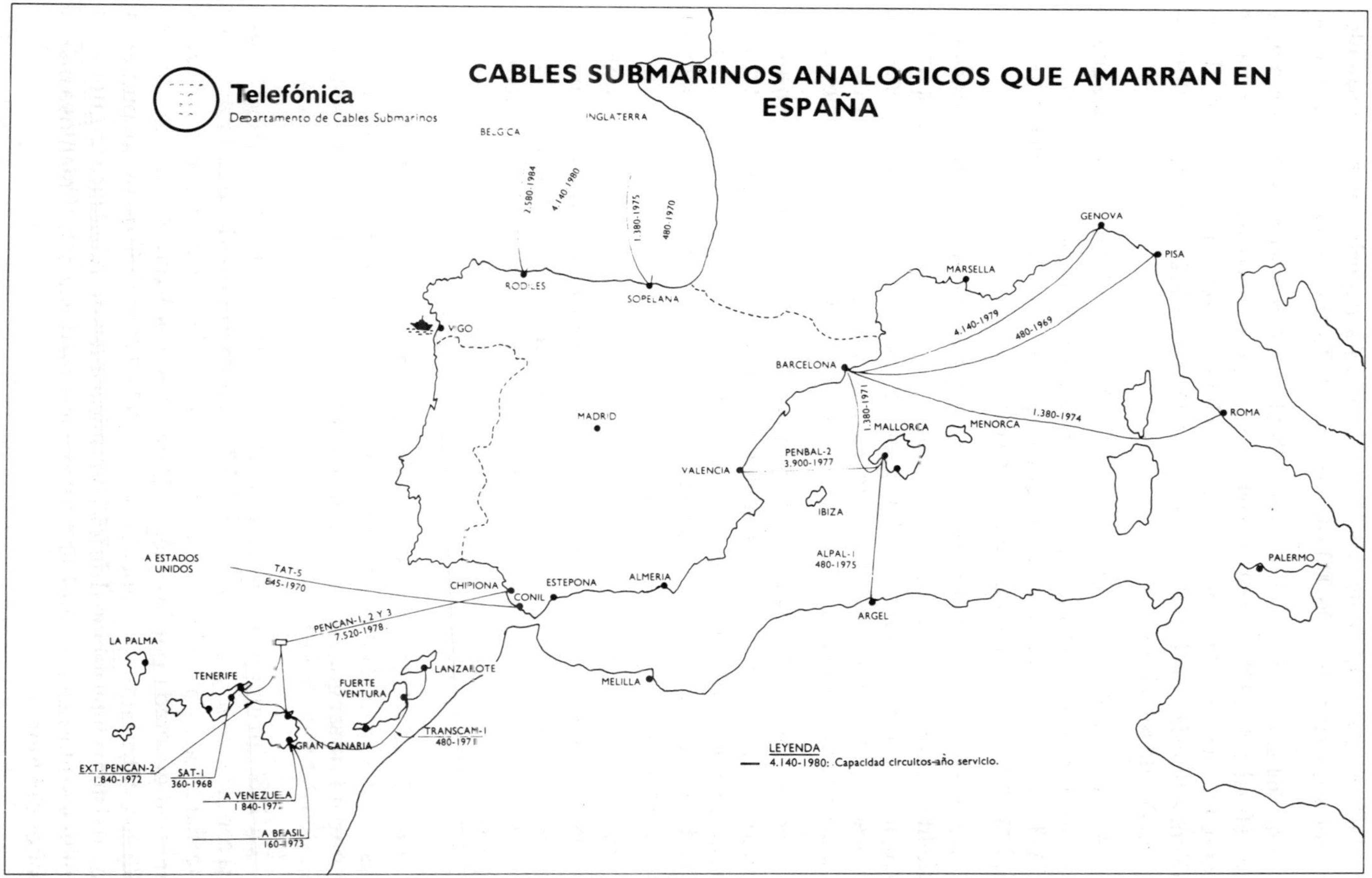

Figura 10.1. Red de cables coaxiales submarinos que amarran en España.

ampliadas). Al años siguiente, 1963, se comienza a experimentar con satélites geostacionarios, situados a 36.000 kilómetros de la Tierra, en el plano del Ecuador.

En 1964 se constituyó el consorcio INTELSAT, con sede en Washington, y del que, a finales de 1991, formaban parte ciento veinte paises, con 1.300 antenas de conexión a través de estaciones terrenas. Dicho consorcio lanzó, en 1965, desde Cabo Kennedy, el *Intelsat* I, o «Pájaro del Alba». Disponía de 240 circuitos telefónicos y dos canales de televisión.

A éste le siguieron los *Intelsat II, III, IV-A, V-A* y *VI*, cada uno de los cuales superaba a los anteriores en número de circuitos. La serie *Intelsat VI* tiene capacidad para 24.000 circuitos telefónicos (se puede llegar hasta los 120.000 con equipos de multiplicación de circuitos digitales) y tres canales de televisión.

Desde 1987, Europa cuenta con su propia organización de telecomunicaciones por satélite. Se trata del consorcio EUTELSAT, con sede en París, el cual, a finales de 1990, integraba a treinta países. En agosto de ese mismo año, dicho consorcio lanzó, desde la Guayana francesa, el primer satélite de la serie *Eutelsat II-FI*, con una capacidad para miles de circuitos de telefonía digital y para 23 canales de televisión.

España, a través de Telefónica, tiene una participación importante en ambos consorcios de telecomunicación por satélite, al mismo tiempo que, por su estrategia geográfica, sirve de enlace entre varios continentes. Ya integrada en el sistema INTELST, en 1967, instaló una estación terrena con dos antenas en Maspalomas (Gran Canaria) para cursar el tráfico de la NASA.

En 1968, inauguró la primera estación de Buitrago (Madrid), para trabajar en el área del Atlántico y, en 1970, la segunda estación, conectada con el área del Indico. En 1971 se inauguró la estación de Agüimes (Gran Canaria), la cual sustituyó a la de Maspalomas y permitió, además de otros servicios, el establecimiento del circuíto de televisión permanente Península-Canarias, por el que se transmite en directo a las islas el primer programa de TVE.

En la década de los años ochenta, Telefónica continuó con la instalación de nuevas antenas, como la que, en abril de 1982, entró en servicio en la estación de Buitrago para cursar gran parte del tráfico telefónico y de televisión que se originó con motivo del Mundial 82.

En 1986, inauguró la estación de Armuña de Tajuña (Guadalajara), que trabaja con el *Eutelsat*, y en 1991 construyó dos nuevos centros de comunicación por satélite (Barcelona-Castellbisbal y Sevilla-Pinedo), a fin de cubrir la transmisión de información generada por los Juegos Olímpicos y la Expo 92. Más de dos mil periodistas, entre ellos 250 comentaristas de televisión y 150 de radio, pudieron, gracias al sistema internacional de telecomunicaciones de Telefónica (Figura 10.3), transmitir las informaciones de estos dos extraordinarios acontecimientos a más de 120 países del mundo.

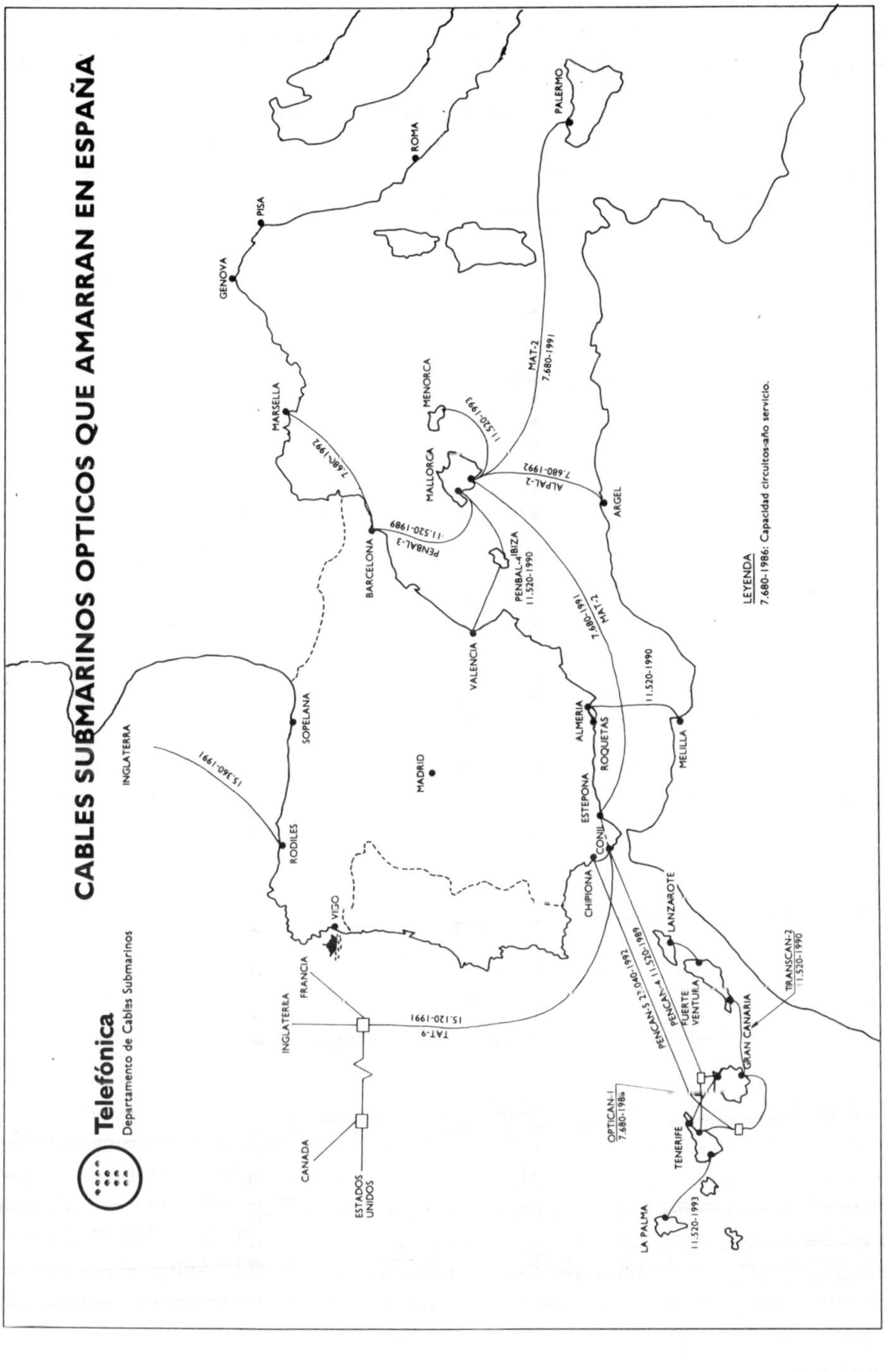

Figura 10.2. Red de cables ópticos que amarran en España.

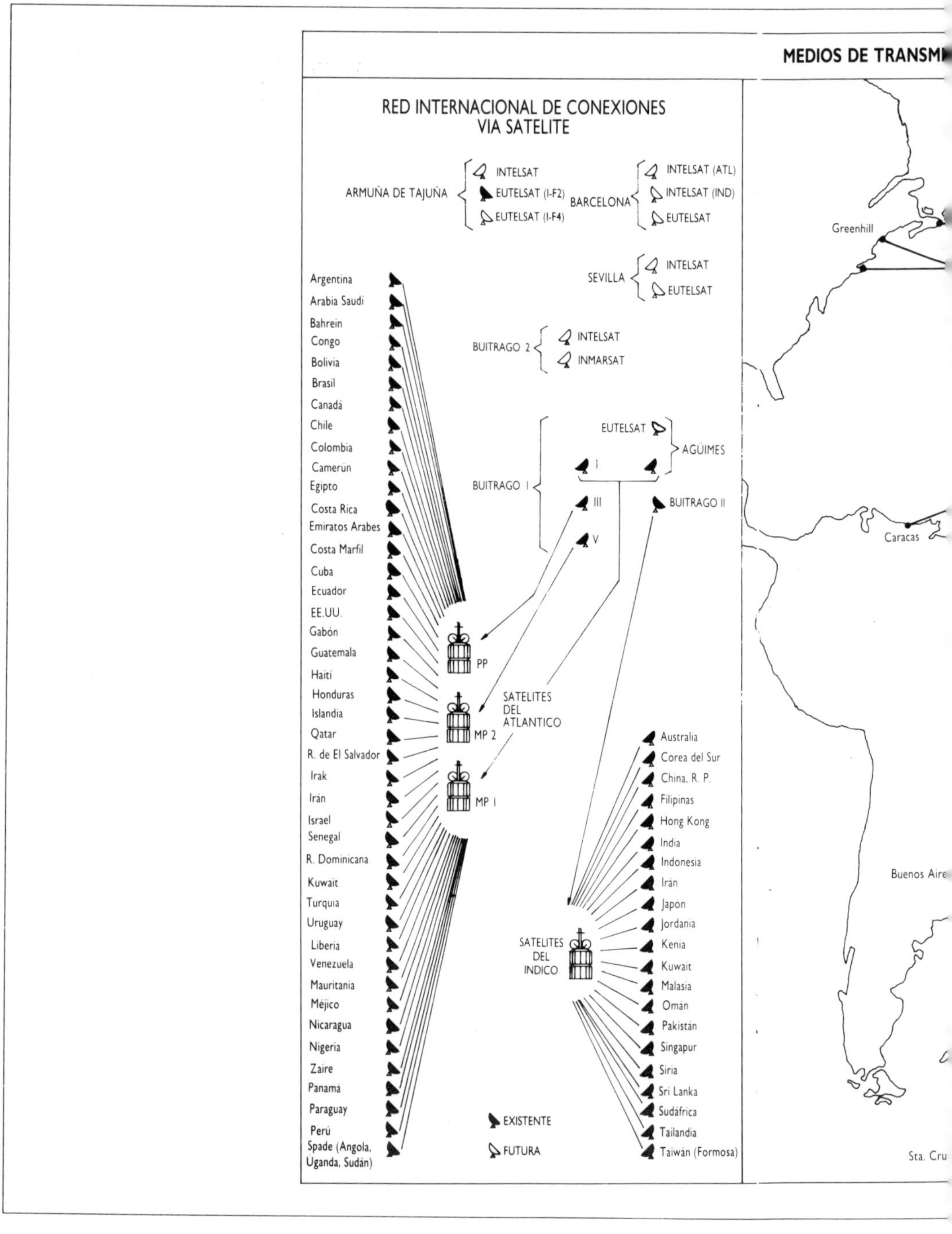

Figura 10.3. Estructura de la red internaciona

TERNACIONALES

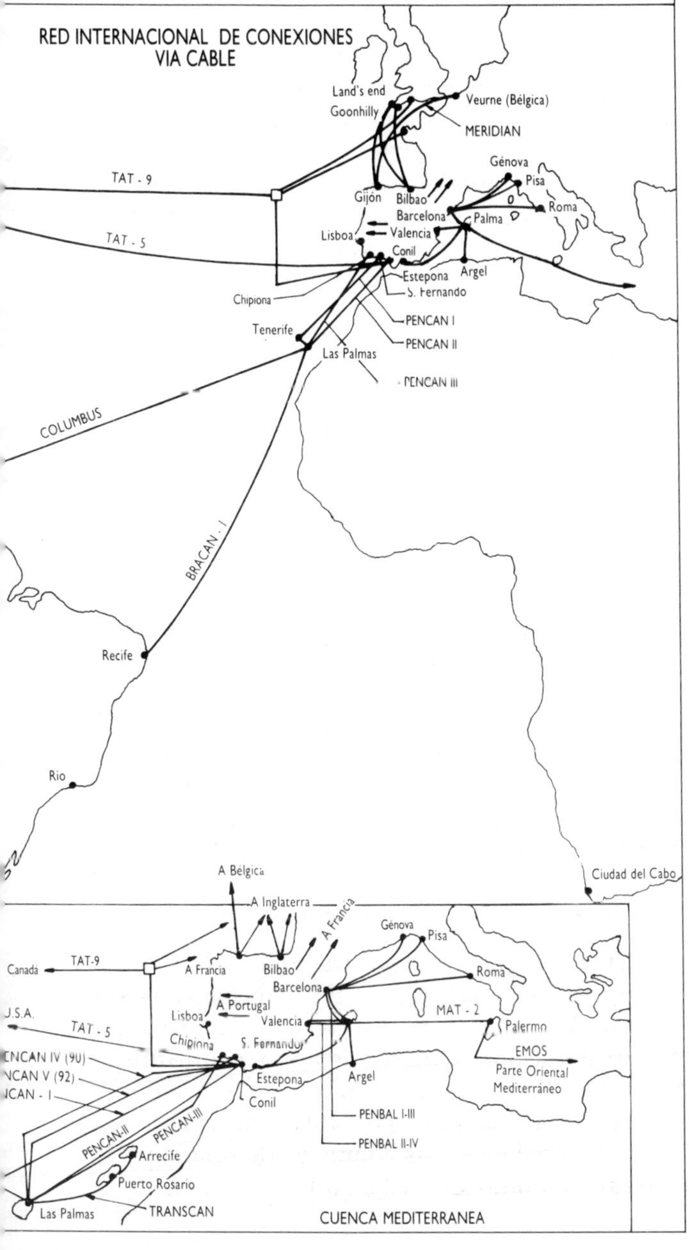

ısmisiones por cable y por satélite de telefónica.

10.2. Los servicios complementarios del periódico tradicional

Ha sido este espectacular desarrollo de las telecomunicaciones lo que ha hecho posible, entre otras cosas, que las empresas periodísticas se dediquen a la producción de nuevos servicios informativos, como un complemento de la edición del diario tradicional. De algunos de estos nuevos servicios nos ocupamos anteriormente, en el capítulo 5º; por ello, ahora nos vamos a referir a dos de las actuaciones más novedosas, desarrolladas por dos grandes diarios: *The New York Times* y *USA Today*. La primera se centra en la transmisión por fax de páginas del periódico a distancia y la segunda, en la potenciación del servicio auditex, o información por teléfono.

En noviembre de 1990, *New York Times Company* puso en marcha el servicio *Times Fax*, a través del cual se transmiten a distancia, vía satélite, diversas páginas, en las que está resumida la información más importante que publicará el diario doce horas después (Figura 10.4). De esta forma, se ha logrado distribuir una versión condensada del diario en aquellos lugares donde el periódico no está disponible, superando así los límites temporales y geográficos.

De acuerdo con la descripción que del nuevo servicio hizo Patricia Ecke en el congreso que IFRA celebró en Amsterdam, en octubre de 1991, se efectúan cuatro versiones del *Times Fax*, edición telecopiada del *New York Times*. Cada una de ellas presenta algunas diferencias, según el tipo de lectores. La primera versión se lanzó en Japón y consta de seis páginas. No incluye publicidad y sus abonados son empresas niponas, sociedades multinacionales, norteamericanos con residencia en Japón y organismos gubernamentales. En enero de 1991, comenzó a ser editada la «edición-crucero», la cual se distribuye, a través de 36 barcos-cruceros, entre 26.000 lectores. Esta edición lleva publicidad. Más tarde, apareció la edición internacional, que tiene un carácter más general, y en septiembre de 1991 se inició la publicación de la edición para el Caribe, la cual se distribuye en Hawai y está dirigida especialmente a los turistas y hombres de negocios norteamericanos.

Desde el punto de vista tecnológico, el nuevo servicio utiliza el sistema de transmisión facsimil y una telecopiadora como receptor. En cuanto a su aspecto redaccional, se ha cuidado de que la maqueta, la mancha y los caracteres se asemejen lo más posible al periódico tradicional, al mismo tiempo que se mantienen los contenidos principales del diario, pero resumidos. Dado que los clientes del *Times Fax* tienen acceso a la televisión, a la CNN y a los periódicos locales en lengua inglesa, la edición facsimil cuida especialmente las columnas de opinión y los artículos de interpretación, desde el punto de vista norteamericano, de las informaciones locales.

La edición facsimil está elaborada por la División de Servicios de Información, que se ocupa de los servicios en línea y de otros productos informativos. Su

Friday
October 11, 1991

Caribbean Edition

Eight pages

TimesFax
FROM
The New York Times

FROM THE FRONT PAGE

A Second Witness Against Judge Thomas

WASHINGTON — Despite a White House complaint, the Senate Judiciary Committee was prepared to hear a new witness against Clarence Thomas, the Supreme Court nominee, as the committee prepared for crucial public hearings on sexual harassment accusations.

The new witness is Angela Wright, a press secretary at the Equal Employment Opportunity Commission at the time when Judge Thomas was chairman, according to a Senate aide. He said she would report irritating behavior on his part, but of a less serious nature than the harassment accusation made by Professor Anita Hill.

The White House criticized the action, saying the committee neglected the "normal practice" of seeking an F.B.I. investigation first. It said Mr. Thomas "will deal with the allegations in the course of the hearings."

Syria Backs Out of Peace Talks Partway

WASHINGTON — Syria has informed the U.S. that it does not intend to participate in one of the three phases of the American-crafted Middle East peace talks.

American officials fear the move may induce other Arab countries to stay on the sidelines and make the talks less appealing for Israel.

According to Mideastern diplomats and American officials, the Syrians told Washington that they do not plan to take part in the multilateral negotiations about regional problems like water rights, economic development and arms control. The U.S. had envisioned these regional discussons as an important accompaniment to direct negotiations between Jerusalem and Damascus.

The Syrian move was conveyed to Secretary of State James Baker by Foreign Minister Farouk al-Sharaa during a heated meeting in New York on Sept. 26.

The U.S. has promised Israel that the wider talks would include Arab countries like Saudi Arabia and Kuwait, with whom Israel has never had diplomatic contact, and would signal that Israel might one day win acceptance in the Arab world.

The Syrians have decided, though, that such talks, which Washinton viewed as a carrot to induce Israel to join in the process, constituted a concession they were not willing to make until Israel commits itself to returning the Golan Heights, the diplomats said. Israel captured the Golan region from the Syrians in the 1967 war and soon annexed it.

Administration officials have gone out of their way not to disclose the Syrian move, as Mr. Baker keeps trying, through private channels, to persuade Damascus to change its mind.

By THOMAS L. FRIEDMAN

Public Support for Judge

NEW YORK — Four out of ten women say they have encountered some form of sexual harassment at work, but very few of them say they reported the incident at the time, according to the latest New York Times/CBS News poll.

The poll suggests that sexual harassment — even if largely unreported — is a pervasive problem in the workplace. Five out of ten men said that at some point in their work they had said or done something that could have been construed by a female colleague as harassment.

But the poll shows the accusation by Anita Hill, a law professor at the University of Oklahoma, has not seriously eroded support for Judge Clarence Thomas, her former boss.

The poll shows the proportion of people who say that Judge Thomas should be confirmed to be 38 percent, almost twice as high as the proportion who say he should not be confirmed, 20 percent.

Early Foreign Trading Allowed for U.S. Stock

WASHINGTON — Moving to restore the global competitiveness of the nation's stock markets, the Securities and Exchange Commission approved early-morning trading in over-the-counter stocks.

The new trading session, from 3:30 A.M. to 9 A.M., is a step toward round-the-clock trading in the U.S. and is aimed specifically at recapturing business now on the London markets. Investors who want to trade after the American markets close now often take their business to foreign exchanges.

The commission approved the two-year pilot proposed by the National Association of Securities Dealers, to begin in January.

"We have long had close to 24-hour trading in U.S. stocks," said Richard Breeden, chairman of the commission, referring to the trading of shares of American companies on exchanges from London to Hong Kong to Tokyo. "However it does not occur except for a small fraction of a period within the United States."

In London, S.E.C. officials estimate that 10 million to 15 million shares of American companies trade every day; more than 200 American stocks are listed on foreign exchanges.

The proposal provoked a debate within the commission because traders in the early session would get less information than the day session, from 9:30 A.M. to 4 P.M.

Bowing to English practices, traders in the new session will not be provided with simultaneous information about the price and volume of current transactions in most securities, but would be provided with a bid and an ask price from the market-maker. Cumulative figures of each stock's high, low, closing price and volume would be available after the close of the session.

In a stinging dissent from the three commissioners who approved the measure, Edward Fleischman said that limiting information was too high a price for the potential benefit of recapturing business.

By STEPHEN LABATON

Figura 10.4. Página del servicio Times Fax.

redacción es independiente de la del diario. Los redactores elaboran sus informaciones en un sistema Macintosh y es trasmitida por las tardes, hasta las 22 horas, momento en que la primera edición del *New York Times* pasa a la imprenta, por el servicio facsimil Enchanced Fax, de AT, a través de la red telefónica.

Desde el punto de vista económico, el *Times Fax* constituye un instrumento informativo, publicitario y comercial, que ha permitido nuevos ingresos a la empresa y, al mismo tiempo, incrementar la distribución y venta del propio periódico.

Completar los textos, las ilustraciones, las fotografías y la publicidad a través de la comunicación telefónica con los lectores constituye otra forma interesante de dinamizar el periódico. Tanto el audiotext, como la respuesta oral interactiva y la mensajería telefónica conforman lo que se denomina servicio de información vocal, una nueva técnica telefónica que está resultando altamente beneficiosa para algunos diarios norteamericanos y, en concreto, para *USA Today* , cuyo vicepresidente, Tom Farrell, expuso en el mismo congreso de IFRA las características de este nuevo servicio que ofrece el diario.

El Centro de Información del *USA Today* es un servicio telefónico, basado en un número 900. A través de él se puede obtener información durante las 24 horas del día sobre el tiempo, horarios de vuelos, bolsa, vehículos de ocasión, carreras de caballos, resultados deportivos, lotería, horóscopo, cartelera, etc. Las llamadas que se reciben en el Centro de Información representan más de 300.000 minutos al mes, lo que supone unas 166 horas diarias. Cada llamada cuesta 0,95 dólares, si bien otras llamadas, realizadas a través de un número 800, son gratuítas. Se trata, en este caso, de llamadas para responder a las encuestas que efectúa regularmente el diario entre sus 6,5 millones de lectores, o para preguntar sobre temas publicados en el periódico.

Tom Farrell expuso también en su intervención los resultados de una encuesta efectuada por la Asociación Americana de Editores de Diarios (ANPA) entre los diarios que ofrecen servicios audiotext interactivos. Según dicha encuesta, la mayoría de estos diarios manifiesta que el objetivo principal que les indujo a lanzar el servicio de información oral fue reforzar su posición en un mercado en el que el diario tiene una gran incidencia. Para otros, fue la explotación de nuevos métodos publicitarios -los nuevos servicios cuentan, en general, con un patrocinador publicitario- y sólo el 47 por ciento de los diarios aduce como primer objetivo la creación de una nueva fuente de ingresos.

La mayoría de los nuevos servicios -algunos diarios reciben hasta 250.000 llamadas al mes- están basados en programas estándar, suministrados por empresas como Dow Jones, Brite Voice, Associated Press y Perception Electronics. Los periódicos, en general, se limitan a producir el 10 por ciento de la información disponible en un servicio audiotext. Con independencia de su mayor o menor contribución económica -en un 80 por ciento estos servicios suelen ser gratuítos-

los nuevos servicios orales han contribuído a estrechar los lazos de unión entre el periódico y sus lectores, especialmente en los periódicos locales, y a crear un nuevo método de marketing relacional, ya que el anunciante o patrocinador ve en este nuevo servicio, combinación audiotext-periódico, un instrumento publicitario y comercial de gran utilidad.

Algunos diarios norteamericanos ofrecen también servicios de telecopia interactivos, una mezcla entre audiotext y facsimil. Marcando un número 800 o 900, lo lectores pueden llamar al periódico y solicitar algunas informaciones, las cuales posteriormente les son transmitidas por facsimil.

10.3. El futuro de los servicios de información

Los servicios especiales de información, a los que nos hemos referido anteriormente, han sido posibles gracias al desarrollo de las técnicas electrónicas de telecomunicación. El uso de estas técnicas es indispensable actualmente para un periódico y lo será más todavía en el futuro, debido a las continuas innovaciones que se producen en los sistemas de transmisión. En este sentido, y refiriéndonos concretamente a España, Telefónica oferta ya nuevos servicios tanto para los medios de comunicación como para los usuarios particulares, que habrán de contribuir a un mayor incremento de la oferta informativa y a una mayor demanda de nuevos servicios de información.

El nuevo servicio de distribución de datos vía satélite de Telefónica, denominado DATASAT, permite que cualquier medio de información -agencias, periódicos, emisoras de radio, etc.- pueda distribuir cualquier número de corriente de información de naturaleza digital desde un punto central, donde se genera la información, hasta un número casi ilimitado de puntos de recepción, donde se procesa la información. Los sistemas de enlace hacen posible que la velocidad de la información pueda efectuarse desde los 300 bits por segundo hasta 64 Kbit/s.

El servicio DATASAT está soportado por un sistema de comunicaciones por satélite del tipo VSAT (*Very Small Aperture Terminal*) unidireccional, diseñado para el intercambio de voz y datos, mediante conmutación de paquetes, entre un centro de información y los terminales de usuario. La arquitectura del sistema, que utiliza el satélite EUTELSAT II (Figura 10.5), comprende la parte transmisora, ubicada en el Telepuerto de Alcobendas (Madrid) y donde se efectúan las operaciones de multiplexación (acceso de abonados), de modulación (generación de la portadora), de radiofrecuencia (transmisión al satélite) y de control, y la parte receptora, constituída por centenares de estaciones terrenas VSAT, de muy pequeño diámetro y situadas en los domicilios de cada receptor.

En el caso concreto de una agencia de noticias, el servicio DATASAT ofrece la posibilidad de diversificar las noticias, según su contenido, y ofertarlas a periódicos deportivos, financieros o de información general (Figura 10.6). En este caso, la agencia generaría tres grandes bloques de información -noticias deportivas, noticias generales y noticias financieras-, que serían canalizadas hasta el Telepuerto de Alcobendas y desde allí, transmitidas al satélite, para ser recibidas posteriormente en la sede de los clientes a través de uno o tres radioenlaces.

Desde mayo de 1993, el diario «El País» utiliza el servicio DATASAT para imprimir en Las Palmas su edición destinada al archipiélago canario. Esta medida ha supuesto, entre otras cosas, un adelanto en la distribución, con lo cual los lectores podrán acceder al diario con una mayor antelación de la que lo venían haciendo habitualmente. Las páginas del diario se elaboran en la Redacción de Madrid. Exploradas por un lector láser y convertidas en datos o señales digitales, éstas son enviadas por fibra óptica hasta el telepuerto de Alcobendas, desde donde son transmitidos, por medio de una antena parabólica, hasta el satélite Eutelsat. En los talleres de Las Palmas se recibe la señal en otra antena parabólica y un receptor láser convierte las señales digitales en analógicas (caracteres legibles). Posteriormente se elaboran las películas negativas y, finalmente, se obtienen las planchas para la impresión en offset.

La integración de los servicios de transmisión de información en una única red y con un único acceso es ya posible gracias a la Red Digital de Servicios Integrados (RDSI), que Telefónica comenzó a desarrollar en 1991 y algunas de cuyas aplicaciones se llevaron a cabo en la transmisión de los Juegos Olímpicos de Barcelona y de los principales acontecimientos de la EXPO 92. La RDSI, que proporciona una amplia gama de servicios (Figura 10.7), está concebida para que el usuario, a través de la línea telefónica, pueda acceder a dichos servicios, tanto de voz como de datos o imagen, utilizando un conjunto de interfaces normalizados, como pueden ser el fax, la pantalla de un ordenador, el videoteléfono, terminales de videotex y de teletex, telealarma, telecompra, etc.

La RDSI se configura, pues, como una moderna autopista, a través de la cual se canalizarán, a altísimas velocidades -64.000 bits por segundo- numerosos servicios de información hasta los hogares de los abonados. Entre estos servicios se encontrará, en un futuro próximo, la transmisión de un periódico electrónico, que integrará textos, ilustraciones y color en sus páginas. Con ello, se abrirá un nuevo camino y un nuevo reto para las empresas periodísticas, que podrán, de este modo, diversificar su producción y obtener nuevos recursos para mejorar, cada día, el periódico tradicional.

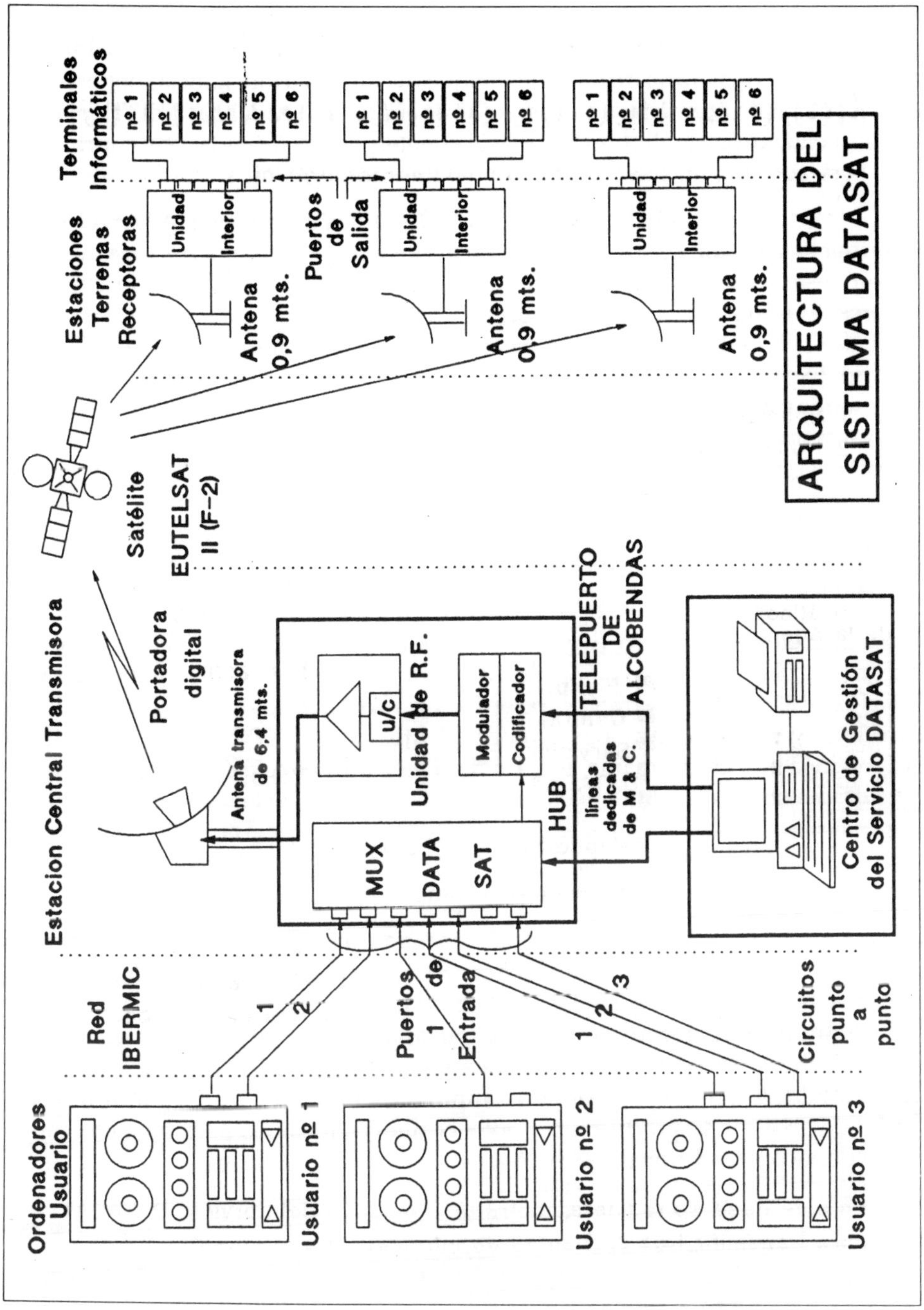

Figura 10.5. Arquitectura del sistema DATASAT.

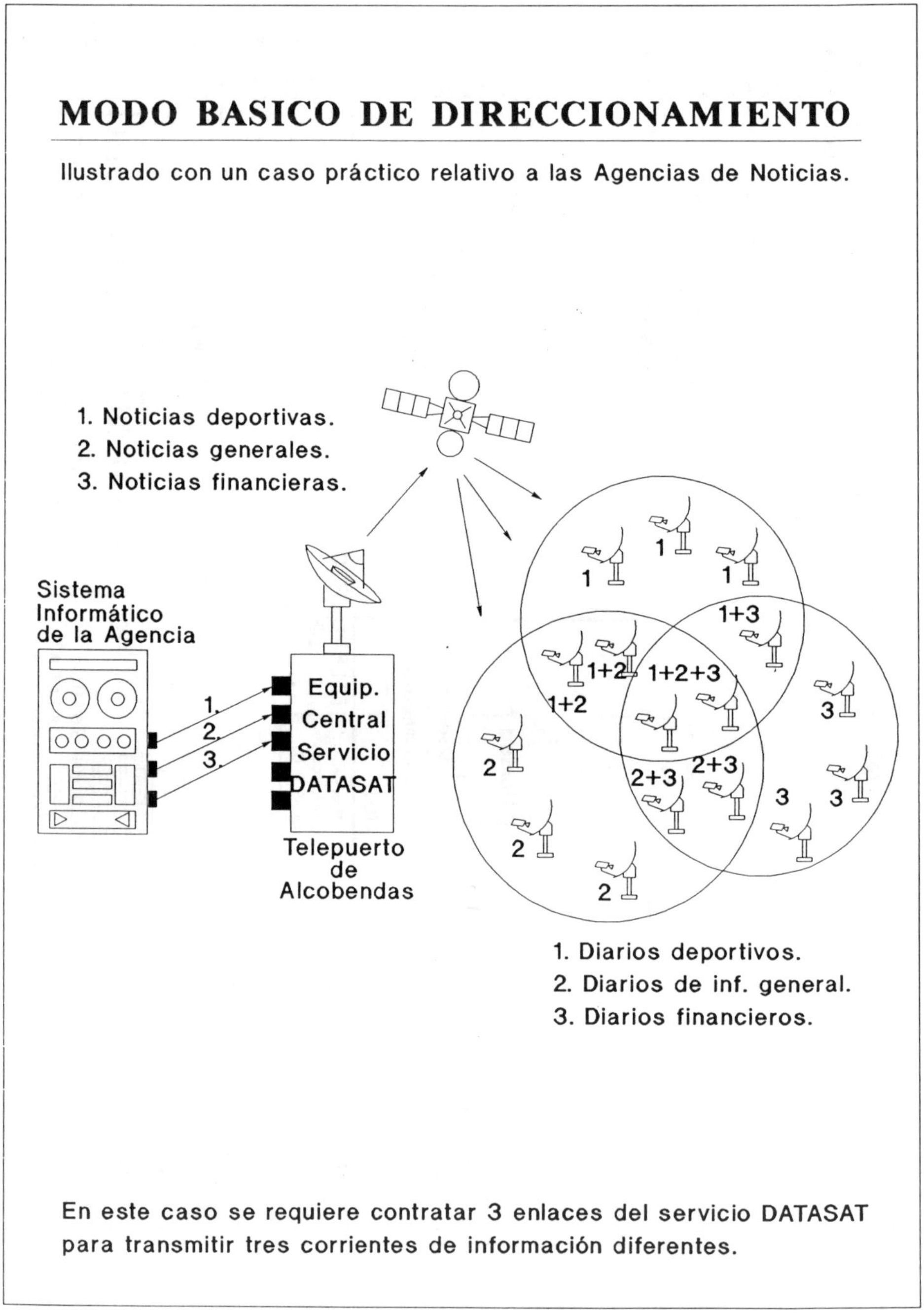

Figura 10.6. Esquema de direccionamiento básico del sistema DATASAT.

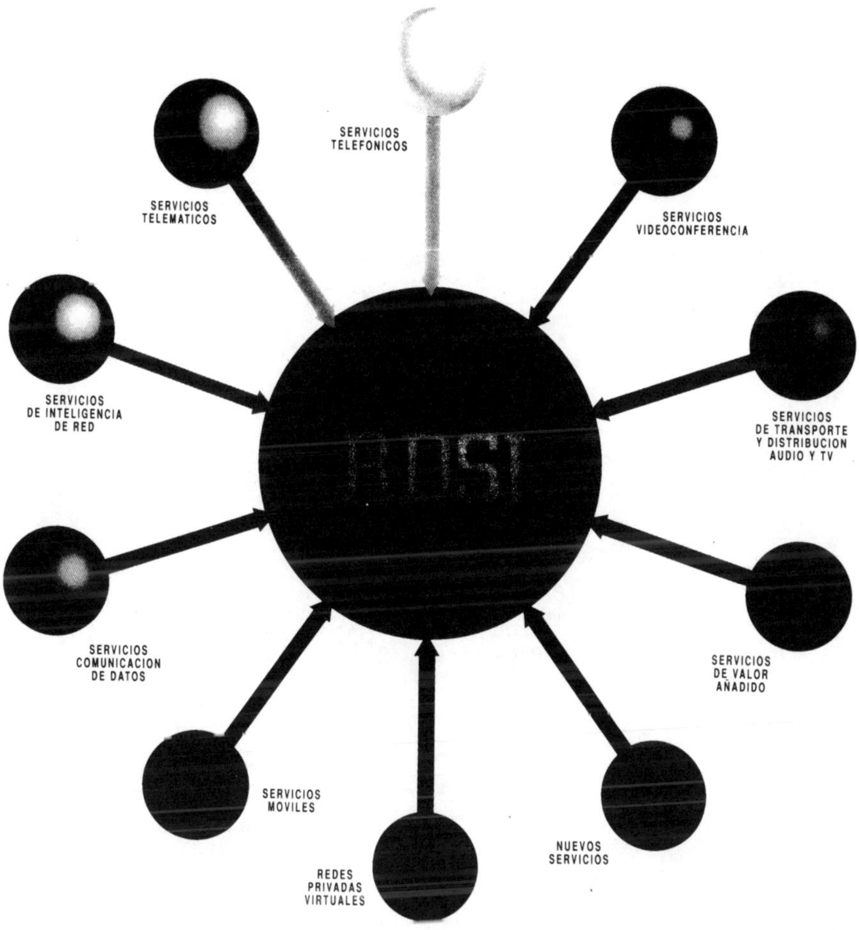

Figura 10.7. Integración de servicios en la RDSI.

PARTE 2

INFORMACION GRAFICA

- La comunicación visual
- La prensa ilustrada
- El humor gráfico
- La fotografía
- El color y la fotomecánica
- La infografía
- Los gráficos y el departamento de infografía
- La elaboración de gráficos
- La infografía en el periódico
- Desarrollo y panorama actual en España

1

LA COMUNICACION VISUAL

- **La cultura visual**
- **Información gráfica y color**
- **El periódico televisual**

A la hora de designar las más destacadas etapas históricas de la humanidad el hombre ha empleado diversos términos. En este intento de clasificación, para la prehistoria empleó nombres de materiales (piedra, hierro, bronce, etc), para la historia acudió a determinados acontecimientos de gran relieve (nacimiento de Jesucristo, caída del Imperio Romano, descubrimiento de América, Revolución Francesa o Industrial). En la actualidad, existen multitud de acontecimientos e inventos que puedan bautizar a nuestra época actual (Era atómica, espacial, etc), pero si hay una manera que permite sintetizar la naturaleza de nuestro tiempo es la Era de la Comunicaciones, ya que éstas son el eje que vertebra la vida cotidiana del hombre civilizado.

Dentro del enorme ámbito de las comunicaciones, centraremos nuestro interés en los medios de comunicación. Un nuevo lenguaje ha impregnado, a lo largo del siglo XX, estos medios de una forma absoluta y global: el lenguaje audiovisual. Este lenguaje ha trascendido de los propios medios de comunicación para convertirse en una nueva cultura: la cultura audiovisual.

1.1. La comunicación visual

El fenómeno de la cultura visual ha sido estudiado desde distintas áreas del conocimiento, entre otras, la semiótica, psicología de la percepción, publicidad, arte, pedagogía y la comunicación.

La influencia de los medios de comunicación de masas ha sido decisiva durante este último siglo en la formación de una nueva cultura, que ha tomado como modelos y pautas de actuación y comportamiento a los contenidos ofrecidos por estos medios (en concreto, cine, radio y televisión).

Las últimas generaciones han educado y moldeado sus mentes a golpe de fotograma y telefilms. La cultura de la tradición oral, transmitida de padres a hijos, ha desaparecido en la mayoría de los núcleos familiares, quedando postergada a reductos como los núcleos rurales o las culturas islámicas.

Si nuestros abuelos crecieron con el desarrollo del cine y el gramófono, y nuestros padres con la radio y el uso cotidiano del teléfono, nuestra generación ha sido educada en la televisión y la informática. Las próximas generaciones lo serán en la realidad virtual, el periódico electrónico, el entorno multimedia y el uso doméstico de la fibra óptica, fenómenos que ya existen pero en su etapa de incipiente desarrollo e investigación. Y es que, como afirma Smith, «una cultura crece a partir de sus instrumentos» (1983, pág. 48).

La dedicación que la sociedad actual presta a la televisión, la ha convertido, en muchos casos, en la segunda actividad en que los individuos reparten su tiempo, después de la ocupación principal que sigue siendo el trabajo, y en la primera en cuanto a su tiempo de ocio.

Más preocupante es la situación del público infantil, parte del cual pasa la mayor parte del día frente al televisor. Según refleja un estudio de la Asociación Española de Pediatría, «los niños ven cada año entre 1.000 y 1.500 horas de televisión, más de lo que permanecen en el colegio (...), a los 18 años, han pasado el tiempo equivalente a tres años delante de un televisor» (El País. 1993, pág.2). Las estadísticas muestran que los niños españoles ven, como media, unas veinte horas semanales la televisión.

Esta actitud comporta una seria amenaza para el futuro de la prensa escrita, ya que, como indica Victor de la Serna, «una generación entera, la que se ha criado con el televisor en color en casa, está empezando a desdeñar la lectura de prensa justo -el momento de la época universitaria, la incorporación a la vida laboral- en que sus antecesores (...) se convertían en compradores y lectores regulares de periódicos (...). En España, el asunto adquiere tales proporciones que ocho de cada diez candidatos a entrar en el más reputado programa de «master» de periodismo demuestran, en las pruebas de selección, no ser lectores habituales de periódicos» (1991, pág. 1).

En la reunión celebrada en París a finales de septiembre de 1991, por la Federación Internacional de Editores de Diarios (FIEJ), se analizó las causas y las posibles soluciones a esta tendencia mundial de disminución del hábito de lectura. En Estados Unidos se están alcanzando cotas alarmantes, el aumento del nuevo analfabetismo se demuestra en cada convocatoria de las pruebas de ingreso a la universidad. Sin embargo, en Europa la realidad no es muy distinta: Dinamarca, país con altos índices de lectura y total alfabetización, tenía en 1980 un 80% de jóvenes lectores de prensa, en 1991 no se llegaba al 70%. En Francia, a finales de 1991, había entre dos y ocho millones de jóvenes que presentan dificultades para leer un texto sencillo.

La solución a esta crisis de lectura está en la búsqueda de fórmulas distintas de hacer los periódicos, con una transformación conjunta de contenidos y presentación. Las medidas que habrá de adoptar esta reconversión son:

- Otorgar una importancia prioritaria al aspecto visual.
- Reducir la extensión de los textos, haciéndolos más dinámicos y con «gancho», como hace la televisión.
- Mayor uso de la infografía y el color.
- Informaciones interesantes y comprensibles. Los periodistas suelen criticar a la clase política de hermetismo y alejamiento de la realidad, pero muchos de estos informadores cometen el mismo error. Hay que explicar los hechos claramente, incluso aquellos complicados que muchas veces se dan por sabido.
- Adaptar a la prensa las técnicas usadas por la televisión para la autopromoción y venta de sus productos.
- Personalización y localización de la información mediante distintas ediciones. En Estados Unidos, la publicación *Saturday Evening Post Agricola*, ofrece desde 1982 a sus lectores 8.896 versiones distintas de la revista, en función de sus temas de interés (sector agrícola, tipo de cultivo que trabaja, etc). Cada suscriptor decide su propia «revista a la carta» en función de los temas que desea recibir y con que profundidad de contenidos.

Se trata, en suma, de hacer unos periódicos distintos para acercarse a un público distinto al de hace unos años. El segmento de jóvenes de 18 a 30 años lleva hoy un estilo de vida menos estructura (alteración de los horarios y lugares tradicionales para comer, mayor oferta de ocio, etc). En España, el diario *El Mundo* es un modelo a tener en cuenta, ya que ha sabido acercarse y adaptarse a los sectores jóvenes y universitarios, sin caer en el riesgo de ofrecer un periodismo superficial o sensacionalista.

1.2. Información gráfica y color

El periódico venía siendo la principal fuente de información de los adultos, y los medios audiovisuales de tomaban como un instrumento de entretenimiento. Hoy en día, los jóvenes aprenden antes a enchufar el televisor que a leer las primeras letras; por tanto, se han habituado desde pequeños a obtener de la televisión su principal fuente de información.

Resulta obvio que el papel de la radio y la televisión es ahora superior al del periodismo escrito. Sin embargo, ésto no implica que no exista espacio para la convivencia de todos. La incorporación de nuevas tecnologías han provocado históricamente la necesidad de reconvertirse para ajustarse a las nuevas situaciones. La prensa escrita tiene que hacer este esfuerzo de adaptación, aumentando, fundamentalmente, la información gráfica y el color.

El texto narra, la fotografía muestra y el gráfico explica y representa. El hombre, en sus orígenes, tardó mucho tiempo en comunicarse con sus semejantes mediante la palabra y, más aún, en representar la palabra en símbolos codificados. Por el contrario, desarrolló un lenguaje que le permitía comunicar y representar sus sentimientos, se trata del lenguaje visual, el más antiguo y universal de todos. Este lenguaje comunica mejor y más rápido, y el aprendizaje es mayor. Mediante la lectura retenemos el 10%, con el oído el 20%, a través de la vista el 30% y por la vista y el oído el 50%. De lo que aprende un hombre, el 11% es por el oído y el 83% por la vista.

Demostrada, pues, la eficacia del lenguaje visual, en el que se apoya toda la información gráfica de los periódicos, el uso mayor de elementos gráficos es una de las soluciones adecuadas para superar la crisis que está ahogando a los periódicos.

El desarrollo de la historia del periodismo gráfico esta íntimamente ligado al de las innovaciones técnicas: grabado, fotografía, fotomecánica, digitalización, etc.Son dos los factores, a juicio de Peltzer, que han provocado la revolución gráfica en los periódicos: «la digitalización y el uso mismo que la prensa ha hecho del lenguaje visual» (1991, pág. 119).

Esta nueva orientación visual que han de tomar los periódicos ha de ir acompañada de una adecuada formación de los periodistas de las redacciones, que no siempre han entendido o recibido como se merece a la información gráfica. En este sentido, De Pablos indica que, «llegada la buena hora de la fotografía en prensa, eran los redactores/creadores literarios quienes decidían sobre el uso de las escenas o retratos captados por los fotógrafos. El dominio sobre la imagen quedaba en manos de quienes imperaban sobre el texto, lo cual era una incoherencia, que hoy se vuelve a dar con la infografía periodística» (1993, pág.24).

En cuanto al color, éste aportará algo positiva o negativamente a las páginas de los periódicos en función de cómo sea utilizado. Ante todo, el color es un lenguaje (lo mismo que la tipografía, la fotografía o el propio diseño), y como tal debe ser empleado. El estudio del color es complejo debido al amplio campo de disciplinas que lo tratan: psicología, química, óptica, fotoquímica, psicofísica, etc. «Durante la última década, todo lo relacionado con el color ha sido objeto de un despliegue divulgativo sin precedentes, sin embargo -afirma Sanz- es demasiado frecuente la falta de relación entre los criterios, los argumentos y los enunciados, convergentes en una misma información particular sobre el tema. (...) La ciencia del color ha pasado a ser, en cierto modo, una ciencia de la información» (1993, págs. 9 y 10).

Dentro de este ámbito de estudio, el color aplicado a la prensa, según las conclusiones que Lallana obtiene en su tesis, se pone de manifiesto que: El color es información. Ha ganado espacio en la mayor parte de los periódicos. Aumenta las ventas, sean de ejemplares o publicitarias. Se van acortando progresivamente los tiempos de producción en la cuatricromía.

La incorporación del color a los periódicos es un fenómeno continuo. En el siglo pasado ya existían algunos periódicos que usaban normalmente el color, tal es el caso del *Milwaukee Journal*, que en 1891 publicaba en su primera página unas barras en rojo y azul. En la década de los 50, comienza a producirse la incorporación del color en los periódicos, como en *The Angeles Times* (1951), o el japonés *Asahi Shimbun* (1955). En España, los lectores han contemplado en los últimos años cómo la gran mayoría de diarios han ido incorporando la impresión en cuatricromía, incluso los mas críticos y reticentes lo han hecho (caso de *El País*, que ofrece color sólo para la publicidad).

El color bien empleado no significa aplicarlo en todo el periódico, al contrario, destaca más cuando sólo se emplea en aquellos casos en que queda mejor si va en color. Por ejemplo, algunas fotografías aceptan bien el color, pero en otras es preferible el blanco y negro. Esta polémica se suscitó en España, en septiembre de 1989, con motivo de la programación por Televisión Española de un ciclo de películas coloreadas. Esta técnica, cara y laboriosa, destrozaba obras clásicas que fueron concebidas en blanco y negro, como todo el cine policíaco de los años 40.

En relación a los gráficos, sí es recomendable el uso del color ya que éste aporta información. Sin duda, es mejor un gráfico o mapa con distintos colores en vez de las diversas tramas o gama de grises del blanco y negro.

Aunque las ventajas del color están sobradamente demostradas, la impresión en blanco y negro no ha perdido su capacidad informativa ni sus grandes posibilidades para el diseño periodístico. Quizás dentro de un tiempo, cuando toda la prensa se edite en color, alguien se dará cuenta del factor de diferenciación y la novedad de imprimir en blanco y negro. De hecho, ésto ya se produce en revistas a todo color que usan el blanco y negro para destacar algunas páginas de información o de publicidad.

1.3. El periódico televisual

Debido al impacto e influencia que la televisión ha tenido y tiene en la sociedad de esta 2ª mitad del siglo XX, ha surgido un nuevo concepto de periodismo: el periódico televisual o televisivo.

«Entendemos por periódico televisivo -indica Pedro Orive- el que en su estructura y presentación emplea algunas de las técnicas y el estilo que han contribuido al desarrollo de la televisión, con la finalidad de alcanzar el óptimo de audiencia mediante una estrategia informativa concisa y atractiva, y el buen uso de la infografía» (1991, pág.11).

Este nuevo modelo conforma una cuarta categoría en la clasificación del periodismo impreso: prensa de élite *(New York Times, Wall Street Journal)*, prensa de masas *(The Sun, Bild Zeitung, Claro)* y prensa de calidad o de «referencia dominante» *(The Independent, La Repubblica, El País)*.

El periódico televisual parte de la doble circunstancia de que los lectores menores de 40 años han sido educados al amparo de la cultura de la televisión, y del progresivo descenso de los índices de lectura y la falta de tiempo para leer periódicos.

Con el objeto de conseguir llegar al perfil de lector descrito, se crea un módelo de periódico en el que destaque: lo visual (fotografía e infografía), lo atractivo (diseño ágil y dinámico), el impacto (mayores titulares y elementos gráficos), el realismo (uso del color) y lo ameno (mucha información gráfica con textos breves y concisos).

Si bien todos estos elementos ya existían, y se venían aplicando de una u otra forma en el periodismo, el periódico televisual es el primero en aglutinar a todos para ofrecer al lector un nuevo concepto de información impresa. Su filosofía se resume en fácil de encontrar, fácil de leer.

El pionero y modelo imitado es el diario *Usa Today*, seguido por otros como *Today*, su réplica europea editado en Londres desde el 4 de marzo de 1986; el *European Daily* o *Le Parisien Libéré*. En España aún no existe un periódico netamente televisivo al estilo del *Usa Today*, aunque sí se editan algunos diarios que se aproximan, en cierta medida, a sus planteamientos, como son el caso de *El Periódico de Cataluña*, el desaparecido *El Sol* o *La Voz de Galicia*.

Hemos tomado el caso del *Usa Today* y de *La Voz de Galicia* como prototipos para su estudio. El primero por su papel de innovador y pionero a nivel mundial; el segundo por su reciente rediseño tras el cual ha adoptado parte de la filosofía del periódico televisivo.

Usa Today. Sale a la calle el jueves 15 de septiembre de 1982, abriendo la portada, a 3 columnas, la fotografía del accidente de aviación ocurrido en Málaga el día anterior, y con la muerte de la princesa Grace Kelly.

El objetivo de su mentor, Allen H. Neubart, director de la cadena Gannet (propietaria de la mayor compañía de publicidad de Estados Unidos, un centenar de diarios y varias emisoras de radio y televisión) es conseguir un diario de difusión nacional dirigido a la gran clase media americana. «Su filosofía, explica

Díaz Nosty, es la de navegar a favor de corriente, cambia, se amolda, no marca una postura definida en la confrontación política. Busca un factor de identidad común entre americanos de Estados muy distintos y distantes. Ni sensacionalista, ni elegante, nunca deja caer el peso doctrinal de las grandes firmas» (1987, pág. 111).

Para conseguir esto realizó previamente un estudio de mercado sobre los hábitos de lectura de 40.000 americanos y consultó la opinión de las agencias de publicidad. Este estudio reflejó las demandas de la población, centrándose en tres puntos: abundancia de gráficos y mapas, temas cortos y evitar los saltos de columna a otra página.

El rápido y rotundo éxito de la implantación del *Usa Today* como uno de los mayores rotativos americanos se debe a su carácter innovador y rupturista en el planteamiento de tres aspectos básicos: la comercialización, la dotación tecnológica y su estética.

1. Comercialización. Incluye al plan de marketing, distribución y ventas. Su buen desarrollo le ha permitido triunfar pese a los pronósticos de fracaso que le auguraba la competencia, cuya acogida fue negativa. Medidas adoptadas:

- Fuertes campañas de promoción, a nivel general, en televisión durante 1982-83 y, a nivel local, fiestas de presentación en cada ciudad.
- Se fija un precio bajo de salida, 25 centavos, que se mantiene durante dos años, en 1984 sube a 35 centavos.
- Establece un novedoso sistema de distribución instalando 60.000 máquinas de autoservicio, con un diseño idéntico al de un televisor, y las sitúa en diferentes puntos (aeropuertos, estaciones, centros comerciales, hoteles...)
- Una tercera parte de las ventas proceden de las suscripciones.
- El *Usa Today* no va a entrar en competencia con el resto de los periódicos de la cadena. Al contrario, existe una mútua colaboración: los otros diarios elaboran temas para el *Usa Today* y éste recibe a sus redactores durante un tiempo, en sus instalaciones, como período de formación.
- Estas medidas hacen disparar las ventas alcanzando los 500.000 ejemplares en tan sólo cuatro meses, y el millón un año después. En la actualidad su difusión se sitúa en torno a 1.600.000 ejemplares.

A parte de estas características, la empresa creó un plan de marketing alternativo ante la posibilidad de fracaso del periódico. Este plan consistía en aprovechar toda la infraestructura técnica y humana de la redacción, en la fase de preimpresión, para reorientarla hacia un servicio de videotexto.

2. Dotación tecnológica. Al tratarse de un periódico de reciente creación, parte con una tecnología actual y sin arrastrar los problemas de exceso de plantilla y reconversión tecnológica.

El *Usa Today*, con su sede central en Arlington (Washington), transmite a diario las páginas por vía satélite a las treinta plantas de impresión estratégicamente distribuidas por todo el país y a las tres extranjeras, para su edición en Europa (desde 1986 en Adligenswill, cerca de Lucerna, Suiza) y para la edición asiática (en Singapur y, desde 1988, en Hong Kong). Esta red permite la impresión simultánea en distintos puntos del planeta y la rápida distribución de los ejemplares.

Pese al inconveniente de realizar la impresión en más de treinta plantas distintas, el *Usa Today* ofrece una extraordinaria calidad en la reproducción del color.

3. Estética. El *Usa Today* presenta sus contenidos informativos de la siguiente manera:

- Siempre con una misma estructura de cuatro cuadernillos y cuarenta páginas (información general, vida, deportes y economía). Las páginas se dividen en siete columnas, con abundante uso de columnas falsas.
- Similitud con la televisión: La diagonal de los gráficos *(snapshots)* tiene las mismas proporciones que la pantalla de la televisión y siempre van al mismo tamaño (doce columnas de ancho por quince cíceros de altura). Por otra parte, la bola del mundo que integra la cabecera presenta unas rayas horizontales similares a las de un televisor (Figura 1.1).
- Empleo equilibrado del color. Comienza con ocho páginas en color sobre cuarenta, doblando a 16 en julio de 1984.
- Utilización de la infografía: el *Usa Today* revoluciona la presentación de la información meteorológica, aplicando gráficos en color a toda página. Esta nueva concepción va a ser imitada por la mayoría de los periódicos de todo el mundo.
- Importancia de la información gráfica: Las fotografías captan la atención del lector por la superficie que ocupan y por su comprensión fácil y directa.
- Tratamiento especial de la fotografía: Se buscan situaciones y encuadres de exclusiva, ya que la televisión acaba por gastar todas las imágenes. Existe la norma que, en una página, la superficie de la la fotografía principal sea superior a la suma de las restantes fotos secundarias.
- Poco texto: Las informaciones nunca podrán pasar de las 500 palabras y los párrafos de las diez líneas. Tampoco hay saltos en la lectura, exclusivamente cuando se trata de un tema que viene de la primera página.

Todos estos elementos producen una perfecta identificación del periódico con sus lectores: «se trata, como indica Timoteo Alvarez, de un diario pensado para televidentes (el 70% de los norteamericanos no conocen la vida sin televisión), para clientes de hoteles y viajeros de líneas aéreas (850.000 norteamericanos cada día). A tales ciudadanos se les presenta información que les interesa y en la forma en que lo hace la televisión. Les interesa aquella información que personalmente les afecta» (1987, pág. 342).

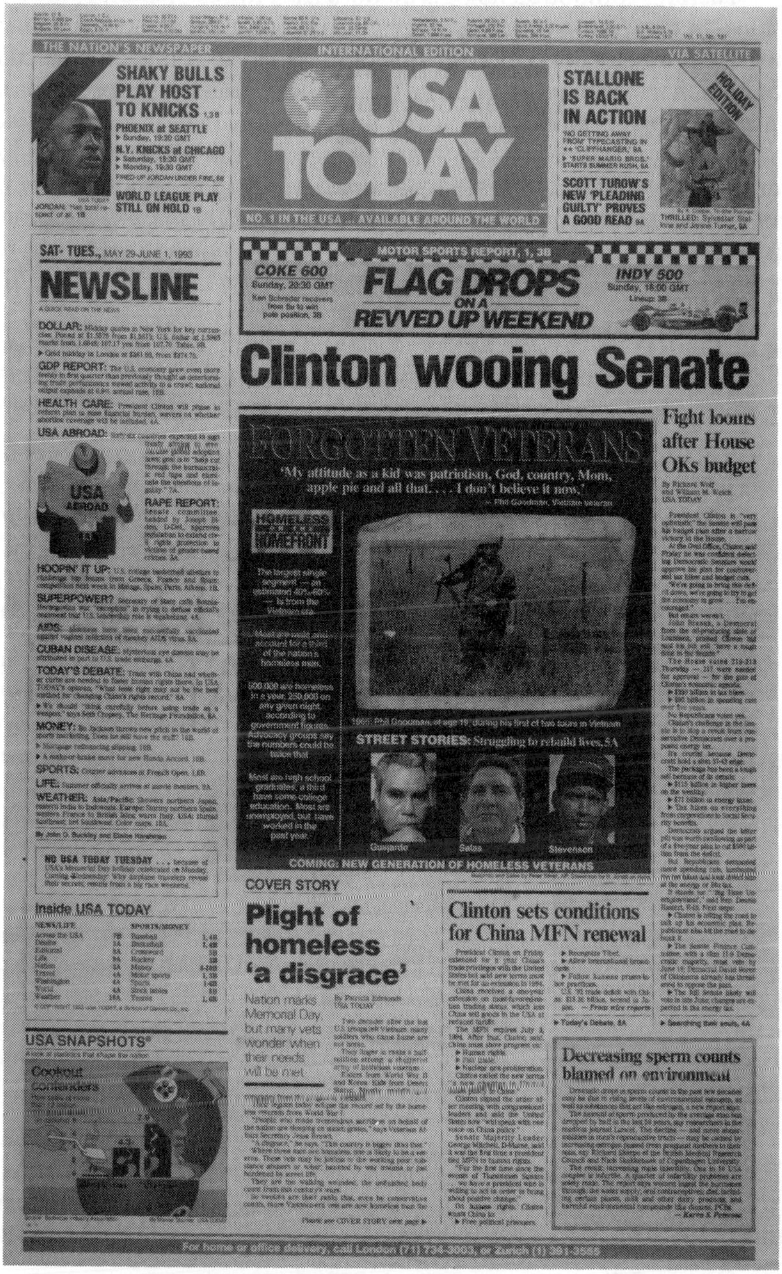

THE NATION'S NEWSPAPER — INTERNATIONAL EDITION — VIA SATELLITE

SHAKY BULLS PLAY HOST TO KNICKS 1,3B

PHOENIX at SEATTLE
▸ Sunday, 19:30 GMT

N.Y. KNICKS at CHICAGO
▸ Saturday, 19:30 GMT
▸ Monday, 19:30 GMT

WORLD LEAGUE PLAY STILL ON HOLD 1B

USA TODAY

NO. 1 IN THE USA ... AVAILABLE AROUND THE WORLD

STALLONE IS BACK IN ACTION

SCOTT TUROW'S NEW 'PLEADING GUILTY' PROVES A GOOD READ 6A

HOLIDAY EDITION

THRILLED: Sylvester Stallone and Janine Turner, 8A

SAT.- TUES., MAY 29-JUNE 1, 1993

NEWSLINE

A QUICK READ ON THE NEWS

DOLLAR:

GDP REPORT:

HEALTH CARE:

USA ABROAD:

RAPE REPORT:

HOOPIN' IT UP:

SUPERPOWER?

AIDS:

CUBAN DISEASE:

TODAY'S DEBATE:

MONEY:

SPORTS:

LIFE:

WEATHER:

NO USA TODAY TUESDAY ...

Inside USA TODAY

USA SNAPSHOTS®

Cookout contenders

MOTOR SPORTS REPORT, 1, 3B

COKE 600
Sunday, 20:30 GMT

FLAG DROPS ON A REVVED UP WEEKEND

INDY 500
Sunday, 16:00 GMT

Clinton wooing Senate

FORGOTTEN VETERANS

'My attitude as a kid was patriotism, God, country, Mom, apple pie and all that. . . . I don't believe it now.'
— Phil Goodman, Vietnam veteran

HOMELESS ON THE HOMEFRONT

The largest single segment — an estimated 40%-60% — is from the Vietnam era.

Most are male and account for a third of the nation's homeless men.

600,000 are homeless in a year, 250,000 on any given night, according to government figures. Advocacy groups say the numbers could be twice that.

Most are high school graduates, a third have some college education. Most are unemployed, but have worked in the past year.

1969: Phil Goodman, at age 19, during his first of two tours in Vietnam

STREET STORIES: Struggling to rebuild lives, 5A

Guajardo — Salas — Stevenson

COMING: NEW GENERATION OF HOMELESS VETERANS

COVER STORY

Plight of homeless 'a disgrace'

Nation marks Memorial Day but many vets wonder when their needs will be met

Please see COVER STORY next page ▸

Fight looms after House OKs budget

Clinton sets conditions for China MFN renewal

Decreasing sperm counts blamed on environment

For home or office delivery, call London (71) 734-3003, or Zurich (1) 391-3555

Figura 1.1. Portada del «USA Today».

Factores como su tecnología moderna, la impresión multilocacional para Estados Unidos, Europa y Asia, sus revolucionarios planteamientos de marketing y distribución, el valor concedido al color y a la imagen y, en particular, a la infografía, han conseguido que este diario penetre en los sectores más jóvenes y en zonas urbanas donde concurren una amplia y mayor oferta periodística. Gracias a estos logros, el *Usa Today* es hoy en día el primer periódico de información general de carácter nacional en Estados Unidos, liderazgo no conseguido por otros rivales tan importantes como *The New York Times*, con menor implantación nacional, o *The Wall Street Journal*, centrado en la información económica.

La Voz de Galicia. El caso de *La Voz de Galicia* no puede considerarse como un periódico netamente televisivo, al estilo del *Usa Today*, sin embargo, tras su reciente rediseño, viene aplicando buena parte de la filosofía del periódico televisivo.

Este diario presenta unas características muy específicas que le convierten en un modelo singular de la prensa española. En primer lugar, como indica Vilela Conde, «no deja de llamar la atención que precisamente la comunidad que arroja los más bajos índices de lectura de toda España tenga, sin embargo, uno de los principales periódicos del país, que alcanza una difusión diaria de más de 100.000 ejemplares, y 140.000 los domingos, según datos de la OJD» (1993, pág. 2).

En segundo término, *La Voz de Galicia* es la cabecera lider en la región, tanto en audiencia como en distribución. Actualmente, su audiencia supera los 480.000 ejemplares (según datos de mayo de 1993 del EGM), que supone la mitad de los lectores de una comunidad que no llega a los tres millones de habitantes y que cuenta con ocho periódicos locales más todas las cabeceras de la prensa nacional. En relación a su distribución, ésta abarca plenamente las cuatro provincias gallegas, aunque en algunas ciudades ocupa el segundo puesto al ser desplazado por los diarios locales (caso de *El Faro de Vigo* o *El Progreso* de Lugo).

En tercer lugar, *La Voz de Galicia* ofrece quince ediciones diarias con un total de 240 páginas. En cada redacción local se elaboran las páginas enteras con plena independencia y éstas llegan listas a la redacción central para ser filmadas. Este fenómeno de descentralización permite el seguimiento y proximidad de una información muy local, aspecto éste de creciente desarrollo en toda la prensa y muy valorado por los lectores que, ante todo, desean conocer lo que sucede en su entorno próximo.

En la primera página de cada edición se publican, como mínimo, una noticia y una fotografía de interés local. En el interior van ocho páginas de información local, una o dos de deportes y la últimas página con un reportaje de carácter local.

La Voz de Galicia comienza a trabajar en el rediseño en marzo de 1991, estrenándolo el 26 de julio de 1992 junto con la nueva planta de impresión de Sabón, situada a 12 km. de La Coruña.

¿Qué puede motivar a un periódico de 111 años, y lider en su zona, a realizar un rediseño? Sobre todo un hecho: el cambio es necesario porque los lectores han cambiado y plantean nuevas exigencias. «El nuevo diseño, según resume el propio periódico, concede también mucha importancia a los elementos gráficos, porque éstos (fotos e ilustraciones) aportan una información viva y directa o simplifican la comprensión incluso en los asuntos más enrevesados» (1992, pág. 2).

Las tres características básicas que envuelven la filosofía del nuevo diseño, según contempla el propio Manual de Estilo, son:

«Facilidad de elección: todas las inserciones (...) se presentarán en el periódico con arreglo a criterios claros y permanentes, de modo que el lector pueda familiarizarse con la estructura del diario, buscar sin dificultad las partes que le interesan (...).

Facilidad de lectura: todos los textos deben obedecer al criterio de máxima facilidad de lectura, lo que requiere la utilización de un lenguaje claro y directo. El diseño de La Voz prima la redacción breve en las noticias y artículos (...).

Facilidad de comprensión: (...) es fundamental que los lectores -todos los lectores- puedan entender claramente los contenidos. Se procurará que la formación cultural o el nivel de conocimientos del receptor sobre temas generales o particulares no constituya una discriminación previa o una barrera» (1992, págs. 7-8).

Características del nuevo diseño:

- Tipografía: antes sólo se utilizaba la letra *Times*. Ahora se usa la *Headline Bold* (letra ancha y sin remate) para títulos, pies de fotos y encabezamientos de breves, y la *Times* (letra fina con remate) para textos, entradillas y antetítulos. En los gráficos se usa la familia Helvética, así como en las páginas de agenda, servicios y televisión. Se aumentan el tamaño de los cuerpos de toda la información textual, produciendo mayor legibilidad y espacios en blanco.

- Más blancos: se consiguen al doblar el cuerpo de interlineado y al centrarse los titulares y pies de foto. El aumento de blancos crea zonas de descanso en la lectura y permite descargar la página.

- Aumento de la información gráfica: «Como regla general, indica el manual de estilo, cada página ha de llevar al menos un elemento gráfico (foto o dibujo)» (1992, pág. 61). Empleo de fotografía en color, sobre todo, en la primera y última página y en deportes.Se potencia el uso de la infografía, ya introducida en 1989. «Su empleo, indica el citado manual, ha de ser estimulado en toda ocasión en que favorezca la compresión de la noticia (...), los gráficos habrán de ser visualmente atractivos y técnicamente bien realizados» (1992, pág 71).

- Uso del color: Ya empleado antes del rediseño, a partir de éste se potencia su empleo en fotografías e infográficos. La edición del domingo es en la que se hace un mayor uso del color.

- Creación de nuevas secciones y suplementos: como los *breves* o la sección de hemeroteca. Asímismo, cuenta con diez suplementos semanales (deportes, motor, cultura, Galicia, finanzas, etc.).

Todas estas características se corresponden con las descritas, por Martín Aguado (1991, págs. 41 y 45), como las propias del diseño periodístico moderno.

2

LA PRENSA ILUSTRADA

- **Los grabados: orígenes y técnicas**
- **La ilustración en el periódico**
- **Los primeros gráficos informativos**

2.1. Los grabados: orígenes y técnicas

Rápidamente asociamos el término grabado con la reproducción de un dibujo artístico; sin embargo, hay que distinguir entre el proceso técnico (grabar) y el producto final de ese proceso (grabado). Grabar significa realizar una incisión (en hueco o en relieve) sobre una superficie dura (metal, madera, piedra, etc) según diversos métodos (manual, mecánico, fotoquímico, etc). Por grabado se entiende las copias realizadas mediante la estampación de la plancha original, grabada y entintada, sobre un soporte (papel, tejido, plástico, etc).

Historia del grabado. Poder establecer, con una cierta exactitud, cuándo y dónde surgieron los primeros grabados es una labor sumamente compleja. Ahora bien, pueden fijarse, con suficiente rigor, ciertas épocas y lugares indicativos de la cuna histórica del grabado.

Existen dos posturas diferentes sobre el concepto de grabado que permiten situar su origen en distintos escenarios: el concepto de grabado como técnica de incisión, y el de grabado como la producción de múltiples originales. Si se parte de la primera postura, que entiende el grabado como la incisión sobre cualquier materia efectuada de forma consciente por el hombre, los primeros grabados datan de la época prehistórica.

Es digno de destacar la habilidad técnica de estos hombres para realizar grabados antes de ser capaces de construirse sus propias viviendas, siendo el refugio una necesidad más primaria que la de satisfacer sus deseos artísticos o rituales mediante la representación plástica de su entorno.

Incisiones encontradas en herramientas, utensilios y armas de diversos materiales demuestran la antigüedad de estos primitivos grabados. Otros descubrimientos han permitido comprobar la evolución cualitativa en la técnica y arte del hombre primitivo, como lo confirman los grabados practicados en las paredes de cuevas y refugios naturales con representaciones de animales y escenas de caza. Destacan el conjunto de grabados de las Cuevas de Candamo y Altamira, considerados los más importantes de España.

En esta linea, se produce una evolución contínua durante toda la prehistoria y ya dentro de la historia hasta nuestros días. Dentro de las primeras muestras conocidas de grabación de la historia están la escritura cuneiforme de las civilizaciones asiria y babilónica de hace seis mil años, la escritura jeroglífica del Antiguo Egipto, el arte griego, etc.

En relación a la segunda posibilidad, el concepto de grabado se diferencia de lo anterior en su finalidad: la reproducción múltiple sobre otros soportes a partir de un grabado original. Hasta este paso, precursor básico de la imprenta, van a transcurrir siglos de civilización. Según este concepto, la historia del grabado se inicia cuando la plancha original va a estamparse distintas veces sobre la superficie de otras materias, obteniéndose así un original múltiple.

Es en el Asia Menor donde hace más de cinco mil años aparecen sellos grabados en cilindros de piedra que se estampan sobre las tablillas de arcilla, aún blandas, empleadas para escribir. Con esta operación, similar al del lacrado postal, se le concedía al documento el rango de real, público o comercial. En Egipto se estamparon, mediante planchas grabadas en madera, ilustraciones sobre tejidos. Va a ser en China donde por primera vez se imprime texto según esta técnica.

A partir del siglo XI, con la llegada del papel desde China a Europa, comienza la difusión de los primeros grabados, cuya temática inicial serán las estampas religiosas cristianas y los naipes de juego. Aunque se desconoce en ambos casos donde aparecieron los primeros ejemplares, el juego de naipes fue puesto de moda en Italia a finales del siglo XIII y es conocida la venta de estampas y cartas de juego a finales del siglo XIV en Dijon (Francia) y Bolonia (Italia).

Los primeros grabados hechos sobre papel conocidos en Occidente son de la segunda mitad del siglo XIV. El procedimiento usado en estos primeros grabados era el de la xilografía, siendo algunas de estas reproducciones coloreadas posteriormente a mano.

En los primeros años del siglo XV se produce un fenómeno que va a preparar la invención de la imprenta: se trata de la estampación de los primeros libros de ilustraciones. En el libro xilográfico, textos e ilustraciones son grabados en planchas de madera de donde se pasan al papel. La culminación de este proceso es la aparición del libro tipográfico, donde se emplean letras o tipos intercambiables para componer los textos: ha nacido la imprenta.

A partir del nacimiento de la imprenta y su rápida extensión, los grabados van a experimentar un gran desarrollo, tanto en la técnica como en su utilización, de tal naturaleza que supuso una auténtica revolución cultural y artística. Este auge del grabado toma un nuevo impulso a partir del siglo XVII con la incorporación de ilustraciones a las gacetas y periódicos que originan el nacimiento del periodismo impreso moderno y que aumenta la producción a mediadosdel siglo XIX gracias a la aplicación del grabado litográfico.

Técnicas de grabado. Esencialmente, existen tres sistemas de grabados: en relieve (xilografía), en hueco (calcografía) y en plano (litografía). Estas tres técnicas se corresponden con los tres actuales sistemas de impresión: tipografía, huecograbado y offset.

1. *Relieve: xilografía o grabado en madera.* Del griego xilo-, madera, y -grafía, trazo o trazado. La xilografía consiste en el grabado efectuado sobre madera. Para ello, el artista emplea un buril y una gubia para vaciar las partes blancas (que finalmente no van a recibir tinta) quedando un dibujo sencillo en relieve con trazos gruesos, que posteriormente recibe la tinta. Se trata, en suma, de un grabado efectuado en relieve, donde las partes salientes son entintadas para su reproducción. Este sistema inspiró el nacimiento de los tipos móviles y de la imprenta de Gutenberg, siendo el precursor de la impresión en tipografía.

Aunque se desconoce con exactitud su origen en Europa, donde ya se utiliza a finales del siglo XIV, autores como Gallego establecen su procedencia, «probablemente, tanto el papel como la xilografía son una invención oriental, y es posible que desde China llegaran a Europa por medio de los árabes, o de los cruzados...» (1990. Pág.17).

- En su origen, en la xilografía a fibra, la plancha de madera se corta en el mismo sentido del crecimiento del árbol. De esta manera, la orientación de las fibras condiciona la orientación básica de las lineas del dibujo. Destacan en el uso de esta técnica: Schönhauer, su discípulo Durero, Cranach (ilustrador de la Biblia de Lutero), Holbein y Picasso.
- En la xilografía a la testa o contrafibra, descubierta por el grabador inglés Thomas Bewick a finales del siglo XVIII, el grabado se realiza sobre una plancha compuesta por pequeños bloques de madera de boj fuertemente pegados a presión, en la cual las fibras se disponen perpendicularmente a la superficie de la plancha. Este sistema permite grabar la madera con mayor facilidad en cualquier sentido y se evita el peligro de desgarrar la plancha. Además del propio Bewick, también fue utilizada por Delacroix.

Actualmente, aunque la técnica continúa siendo la misma, se emplean otro tipo de materiales como planchas de plástico, linóleo, tableros artificiales, etc.

2. *Hueco: Calcografía o grabado en metal.* Del griego calco-, cobre o bronce, y -grafía, trazo o trazado. La calcografía es el grabado que se realiza sobre una superficie metálica, generalmente de cobre, aunque también se utiliza bronce, acero, cinc (zincografía), latón o estaño. Este sistema consiste en realizar incisiones sobre el metal que se corresponden con los trazos del dibujo. Los huecos, una vez rellenos de tinta, producen las partes negras o trazos del dibujo, y los blancos son producidos por la superficie de metal no grabada y que no reciben tinta. En esta técnica se basan los actuales sistemas de impresión del huecograbado.

Existen dos procedimientos distintos: directo (empleando recursos manuales y utensilios), e indirecto (mediante la ayuda de ácidos corrosivos).

A. En el sistema directo, el grabador practica las incisiones sobre el metal empleando buriles, rascadores, punzones, etc. Puede ser:

- Talla dulce o al buril. El artista practica la incisión directamente sobre la plancha empleando un buril de acero. La imagen se obtiene por el entrecruzamiento de lineas, siendo más sombreada cuanto más próximas se encuentren. Esta técnica se origina en Italia y Alemania a principios del siglo XVI, y va a ser utilizada por artistas como Schönhauer, Durero, Pollaiolo, Leiden, etc.
- A punta seca. Mediante una punta de acero, el grabador consigue ensanchar los trazos levantando unas rebabas en el borde de las incisiones, produciendo unas lineas menos nítidas que con el buril. Este sistema, aunque limita el número de copias debido a la fragilidad de las citadas rebabas al recibir la presión de la prensa, permite obtener unas ilustraciones con trazos más suaves y aterciopelados. Surge en Italia y Alemania a principios del siglo XVI, y es cultivado por Durero, Rembrandt, Degas y Picasso, entre otros.
- A la manera negra. El grabador, a partir de una superficie granulada, consigue un negro absoluto. Mediante el pulido se hace desaparecer el granulado en las zonas deseadas, obteniendo los blancos y medios tonos. Representantes de esta técnica, surgida a principios del siglo XVIII, son los románticos ingleses.

B. Por el sistema indirecto, el grabador marca el dibujo sobre la plancha metálica y los trazos marcados son atacados por el ácido que produce la incisión. Existen diversos métodos:

- El aguafuerte. Es el más importante y del que se derivan los demás. La superficie metálica, limpia de grasa, se recubre con un barniz resistente al ácido y sobre este se dibuja con una punta de acero que levanta el barniz. Al sumergir la plancha en ácido nítrico, el ácido sólo ataca las líneas donde la punta ha levantado el barniz, dejando al descubierto el metal. Posteriormente, se lava la plancha con agua y el barniz se limpia con bencina, quedando dispuesta para la estampación. Este proceso puede realizarse cuantas veces se desee y, con frecuencia, se suele retocar con el buril, con lo que se emplea una técnica mixta. Este método, creado en Italia y Alemania a principios del siglo XVI, ha sido utilizado por Rembrandt, Goya, Picasso, Miró, ...

- El aguatinta. Es una variedad mixta del aguafuerte y el grabado a la manera negra. Se esparce resina sobre la plancha quedando fijado a ésta al calentarla por debajo. La acción del ácido produce pequeños huecos, entre los granos de la resina, que van a retener la tinta. Descubierta a mediados del siglo XVIII, ha sido empleada por Goya, Picasso y Chagall.
- Al barniz blando. Consiste en bañar la plancha con un barniz muy flexible que, una vez seca, se cubre con un papel de grano fino donde previamente se ha realizado el dibujo. El artista repasa con un lápiz duro los trazos, consiguiendo que el barniz se pegue al papel, dejando al descubierto el metal donde ha presionado el lápiz. Una vez dado el baño de ácido, se pueden obtener reproducciones muy parecidas a dibujos originales de carboncillo. Este sistema tiene su origen en el siglo XVIII y lo han empleado grabadores ingleses del siglo XVIII y, actualmente, Tapies.

3. *Plano: Litografía o grabado en piedra.* Del griego lito-, piedra, y -grafía, trazo o trazado. La litografía es el grabado que se realiza sobre una piedra caliza muy fina (piedra litográfica). Esta técnica se basa en el principio de mutuo rechazo entre el agua y la grasa (tinta). Sobre la piedra, el artista dibuja con tinta o un lápiz muy graso. Al sumergir la piedra en ácido nítrico, el ácido impide nuevas adherencias de grasa, a la vez que fija los trazos dibujados. De esta manera, se consigue que, al entintar la plancha, la tinta únicamente se pega en las zonas dibujadas y sea rechazada por el resto de la superficie. Se trata del mismo procedimiento en que se basa la moderna impresión en offset.

Inventada en 1796 por el alemán Aloys Senefelder (Praga,1771- Munich, 1834), la litografía supone toda una revolución artística y técnica siendo muy empleada en el siglo XIX por Goya, Delacroix y Monet. A partir de Toulouse Lautrec, creador del cartel moderno, la mayoría de los grandes maestros del siglo XX han trabajado esta técnica: Mattise, Picasso, Miró, Dalí, etc.

2.2. La ilustración en el periódico

El desarrollo de la ilustración gráfica en el periodismo del siglo XIX está íntimamente ligado con el desarrollo de la burguesía española. Durante el reinado de Fernando VII (1808-1833), años de pleno obscurantismo para la prensa, se va formando un nuevo lenguaje y aparecen nuevos medios y técnicas que superan a las tradicionales. En este primer tercio de siglo el periodismo español va a conseguir desprenderse de la concepción dieciochesca que aún arrastraba en la primera década.

El reinado de Fernando VII supuso la desaparición, casi absoluta, de la prensa existente, llegándose, en algunos períodos, a autorizar únicamente la publicación de cuatro periódicos: «La Minerva» o «El revisor General» (1817), «Almacén de Frutos literarios» (1818-19), «Miscelánea de Comercio, Artes y Literatura» (1819) y «Crónica Científica y Literaria» (1819). Tras la muerte del monarca absolutista, se produce un renacimiento de la prensa con la aparición de gran cantidad de publicaciones y un auge del periodismo que fructificará en las próximas décadas.

Durante buena parte del siglo XIX las ilustraciones de los periódicos tienen la mera función de ilustrar, en su sentido estricto, los textos sin disponer de una identidad o autonomía propia. Las ilustraciones desempeñan un papel de ornamentación y, algunas veces, de marketing para mejorar y encarecer la presentación del periódico. A partir de la revolución de 1868, las ilustraciones van a desempeñar una función complementaria del texto o, incluso, independiente.

Las ilustraciones serán, por lo general, xilografías en blanco y negro elaboradas por un grabador artesano que utiliza el dibujo realizado por otro artista, aunque algunas veces el mismo artista dibuja y graba sus ilustraciones. Los grabadores son, algunas veces, profesionales anónimos y otras artesanos prestigiosos que cuentan con su propio taller donde crean escuela. En estos artistas dibujantes-grabadores se encuentran los pioneros de la actual figura del periodista gráfico o redactor infográfico.

La introducción de la nueva técnica de grabado de la litografía va a revolucionar todo el panorama del periodismo ilustrado del siglo XIX. El desarrollo masivo de la litografía, muy unido a la extensa difusión de imágenes y estampas del Romanticismo, se produce a partir de 1840 y tiene como consecuencia inmediata el abaratamiento, actualidad y gran difusión de la información gráfica (Figura 2.1).

Principales publicaciones ilustradas. Dentro de la amplitud y cantidad de publicaciones gráficas que se producen durante el siglo XIX en España cabe señalar las siguientes como las más representativas dentro de los avances técnicos e informativos que aportaron en su momento:

«El artista», creada en 1835 por el pintor Federico Madrazo, es considerada como la primera revista gráfica española y como la primera que utiliza la litografía con unos resultados aceptables (cuatro años antes, la publicación «Cartas Españolas» ya lo hizo, pero con una peor calidad).

«El Semanario Pintoresco Español», creado en 1836 por Mesonero Romanos, ante la imperfección de la litografía, vuelve al uso del grabado en madera. En

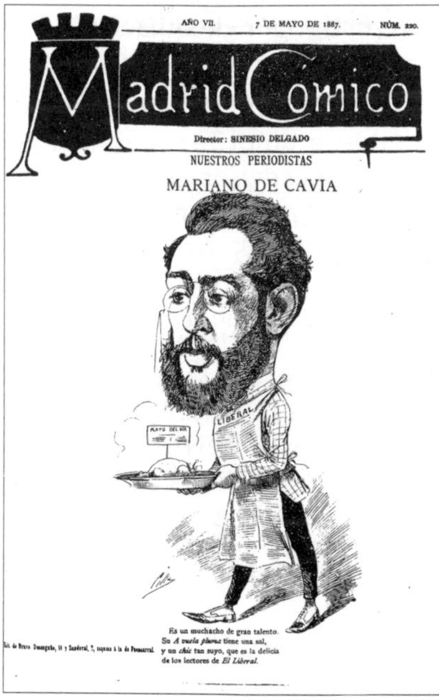

Figura 2.1. Portadas de las revistas: «Madrid Cómico» (1880), «La Campana» (1870), «El Be Negre» (1931) y «La Flaca» (1869).

estas dos publicaciones, el grabado tiene una función meramente ilustrativa, aunque en Europa ya se utiliza el dibujo como reproducción de situaciones reales y, por tanto, como elemento informativo: 1842 en Londres con «Illustrated London News»; 1843 en París, con «L'Illustration Française» y en Leipzig (Alemania) con «Illustrierte Zeitung».

Con «El Museo Universal» (1857), llega a España el concepto de ilustración como medio de comunicación de la información de actualidad. Con este paso, el periodismo ilustrado se convierte en periodismo gráfico gracias a dibujantes como Francisco Ortego, Valeriano Becquer o Alfredo y Daniel Perea.

En 1869, «La Ilustración Española y Americana», editada en Madrid por Abelardo de Carlos, consigue la plena realización del reporterismo gráfico, debido a la presencia de excelentes dibujantes y fotógrafos. Entre su plantilla cabe destacar la figura de Juan Comba, auténtico pionero del periodismo gráfico en nuestro país, que posteriormente colaborará en «Blanco y Negro». A su vez, esta revista fue la protagonista de la innovación técnica de la zincografía en el periodismo.

Juan Comba adquirió de su maestro, el pintor Eduardo Rosales, la maestría del retrato histórico. Sus ilustraciones son verdaderos prodigios de minuciosidad y detallismo, encontrando en todas sus obras una representación tan fiel y realista que era posible identificar a los protagonistas de los sucesos que cubría, como la reina Maria Cristina jurando la constitución o el nacimiento de Alfonso XIII.

El éxito de «La Ilustración...» se centra en tres aspectos: el perfeccionamiento de las técnicas de impresión aún poco desarrolladas en España, la innovación y apoyo de lo gráfico como elemento informativo, y la creación de una plantilla de colaboradores de primera categoría. Además, esta revista fue capaz de organizar y mantener por toda España una auténtica red de corresponsales gráficos que enviaban sus ilustraciones sobre los acontecimientos de provincias. Sin embargo, tras la muerte de su fundador en 1884 y debido a la gerencia inadecuada de su hijo y a la fuerte competencia de otras revistas como «Blanco y Negro», no consiguió mantener su posición y desaparece el 30 de diciembre de 1921.

La cima del periodismo gráfico español del siglo XIX lo constituye «Blanco y Negro», cuyo primer número sale el 10 de mayo de 1891 y que, tras algunos períodos intermitentes, sigue publicándose en la actualidad. El éxito de esta revista se debe fundamentalmente a los innovadores planteamientos, técnicos e informativos, que introdujo su editor, Torcuato Luca de Tena. Entre otros merecen destacar: el ser la primera publicación en la utilización del color (el 2 de enero de 1897) y en imprimirse en papel couché para perfeccionar la calidad de sus grabados.

La aparición en 1894 de «El Nuevo Mundo», fundada y editada por José del Perojo, supone uno de los semanarios gráficos más innovadores. Su editor pretendía crear una conexión entre España y sus últimas colonias americanas, con tres ediciones especiales para Cuba, Filipinas y Puerto Rico. Llegó a alcanzar los 50.000 ejemplares en 1896. La información gráfica se cubría con grabados de línea y, posteriormente, con la incorporación de la fotografía y el fotograbado (al igual que hace el semanario de la competencia, *Blanco y Negro*).

2.3. Los primeros gráficos informativos

Podemos afirmar, sin lugar a dudas, que los primeros gráficos informativos conocidos, tal como hoy se entiende, los tenemos en los antiguos jeroglíficos de Asiria, Babilonia y Egipto (como se ha visto en el apartado 2.1). Estas representaciones icónicas cumplen el requisito fundamental de todo gráfico informativo: la comunicación de hechos o ideas empleando el lenguaje visual y partiendo de unos códigos establecidos y conocidos por el emisor y el receptor. Ahora bien, si se parte del requisito de gráfico informativo cómo aquel aparecido en una publicación periódica impresa, el origen de éstos nos sitúa en la aparición del periodismo convencional a partir del siglo XVII.

El primer mapa publicado en prensa fue en el *Daily Post* de Londres el 29 de marzo de 1740, según afirma Peter Sullivan. Consiste en un grabado que aporta información sobre el ataque de Vernon, almirante inglés, a la ciudad caribeña de Portobello. Con anterioridad, los periódicos *Daily Currant* y *Daily Mail* habían publicado mapas, aunque no del carácter del editado por el *Daily Post*.

El 9 de mayo de 1754, el *Pennsylvania Gazzete*, de Benjamin Franklin, publica un gráfico-ilustración de una serpiente dividida en ocho partes, los cuales representan los primeros ocho estados de la Unión. Los primero gráficos con representación de cifras son creados por William Playfair y se publican en 1784. Estos son los precursores de los conocidos gráficos de tarta con divisiones proporcionales.

Pero el primer gráfico informativo, realmente, no se publica hasta el 7 de abril de 1806, en el diario londinense *The Times* (Figura 2.2).Consiste en la reproducción del plano y un croquis de la vivienda donde se efectuó un asesinato. El gráfico muestra las distintas dependencias de la casa, la posible ruta que siguió el asesino, así como la trayectoria de la bala y el lugar donde apareció el cadáver.

Después de estos gráficos, se publican, décadas después, los primeros mapas de información meteorológica. La comunicación por telégrafo permitió a *The Times* ofrecer el primer mapa meteorológico el 1 de abril de 1875 (Figura 2.3). En las siguientes décadas, hasta mediados del siglo XX, se produce una «sequía» en la publicación de gráficos informativos, aunque abundan la publicación de gráficos e ilustraciones con fines decorativos.

En España, Prensa Española, a través de la páginas del diario *ABC* y de la revista *Blanco y Negro*, viene realizando, desde los años cincuenta, una importante labor pionera en la publicación de gráficos informativos e infográficos producidos a partir de técnicas manuales.

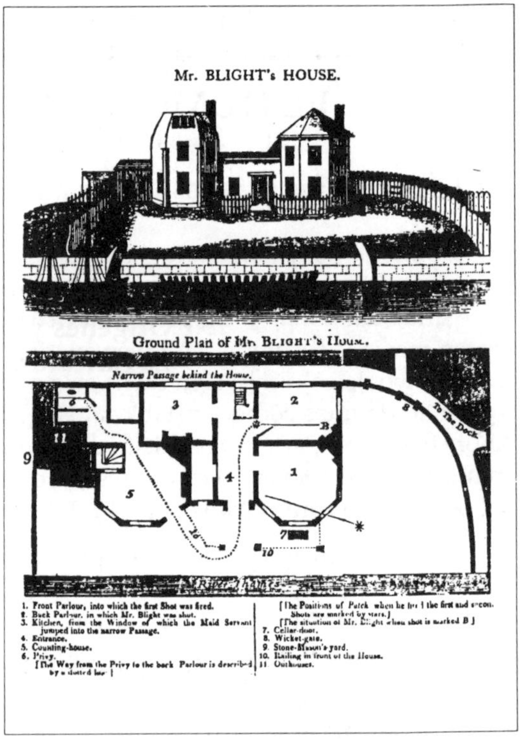

Figura 2.2. Primer gráfico informativo publicado por «The Times», el 7 de abril de 1806.

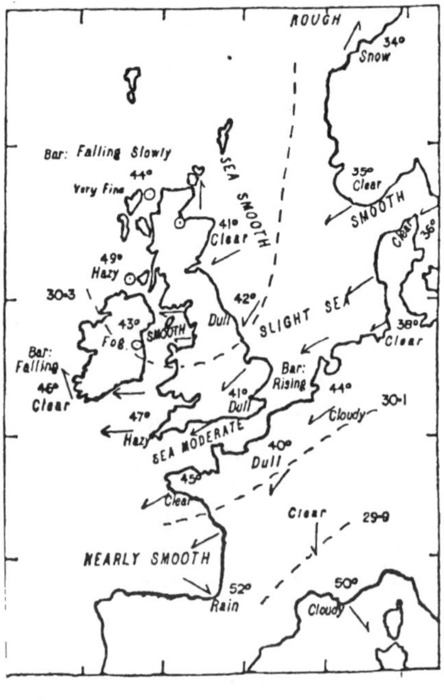

Figura 2.3. Primer mapa meteorológico publicado por «The Times», el 1 de abril de 1875.

3

EL HUMOR GRAFICO

- **Concepto, elementos y características**
- **Orígenes y desarrollo en la prensa europea**
- **La caricatura en el periodismo español**

3.1. Concepto, elementos y características

Apuntábamos en el capítulo anterior que el objetivo fundamental de toda información gráfica es la función informativa que debe cumplir cualquier tipo de ilustración. El humor gráfico y, en concreto, la caricatura (objeto de este capítulo) también van a desempeñar este papel informativo, trascendiendo en muchas ocasiones (la mayoría, a veces) a la propia información textual que le acompaña.

Concepto. El término caricatura, etimológicamente, procede de caracterizar. Puede definirse como un dibujo que ofrece un juicio sobre la realidad, una situación concreta o hechos sociales, morales, políticos, etc. o acerca de sus protagonistas (sean públicos o privados). Mediante la caricatura, el artista nos ofrece una visión subjetiva de la realidad, consigue plasmar y comunicar lo que no ven los demás. Para ello, juega con la fisonomía humana y animal, trasponiéndola a un lenguaje determinado.

Dentro de este lenguaje están: la deformación, imitación, exageramiento, carga y fantasía orientados a captar y caracterizar la realidad o hecho objeto de la caricatura. La caricatura capta un hábito, un gesto, una deformación preferida. El caricaturista capta ese rasgo, lo agranda, nos lo hace visible, aunque debe mantener un parecido físico o partir de una faceta conocida del protagonista. Caricatura, en sí, evoca a un retrato. Este es un aspecto fundamental, toda caricatura es un ejercicio de exageración pero sobre todo es un estudio de carácter psicológico o social.

Elementos. Las armas que maneja el caricaturista son la comunicación visual y el humor. Con ellas consigue, en primer lugar, comunicar con el público de la manera más directa, primitiva y en el lenguaje más universal que existe: la imagen. Acto seguido, remata el acto comunicativo mediante la trivialización de un tema, haciéndolo más comprensible, apelando a uno de los instintos más primarios e infalibles del ser humano: la risa.

La finalidad del artista no es la de reproducir la realidad (objetivo del fotógrafo) sino expresar un juicio, una opinión o postura sobre una realidad, creando un lenguaje propio para compararla con ella.

Dentro de este lenguaje, se servirá de diversos elementos como la agresividad y la degradación (además de los ya citados más arriba). La agresividad, con el empleo de recursos corrosivos (burla, exageración, ridiculización...), y la degradación, destacando del conjunto un aspecto aislado que resulta cómico, pero que pasaba inadvertido mientras permaneció integrado en el conjunto.

La caricatura puede aparecer con texto, que puede ir en globos (al estilo de los comics) o como una leyenda al pie de la imagen (similar al pie de foto); éste puede tener dos funciones:

1) Apoyo: el texto complementa y explica la caricatura. Como es el caso de las viñetas de Ricardo y Nacho, en *El Mundo*, o Gallego&Rey, en *Diario 16*.
2) Desarrollo: el texto desarrolla integramente el aspecto que es ilustrado. En este caso la caricatura se convierte en un chiste ilustrado. Estilo de Gila y, frecuentemente, de Mingote y Forges.

Las caricaturas podrán ser de distinto tipo según los elementos que usen -satírica, ilustrativa, parodia, fantástica, etc.- o de los objetivos que intente alcanzar: política, social, humorística, opinión, editorial, etc.

Características. Toda caricatura (Figura 3.1) reúne unos requisitos básicos:

- Síntesis visual: algunos autores le concede más importancia que a la exageración, ya que la síntesis exagera por medio de la abreviación. Sintetizar no es similar a simplicidad intelectual sino todo lo contrario, ya que realizar un ejercicio de síntesis visual sobre situaciones generalmente complejas requiere de un alto dominio de las técnicas de representación icónica. Un buen exponente de lo dicho es el artista «*El roto*». Frente a este carácter básico de síntesis se sitúa la postura opuesta del detallismo que, con una elaboración más minuciosa y recargada, puede cumplir perfectamente las funciones de la caricatura. Este es el caso del ilustrador Ricardo Martínez de *El Mundo*, en las ilustraciones que hace para el artículo dominical de P.J. Ramírez.
- Deformación de la realidad: mediante la exageración se pretende destacar un aspecto o faceta concreta de lo caricaturizado en donde se va a centrar el objetivo de la crítica o juicio.

Figura 3.1. Caricaturas de Victorio Gassman y Salman Rushdie, por Tulio Pericoli. Fuente: «El Mundo».

Figura 3.2. Caricatura del «Sacamuelas», publicada en «La Broma».

- Caracterización: referente al aspecto del estudio de carácter o retrato psicológico.
- Capacidad de comunicación: la caricatura se rige por las leyes universales del lenguaje icónico, debe captar la atención rápida del lector y comunicarle su mensaje de manera eficaz, breve y sencilla, evitando cualquier elemento ornamental que distraiga o entorpezca la comprensión del mensaje.
- Influencia política y social: la influencia que ejercieron en su origen, y ejercen aún en la actualidad, las caricaturas en medios políticos y sociales es importantísima e indiscutible.

La permanente aversión de personajes públicos a aparecer desfavorablemente en las caricaturas es síntoma indiscutible del poder que éstas ejercen en la opinión pública. Es conocida la anécdota del político norteamericano Twed, en 1870, según recoge Gamonal: «No me importa lo que escriban de mí, la mayoría de mis electores no saben leer. Pero ¡esos malditos dibujos!» (1983, pág.21).

3.2. Orígenes y desarrollo en la prensa europea

La importancia de la caricatura comienza a finales del siglo XVIII, a partir de su eficacia demostrada durante los acontecimientos de la Revolución Francesa y, posteriormente, con el Romanticismo.

La caricatura, al igual que ha sucedido con otras muchas manifestaciones artísticas incorporadas al periodismo, ya existía con anterioridad al periodismo ilustrado (recordemos, por ejemplo, los conocidos apuntes y caricaturas de Leonardo da Vinci), pero es a partir de su reproducción y distribución masiva cuando adquiere una difusión y, por tanto, un conocimiento general y definitivo. Diversos autores coinciden en señalar que la Antigüedad no conoció la caricatura, ya que no disponía de los medios técnicos necesarios para una difusión masiva y barata.

La situación de la caricatura en Europa en sus orígenes fue la siguiente:

Alemania. La caricatura surge en Alemania, cuna de la imprenta de Gutenberg, y en una época muy propicia de convulsiones religioso-políticas: «Las guerras de religión».

Italia. Inicialmente la caricatura brota en círculos privados y reducidos del artista, prueba de ello es que ningún autor de caricaturas se molestó en publicar sus obras. Este carácter de clandestinidad voluntaria se considera que estaba motivado por un cierto respeto de los artistas para no dañar a los sujetos caricaturizados. La realización de caricaturas se debía a un ejercicio de diversión y ésto explica que sólo se admitiesen como una «ricreazione». Aún en 1751, como indica Gamonal, la Enciclopedia de la Ilustración define la caricatura como «una especie de libertinaje de la imaginación que se permite todo tipo de licencias para su recreo» (1983, págs. 33-35).

Inglaterra. En 1739 se graba la primera caricatura inglesa. Durante el siglo XVIII desempeña en este país una función de lucha, de valioso instrumento de influencia sobre el pensamiento de las masas. No hay que olvidar que se trata del país donde surge la Revolución Industrial y ésto va a propiciar el ambiente idóneo para su desarrollo y auge. La distribución de caricaturas, eslabón clave en el proceso de influencia que ejerce, se realiza a través de estampas y hojas sueltas, que son vendidas por comerciantes (que dedicado a ello exclusivamente) y exhibidas en esquinas y tabernas.

Hay que señalar que la situación del «establishment» cultural británico del s. XIX era muy reacio a la introducción de ilustraciones en los periódicos, tal como se desprenden de las palabras de Keith Williams, recogidas por Peltzer: «Los periódicos eran entonces diseñados para apelar al gozo de la lectura, y por lo tanto del status de la alfabetidad (literacy) frente a una gran masa de población analfabeta. Aquellos que eran maestros en la habilidad de leer, no querían compartir su información con quienes sólo podían contentarse con mirar imágenes» (1991, pág.112).

Francia. La caricatura en el periodismo galo posterior a la Revolución Francesa acusó las severas prohibiciones que sufría la prensa y la opinión pública. Camile Desmoulins (1760-1794) publica viñetas con sátiras políticas en su periódico «*Las revoluciones de Francia y Brabante*», en un intento de aunar periodismo y caricatura.

Esta es la situación de la caricatura en sus orígenes en la prensa europea hasta que experimenta una fuerte transformación gracias a los inventos técnicos de la Revolución Industrial y de las Artes Gráficas entre finales del siglo XVIII y principios del XIX. Estos avances técnicos fueron:

- Hacia 1780, Thomas Bewick descubre el grabado en madera a contrafibra empleando un buril.
- En 1802, Alois Senefelder (1771-1834) inventa la técnica de la litografía.
- Diversos intentos de nuevas prensas propulsadas por energía no manual.
- Mejora de los sistemas de comunicaciones y transporte.

Estos avances técnicos permitieron la progresiva aparición de caricaturas en los periódicos, debido a la facilidad y abaratamiento de la reproducción de ilustraciones y su distribución. Ello va a motivar una considerable transformación del mundo informativo de la época, ya que permite la creación de un periodismo ilustrado de producción y difusión masivas y la posibilidad técnica de cambiar las ilustraciones a diario. Estos factores contribuyen a la creación de una prensa de masas como producto genuino del capitalismo industrial del siglo XIX, fenómeno que aumenta conforme crecen las concentraciones urbanas y la movilidad de clases.

Esta es la época en que surgen en Londres los diarios a penique con Charles Knight y, en Europa, periódicos ilustrados como: *Illustrated London News, Illustriete Zeitung, L'Illustration Francaise, El Semanario Pintoresco ...*

En Francia, con la revolución de 1830, va a destacar Charles Philipon que lanza el periódico *La caricature*. Conocedor de la importancia social y política de la caricatura, Philipon procura conseguir la máxima calidad técnica en sus publicaciones que se convertirán en paradigmas de la prensa humorística ilustrada de Francia y Europa. Paralelamente, en Inglaterra se produce otro extraordinario modelo de prensa humorística con el *Punch*, creado en 1841 por Henry Mayhew.

Debido al auge que toma la prensa ilustrada, pronto comienza a surgir el perfil del artista-periodista (figura de gran actualidad en la infografía y que veremos en próximos capítulos).

3.3. La caricatura en el periodismo español

Durante el siglo XIX, en España no se produce el mismo desarrollo en este tipo de periodismo debido a su singular estructura social: en 1860, el 80% de la población es analfabeta. Se trata de un país con una sociedad mayoritariamente rural, alrededor de 2/3 de la población; existencia de límites a la libertad de expresión, muy severos durante el primer tercio del siglo con el reinado de Fernando VII. Esta situación se va a ver favorecida por la Restauración con la «Ley de policía de Prensa» de 1883 que permite un considerable aumento de la libertad de expresión, produciendo la consiguiente eclosión de publicaciones de todo tipo. Esta legislación está vigente hasta la Ley de Prensa de 1938.

España apenas cultivó la caricatura impresa, aunque durante la Guerra de Independencia (1808-1815) tiene unimportante precursor: Alenza. A mediados del siglo XIX proliferan publicaciones de tipo satírico, como *Gil Blas* (1864), *El fisgón* (1865), *Doña Manuela* (1865), *La Gorda* (1868), *La Flaca* (1871), *La Broma* (1883) (Figura 3.2), etc. donde publica su obra Francisco Ortego, considerado por diversos autores como el máximo humorista gráfico del siglo XIX español.

Con la Restauración, las pugnas entre liberales y conservadores produce abundantes obras en la prensa satírica. Destacan: *Madrid Cómico, Gedeón, L'Esquella de la Torratxa, Papitu,* etc. Tras la I Guerra Mundial se produce una aparición de revistas ya totalmente humorísticas. En esta época comienza a desarrollarse el humor gratuito, que posteriormente se dará en *La Ametralladora* y *La Codorniz*. Finalmente, con la República resurge el humor satírico con una fuerte carga política. La Guerra Civil produce una división en el humorismo gráfico, quedando en la zona nacional humoristas como Tono, Mihura y Herreros y en la zona republicana artistas como Tísner, Escobar, Alloza...

LA FOTOGRAFIA

- La fotografía en el periódico y sus fuentes
- La telefotografía
- La fotografía digital

4.1. La fotografía en el periódico y sus fuentes

Mucho texto y poca información gráfica. Así puede resumirse el aspecto que durante mucho tiempo presentaron los periódicos que únicamente se acompañaban de los recursos tipográficos (capitulares, orlas, filetes, etc.) que permitían los sistemas de impresión del momento, pero las páginas carecían de ilustraciones por la limitación o carencia de técnicas adecuadas.

Con los descubrimientos y utilización de las nuevas técnicas de reproducción comenzó la paulatina incorporación de grabados, ilustraciones, etc, desembocando en el siglo XIX en la invención de la fotografía (1822) y su posterior empleo en los periódicos de la época. En 1839 se publican por vez primera fotografías en los periódicos europeos.

Como consecuencia de la larga tradición del periodismo escrito frente al nuevo periodismo ilustrado, las ilustraciones y fotografías van a sufrir un cierto menosprecio informativo que ha llegado hasta nuestros días, como es el caso del prestigioso rotativo francés *Le Monde,* el cual ha mostrado posturas muy reticentes a la información gráfica en sus páginas.

Si bien en el periódico se da un predominio textual, ocupando los contenidos gráficos menor espacio en la página, debido al valor informativo, documental y de credibilidad de las imágenes, éstas atraen, por lo general, más a los lectores que los textos.

En este sentido, como refleja el semanario *Noticias de la Comunicación* (1991, págs. 25 y 26), recientes investigaciones (efectuadas en el Instituto Poynter de EE.UU. por el profesor Mario García y en Alemania por Norman Küpper sobre un colectivo de lectores de periódicos) han demostrado que el 80 % percibe y atiende en primer lugar a la información gráfica (fotografías y gráficos). Estos estudios han conseguido derribar la errónea creencia de considerar a las imágenes como un mero elemento decorativo y de relleno de las páginas de los diarios.

Todos los estudios sobre las pautas futuras del diseño periodístico vienen a coincidir en la progresiva utilización de la imagen -y del color- como elemento fundamental del periódico de los próximos años. De esta manera, quedan caducas las posturas que comparaban el papel de acompañamiento de la fotografía con la mujer y al texto con el rol del hombre en el prototipo de matrimonio del siglo XIX.

En definitiva, se trata de la convivencia armónica y equilibrada de dos lenguajes distintos, el visual y el escrito. El primero se encarga de mostrar, mientras que la función del segundo es la de explicar, empleando cada lenguaje sus propios códigos.

Por tanto, dentro del material redaccional que llega al periódico, texto e imágenes, será una atribución muy importante del periodista la selección, tratamiento y redacción de todo el material gráfico. La tarea de selección se efectuará según criterios de calidad estética y de reproducción, contenido informativo, acorde con el estilo del propio periódico y, sobre todo, atendiendo a su exclusividad. Esta será una labor en equipo con el departamento de arte o diseño, compartiendo responsabilidades y contrastando juicios, que no siempre serán puntos de fácil coincidencia.

Fuentes de la información fotográfica. Debido al gran número de fotografías que requiere diariamente un periódico, se hace imprescindible el conocimiento de las diversas fuentes que permiten dar con la imagen idónea para cada reportaje o artículo. El periodista tiene que conocer y manejar las diversas fuentes de suministro de la información gráfica puesto que su procedencia es muy distinta, siendo los diversos cauces cada vez más similares a los empleados por la información escrita.

1. *Departamento fotográfico del periódico.* Todo diario dispone de su propio servicio de fotografía integrado por redactores gráficos, repartidos en la redacción central, delegaciones y corresponsalías, que se encargan de cubrir la información que les encomienda el jefe de departamento. Las fotografías obtenidas, bien en diapositiva o en papel, son reveladas en el propio laboratorio del periódico.

2. *Fotografías de agencia.* La mayoría de los diarios están actualmente abonados a los servicios fotográficos de varias agencias nacionales (EFE, Europa Press) y extranjeras (Associated Press -AP-, European Press Photo Association -EPA-, Reuter o United Press International -UPI-). A través del servicio diario que estas agencias ofrecen a sus abonados, los periódicos consiguen cubrir aquellas áreas

o sucesos donde carecen de fotógrafos propios. Actualmente, todas las grandes agencias disponen de servicios de telefotografía que ofrecen grandes ventajas de reducción de tiempo, dinero y personal, debido a servir a los abonados las imágenes ya digitalizadas.

Para la distribución del material gráfico se han empleado diversos canales, desde el reparto por ciclistas o motoristas y el correo en un principio, al envío por telefacsímil o la citada telefotografía digital.

3. *Servicio de archivo y documentación del periódico.* Cada periódico dispone tiene un servicio de archivo dedicado a clasificar las fotografías por materias y personajes. Este archivo además de conservar toda la información gráfica publicada o no por el periódico, cumple las funciones de consulta y documentación, siendo una valiosa fuente de información gráfica.

4. *Colaboradores.* Al igual que el periódico dispone de su servicio propio de redactores gráficos es habitual que cuente con una plantilla de colaboradores asiduos cuyos servicios son previamente concertados para determinados trabajos que el periódico no puede realizar. Tal es el caso de las suplencias o vacaciones de personal, saturación de trabajos, encargos puntuales a fotógrafos de reconocido prestigio, colaboradores de corresponsales o enviados especiales, etc. Dentro de este grupo están aquellas fotografías que, no habiendo sido encargadas, suelen poblar y nutrir las redacciones. Son imágenes captadas por fotógrafos aficionados, principiantes en la profesión o testigos accidentales de una noticia que ofrecen o venden sus trabajos al periódico.

5. *Los bancos de imágenes.* Se trata de archivos fotográficos que comercializan sus imágenes con derecho a reproducción. Es la solución óptima para resolver la carencia de aquellas fotografías especiales o difíciles de encontrar que con frecuencia se necesitan para ilustrar un artículo o reportaje.

Existen, básicamente, tres tipos de bancos de imágenes: los especializados en fotos documentales, los dedicados a ilustraciones históricas y los destinados a clientes empresariales y publicitarios. Sólo en los Estados Unidos hay en la actualidad alrededor de 100 bancos de imágenes. Para fomentar el uso y desarrollo de esta fuente, muchas agencias envían catálogos gratuitos a potenciales clientes.

Las imágenes pueden servirse en formato convencional -papel o diapositiva- o digitalizadas -en CD-ROM o suministradas on-line directamente al ordenador del periódico- y se facturan en función del tipo de fotografía que se trate, el uso al que va a ser destinado y su tamaño de reproducción, la tirada y alcance geográfico de la publicación, etc.

Dentro de los actuales bancos de datos cabe destacar el de la prestigiosa Agencia Magnum que ofrece fotografías de noticias y temáticas, incluyendo los trabajos completos de Robert Capa y Henri Cartier-Bresson.

Existen otros bancos de imágenes sin fines lucrativos que disponen de amplios fondos fotográficos, como organismos gubernamentales (por ejemplo, la NASA) y otras organizaciones deseosas de promocionar sus productos o actividades. Es el caso de la Biblioteca del Congreso de Estados Unidos, donde se conserva uno de los mayores archivos fotográficos del mundo con más 10 millones de documentos, siendo la mayoría de ellos de dominio público.

6. *Fotografías tomadas de TV*. Las imágenes obtenidas de la televisión son una fuente reciente y en continua expansión (Figura 4.1). El sistema consiste en incorporar una tarjeta de video a la placa del ordenador que permite congelar las imágenes emitidas por el televisor, detenerlas fotograma a fotograma, y capturar todas aquellas que se deseen. Una vez seleccionadas las imágenes, éstas pasan a la memoria del ordenador donde quedan almacenadas en formato digital. En el momento que ya se dispone de la imagen digitalizada, su tratamiento, posibilidades de manipulación, retoque y edición son idénticas al proceso de una telefotografía digital servida por agencia o introducida a través del escáner.

Este sistema de obtención de fotografías se presenta como una solución ideal para pequeños periódicos locales que no pueden amortizar los considerables costes económicos de estar abonados a los servicios fotográficos de agencias.

En el caso de periódicos medios y grandes, las imágenes capturadas de televisión permiten publicar imágenes exclusivas de televisión, imprescindibles en la sección de crítica de televisión o como fue el caso de la tragedia de la nave espacial Challenger. El 29 de enero de 1986, el diario británico *Express and Star* fue el primero del mundo en publicar varias instantáneas en color de esta catástrofe ocurrida el día anterior en Estados Unidos. Para ello usó imágenes capturadas de la televisión.

7. *Otras fuentes*. El periódico recibe multitud de fotografías procedentes de gabinetes de prensa, organismos oficiales, empresas, firmas comerciales (sobre todo de los sectores de motor y moda), embajadas, etc. Estas fuentes procuran introducir sus propias fotografías con un doble fin, el asegurarse una buena calidad en las imágenes que se publiquen sobre sus objetivos o productos, y facilitar el trabajo al periodista, que muchas veces optará por el cómodo recurso de utilizar un dossier completo en vez de elaborar el mismo la cobertura de toda la información.

Otra fuente importante es la opción de la autodocumentación, empleando libros, revistas, folletos y publicaciones especializadas, que aportan ideas e imágenes de referencia.

4.2. La telefotografía

Concepto. Desde el punto de vista de la etimología, el término telefotografía procede del griego tele- (distancia), foto (luz) y grafo (dibujar) y significaría dibujar

Figura 4.1. *Fotografías captadas de televisión, concretamente, del programa «La máquina de la verdad». Fuente «El Mundo».*

a distancia por medio de la luz. El concepto de telefotografía comprende el proceso técnico de emisión y recepción de imágenes estáticas entre dos puntos distantes a través de un canal determinado. Este canal puede ser de diversos tipos: ondas hertzianas, cable submarino, vía telefónica, satélite, fibra óptica, etc.

El esquema básico del proceso de telefotografía, emisor-canal-receptor, sigue vigente hoy después de 150 años, cuando, en 1843 Alexander Bain inventó un aparato capaz de leer las imágenes linea a linea que luego se imprimían en un aparato receptor mediante un sistema electroquímico. Desde Alexander Bain, los cambios se han producido en la evolución técnica y perfeccionamiento de los equipos emisores y receptores, así como en la continua adopción de nuevos canales.

En la actualidad, con los modernos sistemas informáticos y la utilización de los satélites de comunicaciones y la fibra óptica, el proceso de telefoto ha conseguido una amplia implantación en agencias y periódicos de todo el mundo.

Desarrollo histórico. La historia de los pioneros de la telefotografía durante el siglo XIX está protagonizada por Alexander Bain (1843), Backewell (1847), Caselli (1855), Gerard (1865), invención de la célula fotoeléctrica (1873), Palmer (1900), y en el siglo XX: Eduard Belin (1905) y Arthur Korn (1907).

En 1903 se empieza a transmitir imágenes por cable; la primera transmisión se realiza entre Munich y Nuremberg. El científico alemán Arthur Korn crea en 1907 el primer sistema comercial de transmisión de fotos, enlazando Paris-Londres-Berlín. Ese mismo año, Eduard Belin consigue transmitir telefónicamente un paisaje de la Alsacia a través de 1.700 kilómetros, en el recorrido París-Burdeos-Marsella-Lyon-París. En 1912 diseña un equipo portátil, la llamada «Valija Belin», para los reporteros gráficos. La transmisión telefotográfica a través del Atlántico es realidad en 1921, utilizando las ondas de radio para enlazar París-Nueva York.

El primer sistema de telefotografía norteamericano lo crea la compañía telefónica ATT en 1924. Este sistema permitía transmitir imágenes entre las principales ciudades de los Estados Unidos en un tiempo aproximado de siete minutos, siendo un importantísimo avance para aquella época. Sin embargo, pese a su probado éxito técnico, no consiguió implantarse y desapareció años más tarde al no lograr extender su comercialización.

Con fines periodísticos la agencia americana AP comienza a utilizar la telefotografía el 1 de enero de 1935, con la transmisión desde Nueva York de las imágenes de un accidente aéreo. En 1939 se efectúa la primera transmisión de una fotografía en color, desde Europa a Japón.

En los años de la II Guerra Mundial, se emplean el cable y la radio como canales para las transmisiones telefotográficas y se consigue el enlace entre Europa y América. El uso de la radio como canal, conocido como radiofoto, pronto fue desechado debido a las frecuentes interferencias que obligaban a contínuas repeticiones en la recepción para obtener una cierta calidad, con el consiguiente encarecimiento y lentitud de todo el proceso.

En 1951, la agencia EFE introduce el servicio de telefotografía en España utilizando el sistema de radiofoto. Tras un período transitorio de servicio restringido, en 1963 amplia su contrato con la agencia UPI que le permite la cobertura informativa las 24 horas. El 22 de noviembre se recibe la primera telefotografía con las instantáneas del asesinato de John F. Kennedy.

Posteriormente, la agencia Europa Press creó un servicio de telefotografía con la agencia AP, de características similares al de EFE. Este servicio se extinguió en 1982, al contratar EFE el servicio de AP y absorber la sección gráfica de Europa Press. Desde 1989, la agencia EFE dispone del satélite Atlántico para realizar sus transmisiones.

En la actualidad, EFE recibe fotografías las 24 horas del día de las agencias AP, EPA y Reuter, así como de sus delegaciones y corresponsales, con un flujo diario de unas 350 imágenes.

Recientemente, EFE ha procedido a la modernización de sus instalaciones y equipos de telefotografía con el propósito de mejorar la cobertura de los grandes eventos del 92: Juegos Olímpicos y Exposición Universal. Para ello, a mediados de 1992, incorporó un moderno sistema informático diseñado a propósito en Suiza por la firma Tecnavia.

Las agencias de noticias sirven las telefotografías a sus periódicos abonados generalmente por vía telefónica o vía satélite. En la redacción pueden suceder dos situaciones:

1) la telefotografía recibida se imprime en papel y va a tener un tratamiento idéntico a la fotografía tradicional captada por los reporteros gráficos del periódico.

2) aprovechando que las fotografías se reciben ya digitalizadas, se realiza todo el proceso desde los puestos informáticos. Estudiaremos este caso, dada la tendencia creciente de utilizar las ventajas de la fotografía digital, en el siguiente apartado.

Un avance importantísimo de la telefotografía han sido los equipos portátiles de transmisión usados por corresponsales y reporteros gráficos en sus desplazamientos. Estos equipos, con una dimensión y apariencia similar a una maleta de viaje, permiten el rápido envío de fotografías a partir del escaneado de los negativos. Para realizar la transmisión se dispone de una pequeña antena parabólica orientable que dirige sus ondas hacia el satélite que retransmite las señales a la central de la agencia o al periódico. Este sistema permite la transmisión de imágenes desde cualquier rincón del planeta, aunque sea en una región hostil o sin civilización.

El 4 de enero de 1988 la fotografía tomada en el desierto sahariano de El Golea (Argelia) dentro del «rallye» Paris-Dakar fue transmitida por el enviado de la agencia AP, en menos de tres minutos, empleando un avión que operó como repetidor de señal hacia el satélite Immarsat (figura 4.2).

Los avances tecnológicos en las transmisiones posibilitan la recepción, casi inmediata, de cualquier tipo de información ocurrida en el rincón mas escondido del planeta. Sin embargo, este acceso instantáneo a la actualidad produce un sometimiento tecnológico y económico de las empresas periodísticas para competir en el mercado y poder ofrecer a sus lectores las últimas noticias. Los medios que no dispongan de la tecnología adecuada verán frustradas sus expectativas, o al menos muy limitadas las posibilidades de difundir sus informaciones. Tal fue el caso del enviado especial Alfonso Rojo, único periodista europeo en la Guerra del Golfo, que al no disponer de los medios de su competidor americano, el periodista de la CNN Peter Arnett, tuvo que recurrir a técnicas más propias del periodismo del siglo XIX.

4.3. La fotografía digital

En el proceso de digitalización, según el profesor Canga Larequi , se parte de que «puesto que los ordenadores realizan su función con datos numéricos más que con datos gráficos, lógicamente las imágenes se han de convertir a formas numéricas antes de que puedan ser tratadas por el sistema de computación. A este proceso de conversión se le denomina digitalización y se obtiene partiendo de una imagen real», o sobre soporte físico (1988, pág. 71).

Mediante la digitalización se obtiene una imagen bitmap (mapa de bits), que consiste en una fotografía compuesta por multitud de pequeños puntos o pixels. Cada punto o pixel (abreviatura de «picture element») es la mínima cantidad de información gráfica que se puede conseguir.

La obtención de imágenes digitales puede ser de dos maneras:

- Proceso indirecto: digitalización de una imagen real mediante un proceso previo de escáner. La incorporación e instalación de escáneres en las redacciones de los periódicos ha aumentado en la última década, evolucionando desde su empleo inicial en los lectores ópticos de caracteres (OCR, según se estudia en el capítulo 3 de la primera parte). Mediante el escáner se transforman los originales gráficos en soporte físico (papel o diapositiva) al formato digital.
- Proceso directo: obtención desde un primer momento de la imagen digital. Puede ser de distintos tipos: telefotografía, captura de imágenes dinámicas de una señal de televisión, videocámara o un magnetoscopio y las realizadas con una cámara fotográfica digital.

Figura 4.2. Telefoto del rallye «París-Dakar» transmitida por satélite.

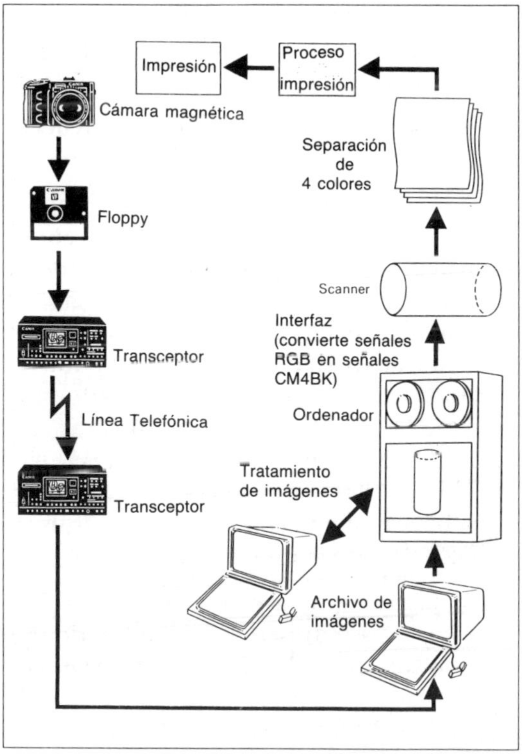

Figura 4.3. Sistema de producción de fotografía digital.

En el caso de la telefotografía, como se vió en el apartado anterior, las imágenes llegan al ordenador de la redacción totalmente digitalizadas y preparadas para su utilización.

La captura de imágenes dinámicas puede realizarse a partir de distintas fuentes (televisión, videocámara o magnetoscopio), aunque el proceso es básicamente el mismo en cualquiera de ellas, tal como se trata en el primer apartado de este capítulo.

Por último, se encuentran las imágenes captadas con una cámara fotográfica digital, en la cual se ha sustituido la tradicional película por un disco flexible (Figura 4.3) Este nuevo soporte permite una mayor capacidad de grabación, ofreciendo la gran ventaja de ser reutilizable y se suprime el efecto de envejecimiento producido en la tradicional película fotográfica por el paso del tiempo y las condiciones ambientales.

Durante la XXª Conferencia de Tecnología Fotográfica celebrada en noviembre de 1980 en Washington, (Valenzuela, 1989, pág. 49), se trató por primera vez el tema de la fotografía electrónica y se establecieron las siguientes ventajas para su implantación:

1.- Los resultados son instantáneos en comparación con las cámaras tradicionales, puesto que se prescinde de la fase del revelado.

2.- Presenta ventajosas aplicaciones en el campo comercial e industrial por su facilidad para transmitir y editar fotografías.

3.- El retoque fotográfico y la creación de efectos especiales resulta fácil de realizar.

En 1984, durante los Juegos Olímpicos de Los Angeles, el diario de mayor tirada del mundo, el *Yomiuri Shimbun*, envió sus fotografías en color, por conducto analógico telefónico, hasta Tokio. El uso de videocámaras equipadas con discos magnéticos permitió imprimir las fotografías en el mismo día en que se realizaron. Durante los Juegos Panamericanos celebrados en Indianapolis en el verano de 1987, muchos periódicos americanos pudieron publicar por primera vez fotografías obtenidas con videocámaras dotadas de discos magnéticos. Desde octubre de 1987, el diario *Usa Today* trabaja con cámaras electrónicas obteniéndose fotografías en color que se envían a la redacción desde el lugar donde se produce la noticia. En las últimas citas olímpicas de Calgary, Seul, Albertville y Barcelona, esta tecnología ha sido empleada como un instrumento normal de trabajo por redactores gráficos de todo el mundo.

Las fotografías recibidas, por los procedimientos citados, van almacenándose en el disco duro del ordenador, donde están disponibles en todo momento para su consulta. El ordenador obtiene una copia de baja calidad en papel, que utilizan los redactores como referencia cuando consultan las fotografías disponibles. Aunque se puede prescindir de este paso intermedio, se realiza con el fin de ir acostumbrando a los redactores al trabajo integral en pantalla manteniendo el manejo de una copia en papel.

Al mismo tiempo, el ordenador ha sacado una copia de baja calidad, que es la que va a circular por la redacción, y archiva la imagen de alta resolución. El motivo de obtener una copia en baja resolución, normalmente no superior a las 50 Kb, es facilitar la rápida circulación por toda la red informática del periódico permitiendo la consulta e identificación inmediata de todas las fotografías disponibles en ese momento. Esto permite el acceso, por cualquier redactor desde un terminal, a visualizar las fotografías que el periódico va recibiendo para proceder a su selección y puesta en página.

Otra de las importantes ventajas que ofrece la fotografía digital es la posibilidad de archivo y consulta inmediata de las imágenes introducidas en el sistema informático. Las copias en alta resolución se suelen guardar en discos ópticos que se caracterizan por su alta capacidad de almacenamiento y su acceso rápido y sencillo.

Estas imágenes quedan en disposición de consulta durante 24 horas; pasado este tiempo, se procede a renovar y limpiar el contenido de los discos ópticos. Esta operación puede ser manual, realizada generalmente por los editores gráficos que se encargan de seleccionar qué imágenes se borran y cuales pasan al archivo fotográfico del periódico, o automática, cuando el ordenador va desechando las fotografías en cola, es decir, las primeras que se recibieron se borran y guarda las últimas que llegaron. El sistema automático trabaja según el principio de primero en entrar, primero en salir.

Posibilidades técnicas e informativas de la fotografía digital. La fotografía digital ofrece considerables ventajas frente a la fotografía tradicional que le permiten augurar un rápido desarrollo y empleo en el periodismo actual. Muchas de estas opciones ya se cumplen en la fotografía tradicional; la novedad es la facilidad y rapidez con que ahora se pueden aplicar estas operaciones. Las posibilidades de manipulación técnica y la mejor cobertura de la información son del siguiente tipo:

1) Texto:

- Incorporar texto directamente a la imagen
- Superposición de textos
- Redactar o traducir el pie de foto

2) Manipulación:

- Utilizar la zona deseada de la fotografía
- Eliminar defectos, bien propios de la fotografía o causados durante la transmisión
- Corrección del contraste, brillos y tonos
- Retoque, tratamiento y separación del color

- Modificación del formato: encuadre, filtros, rotación, efecto zoom, etc.
- Reducción del tiempo y mayores posibilidades para crear silueteados, fotomontajes, fondos, efectos especiales, etc.

3) Archivo:

- Archivo temporal o indefinido de imágenes
- Acceso rápido a los fondos almacenados en la memoria del ordenador
- Visualización inmediata de las fotografías en baja resolución, de una en una o en bloques (en grupos de 9 o 16, según cada equipo)
- Limpieza del archivo fotográfico de aquellas imágenes que no son actuales o no interesan

4) Mayor calidad:

- Proporcionan fotografías en blanco y negro o color de alta calidad, superior a las de los sistemas tradicionales
- La transmisión digital evita la pérdida de calidad que se produce en la transmisión analógica, desde la obtención del fotolito, el revelado o la emisión

Estas posibilidades, según nos mostró el especialista y editor gráfico de la Agencia EFE, Diego Caballo, también se producen en los distintos servicios telefotográficos de las grandes agencias (AP, EFE, EPA, Reuter, UPI, etc.) ya que, en todo momento, se trabaja con imágenes digitales.

5

EL COLOR Y LA FOTOMECANICA

- El color
- La fotomecánica tradicional
- La fotomecánica digital

5.1. El color

Hay color si hay luz. En esta afirmación se puede resumir la naturaleza del color. Tamaño, forma, dimensión, olor, sabor, etc., son características intrínsecas de los objetos que nos rodean, puesto que se manifiestan en cualquier momento. Sin embargo, el color es únicamente perceptible por el ojo humano cuando se dispone de luz. Aún así, la percepción del color es susceptible de cambios si se modifica la fuente luminosa. Son conocidas las tonalidades tan características que toman los edificios durante el amanecer o el atardecer, la deformación cromática producida por la luz artificial de los tubos fluorescentes o por los focos de una sala de fiestas.

Durante siglos se asoció el color como una propiedad inherente de los objetos, independientemente de la luz, hasta que el científico inglés Isaac Newton (1642-1727) demostró, con el experimento de su conocido prisma, que la luz es el verdadero origen de los colores.

Debido a la íntima relación luz y color, la percepción del color se convierte en una sensación subjetiva según la circunstancia ambiental que lo rodea. Esta circunstancia ambiental puede ser de distintos tipos: físico, psicológico, cultural, etc. obteniendo, por tanto, diversas interpretaciones del color que percibe el ojo humano.

Psicología y lenguaje del color. Desde el principio de la humanidad se han atribuido determinados valores al color. Desde las primeras civilizaciones que lo asemejaron con poderes mágicos, místicos y religiosos, hasta las actuales connotaciones ideológicas y culturales, el hombre ha venido interpretando y concediendo distintos valores y significados al color (Figura 5.1).

Como premisa, cabe establecer que, según cada época se establecen connotaciones propias sobre el lenguaje del color. En suma, cada cultura ofrece distintas interpretaciones y valoraes a los colores.

De manera global se clasifican los colores en dos amplias categorías: el grupo de los colores fríos (azul) y el de los colores cálidos (rojo). Se los denomina de esta manera por el hábito a considerar el rojo como color asociado a la idea de Sol, fuego; y se relaciona el azul con el agua y el frío.

Los colores fríos son los que resultan de las mezclas verde-azul, como: el azul, violeta, azul-violeta, verde, verde-azulado y amarillo verdoso. Estos colores evocan tranquilidad, frescura y son sedantes. Se convierten en más fríos y deprimentes según se acercan al azul. Los colores calientes están formados por las gamas de los rojos, rojos-violetas, rojo-anaranjado, naranjas, amarillos y amarillos verdosos. Estos colores causan sensaciones de calor, alegría y vida, y según su aproximación al rojo producen efectos de excitación y estímulo.

Situación y características del empleo del color en los periódicos. El color, como se ha visto, es un lenguaje, al igual que la fotografía o la tipografía, y como tal lenguaje debe ser aplicado en el periódico. La introducción del color y un mayor empleo de información gráfica son las dos notas características del actual diseño periodístico. Es en este sentido hacia donde apuntan todos las investigaciones sobre el aspecto del periódico del futuro: el predominio de la comunicación visual en color.

Los avances técnicos en los sistemas de impresión (en particular la irrupción generalizada del offset color) y la evolución en el tratamiento y separación del color han hecho posible el actual desarrollo del color en la prensa diaria.

En la actualidad, la mayoría de los periódicos que disponen de medios (técnicos y económicos) vienen incorporando paulatinamente el color a sus páginas, tanto en información y publicidad (como es el caso de *ABC*) o únicamente en sus contenidos publicitarios (el reciente caso de *El País*).

En España, el *Diario SP* fue el primer periódico impreso en offset color, ofreciendo ya en su primer número, del 10 de septiembre de 1967, una calidad cromática muy aceptable. Dos años después, el 29 de agosto de 1969, las deudas determinaron el cierre y desaparición de este innovador periódico.

Anteriormente, el diario *ABC* ya había efectuado experiencias cromáticas. El 1 de junio de 1930, con motivo del 25 aniversario de su aparición, *ABC* comienza

Gran Mapa sobre los desastres de la guerra del Golfo

EL SOL

Miércoles
6 de marzo
de 1991

Año II. Número 287
Precio: 80 pesetas
Edición Madrid

Redacción y Administración: Goya, 11 - 28001 Madrid - Teléfono 396 76 00

El Ejército moviliza dos brigadas para proteger Bagdad

Tropas iraquíes se unen a la rebelión contra Sadam

Más de 2.000 soldados regulares iraquíes han cambiado de bando para sumarse a las revueltas populares contra su presidente, Sadam Hussein. Los enfrentamientos, que llevan camino de derivar en guerra civil, se extienden ya a doce ciudades, incluida la zona del Kurdistán.

La Asamblea Suprema de la Revolución Islámica, con sede en Teherán (Irán), asegura que la ola de violencia es incontenible, tanto en el sur como en el norte de Irak. Confirmando esta impresión, el Departamento de Defensa norteamericano informaba anoche que el Ejército de Sadam estaba movilizando hacia el sur sus tropas situadas en el norte, aparentemente dos brigadas, con el fin de reprimir la rebelión y proteger la capital, Bagdad, donde ayer los sublevados habrían conseguido llegar a la cárcel y liberar a todos los presos.

Sin embargo, Estados Unidos subraya que las protestas son espontáneas, no organizadas, por lo que el Ejército fiel a Sadam Hussein estaría recuperando el control de la situación en alguna de las ciudades sublevadas.

Los enfrentamientos en el sur del país, especialmente los que se desarrollan en Basora, son de carácter integrista y los protagonizan movimientos chiítas que, en torno al llamado Consejo Superior de la Revolución Islámica, propugnan en Irak un Gobierno fundamentalista idéntico al del vecino Irán. Esta circunstancia ha movido al viceprimer ministro iraquí, Sadun Hammadi, a trasladarse urgentemente a Teherán con un mensaje de Sadam Hussein para su homólogo Rafsanyani, en lo que se interpreta como un intento por evitar que Irán preste apoyo a los insurrectos.

Páginas 3 a 8

Mohammad Baqir el-Hakim, líder de la revuelta chiíta iraquí, en una foto de archivo difundida ayer.

Los B-52 hicieron 294 salidas desde Morón

González revela en el Congreso las cifras de la ayuda logística española

El presidente del Gobierno, Felipe González, desveló ayer, seis días después de que terminara la guerra, los datos del apoyo logístico prestado por España a las fuerzas de la coalición multinacional y, principalmente, a Estados Unidos.

González aprovechó su comparecencia en el Parlamento para enumerar las misiones norteamericanas desde instalaciones españolas. Así, anunció que los que definió como "famosos B-52" utilizaron la base de Morón para 294 misiones, mientras que el Ejército del Aire español transportó más de 800.000 kilos de material -que no especificó- desde Zaragoza y Torrejón a la base sevillana y helicópteros del Ejército de Tierra trasladaron en 140 vuelos munición de Rota también a Morón.

Aseguró que EEUU utilizó bases españolas para aproximadamente 20.000 vuelos de ida y vuelta, lo que supone el 35% del total del tráfico aéreo empleado en el despliegue estadounidense en el Golfo. Señaló que en los momentos de mayor actividad un 60% de todo el tráfico de carga se hizo con el apoyo español.

Se incrementó también en ese período el suministro de combustible para los aviones norteamericanos, que alcanzó 835.000 toneladas. González precisó que este suministro no fue gratuito.

Este apoyo logístico, que fue la principal aportación española a la fuerza multinacional, sirvió, en opinión de González, para reforzar la posición de España en el mundo.

Todos los grupos le pidieron pacto de Estado en política exterior, a lo que el presidente se mostró dispuesto.

Páginas 3 y 6

Iñaki Esnaola

"Ahora entiendo mejor el dolor de las familias de los guardias asesinados"

El dirigente de Herri Batasuna revela que después del atentado que sufrió en Madrid el 20 de noviembre de 1989 ve "de modo diferente cuando matan a un ciudadano, policía o guardia civil. Entiendes mejor el sufrimiento de los que le rodean". Esnaola sospecha que el atentado pudo producirse por ser él "un testigo excesivamente molesto" de las conversaciones de Argel entre el Gobierno y la organización terrorista ETA.

En su opinión, ninguna de las dos partes "ha fallado" en las negociaciones y considera que "están más avanzadas de lo que le parece al profano".

El impedimento para llegar a un acuerdo no está -afirma- en las cuestiones de fondo, sino "en encontrar los medios de llegar a ellas". En ese sentido, sugiere alcanzar una "fórmula de confluencia" sobre la forma en que se producen las conversaciones.

Página 19

EN EL SOL

González abre hoy consultas para formar nuevo Gobierno

Algunos ministros ya se sienten confirmados por el presidente

Página 9

Pujol también cree que CiU puede gobernar con el PSOE en 1993

Página 11

Los enfermos terminales de cáncer serán atendidos en sus domicilios

Página 25

El Real Madrid se juega en Moscú su temporada frente al Spartak en Copa de Europa

Página 51

Lámina 1. Portada del diario «El Sol», del 6 de marzo de 1991.

In Berlin, there's a barren piece of land many would like to forget, Bud Collins writes.
Page A3.

TRAVEL

A Section

THE BOSTON SUNDAY GLOBE • JULY 28, 1991

A GUIDE IN THE Adirondacks

Showing the way to enjoyment in changing times

By Ellen Bartlett
GLOBE STAFF

UPPER ST. REGIS LAKE, New York – The Adirondack guide of the last century was both a woodsman and a gentleman, "steady, intelligent, and experienced," according to historical accounts, available for hire "at all the taverns."

He also had the most reliable means of transport into the back country: the Adirondack guideboat, a lightweight, double-ended rowboat designed for stability on the water and portability overland.

Present-day Adirondack adventurers prefer to paddle their own canoes, maps and guidebooks have lessened the demand for local knowledge. But even in this age of 4-wheel drive, Coleman stoves, coolers and DEET, the Adirondack guide has retained his – or her – niche in the North Country – though the nature of the job has altered some.

With a look of growing concern, Joseph Hackett, a licensed guide and outfitter based in Ray Brook, was sorting through the box of food his guests brought for a three-day weekend in the woods.

Normally, Hackett provides everything on his wilderness trips – food, drink, utensils, tents, gear – but Robert and Teresa Belfon, guests of long standing from Piscataway, N.J., wanted to bring some extra provisions.

They arrived with steaks, Italian sausages (sweet and hot), cold cuts, cheese, a dozen eggs, Diet Pepsi, Diet 7-up, beer, avocados, mushrooms, cucumbers, tomatoes, lettuce, two kinds of sandwich rolls, French bread, Earl Grey tea, canned pork 'n' beans, canned peas and carrots, two packages of Cajun Fish Fry, Kosher salt, pepper, a 10-pound sack of potatoes, mustard, mayonnaise.

"I have mayonnaise," Hackett said, taking their mayonnaise out of the box.

ADIRONDACKS, Page A11

A gathering of steam cars near Lake Musoka.

Full steam ahead in Ontario

By John R. White
GLOBE STAFF

ORILLIA, Ontario – The weather is warm, so I'm thinking vacation. Actually, I'm thinking about last year's vacation when I went to Orillia but didn't get to see much of the place. You might say the view was obscured by steam. I think I'd like to go back and try it again.

Orillia is a resort community on the northwest shore of Lake Couchiching, which on the map is sort of a northern arm of Lake Simcoe, about 180 miles north of Toronto. It is a stone's throw from Georgian Bay in an area of farms and lakes. For me, the attraction was a gathering of steam-car enthusiasts, an ad hoc committee of 30-odd owners of Stanleys and Whites who gather in odd places for "tours." These are not your average guided bus tours or travel-agency excur-

ONTARIO, Page A15

ART IN THE CAVES OF CHINA

In Dunhuang, a Harvard link

By Michael Kenney
GLOBE STAFF

DUNHUANG, China – When our eyes adjusted to the dim grayness of cave 328, our small party of foreign visitors immediately realized that we were in the original home of a statue that we knew well from its floodlit place of honor in the Asian art collection at Harvard's Sackler Museum.

"That's where the Harvard Bodhisattva was," my wife, Sara, exclaimed in a whisper that could not muffle the excitement of recognition.

Our young Chinese guide silently nodded agreement.

My wife and I had taken a course in Buddhist art several winters ago, and our instructor, who had herself visited Dunhuang several years before, had said that if we were ever lucky enough to be in China, we should not miss the opportunity to see the caves and their extraordinary collection of statues and frescoes.

Dunhuang is some 1,100 miles west of Beijing, an oasis that was one of the most important towns on the Silk Road between central China and the Mediterranean world, the place where the caravans of silk traders had to decide whether to take the longer northern route or the more perilous southern route westward around the Taklamakan Desert.

CHINA, Page A20

This kneeling bodhisattva in Dunhuang is the mate to one now at Harvard.

Lámina 2. Portada del diario «The Boston Globe» de la sección dedicada a viajes .

Opening this week

Arts

ART

Baltimore Impressions

Looking Decadent

THEATER

Metaphorical Mud

Do Not Go Gentle

MOVIES

North of "Wall Street"

"Little Man Tate"

MUSIC

Choral Jewel

The Washington Times

SECTION D

Recession can't keep local stages dark; mood is optimistic

The Kirov: Dancing to the new rhythm of freedom

By Octavio Roca

see KIROV, page D4

see STAGE, page D4

Lámina 3. Portada de las páginas especiales de Artes, del «Washington Times».

Lámina 4. Portada del monográfico de «El País Semanal», dedicado al derrumbamiento de los regímenes comunistas de Europa.

◂ VICTORIA ÉPICA DE BRUGUERA EN ROLAND GARROS • DEPORTES ▸

LA VANGUARDIA

LUNES, 7 DE JUNIO DE 1993 Fundada en 1881 por don Carlos y don Bartolomé Godó Número 40.056 100 ptas.

SEGUNDA EDICIÓN

González gana por cuarta vez

Clara victoria del PSOE, aunque sin mayoría parlamentaria, y sustancial ascenso del Partido Popular • págs. 9 a 31 y Editorial

PEDRO MADUEÑO

Felipe González y Carmen Romero, en el momento de votar en un colegio electoral de Madrid

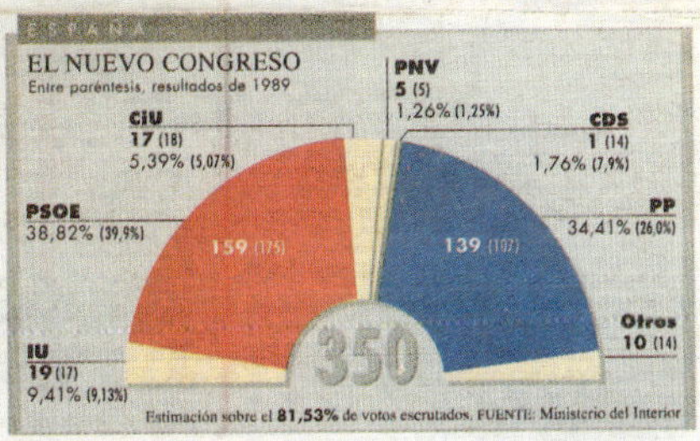

ÍNDICE

112 PÁGINAS

Edita e imprime: T.I.S.A.
Redacción y administración:
Pelayo, 28. 08001 BARCELONA.
Teléfono 301-54-54. Telefax 318-55-87.
Télex: 54.530 y 54.781.

El PP dobla su representación, IC se mantiene y ERC obtiene un escaño

Reñida pugna entre PSC y CiU por el triunfo en Cataluña

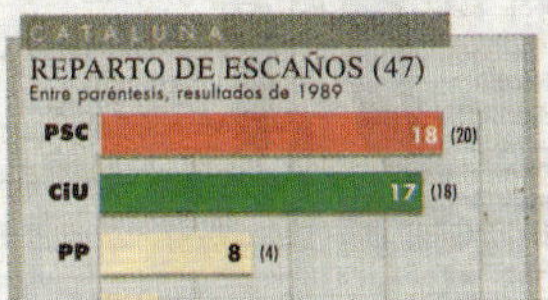

BARCELONA. – CiU y el PSC mantenían al cierre de esta edición una apretada pugna por la victoria electoral en Cataluña. Según datos de Interior, sobre un 87,72 % del voto escrutado, el PSC se situaba por delante con un 34,40 %, frente al 32,19 % de la coalición nacionalista. Ambos partidos se situaban en torno a 17 escaños, uno más en el caso del PSC según la atribución realizada para toda España. El PP doblaría su representación y obtendría 8 escaños; 3, Iniciativa per Catalunya, y uno, ERC. La participación electoral fue del 75,6 %.

Lámina 5. Portada de «La Vanguardia» con los resultados de las últimas elecciones generales .

EDICIÓN NORTE

La Voz de Galicia

Intervalos nubosos con chubascos tormentosos. Las temperaturas descenderán ligeramente.

Fundado en 1882 por Juan Fernández Latorre — Lunes, 7 de junio de 1993 — Año CXI - Nº 36.097 / 100 Ptas.

Con el apoyo de los nacionalistas catalanes o con un improbable pacto con IU

El PSOE seguirá gobernando

El PSOE logró una clara ventaja de unos 18 escaños sobre el Partido Popular tras las elecciones generales celebradas ayer en España, pese a que la mayoría de los sondeos ofrecidos por las cadenas de televisión y radio, al cierre de los colegios electorales y una vez escrutadas las primeras papeletas, anunciaban un empate técnico.

El partido de Felipe González ha conseguido 159 diputados y el 38 por ciento de los votos; mientras que José María Aznar obtiene 141 escaños y el 34 por ciento de los sufragios. Con este balance, los socialistas podrían gobernar con Izquierda Unida (18 escaños) o con Convergencia y Unió (17 diputados), ya que en ambos casos alcanzarían la mayoría absoluta (176). A este respecto, Alfonso Guerra declaró anoche que era preferible un «pacto permanente». Jordi Pujol se mostró receptivo a un acuerdo, «que ha de tener en cuenta nuestro programa».

Hay que destacar el considerable aumento de votos que arrastró José María Aznar, que llevará probablemente a su grupo a ser hegemónico en el Senado. El candidato *popular* manifestó que felicitaba públicamente a su principal antagonista por el triunfo, y recalcó que «ahora se abre un nuevo ciclo político en la vida española, después de haber sido pulverizada la mayoría absoluta socialista». Pidió a sus simpatizantes que aceptasen correctamente el resultado.

Felipe González dijo ante numerosos y enfervorizados seguidores que «había captado el mensaje de los españoles» que, en número superior a nueve millones, le habían otorgado su confianza en una reñidísima confrontación. Añadió que es consciente de que «el pueblo quiere un cambio sobre el cambio» y subrayó que «no es muy frecuente, con un sistema proporcional, cuatro triunfos consecutivos».

La formación de Anguita no creció en la medida que se esperaba y el CDS quedó fuera del Parlamento.

En Galicia, el PP sumó 15 actas y el PSOE 11, y ambos partidos mejoraron sus anteriores porcentajes.

Suplemento especial

Aznar non chega

RESULTADOS EN GALICIA (ESCRUTINIO AL 81%)

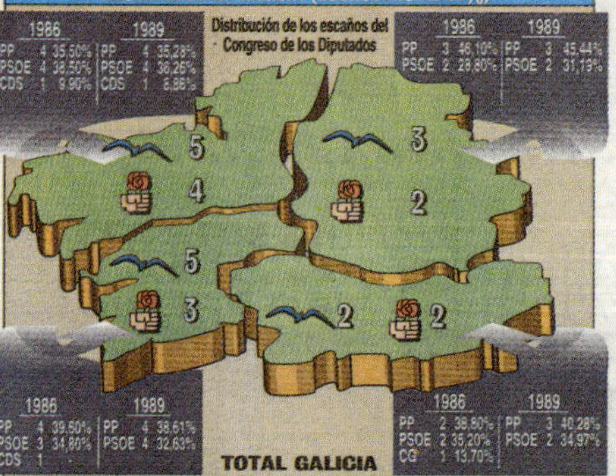

TOTAL GALICIA

	1986		1989		1993	
	Escaños	% votos	Escaños	% votos	Escaños	% votos
PP	12	38,80	14	38,58	15	47,50
PSOE	14	35,29	12	34,16	11	35,65
CDS	2	8,40	1	7,71	-	-
BNG	-	-	-	3,54	-	-

C. VÁZQUEZ

LAS ELECCIONES DE DIPUTADOS

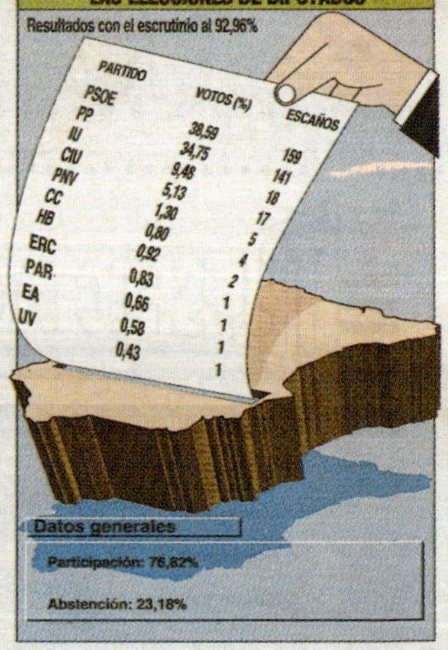

Lámina 6. Portada de «La Voz de Galicia», que destaca los resultados de las elecciones generales en Galicia.

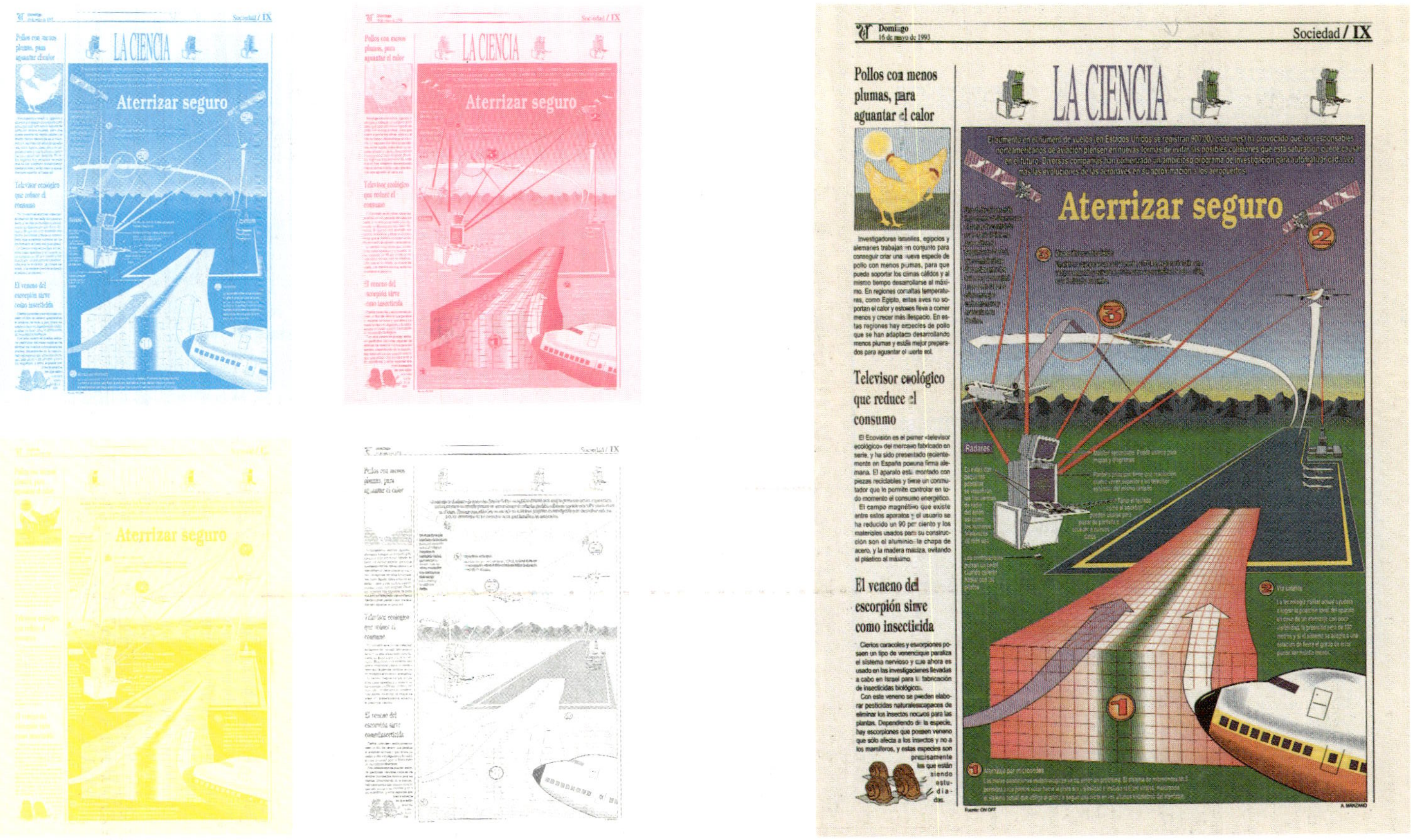

Domingo
16 de mayo de 1993

Sociedad / IX

LA CIENCIA

Aterrizar seguro

El aumento en el número de vuelos (en Estados Unidos se registran 900.000 cada mes) ha provocado que los responsables norteamericanos de aviación piensen en nuevas formas de evitar las posibles colisiones que esta saturación puede causar en el futuro. Diversas compañías han comenzado un ambicioso programa de investigación para automatizar cada vez más las evoluciones de las aeronaves en su aproximación a los aeropuertos.

Pollos con menos plumas, para aguantar el calor

Investigadores israelíes, egipcios y alemanes trabajan en conjunto para conseguir criar una nueva especie de pollo con menos plumas, para que pueda soportar los climas cálidos y al mismo tiempo desarrollarse al máximo. En regiones con altas temperaturas, como Egipto, estas aves no soportan el calor y esto les lleva a comer menos y crecer más despacio. En estas regiones hay especies de pollo que se han adaptado desarrollando menos plumas y están mejor preparados para aguantar el fuerte sol.

Televisor ecológico que reduce el consumo

El Ecovisión es el primer «televisor ecológico» del mercado fabricado en serie, y ha sido presentado recientemente en España por una firma alemana. El aparato está montado con piezas reciclables y tiene un conmutador que le permite controlar en todo momento el consumo energético.

El campo magnético que existe entre estos aparatos y el usuario se ha reducido un 90 por ciento y los materiales usados para su construcción son el aluminio, la chapa de acero, y la madera maciza, evitando el plástico al máximo.

El veneno del escorpión sirve como insecticida

Ciertos caracoles y escorpiones poseen un tipo de veneno que paraliza el sistema nervioso y que ahora es usado en las investigaciones llevadas a cabo en Israel para la fabricación de insecticidas biológicos.

Con este veneno se pueden elaborar pesticidas naturales capaces de eliminar los insectos nocivos para las plantas. Dependiendo de la especie, hay escorpiones que poseen veneno que sólo afecta a los insectos y no a los mamíferos, y estas especies son precisamente las que están siendo estudiadas.

Lámina 7. Selección y separación de las cuatro tintas básicas de la impresión (Cyan, Magenta, Amarillo y Negro), operación imprescindible para la reproducción de originales en color. Página de «La Voz de Galicia».

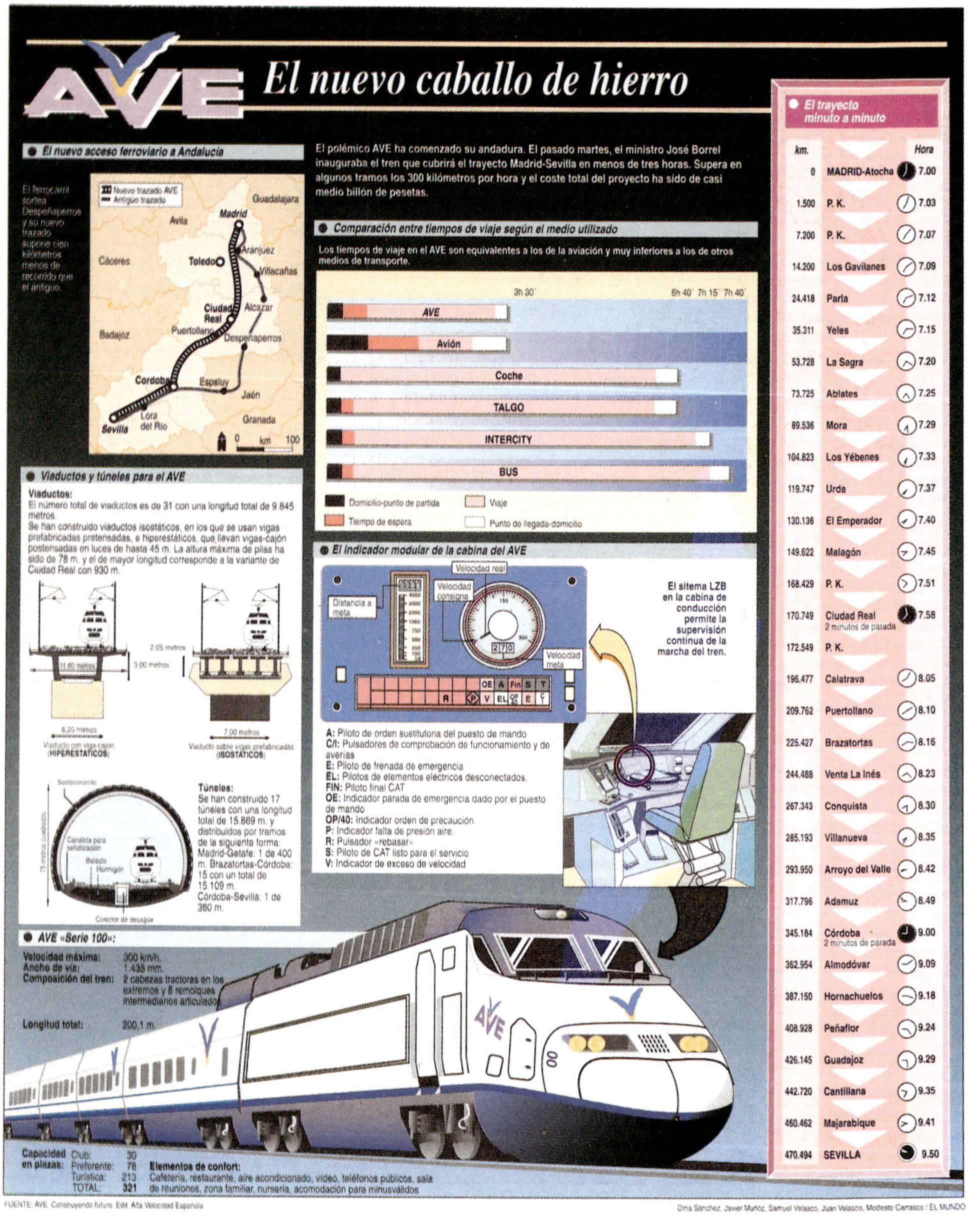

Lámina 8. Gráfico explicativo combinando cajas de datos, gráfico de barras, mapa de localización, croquis, cortes, ilustraciones y texto. Publicado en el anuario de «El Mundo».

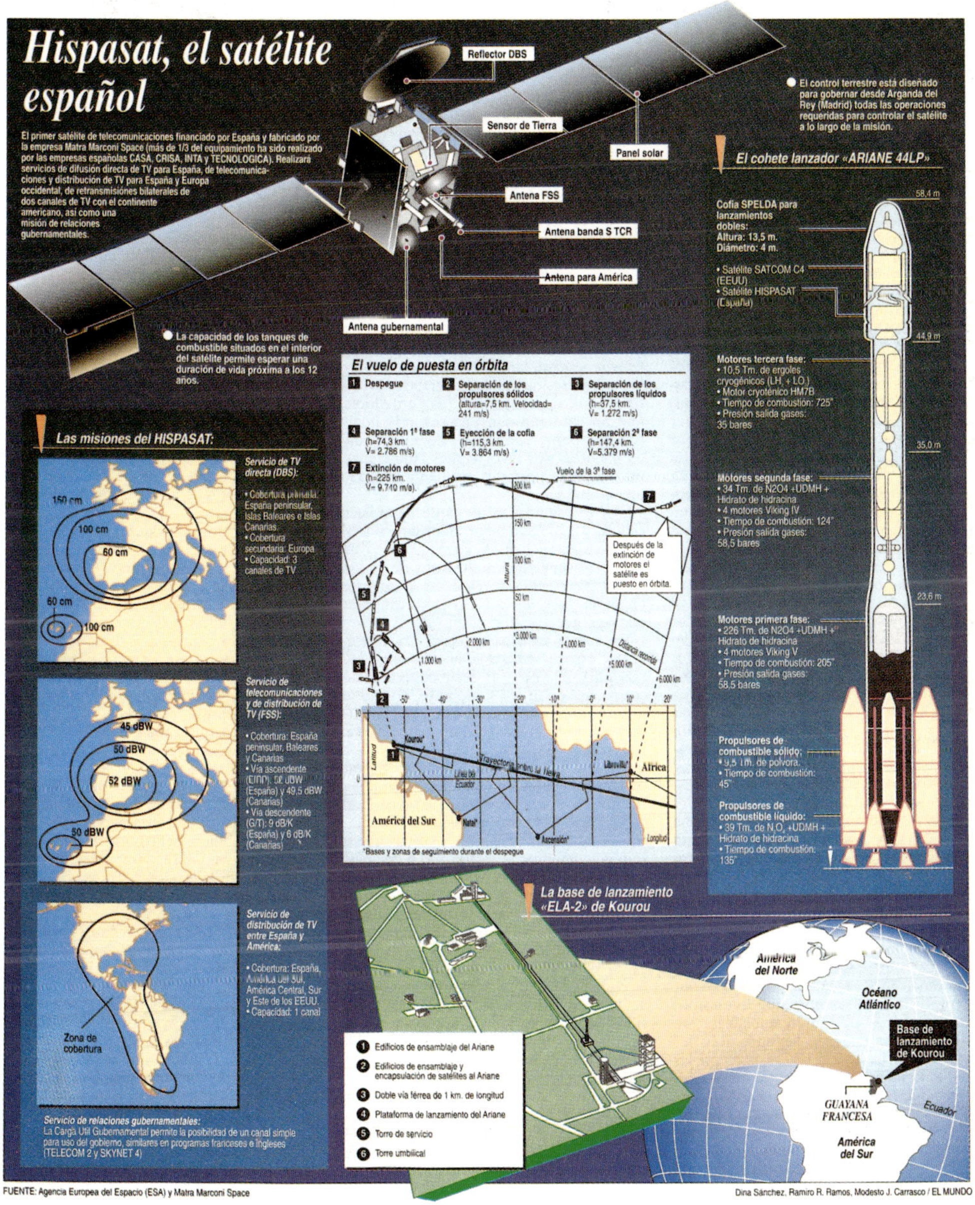

Lámina 9. Gráfico explicativo sobre el lanzamiento y aplicaciones del satélite español de comunicaciones Hispasat. Publicado en el anuario de «El Mundo» .

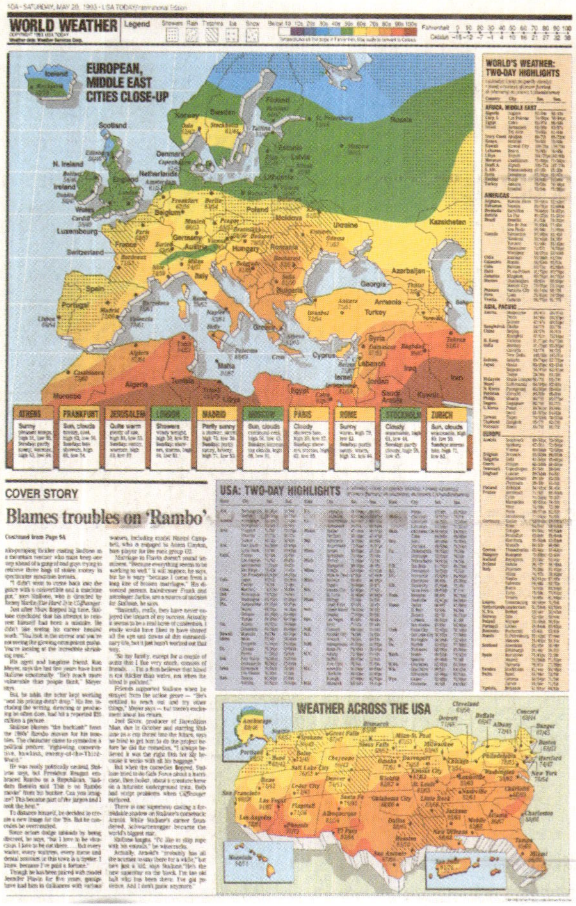

WORLD WEATHER

EUROPEAN, MIDDLE EAST CITIES CLOSE-UP

WORLD'S WEATHER: TWO-DAY HIGHLIGHTS

USA: TWO-DAY HIGHLIGHTS

WEATHER ACROSS THE USA

COVER STORY

Blames troubles on 'Rambo'

Lámina 10. El diario «Usa Today» aporta una concepción innovadora en la presentación de la información metereológica.

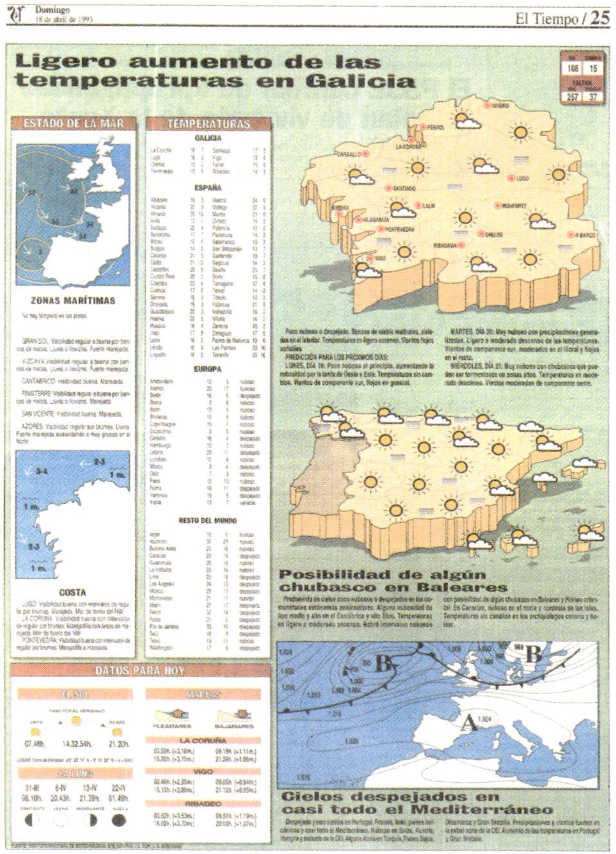

Domingo 18 de abril de 1993

El Tiempo / 25

Ligero aumento de las temperaturas en Galicia

ESTADO DE LA MAR

ZONAS MARÍTIMAS

COSTA

TEMPERATURAS

GALICIA

ESPAÑA

EUROPA

RESTO DEL MUNDO

DATOS PARA HOY

EL SOL

MAREAS

LA LUNA

Posibilidad de algún chubasco en Baleares

Cielos despejados en casi todo el Mediterráneo

Lámina 11. Página de información metereológica del diario «La Voz de Galicia», con clara influencia del «Usa Today».

Lámina 12. El diario «El País» publicó, con ocasión de los Juegos Olímpicos de Barcelona '92, una colección de láminas sobre los deportes olímpicos, apoyándose plenamente en la ilustración y la infografía.

Lámina 13. «El Sol» destacó por su cobertura informativa de la Guerra del Golfo publicando, en sus páginas centrales, mapas e infográficos sobre el desarrollo del conflicto.

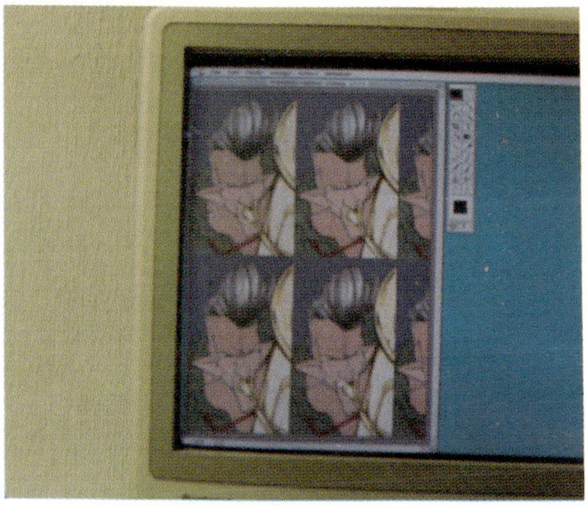

Lámina 14. En Photshop, gracias a la herramienta «rubber stamp» es posible tomar una parte de la imagen y colocar una copia exacta de la misma en cualquier otro lugar.

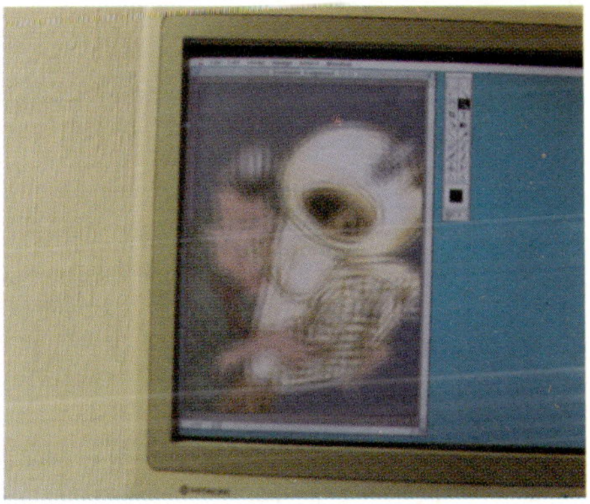

Láminas 15 y 16. Ejemplos de filtros que podemos aplicar a las imágenes desde PhotoShop. A la izquierda, filtro «wave»; a la derecha, filtro «fragment».

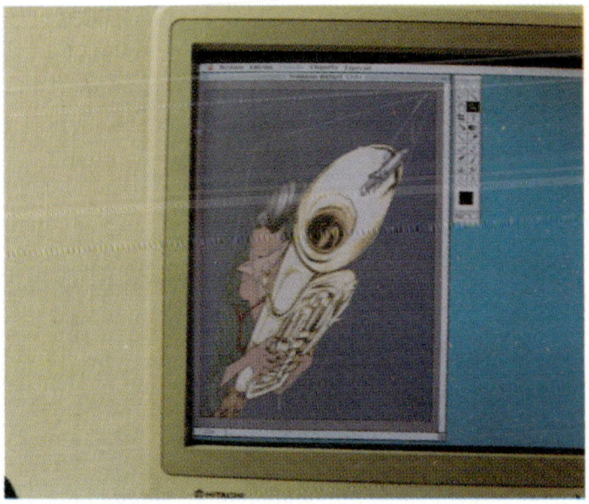

Láminas 17 y 18. Otra de las características de Photoshop es la posibilidad de aplicar a las imágenes diferentes efectos. En la lámina izquierda, el efecto de espejo se consigue al duplicar una parte de la imagen y aplcarle un giro horizontal. La lámina de la derecha recoge una imagen que refleja el efecto «distorsión».

Lámina 19. Portada de «El País Semanal» publicada el domingo 4 de Julio de 1993. Se trata de un fotomontaje realizado a partir de la integración electrónica de dos fotografías distintas.

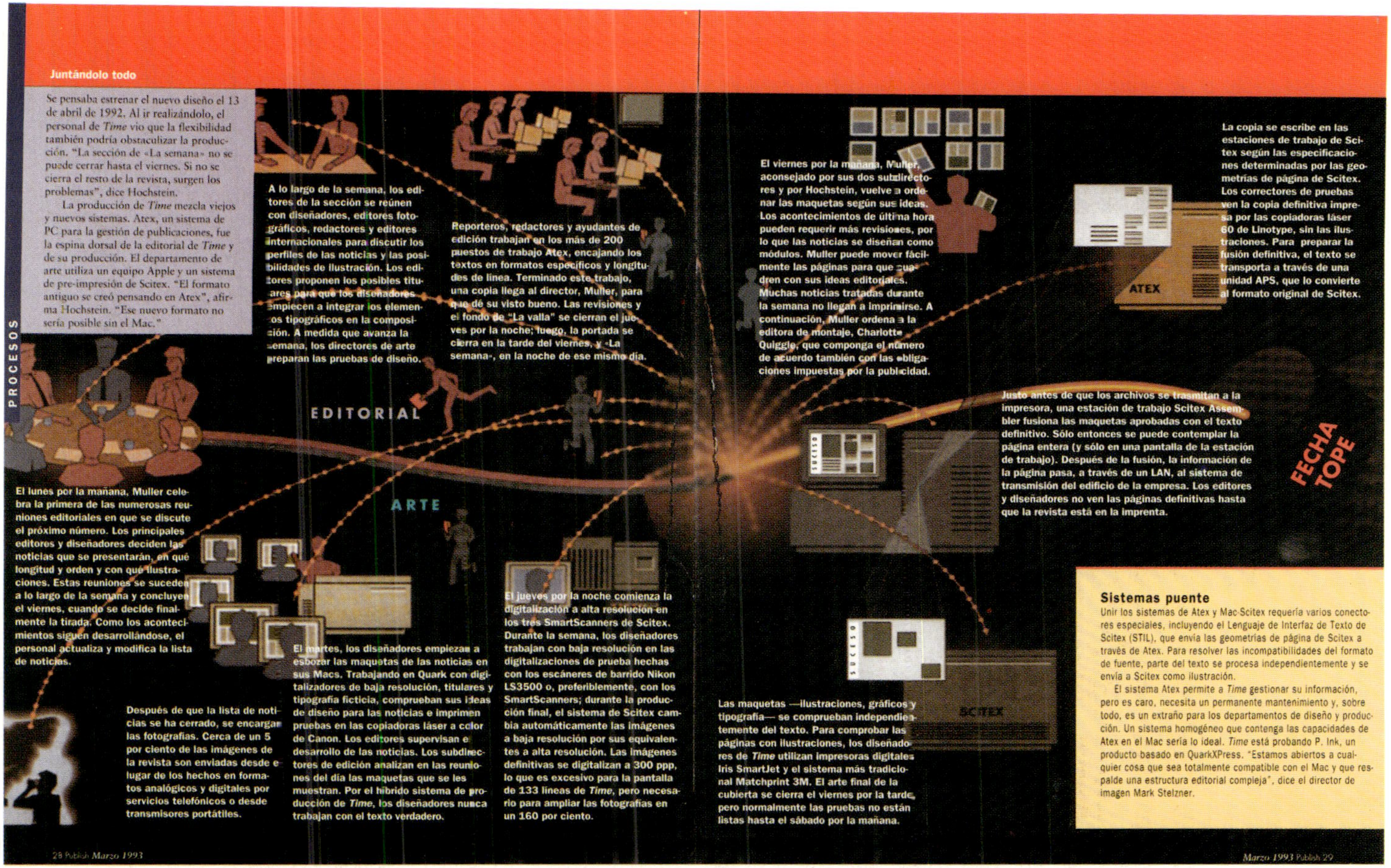

PROCESOS

Juntándolo todo

Se pensaba estrenar el nuevo diseño el 13 de abril de 1992. Al ir realizándolo, el personal de *Time* vio que la flexibilidad también podría obstaculizar la producción. "La sección de «La semana» no se puede cerrar hasta el viernes. Si no se cierra el resto de la revista, surgen los problemas", dice Hochstein.

La producción de *Time* mezcla viejos y nuevos sistemas. Atex, un sistema de PC para la gestión de publicaciones, fue la espina dorsal de la editorial de *Time* y de su producción. El departamento de arte utiliza un equipo Apple y un sistema de pre-impresión de Scitex. "El formato antiguo se creó pensando en Atex", afirma Hochstein. "Ese nuevo formato no sería posible sin el Mac."

A lo largo de la semana, los editores de la sección se reúnen con diseñadores, editores fotográficos, redactores y editores internacionales para discutir los perfiles de las noticias y las posibilidades de ilustración. Los editores proponen los posibles titulares para que los diseñadores empiecen a integrar los elementos tipográficos en la composición. A medida que avanza la semana, los directores de arte preparan las pruebas de diseño.

Reporteros, redactores y ayudantes de edición trabajan en los más de 200 puestos de trabajo Atex, encajando los textos en formatos específicos y longitudes de línea. Terminado este trabajo, una copia llega al director, Muller, para que dé su visto bueno. Las revisiones y el fondo de "La valla" se cierran el jueves por la noche; luego, la portada se cierra en la tarde del viernes, y «La semana», en la noche de ese mismo día.

EDITORIAL

ARTE

El lunes por la mañana, Muller celebra la primera de las numerosas reuniones editoriales en que se discute el próximo número. Los principales editores y diseñadores deciden las noticias que se presentarán, en qué longitud y orden y con qué ilustraciones. Estas reuniones se suceden a lo largo de la semana y concluyen el viernes, cuando se decide finalmente la tirada. Como los acontecimientos siguen desarrollándose, el personal actualiza y modifica la lista de noticias.

Después de que la lista de noticias se ha cerrado, se encargan las fotografías. Cerca de un 5 por ciento de las imágenes de la revista son enviadas desde el lugar de los hechos en formatos analógicos y digitales por servicios telefónicos o desde transmisores portátiles.

El martes, los diseñadores empiezan a esbozar las maquetas de las noticias en sus Macs. Trabajando en Quark con digitalizadores de baja resolución, titulares y tipografía ficticia, comprueban sus ideas de diseño para las noticias e imprimen pruebas en las copiadoras láser a color de Canon. Los editores supervisan el desarrollo de las noticias. Los subdirectores de edición analizan en las reuniones del día las maquetas que se les muestran. Por el híbrido sistema de producción de *Time*, los diseñadores nunca trabajan con el texto verdadero.

El jueves por la noche comienza la digitalización a alta resolución en los tres SmartScanners de Scitex. Durante la semana, los diseñadores trabajan con baja resolución en las digitalizaciones de prueba hechas con los escáneres de barrido Nikon LS3500 o, preferiblemente, con los SmartScanners; durante la producción final, el sistema de Scitex cambia automáticamente las imágenes a baja resolución por sus equivalentes a alta resolución. Las imágenes definitivas se digitalizan a 300 ppp, lo que es excesivo para la pantalla de 133 líneas de *Time*, pero necesario para ampliar las fotografías en un 160 por ciento.

El viernes por la mañana, Muller, aconsejado por sus dos subdirectores y por Hochstein, vuelve a ordenar las maquetas según sus ideas. Los acontecimientos de última hora pueden requerir más revisiones, por lo que las noticias se diseñan como módulos. Muller puede mover fácilmente las páginas para que cuadren con sus ideas editoriales. Muchas noticias tratadas durante la semana no llegan a imprimirse. A continuación, Muller ordena a la editora de montaje, Charlotte Quiggle, que componga el número de acuerdo también con las obligaciones impuestas por la publicidad.

Las maquetas —ilustraciones, gráficos y tipografía— se comprueban independientemente del texto. Para comprobar las páginas con ilustraciones, los diseñadores de *Time* utilizan impresoras digitales Iris SmartJet y el sistema más tradicional Matchprint 3M. El arte final de la cubierta se cierra el viernes por la tarde, pero normalmente las pruebas no están listas hasta el sábado por la mañana.

La copia se escribe en las estaciones de trabajo de Scitex según las especificaciones determinadas por las geometrías de página de Scitex. Los correctores de pruebas ven la copia definitiva impresa por las copiadoras láser 60 de Linotype, sin las ilustraciones. Para preparar la fusión definitiva, el texto se transporta a través de una unidad APS, que lo convierte al formato original de Scitex.

ATEX

Justo antes de que los archivos se trasmitan a la impresora, una estación de trabajo Scitex Assembler fusiona las maquetas aprobadas con el texto definitivo. Sólo entonces se puede contemplar la página entera (y sólo en una pantalla de la estación de trabajo). Después de la fusión, la información de la página pasa, a través de un LAN, al sistema de transmisión del edificio de la empresa. Los editores y diseñadores no ven las páginas definitivas hasta que la revista está en la imprenta.

FECHA TOPE

SUCESO

SCITEX

Sistemas puente

Unir los sistemas de Atex y Mac-Scitex requería varios conectores especiales, incluyendo el Lenguaje de Interfaz de Texto de Scitex (STIL), que envía las geometrías de página de Scitex a través de Atex. Para resolver las incompatibilidades del formato de fuente, parte del texto se procesa independientemente y se envía a Scitex como ilustración.

El sistema Atex permite a *Time* gestionar su información, pero es caro, necesita un permanente mantenimiento y, sobre todo, es un extraño para los departamentos de diseño y producción. Un sistema homogéneo que contenga las capacidades de Atex en el Mac sería lo ideal. *Time* está probando P. Ink, un producto basado en QuarkXPress. "Estamos abiertos a cualquier cosa que sea totalmente compatible con el Mac y que respalde una estructura editorial compleja", dice el director de imagen Mark Stelzner.

28 Publish Marzo 1993 — Marzo 1993 Publish 29

Lámina 20. Páginas correspondientes al nº 22 de la revista «Publish» que ilustran el método de producción de la revista «Time».

usuario

El Mac hace deporte

Tras muchos años de informar sobre el deporte español y mundial, contar goleadas y derrotas, y marcar todo un carácter en la prensa deportiva del país, El Mundo Deportivo (EMD) inició el pasado mes de marzo una nueva etapa que se caracteriza por la introducción de un diseño más atractivo, utilizando las tecnologías de la información. Los responsables del rotativo han introducido diferentes sistemas informáticos en una redacción en la que el Macintosh se ha convertido en todo un "pichichi" del ámbito gráfico.

Texto: J.C. Ambrojo • Fotografías: Pep Costa
Infografía: El Mundo Deportivo

Fundado el 1 de febrero de 1906, EMD ha evolucionado constantemente durante toda su historia y el último cambio de "vestuario" ha sido estudiado cuidadosamente. Y lo mismo ha sucedido con la informática, que había sido introducida un año antes. Joan Lanuza, subdirector de arte de El Mundo Deportivo, explica cómo se ha realizado la transformación.

Paralelamente a la selección del material informático, se comenzó a trabajar sobre cuál sería la nueva maquetación.

62 MACWORLD ENERO 1993

Los dos clubs, frente a frente

R.C.D. Español

Presidente	Julio Pardo
Estadio	Sarriá
Capacidad	41.000 espectadores
Dimensiones terreno	105 x 68 m.
Año fundación	1900
Socios	18.500
Patrimonio	10.000 millones
Capital social	683 millones

F.C Barcelona

Presidente	Josep Lluís Núñez
Estadio	Camp Nou
Capacidad	115.000 espectadores
Dimensiones terreno	107 x 72 m.
Año fundación	1899
Socios	98.000
Patrimonio	3.173 millones

El entrenador
Johan Cruyff
45 años. 5ª temporada

El entrenador
J.M. Díaz Novoa
47 años. 1ª temporada

La plantilla (F.C. Barcelona)

Edad media	27,10 años
Edad media once titular	26,45 años
Jugadores utilizados en la liga	17
Clasificación actual	1º (17 +7)

La plantilla (R.C.D. Español)

Edad media	26,50 años
Edad media once titular	27,27 años
Jugadores utilizados en la liga	20
Clasificación actual	10º (10 -2)

El jugador medio (F.C. Barcelona)

Edad	27,1 años
Altura	1,79 m
Peso	77 kg

El jugador medio (R.C.D. Español)

Edad	26,5 años
Altura	1,80 m
Peso	77,68 kg

Media goles Liga 1992-93

	FC Barcelona	RCD Español
A favor	2,54	1,54
En contra	1,09	1,54
A favor en casa	2,8	1,5
En contra en casa	1,2	1,5
A favor fuera	2,33	1,6
En contra fuera	1	1,6

	FC Barcelona	RCD Español
TOTAL GOLES A FAVOR	28	17
TOTAL GOLES EN CONTRA	12	17

Lámina 21. Páginas correspondientes al número de Enero de 1993 de la revista «MacWorld» dedicadas al diario «El Mundo Deportivo» con ocasión de la incorporación de las nuevas tecnologías de diseño y edición.

AZUL	AMARILLO	ROJO

CONNOTACIONES PSICOLOGICAS

AZUL	AMARILLO	ROJO
Frio Transparencia Relajación Armonia Amistad Confianza Afecto Fidelidad Reserva	Luminosidad Envidia Celos Risa Adolescencia Placer Dinamismo Concentración Tranquilidad	Calor Energía Agresividad Actividad Estimulante (aumenta la tensión arterial, el ritmo cardiaco -respiratorio y produce más adrenalina Atractivo (capta la atención)

CONNOTACIONES CULTURALES

AZUL	AMARILLO	ROJO
Agua Cielo Mar Aire Viajes, turismo Masculino Realeza Ambiente intelectual Lujo Distinción Sanidad Seguridad	Luz Sol Energía Sagrado (Budismo) Simboliza la verdad y gloria (religión) Dinero, riqueza (analogía con el oro) Lujo, suntuosidad (tonos dorados) Precaución, alerta, atención Peligro (junto con el negro. Ej. avispa, señalética) Tierra (gama marrones y ocres)	Sangre Fuego Violencia Peligro Revolucionario Nacionalismos Amor Pasión Femenino (sobre todo el rosa) Ideologías de izquierda

COMBINACION CON OTROS COLORES

AZUL	AMARILLO	ROJO
Efecto de retroceso de los objetos. • Combinado con el amarillo: - el azul tiende al púrpura y - el amarillo al naranja • Combinado con rel rojo: - el azul tiende al verde y - el rojo al naranja	Agranda los objetos y los aproxima al espectador • El naranja le otorga mayor brillo • El verde le da vitalidad • El rosa lo apaga • El violeta le hace más duro y fuerte	Resalta los perfiles y atrae la mirada • Combinado con el azul: - el rojo se aproxima y - el azul se aleja • Combinado con el amarillo: ambos colores se solapan

Figura 5.1. Los colores básicos de la impresión cyan (azul), amarillo y magenta (rojo) presentan distintas connotaciones psicológicas y culturales. Aunque algunas de ellas puedan ser subjetivas o particulares, el presente esquema resulta valido en nuestra cultura occidental actual.

a publicar páginas en color. En diciembre de este mismo año imprime la portada en tricromía durante tres domingos. Algunos años después, en 1936, vuelve a emplear el color en algunas de sus portadas. En 1955, al cumplir su 50 aniversario, vuelve de nuevo a utilizar el color todos los domingos. El 5 de mayo de 1968 comienza a publicarse el suplemento dominical en color *Los domingos de ABC*.

En la década de los 70, aunque son bastantes los diarios que disponen de la tecnología adecuada para la impresión en color, pocos se atreven a emplearlo. Tal es el caso de *La Vanguardia* que incorpora el color en 1970; en 1975, el desaparecido diario *El Alcázar*, sirviéndose de las instalaciones del *Diario SP*, introduce el color realizando un número extraordinario sobre el 18 de julio, posteriormente sólo sale en color los domingos, hasta que deja de hacerlo por motivos económicos en abril de 1987; el diario *Hoy* de Badajoz que lo incorpora en 1977; en 1979 lo aplican *El Mundo Deportivo* y los rotativos canarios *Diario de Las Palmas* y *Las Provincias*.

Durante los años 80 se produce una mayor incorporación del color a los periódicos como un elemento más de su diseño y contenido informativo. *Diario 16* fue uno de los pioneros en decidirse a ofrecer diariamente información gráfica en color, pese a las duras e injustificadas críticas de otros periódicos de la competencia. Desde 1982 ha venido imprimiendo en color parte de su información de portada, páginas interiores y publicidad.

Durante la pasada década, la impresión en color se ha generalizado en gran parte de la prensa española, sea local, regional o nacional. Tal es el caso de: en 1981, *El Día* de Baleares; en 1982, *Diario 16* y *El Periódico de Cataluña*; en 1984 *El Diario de Navarra* y *El Faro de Vigo*; en 1987, *Ya* y *El Independiente* (que emplea el color en publicidad durante su primera etapa como periódico semanal), etc. La tendencia actual es la incorporación del color, ya sea en diarios existentes que publican en blanco y negro *(ABC, El País)*, o en periódicos de nueva creación *(El Sol)*.

Recientemente, el color se ha sumado a los dos grandes diarios nacionales: *ABC* y *El País*. A partir del 8 de noviembre de 1991 va a aparecer en color la portada y páginas del suplemento de los viernes *ABC Cultural*, este mismo día el diario publica su primer anuncio en color. Desde el 26 de diciembre de 1992, *ABC* viene empleando el color diariamente, tanto en portada, páginas interiores, preferentemente las centrales, como en la publicidad. El 5 de enero de 1993 aparece la primera portada en color de la edición internacional de *ABC* (se trata de la misma que publicara el 26 de diciembre, una fotografía del rey Juan Carlos I). *El País*, muy reticente y crítico durante años al uso del color, ha comenzado a imprimir en cuatricomía, de momento, sólo en la publicidad.

Características del uso del color. Destacamos las siguientes.

1.- Originalidad. El color aporta originalidad al periódico en su presentación formal, ya que la mayoría de los diarios aún se imprimen en blanco y negro. Esta originalidad le reporta un importante valor añadido de diferenciación.

2.- Perfeccionamiento técnico. El tratamiento técnico del color ha conseguido una calidad excelente, permitiendo una reducción muy considerable de los plazos de tiempo de producción. Igual ha sucedido, gracias a la digitalización, con el almacenamiento y emisión de originales en color. Este perfeccionamiento técnico ha hecho posible la realidad de imprimir en color en menos de 24 horas, superándose el obstáculo principal que anteriormente reducía el ámbito del color a las publicaciones no diarias o suplementos.

3.- Rentabilidad. El color, según se ha demostrado, es muy rentable. Tantos en términos económicos, por la captación de nueva publicidad que requiere color (moda, coches, productos de belleza, etc.) con unas tarifas más caras, como en términos de audiencia, ya que debido al alto poder de atracción del color aumentan los lectores y las ventas.

4.- Mayor espacio. A la información publicada en color se le concede progresivamente mayor espacio y superficie en las páginas (en algunos diarios el porcentaje supera la tercera parte de la superficie total del periódico), en detrimento de la información en blanco y negro.

5.- Moderación. El uso del color en la prensa diaria se debe hacer con suma moderación y cuidado, de lo contrario es muy fácil crear una saturación cromática que derivaría en el sensacionalismo. Hay que saber determinar qué debe y merece imprimirse en color, así como la cantidad de color que debe ir en cada página. Además de factores estéticos y evitar el sensacionalismo ya comentados, es conveniente que los lectores tengan tiempo de ir adaptándose lentamente a la presencia del color en la información.

Ventajas e inconvenientes del color. El uso del color en los periódicos ha tenido y tiene defensores y detractores. Argumentos tales como credibilidad, poder de captación, rentabilidad, realismo, etc. y amarillismo, tebeo para niños, ruinoso, etc, han sido presentados habitualmente por unos y otros. El color, como lenguaje propio que es, ofrecerá unos resultados positivos o negativos según el uso que de él se haga.

Lo cierto es que el color, como toda innovación o redescubrimiento, requiere de un cierto tiempo para alcanzar el punto de equilibrio adecuado en su uso. Hay que evitar la llamada «borrachera de color», que consiste en la primacía desmesurada y abuso del color, pasando posteriormente a un empleo más moderado de la cuatricromía en los periódicos.

Entre las ventajas que proporciona el color en la prensa diaria están:

1. *Aceptación*. Los lectores, especialmente los jóvenes, aceptan y les gusta el color; de hecho, desean más color en el periódico.

2. *Reforzamiento.* El color concede a la información textual y gráfica un efecto de reforzamiento, ya que destaca los aspectos más importantes de la noticia.

3. *Agilidad.* El color puede funcionar como complemento de la información escrita y descargar de contenidos al periódico. El color agiliza y rejuvenece informaciones y páginas, aportando distracción y entretenimiento al lector.

4. *Impacto visual.* El color se utiliza como «gancho» para captar la atención del lector, como efectivo medio de impacto visual. Se produce la relación color-no color, permitiendo un mayor juego con los blancos. Además, el color posee la cualidad de ser más fácil de recordar que una forma o un texto, la combinación de un mensaje gráfico con el color es el mejor impacto visual.

5. *Realismo.* Una imagen en color parece más real y creible que si se publica en blanco y negro. El color bien aplicado aumenta la credibilidad de los mensajes, sobre todo en la información gráfica.

6. *Factor de diferenciación.* La diferenciación de un producto en el mercado es fundamental para motivar su elección y compra. El color permite esta distinción dado que aún son minoría los periódicos impresos en color a los que lo hacen en blanco y negro. En algunos anuncios de revistas en color se viene produciendo lo contrario, se publica en blanco y negro o en monocromía buscando ese deseado efecto de diferenciación.

7. *Demanda de publicidad.* Las campañas y agencias de publicidad reclaman cada vez más color para sus anuncios. Aunque la publicidad en color tiene una producción más cara, pueden emplarse los mismos originales que se destinan a otros medios tradicionalmente en color (revistas, folletos, vallas, publicidad directa, etc), lo que supone un doble ahorro económico importante: se suprimen los costes de producción en blanco y negro, y se abaratan los costes del color al ser distribuido para más medios. El color es muy solicitado para la publicidad de ciertas marcas que desean reproducir sus logotipos en sus colores corporativos que permiten al lector su fácil y rápida identificación (como es el caso de los rojos de Coca-Cola o Marlboro).

8. *Rentabilidad.* El color vende más, en ejemplares y en publicidad. Además la inserción de publicidad en color es más cara que la de blanco y negro. Además de la rentabilidad económica, el color también aporta beneficios informativos.

9. *Extensión al resto de la prensa.* Debido a las ventajas que reporta la aplicación del color, muchas publicaciones de otro tipo han decidido incorporarlo y usarlo como argumento para su lanzamiento al mercado. Se trata de algunos casos de prensa deportiva, comercial, gratuita, catálogos de venta por correo, etc.

En relación a las desventajas del color se centran en las siguientes:

1. *Costoso.* Las inversiones económicas que requiere un periódico para ser editado en color son muy elevados, así como la formación o contratación de profesionales especializados.

2. *Complejidad.* El empleo del color aún sigue siendo una técnica compleja. Una

reproducción defectuosa produce efectos negativos de estética, credibilidad y desorientación en el lector.

3. *Abuso o mal uso.* Ante un uso inadecuado o saturación de color, el lector lo relaciona con sensacionalismo, superficialidad o ligereza, dañando a la credibilidad del periódico. Esto es debido al abuso del color en la prensa sensacionalista y deportiva.

4. *Dependencia.* El compromiso de algunos diarios en ofrecer color en primera página puede conducir a una dependencia o limitación a la hora de elegir y seleccionar los temas y fotografías de portada.

5.2. La fotomecánica tradicional

Las imágenes y el color son elementos primordiales tanto en el diseño actual como en la información gráfica del periódico. El periodista tiene que conocer el empleo adecuado del color y las ilustraciones en las páginas del periódico, ya sea en la fase del proceso que él elabora como en otras partes que puedan quedar fuera de su alcance y, por tanto, de su control directo.

Para ejercitar un control pleno sobre todo el proceso de producción, el periodista debe conocer cómo es el tratamiento de las fotografías y del color para facilitar y mejorar el complejo desarrollo de su reproducción e impresión. De esta manera está capacitado para exigir calidad y fidelidad en la reproducción y para ejercitar la crítica con conocimiento de causa.

El nivel de conocimiento sobre estas cuestiones será directamente proporcional a su proximidad y relación de sus atribuciones con esta fase del proceso, principalmente: fotógrafos, diseñadores, maquetadores, infografistas, directores de arte y diseño, etc. El tratamiento de las imágenes y del color, bien sea blanco y negro o color, es la fase intermedia clave que determinará el éxito final de la reproducción de los originales. Este fase del proceso de producción se denomina fotomecánica.

El proceso de fotomecánica tiene como objetivo obtener las películas (en positivo o negativo) que posibilitan su reproducción mediante el sistema de impresión elegido. En el caso del periódico será, casi siempre, el offset, y en el de las revistas el offset o huecograbado.

Según el tipo de original que se presentan a la fotomecánica se aplicarán una serie de procedimientos fotográficos para la obtención de las películas o fotolitos. Los originales pueden ser de tres tipos:

Linea: son aquellos que sólo presentan el negro y blanco, careciendo de tonos intermedios o escala de grises. Pueden reducirse sin que se aprecie defecto

alguno. Es el caso de los textos o las ilustraciones o grabados a plumilla.
Medios tonos: son los originales que ofrecen una gama de tonos grises intermedios entre el blanco y el negro. Son las fotografías en blanco y negro de un periódico.
Color: cuando se trata de originales en cuatricomía sin que exista un predominio de un matiz global. Se trata de fotografías, pinturas, gráficos, infografías, etc. en color (Ver lámina 7 en color).

Los originales se envían a la fotomecánica con un informe detallado acerca del resultado final que se pretende, escala en tantos por ciento, manipulación de brillos, contrastes, tratamiento del color o tonos intermedios, etc.

El procedimiento de fotomecánica para los originales de linea es el siguiente: en un cuarto oscuro se fotografían los originales que han sido situados en el portaoriginales. Se emplea una cámara fotográfica que dispone de una lente regulable para conseguir el formato final (ampliado o reducido) del original. Si se tratase de una imagen muy densa, se practicará una subexposición; si por el contrario la imagen es muy clara, se hará una sobreexposición. El proceso termina con el revelado de la película, con especial atención a la temperatura de los líquidos -revelador y fijador- y la velocidad del revelado.

Un sistema más actual es el uso de un escáner plano que mediante la lectura de la imagen realiza la separación de blanco y del negro.Es recomendable el escáner plano al de tipo tambor, dado que admite originales de gran tamaño y la velocidad de lectura es hasta seis veces mayor.

Del original de tono continuo se obtiene un positivo tramado (habiendo obtenido previamente un negativo) que va a permitir fijar la escala de grises de la imagen. Es imprescindible el proceso del tramado, pues, de lo contrario sería imposible imprimir originales de medios tonos.

El descubrimiento del fotograbado de medios tonos se realizó por Gidot en 1872 (apoyándose en los experimentos de Talbot) quien utilizó la superposición de líneas paralelas en la composición fotográfica, siendo el primero en la aplicación de tramas y retículas en la impresión. Hacia 1880 se perfecciona el uso de los medios tonos y se generaliza su uso. En 1893 se desarrolla la impresión en tricromía para los medios tonos.

La trama permite la reproducción de los medios tonos mediante la impresión por puntos de varios tipos (redondo, cuadrado o elíptico) y tamaños, y controlando el espacio en blanco que existe entre cada punto, ya que la imprenta no puede distinguir entre los diferentes grises o tonos de una fotografía. De esta manera, las zonas más oscuras de la fotografía están compuestas por puntos de mayor tamaño y con poco espacio en blanco a su alrededor y viceversa para las zonas más claras.

La reproducción de originales en cuatricomía es un proceso más complejo, debido a la necesidad de hacer una selección y separación de los cuatro colores básicos de la impresión (cyan, magenta, amarillo y negro), obteniendo cuatro películas distintas. El proceso consiste en hacer pasar sucesivamente una luz a través de distintos filtros que paulatinamente irán absorbiendo cada uno de los colores que integraban la luz original, permitiendo el paso al resto de los colores. De esta forma se hace la separación de los cuatro colores obteniendo las correspondientes películas (una por cada color) que una vez montadas perfectamente, permitirán la reproducción de la imagen en color.

Presentación de originales. La preparación y presentación de los originales va a determinar la obtención de unos buenos resultados; para ello se ha de tener en cuenta determinados factores.

El soporte ideal para llevar los originales a la fotomecánica es el de la diapositiva, ya que permite una fidelidad cromática mejor. En el caso del soporte opaco, el tipo de papel y el revelado pueden alterar los valores iniciales del original.

La presentación de un original en un formato adecuado es de suma importancia; lo deseable es emplear formatos mayores al de 35 mm. que permiten efectuar grandes ampliaciones y ofrecen mayor contraste y fidelidad.

La relación velocidad/sensibilidad en el tipo de película elegida también es determinante. Las películas de gran sensibilidad son rápidas y necesitan poca luz, pero, si se desea ampliar el original, muestran un grano bastante grueso. Por el contrario, las películas más lentas (inferiores a 100 ASA) requieren más luz o mayor tiempo de exposición, pero ofrecen un grano menos visible que permite adecuadamente las ampliaciones.

Todos estos factores conducen a una situación: el ideal sería la fotografía de estudio, pero estas condiciones difícilmente pueden dársele al reportero gráfico. En estos casos, la fotomecánica puede salvar o mejorar fotografías de baja calidad dada la tendencia a conseguir un mayor contraste que se obtiene en la fotomecánica. A partir de un análisis correcto del original por parte del departamento de arte del periódico, el operario de la fotomecánica puede corregir o forzar ciertos matices.

5.3. La fotomecánica digital

El proceso de la fotomecánica digital en relación con la fotomecánica tradicional es similar. La innovación radica en el empleo de nuevas herramientas existentes gracias al avance actual de la informática. La fotomecánica digital, siguiendo un esquema muy similar al de la fotomecánica tradicional, permite un mayor número de posibilidades en el tratamiento y retoque de color e imágenes; en consecuencia, el proceso gana en flexibilidad y rapidez.

El proceso de fotomecánica digital se compone de tres fases claramente diferenciadas:

1. *Entrada de información.* La entrada de datos se realiza a través de la lectura que un escáner (plano o de tambor) efectúa del original. El proceso de lectura consiste en digitalizar las imágenes, es decir, traducir del lenguaje analógico que tiene el original a un lenguaje digital (compuesto por unos y ceros) que posibilita el tratamiento del original en el ordenador.

La digitalización se realiza de la siguiente forma: el escáner hace una lectura del original mediante el desplazamiento de un haz luminoso sobre la superfecie de la imagen, captándola punto por punto. La imagen va a reflejar la luz que ha recibido previamente conforme a las densidades de tono de cada punto (los puntos más oscuros reflejarán menos luz que los puntos blancos). Estas cantidades distintas de luz reflejada son recogidas por una célula fotoeléctrica que transforma las distintas intensidades luminosas en impulsos eléctricos, convirtiéndolos de analógicos en digitales, mediante un módem (MOdificador-DEModificador, traduce señales analógicas en digitales). Una vez realizado el proceso de digitalización, la imagen está dividida en múltiples puntos o pixels, cada uno de los cuales contiene información (sobre la intensidad, brillo, color, tono, etc.), posibilitando que el ordenador (que trabaja únicamente en lenguaje digital) comprenda toda la información introducida.

2. *Proceso de datos.* Con el original ya digitalizado y almacenado en la memoria del ordenador es el momento de efectuar los retoques y tratamientos de imagen y color necesarios, así como variar los distintos valores de angulación de las tramas. Una vez realizadas las manipulaciones oportunas, el original está dispuesto para su salida.

3. *Salida de la imagen.* A través de una filmadora se procede a transformar la imagen digitalizada del ordenador a un soporte físico, el papel o película fotográfica, de donde posteriormente se obtienen las planchas de impresión. Los equipamientos tecnológicos disponibles actualmente para llevar a cabo el proceso completo de la fotomecánica digital son de diversa índole, según coste económico y calidades.

En la gama más básica están las configuraciones ofrecidas por el sistema Macintosh de la firma Apple. Estos equipos permiten una productividad alta con amplias posibilidades a un bajo coste, pero con limitaciones respecto a la reproducción de color en las filmadoras. Si se está trabajando con fotografías de calidad es aconsejable acudir a la fotomecánica. Sin embargo, esta opción de trabajo es adecuada para trabajar con textos, ilustraciones, ya que permite de una manera sencilla y rápida su combinación y montaje.

Una configuración de este tipo estaría integrada por un sistema informático básico de: escáner, ordenador y filmadora (tipo Linotronic o Agfa) y un software para tratamiento y retoque de imágenes y color (como Adobe Photoshop o ColorStudio). En un nivel superior se sitúan las estaciones de trabajo CEPS

(Sistema de Color y Preimpresión Electrónica). Estos equipos permiten una alta calidad en la reproducción del color, no disponible con la anterior opción pero con un coste económico cinco veces mayor.

Por último, en la gama alta están los líderes de los grandes sistemas integrados, con un altísimo nivel de calidad en todas sus opciones y hasta cuatro veces más caros que las CEPS. Estos sistemas están representados por los equipamientos que ofrecen casas como Crossfield (Gran Bretaña), Hell (Alemania), Scitex (Israel) o Sigmagraph (Japón).

Toda reconversión tecnológica e implantación de nuevas tecnologías lleva implícitas una serie de ventajas e inconvenientes. La actual situación de la fotomecánica digital se centra en problemas de tipo técnico, humano y de rentabilidad, como:

a) Se trata de inversiones altas y la amortización de los equipos es más lenta que el avance tecnológico. En muchas ocasiones aún no se ha amortizado un equipo cuando ya están en el mercado sistemas mejores y más baratos. Aunque no se trata de «estar a la última», es fundamental realizar las inversiones con prudencia y visión de futuro.

b) Necesidad de reconvertir un sector industrial, de corte tradicional y reticente a los cambios, tanto en su nivel técnico como en el humano.

c) La escasez de profesionales cualificados y su falta de experiencia ralentiza aún más la incorporación de nuevos sistemas. Además, se implanta una nueva concepción empresarial orientada al servicio al cliente y a establecer una mútua intercomunicación. En este sentido, las fotomecánicas han comenzado a denominarse «empresas de servicios de preimpresión».

En cuanto a los factores positivos que la implantación de estos sistemas aportan están:

a) Se trabaja mejor, aumenta la productividad y se reducen los plazos de entrega.

b) El producto final tiene una calidad y un acabado mejor.

c) Los costos económicos de producción, una vez afrontada la inversión, son inferiores.

d) Tendencia a crear una relación favorable de trabajo entre la fotomecánica y el cliente.

e) Después de una etapa inicial de incursión de personal no cualificado y su consiguiente saturación de empresas que ofrecen estos nuevos sistemas, se producirá una selección que permitirá la supervivencia de los servicios con mejor cualificación y calidad.

6

LA INFOGRAFIA

- **Concepto y origen**
- **Aplicaciones, características y funciones**
- **La infografía periodística: el periodista gráfico**

6.1. Concepto y orígen

Concepto. No existe, debido a la novedad del término, una definición conceptual de infografía que sea generalmento aceptada. La infografía es la creación y/o manipulación de imágenes empleando el ordenador, y cuyas aplicaciones pueden estar orientadas hacia múltiples campos: informativos (periodismo, publicidad, diseño gráfico, televisión, cine) o de diverso (ciencia, militar, medicina, arte, investigación...).

Debido al ámbito de estudio de este libro, nos referiremos en adelante únicamente a la infografía periodística o periodismo infográfico.

Para Holtz-Bonneau es «la aplicación de la informática a la representación gráfica del tratamiento de la imagen» (1986, pág.247).

Según el profesor Javier Delicado sería «la aplicación del grafismo a la comunicación» y si hablamos de infografía digital «cuando la generación gráfica se realiza bajo soporte digital». Y concluye, «la infografía es pues, ante todo, un fenómeno comunicacional, una forma de predigerir la información gráficamente para facilitar su asimilación, algo así como lo que la postproducción es para la industria del video profesional» (1991, pág.108).

Para Gonzalo Peltzer, periodista e investigador sobre periodismo iconográfico, los infográficos o infogramas «son expresiones gráficas, más o menos complejas, de informaciones cuyo contenido son hechos o acontecimientos, la explicación de cómo algo funciona, o la información de cómo es una cosa» (1991, pág. 135).

Particularmente, consideramos que la infografía es el proceso periodístico que genera gráficos e ilustraciones como elementos informativos de un periódico o revista, mediante el uso de herramientas informáticas en la actualidad, si bien con anterioridad se realizaban empleando recursos manuales.

Orígenes. La infografía puede resultar un término nuevo, pero no lo es, ya que sus comienzos se remontan a las investigaciones militares y aeronáuticas realizadas por la NASA en la década de los años sesenta. En un principio, la infografía se utilizaba como una útil herramienta en los programas de simulación de vuelo para pilotos y astronautas y otros fines militares.

La creación de imágenes por ordenador en laboratorios militares pronto se aplicó a la vida civil, llegando a consolidarse hacia 1978 y, unos años más tarde, en1984, en España.

Desde finales de la década de los 70 y con el auge recibido en los 80, la infografía se ha venido aplicando a múltiples y muy diversos campos, destacando, por su amplia difusión, el de la infografía periodística.

6.2. Aplicaciones, características y funciones

Aplicaciones. Aunque la infografía periodística es la más conocida, sin duda por su extendido uso, existen multitud de áreas en donde también se emplea. Destacamos las relacionadas con las ciencias de la información y otras más relevantes:

- *El mundo editorial:* donde gracias al grafismo de generación electrónica se posibilita la clarificación de conceptos, sólo posible por la representación icónica de los temas de estudios. Este campo abarcaría: libros, prensa, revistas, publicaciones, etc.
- *El mercado publicitario:* la creatividad y producción de mensajes publicitarios aumenta y se enriquece con los recursos infográficos, tanto por las grandes posibilidades artísticas que ofrece como por la reducción de costes económicos, humanos y de tiempo. En este sector se incluyen el diseño gráfico y la publicidad, cualquiera que sea su soporte.
- *El cine y televisión:* se trata de una de las aplicaciones más conocidas por su espectacularidad y consumo diario, como sucede en la infografía digital de televisión (por ejemplo, cabeceras de telediarios y programas), animación, efectos especiales, la postproducción, el video, etc.

• *La cultura y las Bellas Artes:* simulando efectos y futuras creaciones estéticas. Se aplica en videoarte, arquitectura, pintura, escultura, etc.

• *El mundo empresarial:* el grafismo estático o animado junto con el sincronismo del sonido digital reúne el poder de captación de la atención de los espectadores. Se trata de un campo muy rentable y con mucho futuro con aplicación en las presentaciones de empresas, desplazando a los soportes tradicionales (transparencias manuscritas, diapositivas, informes...).

• *La docencia:* donde aporta el atractivo necesario para lograr la eficaz y fácil entendimiento de ideas. La pizarra, tiza y apuntes van siendo sustituidos por el ordenador y los modernos sistemas de proyección. Este campo está muy vinculado con el de las presentaciones empresariales en cuanto a los medios que emplea pero no a su función formativa.

• *La ciencia:* posibilita la visualización de procesos que tradicionalmente no eran disponibles para la comunidad científica, como: metereología, medicina, física nuclear, bioquímica, ingeniería, etc.

Existen otras muchas (multimedia, ocio, realidad virtual...) y futuras aplicaciones harán de la infografía uno de los sectores más destacados de la la cultura visual y forma de vida en la que estamos nada más que empezando.

Características. Dentro de la infografía meramente periodística (periódicos y revistas), los infográficos deben reunir una serie de características que exponemos concisamente:

1. Son una combinación de texto y elementos icónicos.

2. Aunque representación icónica, se trata de información y, ante todo, ha de responder a las conocidas 6 «W» del periodismo: qué, quién, por qué, cuando, como, donde y además incluir con qué efectos.

3. Al igual que la noticia, deben tener inicio, desarrollo y final.

4. Tener un sentido, principalmente para los lectores que no van a leer el artículo. Es decir, que sea autónomo y pueda explicarse por si mismo.

5. Ofrecer una entrada visual que capte la atención de los lectores.

6. Incluir un texto breve que explique el gráfico con un lenguaje claro y comprensible.

Por tanto, los elementos de un infográfico presentan una estructura muy similar al de las noticias tradicionales (Figura 6.1). Para el diario *The Detroit News*, los elementos básicos son:

Información: Imprescindible para realizar un buen gráfico.

Tiempo: el suficiente para planificar cómo se va a realizar.

Titular: una franja de texto breve y fácil lectura.

Cuerpo de la noticia: Información verbal transformada en visual, mediante un dibujo, mapa, corte, etc.

Explicación: Ampliación de la información. De qué trata el gráfico.

Fuentes: una linea que identifique la procedencia de la información.

Firma: línea de crédito donde figuran los autores del gráfico, así como todos aquellos que hayan aportado información a los grafistas (investigadores, documentalistas, redactores, traductores, etc.).

Funciones. De las múltiples funciones que ofrece la infografía, destacamos las de:

1. Contextualización:
   - Localizan una historia en un contexto determinado (Figura 6.2).
   - Explican visualmente los hechos narrados de forma literaria en un artículo.
2. Presentación:
   - Como elementos estéticos y de diseño que hacen más atractivas las informaciones y el periódico.
   - Como vehículos de transmisión de datos.
3. Difusión social:
   - De ayuda al lector en la comprensión de la noticia
   - Acercar la información a un número mayor de público aumentando así la base social del mensaje.
   - Transformar información especializada en noticia, haciéndola así accesible a públicos heterogéneos (Figura 6.3).

6.3. La infografía periodística: el periodista gráfico

El perfil adecuado del profesional encargado de realizar la infografía en un periódico, figura a la que nos referiremos como periodista o redactor gráfico, se muestra confuso dentro del carácter de innovación que tiene esta nueva faceta del periodismo.

Sin embargo, podemos precisar con todo rigor los tres pilares sobre los que se asienta, a nuestro entender, las características del periodista gráfico:

1ª. Como *periodista,* en todas sus facetas.
2ª. Como *diseñador gráfico,* en especial lo referente al diseño periodístico.
3ª. Como *artista plástico,* dentro de la cual estaría el conocimiento y manejo correcto del ordenador.

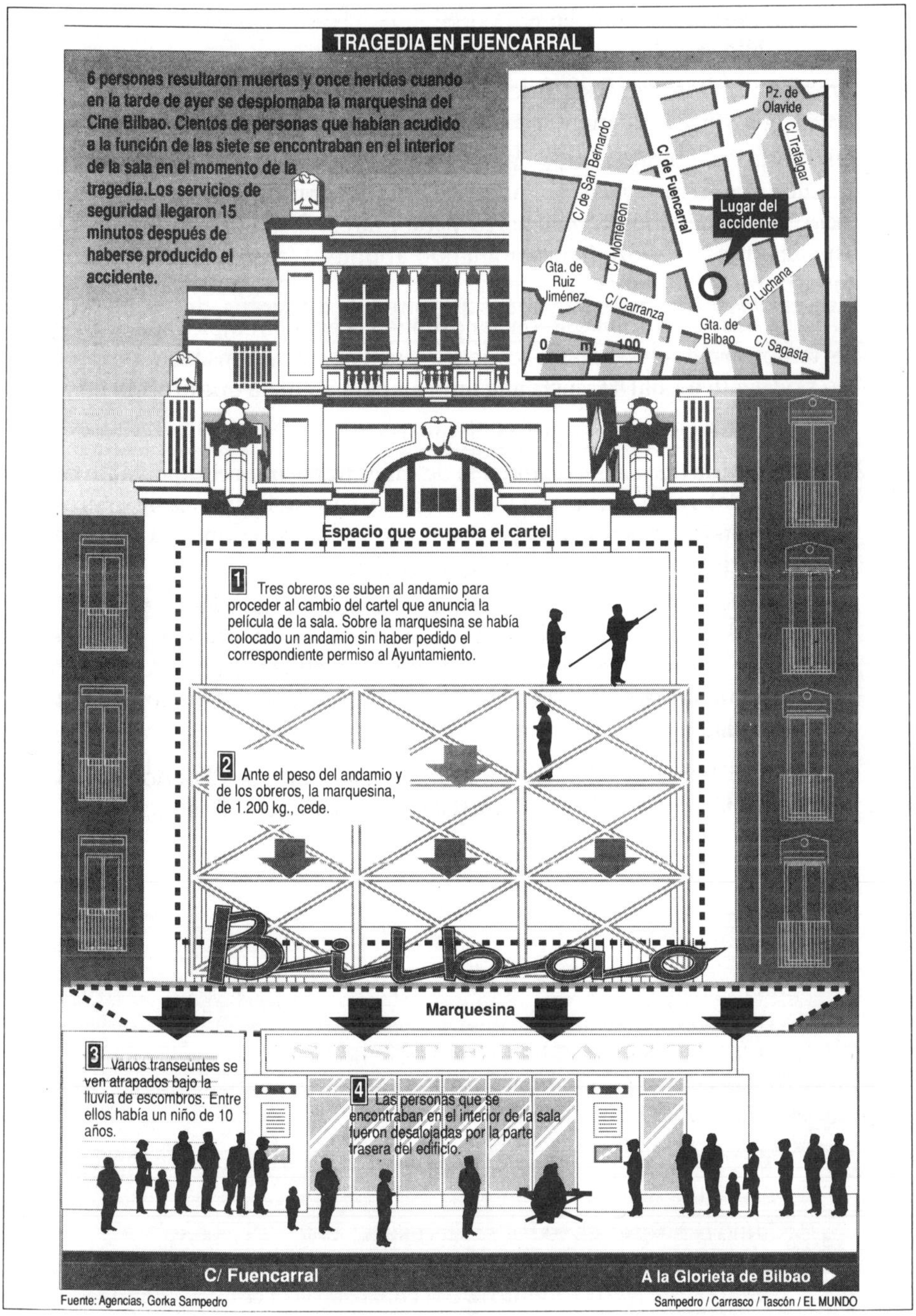

Figura 6.1. Infografía que representa, claramente, las diferentes partes de un gráfico. Fuente «El Mundo».

Como periodista que es tendrá que:

1. *Investigar los hechos.* Documentarse sobre la información que va a cubrir, empleando los recursos adecuados (archivos, fuentes, testigos...). La investigación y preparación de todo el material informativo le llevará mas tiempo que en la realización de la información.

2. *Cubrir las informaciones.* En la redacción o desde el lugar de los hechos, bien sólo o acompañado de redactores y fotógrafos. Esto le permitirá acceder a fuentes directas y originales, tomando apuntes y realizando bocetos de la situación.

3. *Editar esas informaciones.* Redactar o dibujar la noticia, empleando un lenguaje (tanto verbal como icónico) conciso, sencillo y comprensible. Comprobando si el gráfico final se ajusta a la información literaria que acompañe.

Como diseñador gráfico habrá de tener:

1. *Capacidad de trabajar en equipo.* Ha de saber trabajar en equipo, tanto con el personal del resto de la redacción, como con sus otros compañeros de departamento. En este sentido, el ordenador es una herramienta perfecta para compartir y dividir las tareas de un gráfico.

2. *Creatividad artística.* Conocimientos satisfactorios de dibujo y capacidad creativa que serán subordinados a la creación de gráficos puramente informativos sin caer en ornamentaciones superfluas. También deberá manejar adecuadamente los programas de dibujo del ordenador y trabajar con velocidad.

El periodista gráfico ideal ha de ser periodista y artista. El periodista contará una información con palabras, y el artista o diseñador con ilustraciones.

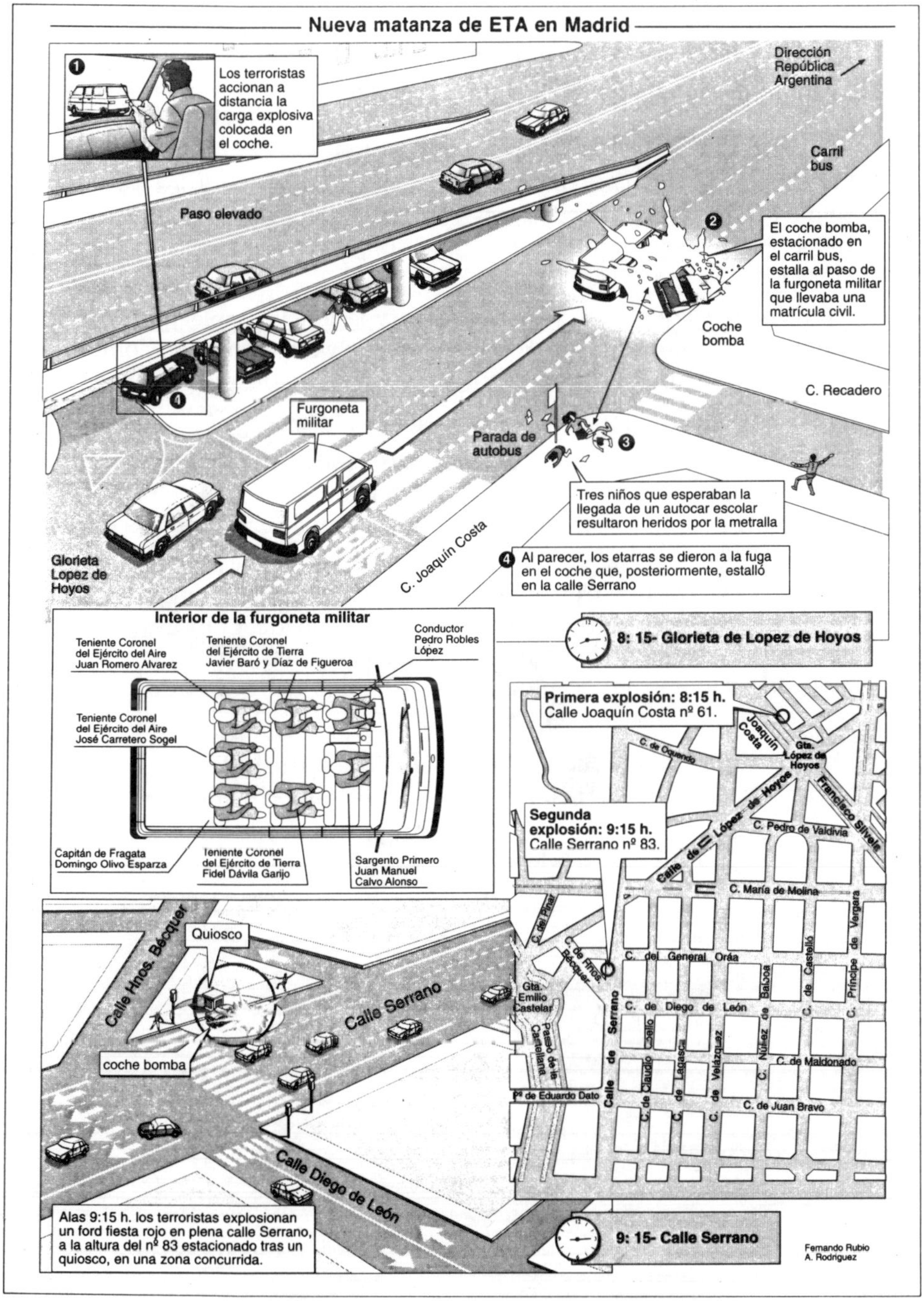

Figura 6.2. Gráfico elaborado por «ABC» que contextualiza un atentado terrorista.

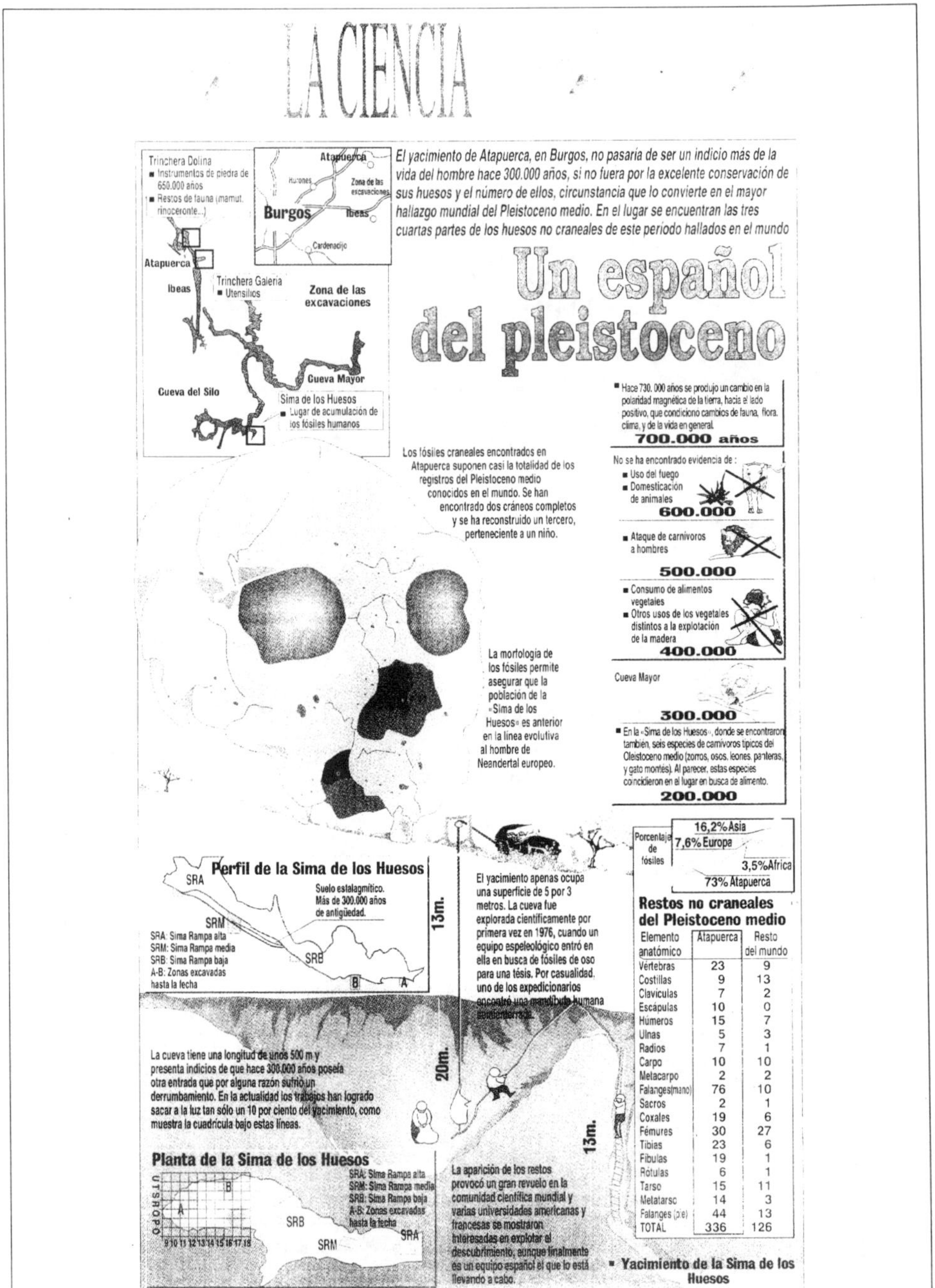

LA CIENCIA

El yacimiento de Atapuerca, en Burgos, no pasaría de ser un indicio más de la vida del hombre hace 300.000 años, si no fuera por la excelente conservación de sus huesos y el número de ellos, circunstancia que lo convierte en el mayor hallazgo mundial del Pleistoceno medio. En el lugar se encuentran las tres cuartas partes de los huesos no craneales de este período hallados en el mundo

Un español del pleistoceno

Trinchera Dolina
- Instrumentos de piedra de 650.000 años
- Restos de fauna (mamut, rinoceronte...)

Atapuerca
Hurones
Zona de las excavaciones
Burgos
Ibeas
Cardeñadijo

Atapuerca
Ibeas
Trinchera Galería
- Utensilios

Zona de las excavaciones

Cueva Mayor
Cueva del Silo

Sima de los Huesos
- Lugar de acumulación de los fósiles humanos

Los fósiles craneales encontrados en Atapuerca suponen casi la totalidad de los registros del Pleistoceno medio conocidos en el mundo. Se han encontrado dos cráneos completos y se ha reconstruido un tercero, perteneciente a un niño.

La morfología de los fósiles permite asegurar que la población de la «Sima de los Huesos» es anterior en la línea evolutiva al hombre de Neandertal europeo.

- Hace 730.000 años se produjo un cambio en la polaridad magnética de la tierra, hacia el lado positivo, que condicionó cambios de fauna, flora, clima, y de la vida en general.

700.000 años

No se ha encontrado evidencia de:
- Uso del fuego
- Domesticación de animales

600.000

- Ataque de carnívoros a hombres

500.000

- Consumo de alimentos vegetales
- Otros usos de los vegetales distintos a la explotación de la madera

400.000

Cueva Mayor

300.000

- En la «Sima de los Huesos», donde se encontraron también, seis especies de carnívoros típicos del Pleistoceno medio (zorros, osos, leones, panteras, y gato montés). Al parecer, estas especies coincidieron en el lugar en busca de alimento.

200.000

Porcentaje de fósiles
16,2% Asia
7,6% Europa
3,5% Africa
73% Atapuerca

Perfil de la Sima de los Huesos

SRA
SRM
SRB
B
A
13m.

Suelo estalagmítico. Más de 300.000 años de antigüedad.

SRA: Sima Rampa alta
SRM: Sima Rampa media
SRB: Sima Rampa baja
A-B: Zonas excavadas hasta la fecha

El yacimiento apenas ocupa una superficie de 5 por 3 metros. La cueva fue explorada científicamente por primera vez en 1976, cuando un equipo espeleológico entró en ella en busca de fósiles de oso para una tésis. Por casualidad, uno de los expedicionarios encontró una mandíbula humana semienterrada.

La cueva tiene una longitud de unos 500 m y presenta indicios de que hace 300.000 años poseía otra entrada que por alguna razón sufrió un derrumbamiento. En la actualidad los trabajos han logrado sacar a la luz tan sólo un 10 por ciento del yacimiento, como muestra la cuadrícula bajo estas líneas.

20m.
13m.

Planta de la Sima de los Huesos

SRA: Sima Rampa alta
SRM: Sima Rampa media
SRB: Sima Rampa baja
A-B: Zonas excavadas hasta la fecha

U T S R Q P O
9 10 11 12 13 14 15 16 17 18
B
A
SRB
SRM
SRA

La aparición de los restos provocó un gran revuelo en la comunidad científica mundial y varias universidades americanas y francesas se mostraron interesadas en explotar el descubrimiento, aunque finalmente es un equipo español el que lo está llevando a cabo.

Restos no craneales del Pleistoceno medio

Elemento anatómico	Atapuerca	Resto del mundo
Vértebras	23	9
Costillas	9	13
Clavículas	7	2
Escápulas	10	0
Húmeros	15	7
Ulnas	5	3
Radios	7	1
Carpo	10	10
Metacarpo	2	2
Falanges(mano)	76	10
Sacros	2	1
Coxales	19	6
Fémures	30	27
Tibias	23	6
Fíbulas	19	1
Rótulas	6	1
Tarso	15	11
Metatarso	14	3
Falanges (pie)	44	13
TOTAL	336	126

- Yacimiento de la Sima de los Huesos

Figura 6.3. La infografía amplía la base social de informaciones especializadas. Fuente «La Voz de Galicia».

7

LOS GRAFICOS Y EL DEPARTAMENTO DE INFOGRAFIA

- **Tipos de gráficos**
- **El departamento de infografía: estructura y funciones**
- **El departamento de infografía: la agencia y el periódico**

7.1. Tipos de gráficos

Ultimamente, se vienen empleando los términos infografía, infográfico o infograma para designar a la información gráfica, no fotográfica. Utilizar estos términos por extensión puede producir confusión. Es más conveniente aplicar este concepto para nombrar formas concretas y distintas de transmisión de un mensaje visual, pese a que la realidad cotidiana está universalizando el nombre genérico de infográfico a todo mensaje iconográfico.

En la década de los 70, en el *Sunday Times* se creó el término «gráfico explicativo», y fue en este rotativo londinense donde se designó una palabra para describir cada uno de los diferentes tipos de información visual que se publicaban. En los demás periódicos se mezclaban todos los géneros visuales en un mismo término: gráficos. Estos distintos géneros explicativos pueden clasificarse de la siguiente forma:

7.1.1. Infografía

A. Tablas. Ofrecen una información analógica, es decir, representan de manera real unos datos y sus proporciones abstractas. También son conocidos genéricamente como cuadros. Consisten en un dibujo geométrico que representa gráficamente la variación de un acontecimiento o de un fenómeno. Su ventaja reside en la rapidez con que se captan las distintas proporciones.

Podemos clasificarlos según cuatro tipos: sencillo, fiebre, tarta y barras (Figuras 7.1 y 7.2).

- *Sencillas.* Son tablas que muestran columnas con muchos datos. Aunque su impacto visual es casi nulo, son un remedio adecuado cuando se trata de representar datos complejo. Cuentan con la ventaja de su fácil lectura.

- *De fiebre.* Consisten en una linea que representa los cambios en las cantidades a través de un período de tiempo. Su nombre le viene de su parecido con los gráficos de fiebre empleados en los hospitales. Son recomendables para representar tendencias, ya que su objetivo visual es el mostrar los cambios.

- *De tarta.* Se representan con un círculo dividido en secciones de tamaño variable y colores o tramas distintas correspondientes a distintos porcentajes. Son aptos para representar las partes de un todo, ya que, visualmente, su misión es comparar tamaños. Por ejemplo, composición del un parlamento.

- *De barras.* Conjunto de bloques o columnas de diferentes colores o tramas que relacionan datos. La altura de las columnas equivale a la cifra que representa. Su función visual es comparar cantidades. Los bloques pueden ser figuras geométricas (rectángulos, cilindros...) o motivos (por ejemplo, surtidores de gasolina, personas...).

B. Diagramas. Básicamente, existen dos tipos de diagramas:

- *Organigramas.* Representación gráfica, a modo de árbol genealógico, de las jerarquías o relaciones dentro de una organización. Los organigramas no representan ningún tipo de proporción, pero poseen un código informativo propio expresado en sus distintos enlaces, recuadros, distribución, tamaño de los bloques, etc.

- *Cajas de datos.* Son diagramas fundamentalmente textuales. Consisten en reducidos bloques de información que explican un aspecto de la noticia o de a su vez un gráfico. El texto suele ir acompañado de información gráfica muy sintetizada (a modo logotipo). Su papel es el destacar puntos importantes y ofrecer datos rápidos al lector.

C. Mapas. Ofrecen una información de ubicación geográfica del lugar o zona que trata la noticia. Permiten al lector situar rápidamente el escenario de la información. Distinguimos tres tipos de mapas: de situación, de perspectiva y meteorológicos.

- *Mapas de situación o localización.* Su finalidad es situar un suceso, mostrar distancias o trazar un recorrido (frecuentemente empleados en deportes: vuelta ciclista, torneo de golf, circuitos de competición...). Aunque son de un diseño muy simple, cumplen una función muy importante: que el lector, con un vistazo, determine el lugar del acontecimiento rápidamente. Suelen ir a una o dos columnas y, con frecuencia, complementando a gráficos más complejos que explican con detalle la noticia (figura 7.3).

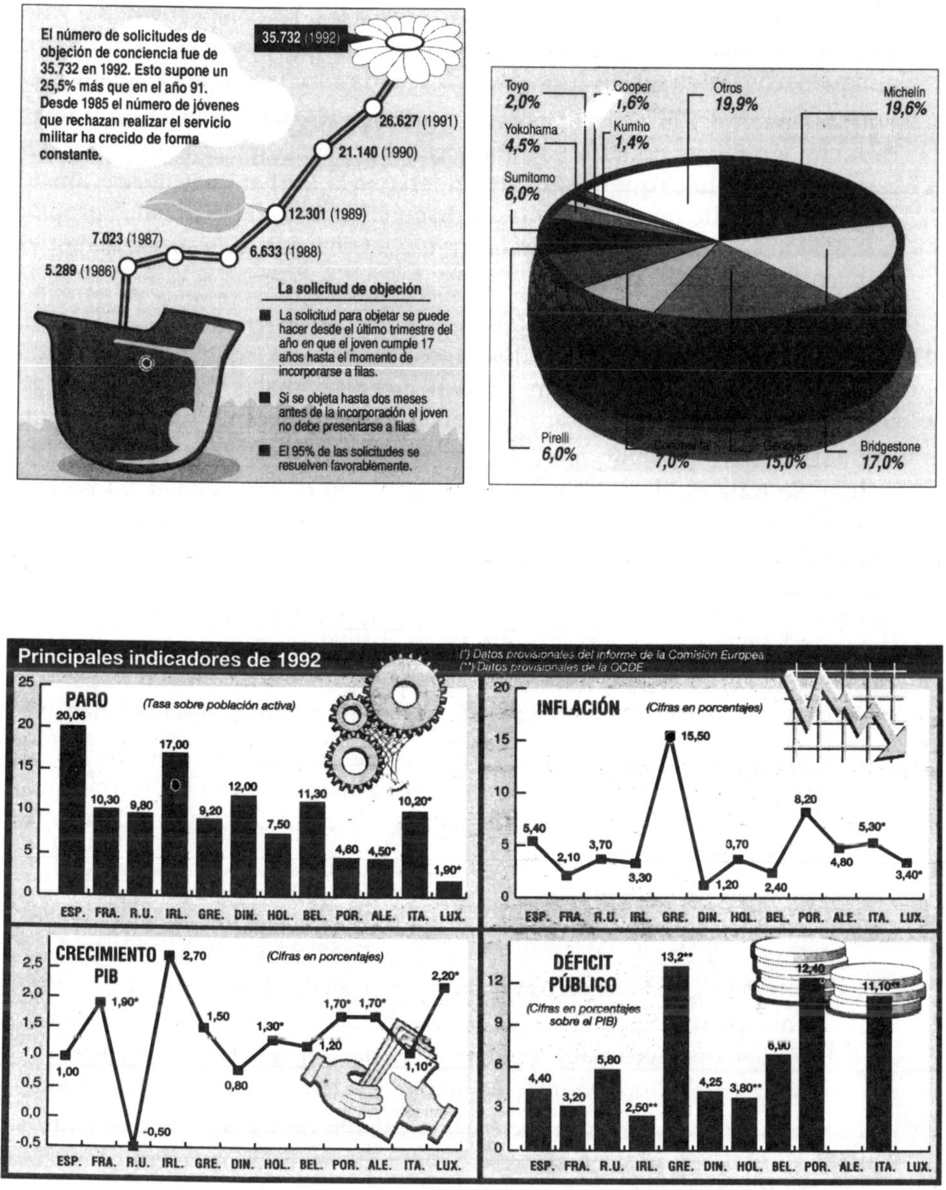

Figura 7.1. Diferentes ejemplos de tablas y diagramas. Fuentes: «El Mundo» y «El País».

- *Mapas de perspectiva.* El empleo de la perspectiva es un recurso creativo y de gran impacto visual para dibujar mapas complejos. La perspectiva hace más atractiva un mapa ya que permite al lector asimilar mejor la información, aunque se corre el riesgo de distorsionar la realidad si no se usa adecuadamente.

- *Mapas meteorológicos.* Los mapas del tiempo es una de las más veteranas ramas de la cartografía periodística. Se trata, sin duda, de una especialidad propia del periodismo científico que no se comprendería sin la, tan habitual, ilustración de los «mapas del tiempo». Estos mapas disponen de un código icónico propio, que debido a su uso generalizado en prensa y televisión, es reconocido por el público general.

D. Infogramas. Con este término queremos referirnos a aquellas expresiones gráficas de informaciones que no pueden incluirse en las clasificaciones ya establecidas y que ilustran un acontecimiento, explican cómo ha ocurrido un suceso o cómo funciona algo.

- *Vista.* Se trata de gráficos primordialmente informativos ajustándose con completa fidelidad y veracidad a la situación real, explicando con precisión y proporción todos los elementos reales. Los mejores dibujos son aquellos que explicándose por si mismos, apenas necesitan de textos que los complementen, aunque, generalmente, suelen ir con textos, cifras y datos explicativos.

Este tipo de gráficos puede ser de diversa índole según el tipo de vista que ofrezca: corte, aspecto interno de un objeto; panorámico; plano, superficie o planta de un cuerpo; perspectiva, vista en tres dimensiones de la realidad, etc.

- *Explicativos.* Explican como se produce, ha producido o producirá un determinado suceso o hecho. Puede ofrecer una instantánea concreta o bien una sucesión de las fases del desarrollo de la información. Según el carácter temporal esta explicación podra ser:

a) Retrospectiva: explicación de cómo ocurrió algo con respuesta a las seis «w» del periodismo y sus consecuencias.

b) Causa-efecto: explica la causa y el efecto de un acontecimiento determinado. Su función es explicar como sucede lo que sucede.

c) Anticipativo: Se adelanta al desarrollo de los acontecimientos que se prevén, su objetivo es ofrecer una interpretación detallada y minuciosa de unos hechos predecibles (acontecimientos deportivos, políticos o sociales).

- *Reportaje.* Se trata de la narración informativa de un suceso mediante el lenguaje visual. Según sea esta exposición podremos hablar de gráficos:

a) Realistas: cuando el periodista gráfico pretende reproducir la situación según él la contempló.

b) Simulados: se intenta recrear el escenario de los hechos según se supone sucedieron. Contando únicamente con los datos disponibles, el periodista procurará acercarse lo máximo posible a la realidad sucedida.

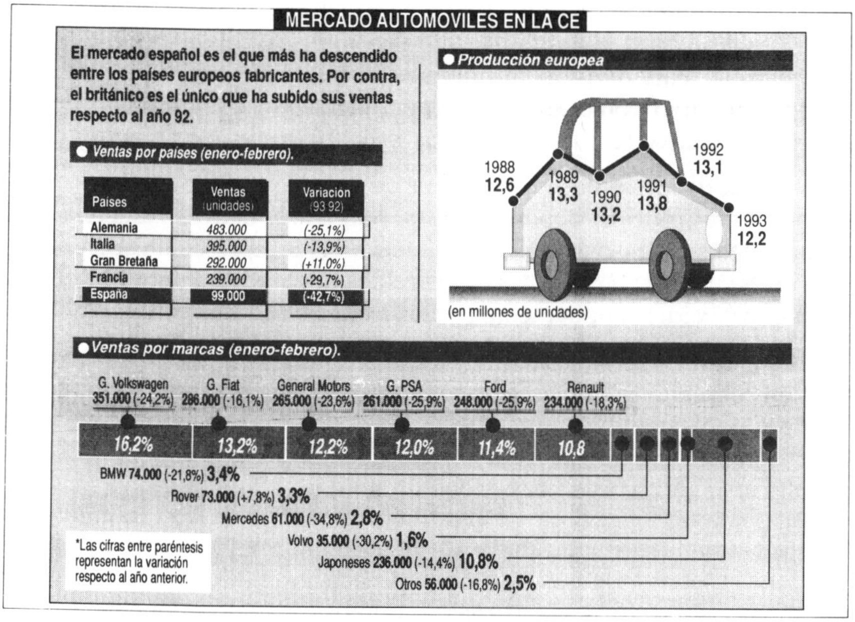

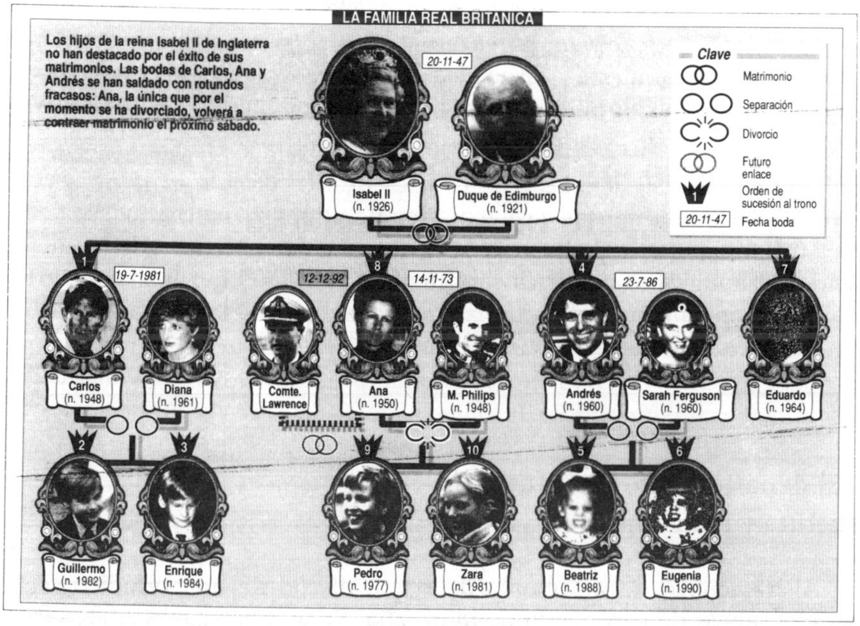

Figura 7.2. Diferentes ejemplos de tablas y diagramas. Fuente: «El Mundo».

7.1.2. Iconografía

Dentro de esta división incluiremos aquellos recursos iconográficos de carácter informativo como son los iconos, logotipos, pictogramas, símbolos, anagramas, emblemas (escudos, banderas, sellos), marcas, etc. (Figura 7.4).

Se trata de representaciones gráficas de un concepto (de animales, plantas, objetos, actitudes, oficios, deportes, razas, religiones, marcas comerciales, etc) mediante siluetas, o dibujos simples que sintéticamente representan un significado. Para la comprensión general, estas representaciones aluden a unos códigos cuasi universales conocidos ampliamente por los lectores.

La capacidad de síntesis que nos ofrecen estos signos permiten la fácil integración cotidiana en la maqueta, convirtiéndose en uno más de los recursos tipográficos tradicionalmente empleados en el periódico. En este sentido, cabe destacar el empleo que de este recurso efectúa diariamente el periódico *El Mundo,* con un alto nivel de análisis y capacidad de síntesis.

7.1.3. Ilustración

Dentro de las ilustraciones, bien tradicionales por medios manuales o bien con asistencia de soportes informáticas, tenemos los retratos y el humor gráfico, ya estudiado en el capítulo tercero, (caricaturas, viñetas, chiste gráfico, etcétera).

Se entiende por retrato, la representación gráfica de figuras humanas y, concretamente, de la cabeza y rasgos faciales. El trabajo puede ser realizado con medios tradicionales (plumilla, acuarela, carbón, lápiz, acrílico, etc) o a través de ordenador (Figura 7.5).

Una de las aplicaciones más usuales de los retratos es la de servir de identificación de columnistas y colaboradores asiduos de un diario. Para ello, se emplea una fotografía digitalizada y se le otorga el tamaño deseado (similar a la mitad de una fotografía tipo carnet), aplicándola después como ilustración al texto. También se emplean fotografías digitalizadas de personajes públicos para ilustrar textos o bien como complementos de otros gráficos.

7.2. El departamento de infografía: estructura y funciones

Al tradicional departamento de arte o diseño de un periódico se le ha sumado el nuevo departamento de infografía. En algunos casos ambos estarán unidos, jerarquizados uno sobre otro, o se les denominará indistintamente bajo uno u otro nombre.

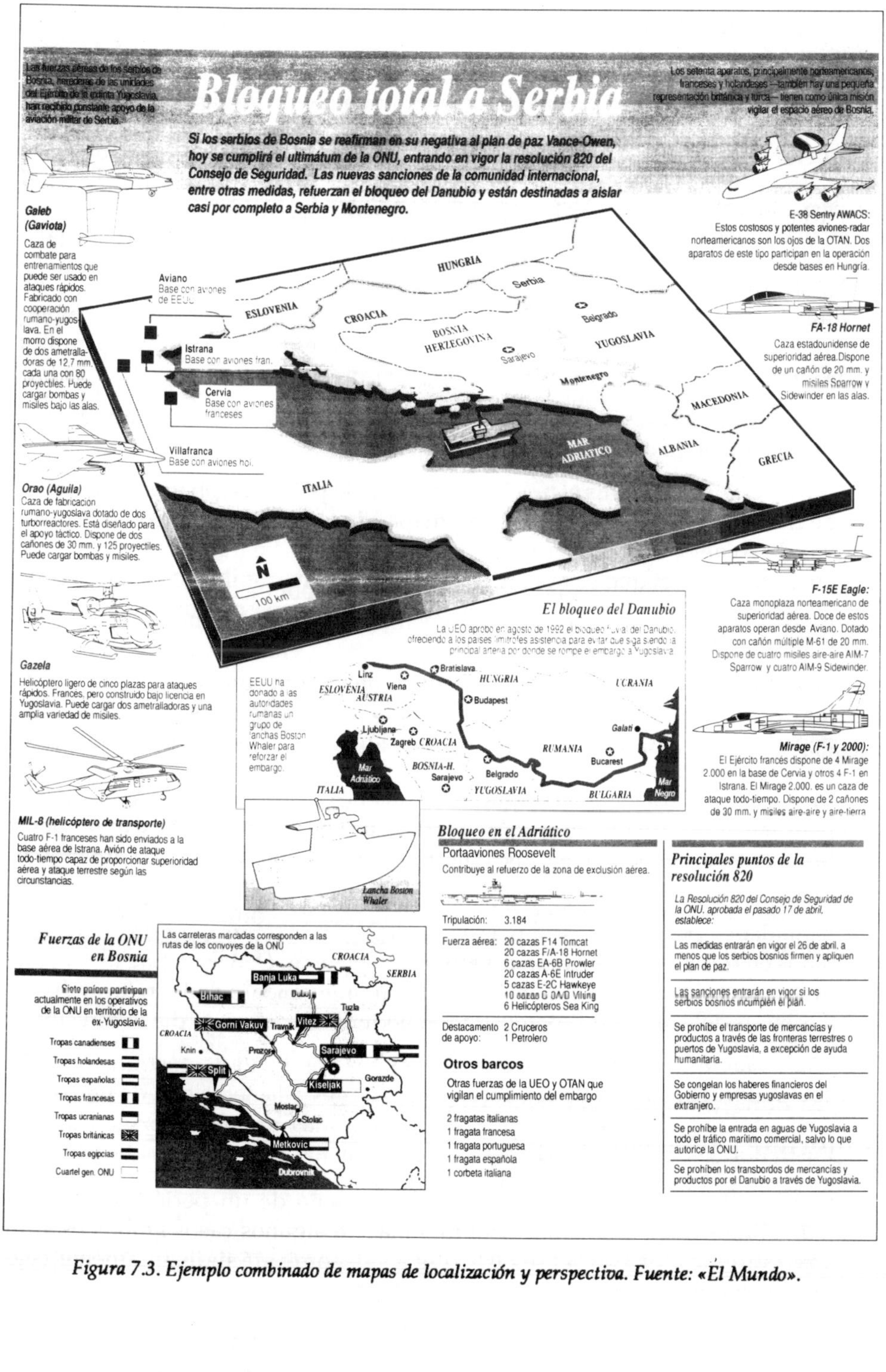

Figura 7.3. Ejemplo combinado de mapas de localización y perspectiva. Fuente: «El Mundo».

Este capítulo trata del departamento de infografía en cuanto aquella sección que se encarga de la confección de gráficos informativos, de su funcionamiento y estructura.

Estructura y funciones. La infografía se ha integrado rápidamente en una parte más de la oferta informativa y estructura de la prensa. La creación de un departamento de arte se está convirtiendo en algo más complicado que comprar unos tableros de dibujo y materiales y contratar a dibujantes que sepan usarlos.

El director de arte del periódico actual debe determinar qué tipo de configuración han de comprar, qué periféricos son los más adecuados, qué cantidad de memoria es necesaria y cuáles son los mejores programas, según explica Jeff Goertzen en el «Libro de estilo de gráficos» de *El Mundo.*

Goertzen realiza una clasificación del personal de departamento de arte según sus cometidos en:

- *Artistas de nivel uno.* Es el nivel de entrada o de prácticas con una experiencia de cero a un año. Su función es hacer mapas de ubicación y gráficos informativos de archivo, debe poder hacer gráficos sencillos. Se trata de un puesto de aprendizaje en el que se aprenderá a utilizar las herramientas de arte de un periódico. Es recomendable que algunos reporteros pasen por este puesto de forma temporal.

- *Artistas de nivel dos.* Se trata de un nivel intermedio con una experiencia de uno a tres años. Se le exige que conozca toda la información básica del departamento y que posea buenos conocimientos de las herramientas para realizar los gráficos. Ha de tener buena capacidad gráfica e ilustrativa, aprender y recoger información para los gráficos y ser eficaz con los programas de dibujo, pues será el encargado de enseñar a los artistas de nivel uno. Debe aprender a llevar el departamento cuando no están presentes personas de niveles superiores.

- *Artistas de nivel tres.* Con una experiencia mínima de tres años ha de tener habilidades gráficas e ilustrativas excelentes. Ha de ser un experto en recoger datos en escena, entrevistas o investigación general. Debe generar ideas para gráficos y poder dirigir el departamento en un momento dado, relevando las ausencias del supervisor, demostrando poder llegar a ser un día el director.

- *Ilustrador.* Es una posición avanzada con una habilidad demostrada, pues la abundante disposición de colaboradores externos y la necesidad de uno o dos ilustradores para incluso los departamentos más prolíficos, exigen que el ilustrador sea del nivel más alto. Es conveniente que sea versátil y pueda producir gráficos, a un nivel uno, cuando sea necesario.

- *Investigador gráfico.* Es un puesto intermedio que requiere una experiencia de uno a tres años. Siempre es conveniente un título universitario en periodismo, documentación o similar. Tiene que ser experto en la investigación general,

Figura 7.4. Diferentes ejemplos de iconografías y logotipos en los que se observa su capacidad de síntesis visual.

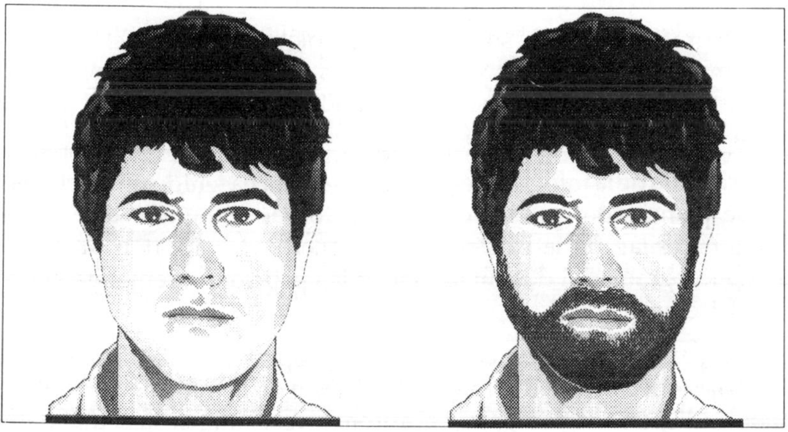

Figura 7.5. Gráfico elaborado a partir de la digitalización de una fotografía.

recabar datos en escena, entrevistas; disponiendo de una biblioteca de documentación general actualizada. También ha de ser capaz de crear gráficos a nivel uno si hubiese mucho trabajo. El investigador es el intermediario entre la redacción y el departamento.

- *Técnico de Macintosh.* Requiere tres o más años de experiencia ya que es un puesto avanzado. Tiene que conocer completamente la función interna de un ordenador y sus programas. Será el responsable de establecer la red de información gráfica y ser fuente de información y soluciones sobre todo lo relacionado con los ordenadores. Ha de mantener la tecnología del departamento al día y poder desempeñar labores de nivel dos cuando exista mucho trabajo.

- *Supervisor.* Se trata de una posición directiva con el requisito de conocimiento intensivo en gráficos e ilustración. Ha de ser capaz de medir los trabajos que pasen por el departamento y ser el intermediario entre los demás departamentos, la dirección y la plantilla. Es de su competencia fijar los turnos, asignar trabajos y entrenar a los artistas. El supervisor será una fuente de ideas nuevas e inspiración para el departamento.

7.3. El departamento de infografía: la agencia y el periódico

7.3.1. El departamento de infografía en la agencia

La infografía de agencia es un todo informativo y debe abordarse desde esa perspectiva. No se trata de una segunda historia de la misma información, ni de un desarrollo visual y que complementa a un texto, ni tan siquiera un adorno estético para incorporar algo de «diseño» a la página.

La infografía de agencia son noticias completas que se caracterizan por una narración empleando imágenes y texto. Como tal deben ser planeadas y creadas, como una noticia ya dispuesta y preparada para su inclusión en la página, tal como ya se concibe a la fotografía de agencia.

La irrupción de la infografía en la prensa escrita ha tenido un crecimiento tan rápido y desplanificado que los departamentos de infografía de las distintas redacciones necesitan de la existencia de agencias que aporten un suministro continuo de infogramas si desean satisfacer las peticiones demandadas por sus redactores y lectores.

La infografía necesita de unos tiempos propios de elaboración y unos ritmos de trabajo específicos y diferentes al del resto de la información del periódico. Cuando se dispone de tiempo, sin el apremio acuciante de la actualidad diaria o de última hora, la agencia cumple una función primordial.

El papel de los gráficos en el impacto de la página en el lector será de importancia proporcional al tamaño que ocupen. Por tanto, si se produce un gráfico erróneo o negativo, será percibido por el lector y extenderá esta impresión negativa al resto de la información y de la página.

Son muchos los periódicos que comenzaron el proyecto de creación de un departamento de infografía, pero la realidad de mantener unos equipos materiales y profesionales y la necesidad de generar una rentabilidad aceptable, hacen de estos proyectos una aventura empresarial y periodística no siempre positiva.

La infografía de agencia ofrece una serie de ventajas frente a la de los periódicos como:

- *Rentabilidad.* La considerable inversión que implica la creación de un departamento de infografía lo convierten en un proyecto aventurado para periódicos modestos. La infografía de agencia se convierte en una solución ideal para la prensa regional y local, tanto por su rentabilidad económica como por su alta calidad.
- *Cobertura informativa.* Las agencias ofrecen una cobertura informativa internacional, bien por su propia implantación o en asociación con otras agencias, que los periódicos difícilmente podrían cubrir.
- *Múltiples funciones.* Los gráficos de agencia cumplen con una función de actualidad, de previsión y anticipación, investigación, secciones fijas (mapas del tiempo, información bursátil, resultados deportivos ...) y como un excelente y socorrido recurso como base de datos de gráficos de biblioteca o diseño.
- *Especialización.* El completo y variado equipo humano de una agencia de gráficos (investigadores, documentalistas, especialistas, ilustradores, caricaturistas...) ofrece a sus abonados una profunda especialización en sus gráficos que difícilmente puede superar el periódico.

7.3.2. *El departamento de infografía en el periódico*

La filosofía del departamento de infografía es radicalmente distinta al de una agencia, por razones informativas obvias. La principal es que en el periódico, el departamento de arte es el que realiza el gráfico y a su vez el destinatario.

Esto hace que todo el planteamiento sea diferente; se trabaja con criterios de mayor actualidad, aunque se puede jugar con la hora de cierre del diario si la importancia del gráfico lo requiere. Por otra parte, en el periódico se conoce con exactitud el tratamiento y ubicación que va a recibir cada gráfico, así como su contexto informativo en la página y en el contenido global del periódico, tanto en el aspecto informativo como en el estético.

Para una labor eficaz del departamento de infografía de un periódico se debe dar una voluntad compartida por parte de la redacción (para encargar y proporcionar cobertura a los gráficos), la administración de la empresa (para proporcionar apoyo y materiales necesarios) y el propio departamento de infografía (para realizar los gráficos y de cooperación con los anteriores).

El proceso de creación. La realización de un gráfico puede seguir los siguientes cauces:

- *Redacción.* Cualquier redactor que desee un gráfico lo solicitará (lo ideal es rellenar una petición escrita con varias copias) al supervisor de infografía.

- *Departamento de infografía.* El supervisor recibe la petición y decide si es necesario realizar ese gráfico y el tamaño adecuado, asignándolo a un grafista del equipo. El redactor gráfico diseña y dibuja el gráfico, recibiendo la información necesaria facilitada por el investigador gráfico que debe mantener una comunicación continua con la redacción en previsión de posibles cambios.

  Una vez realizado el gráfico, el supervisor lo corregirá y confirmará que ofrece una información clara, fácil de leer y que se sigue la línea de estilo del periódico.

- *Redacción.* El gráfico llega al redactor o jefe de sección de donde procedió la petición, donde es corregido y se comparan los datos del gráfico con los de la noticia. El artista hará las correciones necesarias y cuando el gráfico esté correcto, se le dará el visto bueno en la redacción.

- *Edición.* Es la última sección por la que pasa el gráfico, su misión es corregir las posibles faltas de ortografía.

- *Taller.* Una vez integrado en la maqueta, bien mediante una copia láser (*El Mundo)* o por filmación *(El Sol)*, el gráfico está listo para pasar a la planta de impresión.

8

LA ELABORACION DE GRAFICOS

- **Las agencias y los bancos de datos**
- **La producción diaria**
- **La investigación y el enviado especial**

En la elaboración de los gráficos contamos, básicamente, con tres tipos de fuentes de información, muy similares a las de la información escrita:

1. Agencias. Se pueden usar plenamente los gráficos que sirven sin hacer ningún cambio si bien será necesario traducir los textos, si se trata de una agencia extranjera. Equivalen a los teletipos tradicionales (Figura 8.1).

2. Elaboración propia. A través de los componentes del departamento de infografía y sus colaboradores se realizan los gráficos necesarios. En el periodismo escrito, serían los de noticias que escriben los redactores

3. Procedimiento mixto. Se aprovecha parte del gráfico servido por la agencia y se le incorporan las modificaciones necesarias, al igual que ocurre cuando se amplia un teletipo o se usa para citar declaraciones.

8.1. Las agencias y los bancos de datos

Con el auge experimentado por la infografía en los últimos años se han venido creando los servicios de infografía en las grandes agencias (Efe, AP, AFP, Reuter, etc) y han surgido agencias especializadas (Grafía, KRTN, Globus, etc).

EFE. Crea el servicio de infografía en octubre de 1990, trabajando de forma experimental (a modo de números ceros), con lo que pierde la oportunidad de cubrir la Guerra del Golfo, aunque se elaboraron algunos mapas para uso restringido. Desde el 1 de marzo de 1991 viene ofreciendo de cinco a seis gráficos diarios, con una media de ciento veinte al mes.

EFE realizó un estudio previo entre periódicos encontrándose con un mercado potencial de unos 50 diarios. La agencia comienza con doce periódicos españoles que pagan 60.000 pesetas mensuales como cuota de enganche (más un suplemento de 10 céntimos por ejemplar, si la difusión sobrepasa la venta de 100.000 ejemplares). Sobre las once de la mañana, los periódicos reciben por teletipos las previsiones y temas de los gráficos del día, que luego son enviados de 1 a 2 y de 7 a 8 de la tarde, a través del satélite Intelsalt 6. Con la reconversión tecnológica del servicio de telefotografía, los gráficos se almacenarán en un servidor de donde los pueden obtener los abonados en cualquier momento.

Este departamento trabaja con ordenadores Apple Macintosh (al igual que el resto de las agencias siguientes), un escáner plano, dos impresoras de B/N y un módem telefónico. Los componentes del servicio, dos licenciados en Bellas Artes (Paloma Bodeguero y Amador Pérez) y un periodista a cargo de la sección (Salvador García), trabajan con los programas de dibujo Adobe illustrator 3.0, para crear los gráficos, y MacDraw para tratar los gráficos enviados por la agencia AP.

REUTER. Crea su servicio gráfico de noticias el 14 de mayo de 1990, consiguiendo en febrero de 1991 disponer de 140 abonados. El 6 de abril amplía su oferta con el servicio de gráficos de negocios. El departamento cuenta con un jefe de redacción, dos periodistas encargados de la investigación, tres grafistas y varios colaboradores que permiten ofrecer unos 4 gráficos diarios, durante toda la semana, en inglés, francés y alemán.

Reuter garantiza que los gráficos, realizados en B/N y en color, estén disponibles a los 90 minutos de haber difundido la noticia correspondiente. Los temas que distribuye suelen ser: gráficos de tablas y datos (40%), infografías para artículos, ciencia y deportes (un 15% cada uno) y sucesos (10%). También ofrece el acceso a su base de datos (situada en Toronto) a través de la red PressLink.

Los abonados son mayoritariamente periódicos, concentrándose la mitad entre Estados Unidos, Escandinavia y España y el resto muy repartido (en Europa unos cuarenta, catorce en Sudáfrica, Oriente Medio ocho, y quince en Asia).

GRAFIA. Se trata de la primera agencia española especializada en infografía. Creada, el 15 de de diciembre de 1991, por Antonio Yuste (director-editor) y Arturo Castellano (director de arte), ambos procedentes del diario *El País*, cuenta entre sus abonados con periódicos como *Diario Vasco*, *Ideal de Granada*, *Ya*, *Diario de Cádiz*, *Las Provincias* de Valencia, etc.

El equipo humano está formado por el redactor jefe Carlos Arroyo (ilustrador procedente de *El Sol*), un jefe de sección, un documentalista, dos investigadores y

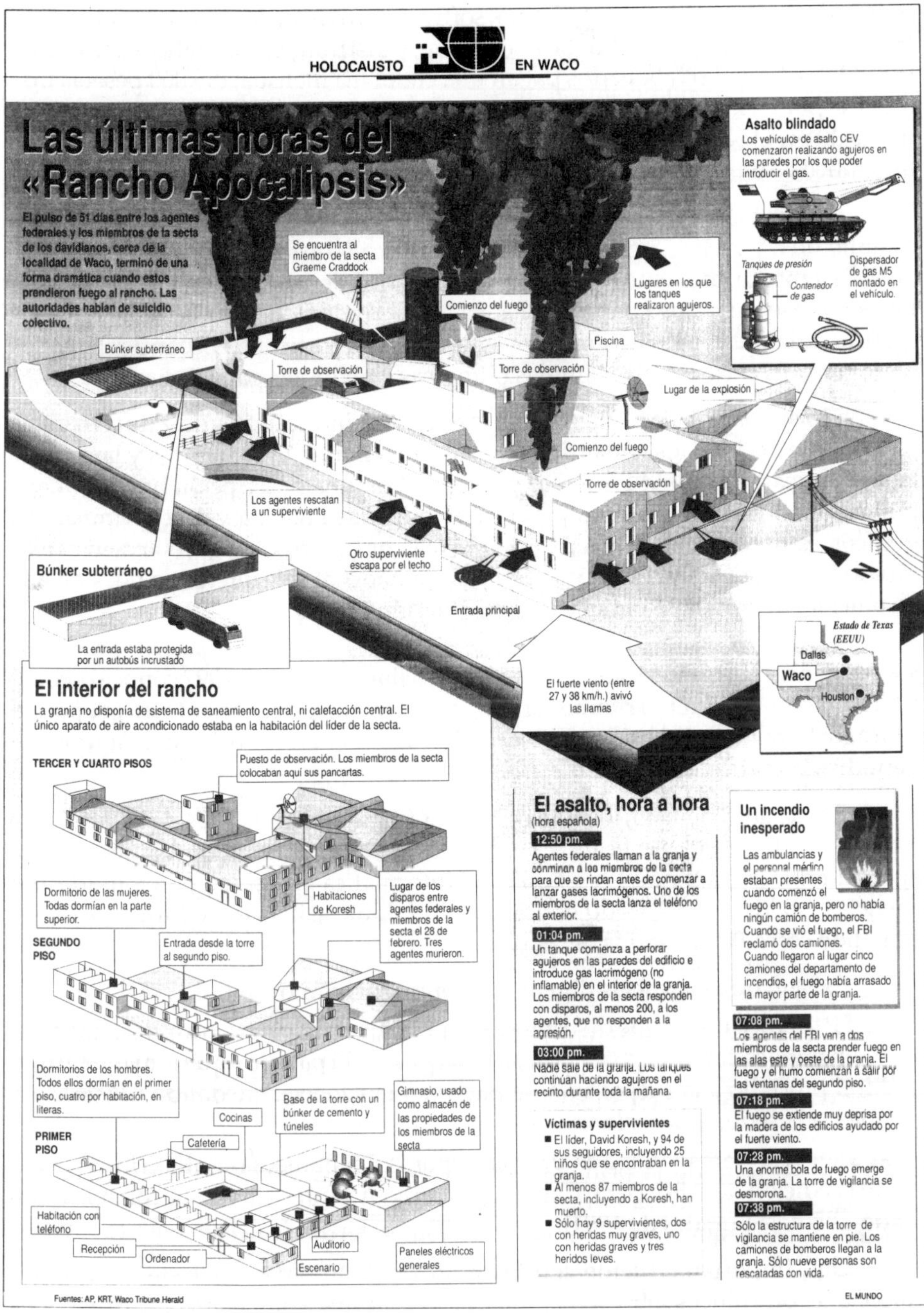

Figura 8.1. Cobertura informativa de las agencias AP y KRT sobre el suceso de Waco. Fuente: «El Mundo».

diez redactores y dibujantes. Como software emplean MacDraw, Aldus Free Hand, Adobe Illustrator y Adobe PhotoShop, y distribuyen los gráficos a través de la red PressLink. Los abonados pagan una cuota fija mensual (85.000 pesetas más 0,25 pts por ejemplar) y otra variable según los kilobytes de información utilizados (a 30 pts el Kb.) y la conexión a la red (2.500 pts. la hora). El tamaño medio de un gráfico es de 50 a 70 Kb. y el tiempo de transmisión de unos cinco minutos.

Los temas de los gráficos que sirven se clasifican en: actualidad (con un mínimo de 6 y hasta 15 gráficos diarios), satírica (chistes y caricaturas), ciencia, análisis y medio ambiente (de carácter semanal). Además ofrecen los servicios de librería (base de datos con todos los trabajos producidos por la agencia) y los gráficos de la agencia KRT. También acepta encargos particulares, sean de abonados o no, como es el caso de las láminas olímpicas elaboradas para el diario *Ya*.

El sistema trabajo comienza con la reunión editorial de las diez de la mañana en la que se deciden los temas del día y las previsiones. Entre las dos y las tres de la tarde se cargan en red los temas previstos, con una descripción breve de cada gráfico, sus medidas y la hora prevista de transmisión. Una vez se terminan los gráficos, éstos se cargan en la red de dos formas: en baja resolución, el acceso es más rápido (se ahorra en la comunicación) y el abonado ve si le interesa o no, y en alta resolución, de donde se obtiene la reproducción final.

KRT. Agencia norteamericana con sede en Washington (hasta 1992 conocida como KRTN: Knight-Ridder/Tribune Graphics Network) perteneciente al grupo del Chicago Tribune y dirigida por George Rorick, una de las máximas figuras del periodismo gráfico mundial.

Desde abril de 1985, los trabajos de KRT han sido los líderes de la infografía internacional, siendo publicados por diarios de todo el mundo. Asímismo, esta agencia es la creadora de PressLink, red informática y base de datos usada por agencias y periódicos de todo el mundo. PressLink se instaló en Europa en 1989 contando con 1.000 usuarios de 14 países.

Existen otras agencias dignas de mencionar, como:

- AFP (France Press) que distribuye sus gráficos en España a través de EpiPress y son publicados por los periódicos de su grupo. El pasado 12 de mayo, el grupo Moll procedió a la suspensión de pagos en la agencia, quedando únicamente abierta la sede de Barcelona.
- La agencia alemana Globus, y otras menores: Tecnomedia (elabora los gráficos de la edición de ABC para Castilla y León) o Altapress (antigua colaboradora de EFE hasta finales de 1991).

Otra importante fuente son los gráficos de librería. Consiste en amplias colecciones de gráficos sobre temas intemporales que se comercializan en diskettes o CD-ROM. Durante la Guerra del Golfo fueron muy útiles ya que los periódicos no disponían de gráficos sobre el material bélico empleado por ambos lados. Sobre el uso de este tipo de gráficos, Nigel Holmes opina así en la revista Publish: «me parece estupendo. Depende del tiempo de que se disponga. Con «Clip Art» pueden hacer un horror, pero también pueden crear cosas por sí mismos (...). El ordenador ayuda a dibujar. No hay por qué sentirse un idiota por usar formas sencillas para hacer dibujos. Se pueden hacer dibujos muy certeros a partir de formas muy simples. La gente tiene más talento de lo que ella misma cree» (1992, nº 10, pág 64).

8.2. La producción diaria

Es preciso, antes de comenzar con el tema, hacer una observación, obvia, pero necesaria. Al igual, que ocurre en las demás secciones de un periódico, una cosa son los planteamientos teóricos y otras, bien distinta, la realidad. Es decir, pueden crearse las condiciones y los modelos adecuados para realizar un buen gráfico, pero no siempre sucede así: se exige un gráfico sin aportar suficientes datos, se entrega la petición a las diez de la noche, las fotos tomadas por el fotógrafo no nos sirven o están incompletas, al redactor de tal sección «no le gusta» el gráfico que nos ha encargado, o simplemente se ha bloqueado el ordenador.

Aunque estas situaciones suelen producirse, algunas vividas personalmente en el período que estuve en el servicio de infografía de EFE, nuestro objetivo es indicar cual es la forma correcta del trabajo de un departamento de infografía .

El proceso de trabajo del redactor de gráficos no difiere, en lo esencial, al de los demás redactores. Existen unas reglas básicas que hay que tener en cuenta:

1. *Valoración del tema:* es el primer paso antes de tomar cualquier decisión, valorar la petición de un gráfico por parte de la redacción para determinar si se va a realizar o no. Para ello, hay que preguntarse: ¿es necesario?, ¿se comprenderá igual la información si no lleva un gráfico?, ¿hay tiempo y datos suficientes para realizarlo adecuadamente?, ¿qué es lo que realmente se está pidiendo y si coincide con lo qué verdaderamente se necesita?, ¿qué características va a tener: aspectos que destacar, formato, tamaño, tipo de gráfico, etc.?. Al principio, los departamentos de infografía tenían que «vender» los gráficos al resto de la redacción, por el contrario, ahora se solicitan más gráficos de los necesarios y se exige qué sean grandes y espectaculares (ver lámina 8 en color).

2. *Documentación e investigación:* una vez decidido qué tipo de gráfico se a hacer, hay que recopilar toda la información posible: cifras, estadísticas, fotografías, entrevistas, declaraciones (ver lámina 9 en color). Asímismo, dentro de la investigación, lo idóneo es que un miembro del departamento se persone en el lugar de los hechos para que tome notas y fotos, realice bocetos, estudie la situación, obtenga declaraciones de primera mano de los protagonistas y testigos presenciales de la noticia.

3. *Elaboración del gráfico:* Una vez realizada la oportuna investigación y con toda la documentación recopilada, el jefe del departamento asigna el gráfico. A partir de la idea previa son varias las alternativas: dibujar directamente en la pantalla en blanco (la menos adecuada, sobre todo si es un gráfico importante); hacer un apunte sobre papel que facilita iniciar el dibujo sobre la pantalla; realizar un boceto aproximado (bien propio o calcado de un original) sobre papel vegetal que luego se escanea; organizar la página de trabajo en la pantalla, creando líneas-guías de perspectiva o diversas capas.

8.3. La investigación y el enviado especial

Dentro de la investigación, se encuentra la figura del enviado especial al lugar de la noticia. Es necesario, en algunos casos, que se desplace un grafista para cubrir la información, además del fotógrafo y redactor, ya que éste necesita datos y fotografías distintos a los que precisan sus compañeros. El equipo que requiere es muy básico: un bloc de notas y una máquina de fotos tipo polaroid, ya que no precisa de fotografías de calidad para publicar sino imágenes rápidas que le aporten detalles del lugar (edificios, árboles, configuración del terreno, etc).

El enviado especial tomará nota de datos concretos y entrevistará a testigos y todo aquel que le pueda reportar información; dibujará unos bocetos del lugar de los hechos y hará fotografías. Con esta información, más lo que él ha visto, irá trabajando mentalmente, de regreso a la redacción, sobre el tipo de gráfico que va a realizar. En el caso de haberse desplazado fuera de la ciudad de su periódico, enviará un fax a la redacción con apuntes y bocetos y por teléfono explicará a sus compañeros todo lo necesario para que éstos comiencen a trabajar.

El 19 de noviembre de 1989, justo un mes después de la creación de *El Mundo*, Mario Tascón acudió al hotel Alcalá de Madrid para cubrir «in situ» el atentado a los diputados de Herri Batasuna. El primer caso en que apareció en la firma de un gráfico la figura del enviado especial fue con ocasión de la matanza de Puerto Hurraco. Hasta allí viajó Tascón donde tomó notas y las envió por fax a Madrid;luego se puso en contacto telefónico con Jeff Goertzen para facilitarle los datos que iba necesitando. En esta colaboración en equipo, cada uno sabía lo que necesitaba el otro y se lo proporcionaba.

Jordi Clapers, del diario *El País*, explicaba en el Seminario sobre Infografía celebrado en Cuenca, cómo cubrió un gráfico sobre la autovía de Leizarán: «Para realizar este dibujo, fui a la Diputación de Navarra para investigar el tema. Compré mapas de la zona en una librería especializada. Allí me contaron lo que era para ellos el valle. Con un coche alquilado y andando me hice todo el valle. Intenté subir por encima de la autopista, pero me lo impidieron unos vigilantes jurados...».

9

LA INFOGRAFIA EN EL PERIODICO

- **Secciones y monográficos**
- **Temas específicos**
- **La infografía en la diagramación**

La infografía, surgida en un primer momento como una nueva manifestación gráfica de presentar la información empleando el lenguaje visual y con el apoyo de textos, ha pasado a convertirse en un elemento más del material redaccional (textos, fotografías y publicidad) y de su diagramación. Así, pues, nos encontramos con que la infografía se ha transformado en una categoría y se ha convertido en sección propia (información meteorológica o bursátil) y en protagonista de la primera página o suplementos especiales.

9.1. Secciones y monográficos

Cuando la importancia y actualidad del tema lo requieren, suelen aparecer infográficos en la primera página del periódico, llegando a ocupar, en algunas ocasiones, casi toda la superficie de la página. La publicación de un gráfico en primera página no implica que tenga que ser espectacular o complejo, como hizo *El Mundo* (1 de junio de 1992) con el gráfico, de tipo «caja de datos», que ofrece una relación de los accionistas implicados en el escándalo financiero de Ibercorp. Sin embargo, no debe producirse un abuso de los recursos infográficos en la primera página, tal como hizo el *Ya* durante una temporada en 1991 y 1992, pues ésto evoca al sensacionalismo y confunde al lector.

En algunos casos, la infografía ha pasado a constituir una sección o apartado fijo del periódico, como sucede en:

a) la información meteorológica, ocupando desde la media página hasta la página entera (ver lámina 10 en color), como consecuencia de la influencia de los mapas del tiempo del *Usa Today*. Un ejemplo representativo en España es *La Voz de Galicia* (ver lámina 11 en color).

b) la información bursátil y financiera, muy apropiada para gráficos de fiebre, de tarta y de barras, que indican las fluctuaciones de los mercados financieros y monedas.

c) secciones de agenda, con croquis que resumen la actividad cultural del día, o como hace *La Verdad de Murcia* (figura 9.1), que diariamente publica, en su página 2, un mapa de la región con el resumen gráfico de las noticias más destacadas del día.

d) los «snapshot» de la primera página del *Usa Today* y de *La Voz de Galicia.*

e) en suplementos, como realiza el diario *El Mundo* con el informe gráfico que publica semanalmente en las páginas centrales del dominical *7 días.*

f) los monográficos, en los que la infografía es, con frecuencia, la protagonista de la cobertura de ciertos acontecimientos, como fueron los eventos del 92: Exposición Universal y Juegos Olímpicos.

La Vanguardia realizó en 1991 el coleccionable «Barcelona: imágenes para un cambio» con abundancia de infografía sobre los distintos cambios vividos por la ciudad. Posteriormente, se ha editado un libro con estas infografías.

Ya y *El País* fueron los primeros en ofrecer unas láminas a todo color sobre cada uno de los deportes olímpicos con un espectacular despliegue de infografía e ilustración. Las láminas publicadas cada lunes por *El País* (ver lámina 12 en color) son dignas de todo tipo de elogios por la precisión de los datos su gran capacidad divulgativa.

El Periódico de Cataluña ofreció el día de la inauguración de los Juegos Olímpicos, el sábado 25 de julio, un suplemento especial en color sobre este acontecimiento con numerosos infográficos también publicado por *El Mundo* (el domingo 19 de julio) y distribuido por la agencia AP a todo el mundo.

Con motivo de la reciente visita del Papa Juan Pablo II el diario *ABC* cubrió extraordinariamente este viaje con la publicación de un suplemento especial de 56 páginas, ocho de ellas en color, el sábado 12 de junio. En este suplemento figuran varios infográficos sobre la inauguración de la Catedral de la Almudena en Madrid (dignos del calificativo de obra maestra), las visitas a Sevilla y Huelva y una representación del altar instalado en la plaza de Colón, por el cual los lectores pudieron conocer exactamente su construcción varios días antes que ésta se llevara a cabo (Figuras 9.2 y 9.3).

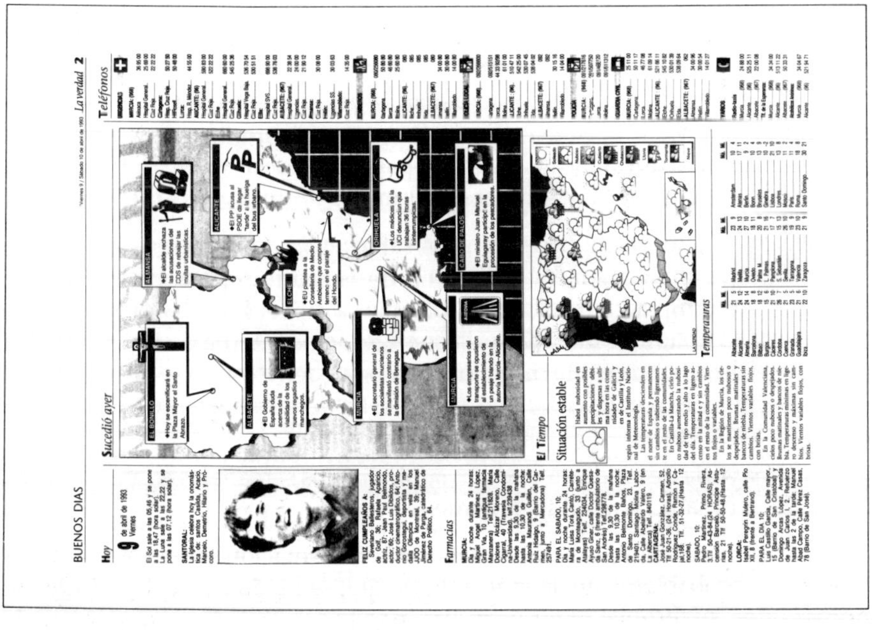

Figura 9.1. Sección fija del diario «La Verdad», de Murcia.

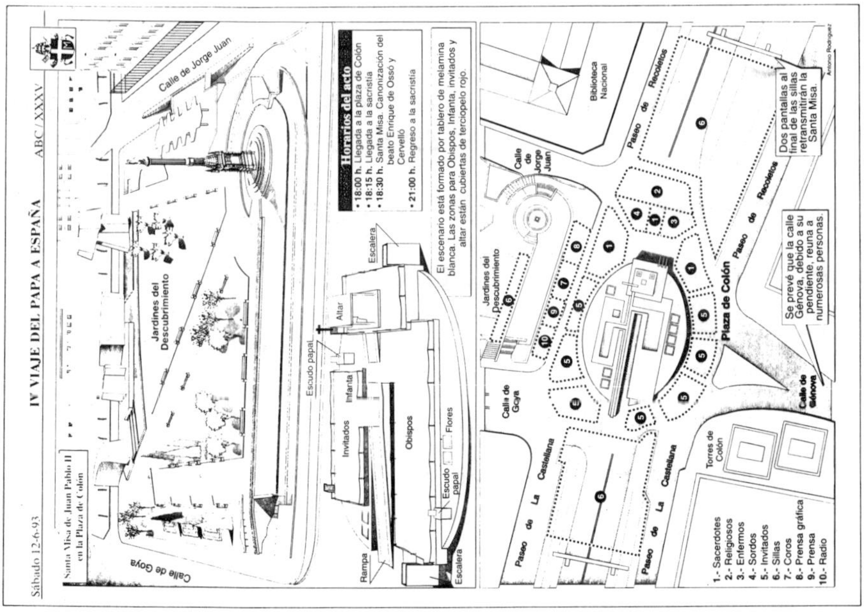

Figura 9.2. Representación del escenario en el que Juan Pablo II celebró la misa al aire libre, en su última visita a Madrid.

9.2. Temas específicos

Partimos de la base de que cualquier tipo de noticia puede ser contada visualmente a través de un gráfico, si bien hay temas que se prestan más a su uso que otros, como:

• Sucesos: es la solución idónea para representar situaciones y reproducir hechos de sucesos (robos, atentados, etc.) y accidentes (catástrofes naturales, industriales, aéreos, tráfico, etc.) que de otra forma sería complejo y, a veces, imposible explicar al lector. La fotografía únicamente puede ofrecer imágenes del momento «después», pero no del «durante», ya que nunca se puede conocer cuándo y dónde se va a producir un hecho de este tipo.

Destaca, lamentablemente, la cobertura infográfica de los atentados terroristas, donde se hace un despliegue de medios muy superior al de cualquier otro tipo de accidentes. En el sucedido el 21 de junio de 1993 en Madrid, todos los periódicos nacionales ofrecieron una representación, muy similar, del lugar de los hechos, acompañándose de numerosas fotografías, lo que demuestra que la infografía no resta ni suplanta a una foto, sino que ambas se apoyan y complementan.

• Deportes: se trata de un amplio «filón infográfico» con enormes posibilidades informativas y técnicas, desde la explicación de fenómenos estáticos (vestimenta de un deportista, croquis de un estadio, construcción de un velero o del material deportivo, mapas de una competición, etc.) hasta la instantánea de una acción dinámica (lanzamientos, saltos, goles, etc.). Este tema tiene un buen tratamiento infográfico tanto en la prensa deportiva como en la de información general. Los mapas-reportajes publicados con ocasión de las grandes citas del ciclismo, como el del Tour 93 de *El Mundo* (figura 9.4), son toda una demostración de la fuerza y capacidad que tiene la infografía para comunicar mediante la imagen lo que mediante texto ocuparía muchas columnas y nunca con el mismo efecto.

• Ciencia: en los temas científicos, técnicos, salud, etc., la explicación y capacidad divulgativa que ofrece la infografía son imprescindibles para comprender y comunicar determinados fenómenos complejos y de tipo abstracto. Temas como, la construcción de un satélite, la configuración interna de un volcán, los efectos de la lluvia ácida o una marea negra, no pueden explicarse de otra forma que mediante el lenguaje visual, tal como se ha venido haciendo desde hace tiempo en los libros.

La mayoría de los diarios editan suplementos semanales sobre temas de ciencia, futuro, salud o medio ambiente.

• Economía: la relación, casi inherente, de la información económica con los gráficos es, probablemente, la más antigua que se ha dado en el periodismo impreso. Por su propia naturaleza, las páginas económicas requieren de numerosos gráficos para representar datos, estadísticas, cifras, estructuras

Figura 9.3. Gráfico del interior de la Catedral de la Almudena, publicado por ABC con ocasión del cuarto viaje del Papa a España.

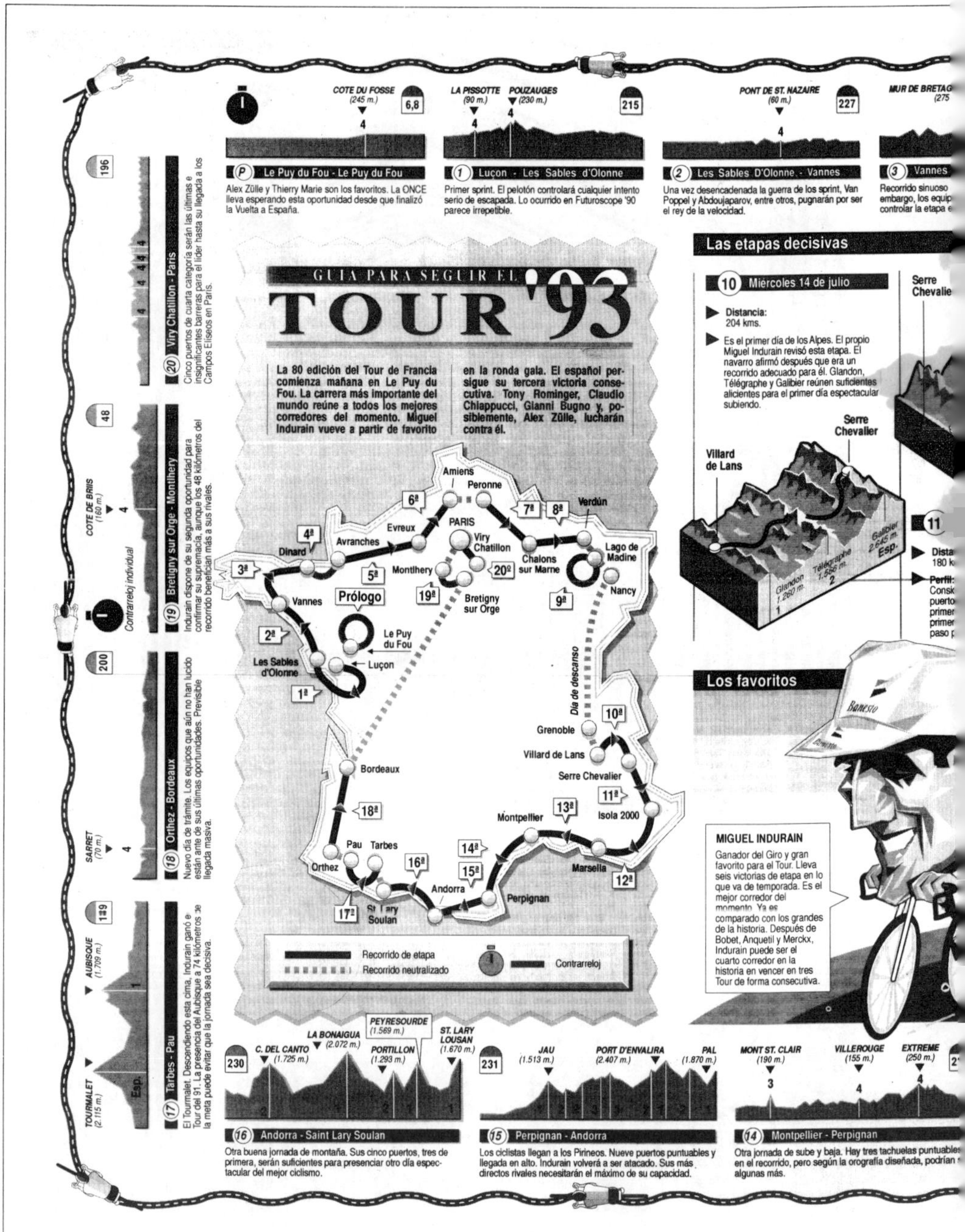

Figura 9.4. Infografía publicada por El Mundo (2 de julio de 1993) en la

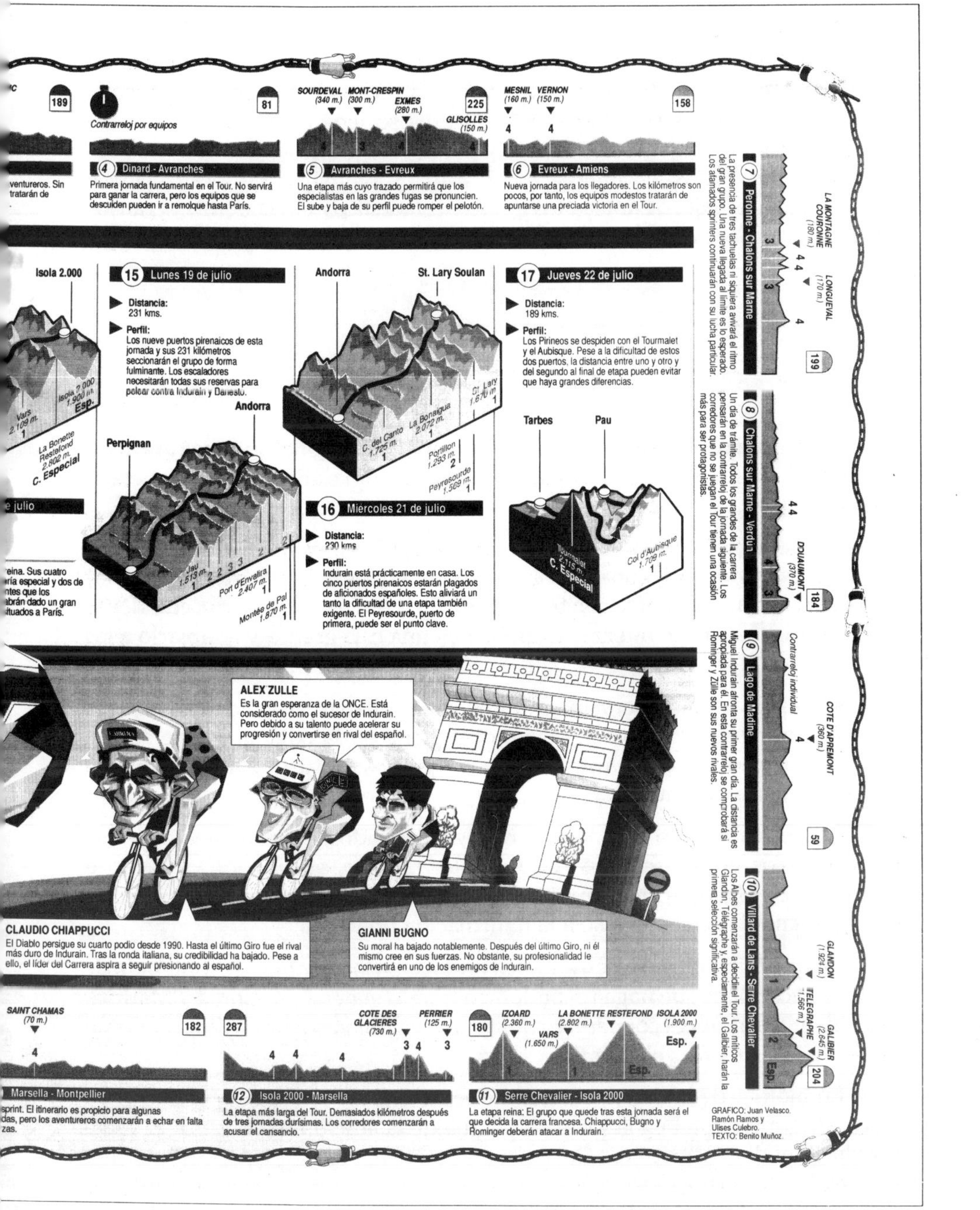

ge las diferentes etapas del «Tour'93», así como un breve perfil de los favoritos.

empresariales, etc.

En la información escrita hay temas que se orientan, con mayor facilidad que otros, por un tipo de género u otro (crónica, reportaje, comentario, artículo, etc.), al igual sucede en la infografía. En sucesos, sociedad y ciencia abundan los gráficos-reportaje y explicativos: en deportes, los gráficos descriptivos y las tablas de resultados: en internacional, priman los mapas de localización y explicativos, las cajas de datos y los gráficos estadísticos: en economía, serán los gráficos estadísticos (tarta, barras, fiebre, etc.).

9.3. La infografía en la diagramación

La infografía es un elemento más del material redaccional que llega a la mesa o pantalla del confeccionador. El tratamiento de los infográficos en la maqueta es muy similar al de las fotografías.

El sistema más usual de maquetar los gráficos, el mismo que con las fotografías, es trazar la diagonal y calcular el número de columnas de ancho a las que va a ir, si se trata de confección tradicional. En la autoedición el procedimiento es más sencillo, basta con integrar el gráfico en una caja gráfica y adaptarlo a las dimensiones de ésta.

Otra manera de incorporar infográficos, con ilimitadas posibilidades creativas para el diseño periodístico, es la integración plena en la página. Puede ser un recorrido, silueteado, pisando a otros elementos gráficos o al texto, o la distribución por toda la página (figura 9.5).

Al estar trabajando con documentos digitalizados, es sumamente fácil el realizar cambios en los gráficos (de formato, tamaño, sustitución de texto o ilustraciones, etc). Esto permite la reutilización de los archivos infográficos múltiples veces, adaptándolos en cada caso a la información oportuna.

Estas posibilidades ofrecen grandes ventajas en los cambios de contenido de las diversas ediciones que haga un periódico (por lo general, Nacional y Madrid) o en los distintos alcances con motivo de un acontecimiento extraordinario, como suele ser en las consultas electorales.

Con motivo de la detención del dirigente etarra «Artapalo», el diario *Ya* practicó un cambió total en la primera página de la edición de Madrid. El tema importante del día, los premios Oscar de Hollywood, fue desplazado al modulo inferior de 2 columnas de salida y se ofrece en la zona central, a grandes titulares, la detención de «Artapalo» (figura 9.6).

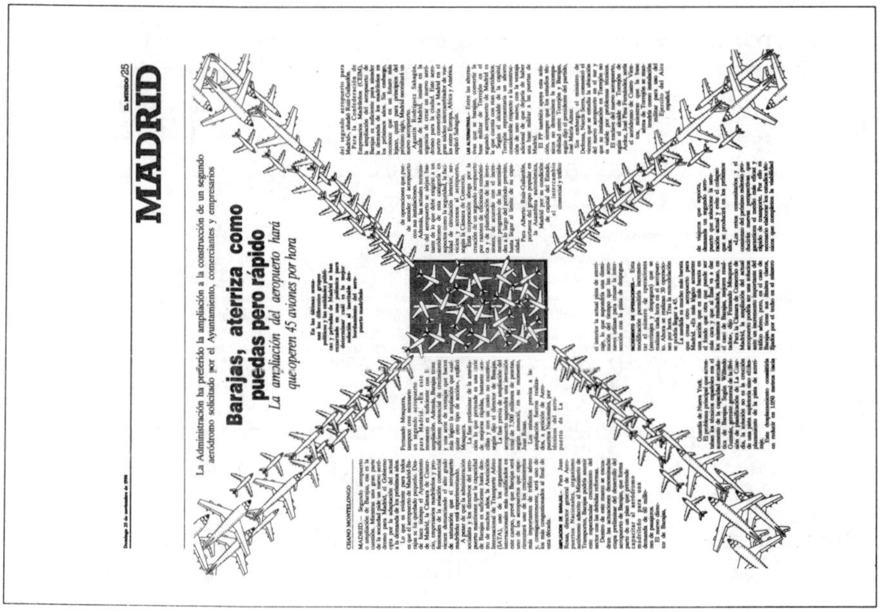

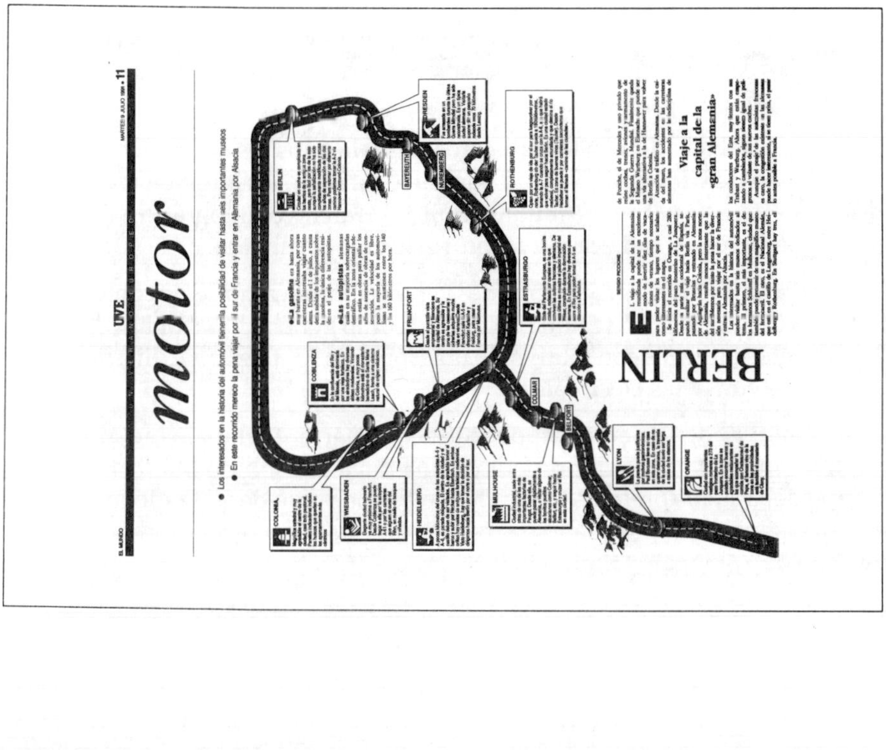

Figura 9.5. Ejemplos de integración de infografía en la maqueta.

Figura 9.6. Cambios de edición de infografías en primera página.

DESARROLLO Y PANORAMA ACTUAL EN ESPAÑA

- La Guerra del Golfo: «El Mundo» y «El Sol»
- Prensa nacional
- Prensa regional

Actualmente, la infografía española está entre los primeros puestos a nivel mundial, habiendo sido uno de los países más premiados en la última convocatoria de la SND (galardones concedidos a los mejores diseños de páginas de periódicos, con una categoría específica dedicada a la infografía). El pasado mes de mayo, el director para Europa de la SND, profesor Juan Antonio Giner, anunció la posibilidad inmediata de que se instaure un premio Pulitzer dedicado a la infografía. Esta noticia constata la importancia creciente que está adquiriendo

Según hemos venido estudiando, la infografía no es una forma nueva de ofrecer información en los periódicos; únicamente es novedoso el uso del ordenador como herramienta para producir infográficos. Por establecer una fecha, se puede decir que la Guerra del Golfo supone en España el despegue definitivo de la infografía en los periódicos (Figura 10.1).

10.1. «La Guerra del Golfo»: EL MUNDO y EL SOL

Se considera a Mario Tascón como el primer periodista que utilizó un ordenador Macintosh para realizar un periódico, en el semanario *Bierzo 7*, por el año 1984-85. Desde entonces, la incorporación de esta herramienta a las redacciones de los periódicos ha sido de aumento continuo, y la mayoría de las personas que estaban frente a ellos tuvieron que aprender su manejo de manera autodidacta.

Una fecha importante para la infografía es la del 4 y 5 de julio de 1989, con la celebración del «I Curso Internacional de Infográficos» en la Universidad de Navarra. A este curso, dirigido por Roger Fidler (director gráfico de KRT), Karl Gude (director de arte de AP) y Jeff Goertzen, asistieron parte de la actual élite de infografistas españoles: Mario Tascón, Ricardo Salvador, Tomás Ondarra, Jesús Rica, Xavier Conesa, etc.

Durante el curso se realizaron, en grupos de trabajo, diversos gráficos sobre los encierros de San Fermín. Cabe destacar el realizado por Goertzen y Gude (Figura 10.2) en tan solo tres horas. Tomás Ondarra nos comenta así su impresión de esta cita: «Entonces comprendí el tiempo que había gastado inútilmente y por qué los gráficos americanos eran distintos. No había mucho misterio, la organización y los programas eran distintos. Después de este curso los gráficos comenzaron a ser distintos y cada día nos acercábamos a lo que actualmente es la infografía».

Pero el propulsor del uso y desarrollo actual de la infografía fue la Guerra del Golfo. Todos los diarios, de los que ya lo venían haciendo, realizaron un despliegue infográfico desconocido hasta entonces. Uno de los motivos de la proliferación de gráficos fue el reducido número de fotografías del que se disponía (la mayoría fueron capturadas de imágenes de la CNN) .

Cabe destacar el esfuerzo realizado por el diario *El Sol*, que publicó diversos posters a todo color (ver lámina 13 en color) que incluían mapas, material bélico empleado y detalles de las distintas estrategias.

La Guerra del Golfo, anunciada como la guerra transmitida por televisión, en realidad fue la guerra cubierta y comunicada por la infografía. Durante la guerra surgió un clima de colaboración total entre las secciones de infografía e internacional, en buena parte basado en la mutua necesidad de recibir información una de otra. «Esta colaboración entre secciones, como bien dejó patente el profesor Serra Villalbí en el citado seminario infográfico de Cuenca, es imprescindible para producir gráficos de calidad. (...) Los trabajos realizados durante la Guerra del Golfo considero que tienen una gran importancia, precisamente por el espíritu de colaboración que forzosamente debió reinar en la mayor parte de los medios».

10.2. Prensa nacional y regional

Todos los periódicos nacionales y gran parte de la prensa regional cuenta en la actualidad con departamentos propios de infografía. El resto de diarios que aún no utiliza infográficos en sus páginas, bien por indecisión o por la inversión que supone, acabarán por hacerlo en los próximos años. La infografía de agencia, como apuntamos en el apartado 7.3, es la solución óptima para aquellos periódicos que presentan el argumento del alto coste de un departamento propio.

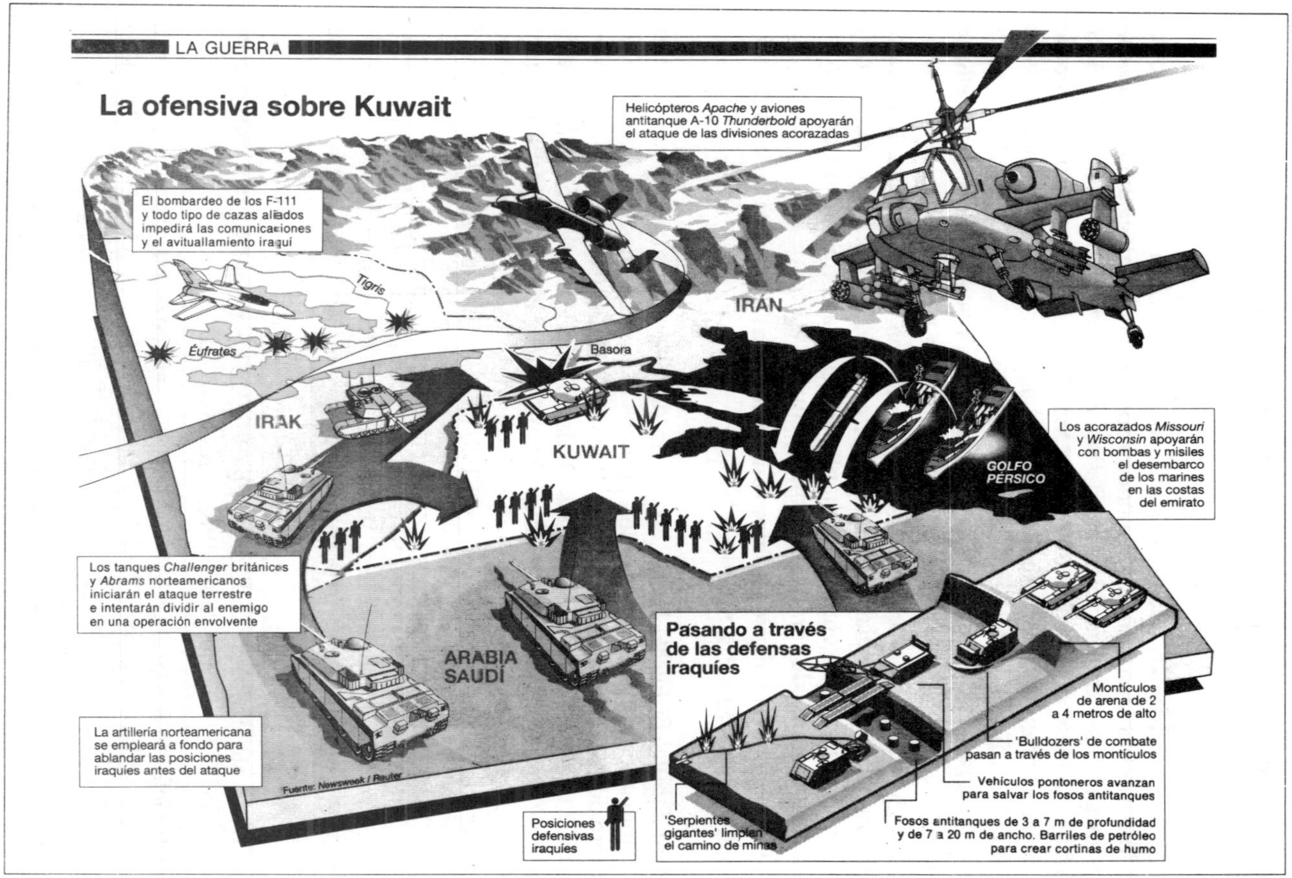

Figura 10.1. Gráfico sobre la Guerra del Golfo publicado por «El País» el 27 de enero de 1991. La infografía ilustra la ofensiva norteamericana sobre Kuwait.

Como muestra de la configuración actual de un departamento de infografía, analizamos la configuración y dotación (humana y técnica) de dos modelos: *Diario 16*, como periódico nacional, y *El Correo Español-El Pueblo Vasco*, como periódico regional.

Diario 16. Se crea el departamento un par de meses antes de la Guerra del Golfo con Gerardo Amechazurra, que llevaba once años haciendo infografía manual, con tramas mecánicas y transferibles, en *El País*. El departamento cuenta con Amechazurra como jefe de sección, una redactora (Ana Cañas) y cinco colaboradores habituales, tres de ellos para ilustración. Las noticias internacionales las cubren con los servicios de Reuter y Graphic News.

La dotación tecnológica está compuesta por tres ordenadores Macintosh (modelos IIx 4/80, CI 8/80 y Centris 650 8/80), un disco de almacenamiento (un Cobra de 650 Mb), una impresora (laserwriter II), una filmadora de 2.400 puntos, un módem para las agencias y un servidor de red de 20 Mb. La conexión con el sistema del periódico se efectúa mediante una tarjeta convertidora del entorno Macintosh al sistema de compaginación Edicomp 4.000.

El periódico consiguió el último año una medalla de plata y cinco premios de excelencia en los galardones de la SND.

El Correo Español-El Pueblo Vasco. En agosto de 1986 contrata a Tomás Ondarra como dibujante fijo para realizar los gráficos e ilustraciones del periódico. En diciembre de 1987 incorpora su primer Macintosh al departamento. Actualmente la plantilla es de tres personas: Tomas Ondarra como jefe de infografía y Javier Zarracina y Fernando Baptista como grafistas; para ocasiones especiales cuentan con el apoyo de un redactor para realizar los textos y la documentación. Además están abonados a las agencias AFP y KRT, también han usado los servicios de Reuter y Grafía.

El equipo técnico se compone de cinco ordenadores Macintosh (dos FX, un CI y un LC para las transmisiones), una impresora, un escáner de blanco y negro, televisión y magnetoscopio para capturar imágenes, un disco removible y una cámara polaroid.

En el resto de los periódicos, la plantilla de los respectivos departamentos de infografía está compuesta de la siguiente manera:

El Mundo. Jefe de infografía: Mario Tascón y seis personas en la redacción de Madrid. Las redacciones de *El Mundo de Valladolid* y *El Mundo del País Vasco* cuentan cada una con un infografista independiente de Madrid.

El País. En la redacción de Madrid trabajan seis grafistas en plantilla más cuatro colaboradores, bajo la coordinación de Enrique Palacios, editor gráfico. En Barcelona cuenta con dos personas.

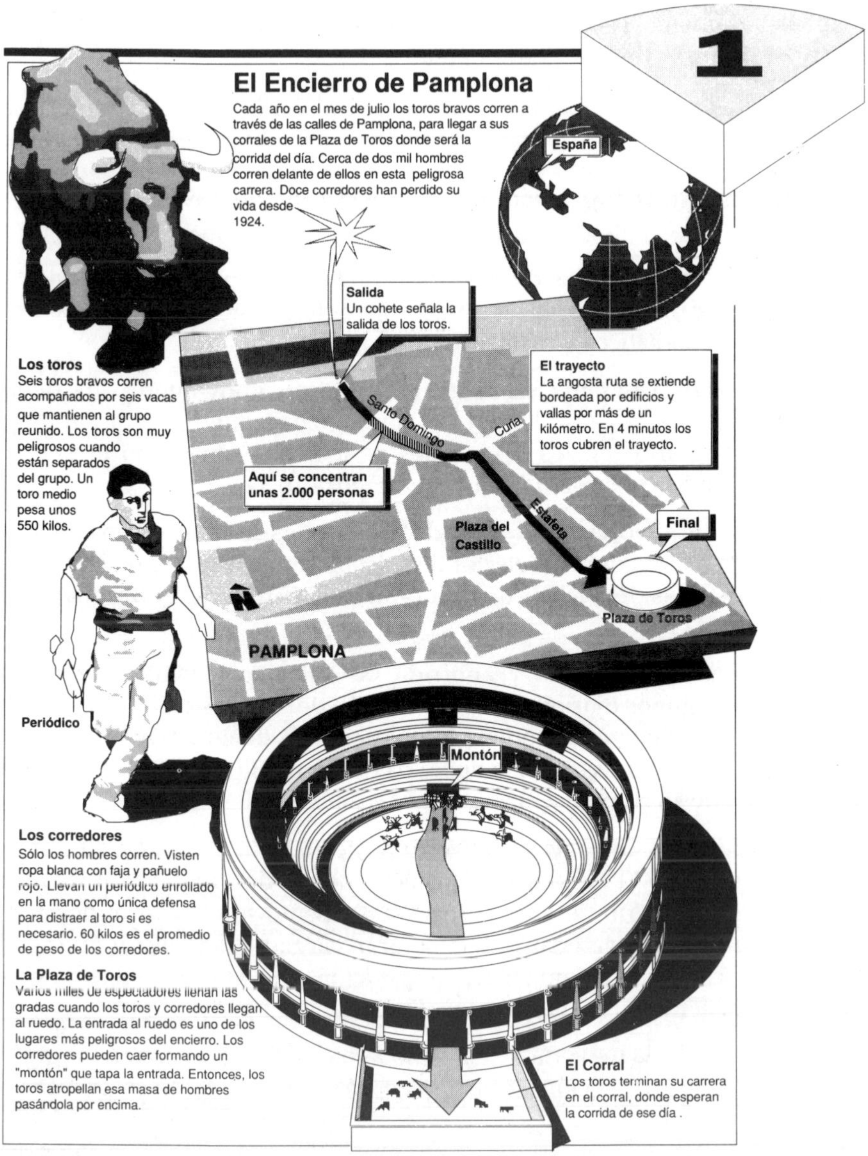

Figura 10.2. Gráfico realizado por Karl Gude y Jeff Goertzen en el «I Curso Internacional de Infográficos».

ABC. Fernando Rubio, redactor jefe de ilustración, es quien dirige el departamento de infografía e ilustración compuesto por nueve personas.

YA. El departamento está integrado por cuatro personas que dependen del subdirector de arte y diseño, Pedro López.

10.3. Tratamiento infográfico de las elecciones de 1993

Desde la convocatoria de elecciones generales en abril, los periódicos estuvieron publicando numerosos sondeos y encuestas acompañados de abundantes gráficos estadísticos y cajas de datos.

Ya en plena campaña electoral, despertaron gran interés los debates televisivos entre Felipe González y José María Aznar, que tuvieron un amplio tratamiento infográfico en los principales periódicos, sobre todo el segundo, ofrecido por Tele 5 la noche del 31 de mayo(Figura 10.3).

El lunes 7 de junio, el tema central de las portadas de toda la prensa española fue el resultado de los comicios electorales, desplazando a un segundo plano las importantes victorias deportivas de Indurain, en el Giro, y Sergi Bruguera, en el torneo de Roland Garros.

La representación árida y aburrida de datos, porcentajes y cifras fue solucionada en algunos diarios con la realización de gráficos creativos y dinámicos pero, a la vez, incluyendo toda la información de datos y números, como el publicado por *El Correo Vasco* en la doble página central (Figura 10. 4) del suplemento especial de 16 páginas «Elecciones 93».

El Periódico de Cataluña publicó, durante toda la campaña electoral, el suplemento especial «El Periódico de las elecciones», dentro del cual iba embuchado el diario ordinario del día. En este suplemento se realizaron destacados gráficos sobre aspectos diversos, con una gran carga pedagógica y divulgativa como el del procedimiento para votar, composiciones de las mesas electorales, etc. , al igual que hicieron otros diarios como*El País* (Figura 10.5).

Por otra parte, la mayoría de los periódicos, realiza cambios en los gráficos de sus portadas de una edición a otra. *El Periódico de Cataluña* en su primera edición, bajo el título «Felipe se lo ganó», ofrece un gráfico de caja de datos con las fotografías de los principales líderes, el logotipo de sus partidos y los datos de un primer escrutinio; en la segunda edición publica, bajo el mismo titular, una fotografía de Felipe González saludando y en la columna de salida un gráfico sencillo con los resultados (Figura 10.6).

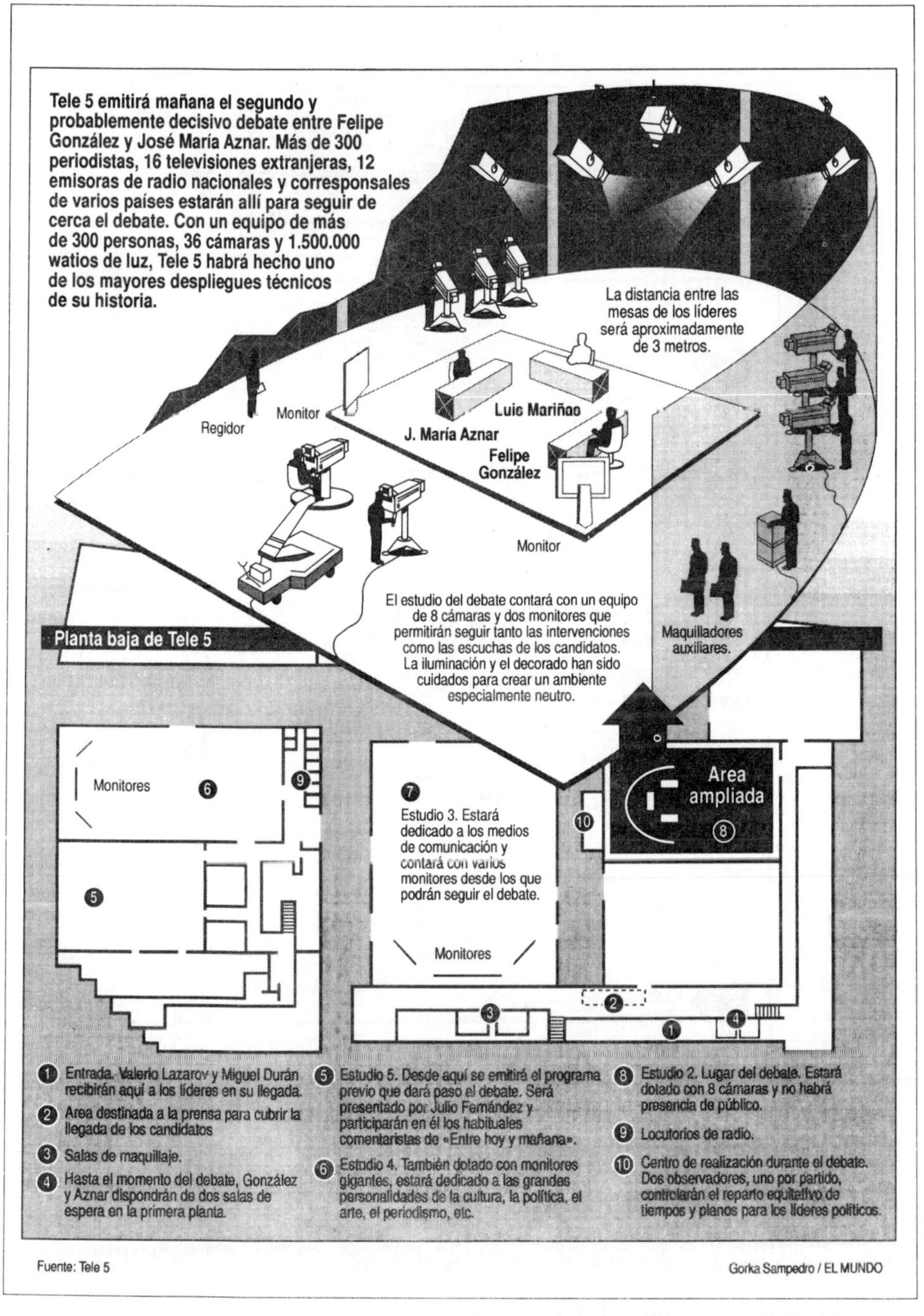

Figura 10.3. Reconstrucción realista del estudio de televisión en el que se celebró el segundo debate electoral entre F. González y J.M. Aznar, publicada por «El Mundo» un día antes del acontecimiento.

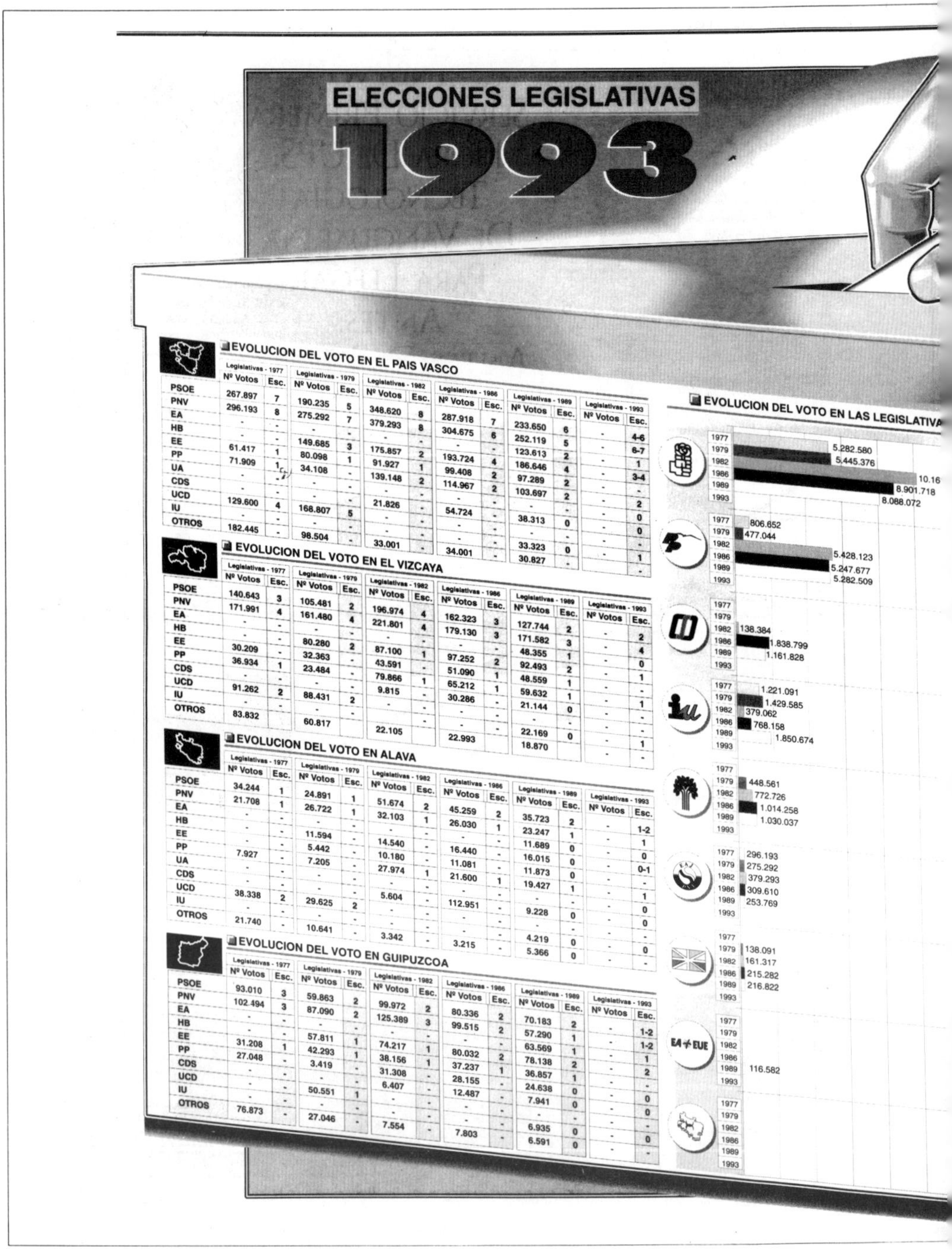

EVOLUCION DEL VOTO EN EL PAIS VASCO

	Legislativas - 1977		Legislativas - 1979		Legislativas - 1982		Legislativas - 1986		Legislativas - 1989		Legislativas - 1993	
	Nº Votos	Esc.	Nº Votos	Esc.	Nº Votos	Esc.	Nº Votos	Esc.	Nº Votos	Esc.	Nº Votos	Esc.
PSOE	267.897	7	190.235	5	348.620	8	287.918	7	233.650	6	-	4-6
PNV	296.193	8	275.292	7	379.293	8	304.675	6	252.119	5	-	6-7
EA	-	-	-	-	-	-	-	-	123.613	2	-	1
HB	-	-	149.685	3	175.857	2	193.724	4	186.646	4	-	3-4
EE	61.417	1	80.098	1	91.927	1	99.408	2	97.289	2	-	-
PP	71.909	1	34.108	-	139.148	2	114.967	2	103.697	2	-	2
UA	-	-	-	-	-	-	-	-	-	-	-	0
CDS	-	-	-	-	21.826	-	54.724	-	38.313	0	-	0
UCD	129.600	4	168.807	5	-	-	-	-	-	-	-	-
IU	-	-	-	-	-	-	-	-	33.323	0	-	1
OTROS	182.445	-	98.504	-	33.001	-	34.001	-	30.827	-	-	-

EVOLUCION DEL VOTO EN EL VIZCAYA

	Legislativas - 1977		Legislativas - 1979		Legislativas - 1982		Legislativas - 1986		Legislativas - 1989		Legislativas - 1993	
	Nº Votos	Esc.	Nº Votos	Esc.	Nº Votos	Esc.	Nº Votos	Esc.	Nº Votos	Esc.	Nº Votos	Esc.
PSOE	140.643	3	105.481	2	196.974	4	162.323	3	127.744	2	-	2
PNV	171.991	4	161.480	4	221.801	4	179.130	3	171.582	3	-	4
EA	-	-	-	-	-	-	-	-	48.355	1	-	0
HB	-	-	80.280	2	87.100	1	97.252	2	92.493	2	-	1
EE	30.209	-	32.363	-	43.591	-	51.090	1	48.559	1	-	-
PP	36.934	1	23.484	-	79.866	1	65.212	1	59.632	1	-	1
CDS	-	-	-	-	9.815	-	30.286	-	21.144	0	-	-
UCD	91.262	2	88.431	2	-	-	-	-	-	-	-	-
IU	-	-	-	-		-	-	-	22.169	0	-	1
OTROS	83.832		60.817		22.105		22.993		18.870		-	-

EVOLUCION DEL VOTO EN ALAVA

	Legislativas - 1977		Legislativas - 1979		Legislativas - 1982		Legislativas - 1986		Legislativas - 1989		Legislativas - 1993	
	Nº Votos	Esc.	Nº Votos	Esc.	Nº Votos	Esc.	Nº Votos	Esc.	Nº Votos	Esc.	Nº Votos	Esc.
PSOE	34.244	1	24.891	1	51.674	2	45.259	2	35.723	2	-	1-2
PNV	21.708	1	26.722	1	32.103	1	26.030	1	23.247	1	-	1
EA	-	-	-	-	-	-	-	-	11.689	0	-	0
HB	-	-	11.594	-	14.540	-	16.440	-	16.015	0	-	0-1
EE	-	-	5.442	-	10.180	-	11.081	-	11.873	0	-	-
PP	7.927	-	7.205	-	27.974	1	21.600	1	19.427	1	-	1
UA	-	-	-	-	-	-	-	-	-	-	-	0
CDS	-	-	-	-	5.604	-	112.951	-	9.228	0	-	0
UCD	38.338	2	29.625	2	-	-	-	-	-	-	-	-
IU	-	-	-	-	-	-	-	-	4.219	0	-	0
OTROS	21.740	-	10.641	-	3.342	-	3.215	-	5.366	0	-	-

EVOLUCION DEL VOTO EN GUIPUZCOA

	Legislativas - 1977		Legislativas - 1979		Legislativas - 1982		Legislativas - 1986		Legislativas - 1989		Legislativas - 1993	
	Nº Votos	Esc.	Nº Votos	Esc.	Nº Votos	Esc.	Nº Votos	Esc.	Nº Votos	Esc.	Nº Votos	Esc.
PSOE	93.010	3	59.863	2	99.972	2	80.336	2	70.183	2	-	1-2
PNV	102.494	3	87.090	2	125.389	3	99.515	2	57.290	1	-	1-2
EA	-	-	-	-	-	-	-	-	63.569	1	-	1
HB	-	-	57.811	1	74.217	1	80.032	2	78.138	2	-	2
EE	31.208	1	42.293	1	38.156	1	37.237	1	36.857	1	-	-
PP	27.048	-	3.419	-	31.308	-	28.155	-	24.638	0	-	0
CDS	-	-	-	-	6.407	-	12.487	-	7.941	0	-	0
UCD	-	-	50.551	1	-	-	-	-	-	-	-	-
IU	-	-	-	-	-	-	-	-	6.935	0	-	0
OTROS	76.873	-	27.046	-	7.554	-	7.803	-	6.591	0	-	-

Figura 10.4. Gráfico con los resultados de las últimas eleccion

ublicado por «El Correo Español- El Pueblo Vasco».

Figura 10.5. Gráfico publicado por «El País» en el que se esquematiza el proceso de escrutinio de los votos.

el Periódico de Cataluña
de las elecciones

en el Periódico
Bruguera conquista Roland Garros al vencer a Courier

EL PRESIDENTE LLEVA AL PSOE A SU CUARTA VICTORIA CONSECUTIVA EN LAS LEGISLATIVAS

Felipe se lo ganó

Aznar reconoció la derrota pasada la medianoche desautorizando las dudas del PP

LOS RESULTADOS CON EL 81,43 % ESCRUTADO

		Legislativas 1993		Legislativas 1989	
PSOE	El PSOE pierde 15 escaños, aunque casi mantiene el porcentaje de votos	38,82	159	39,63	175
Partido Popular	El Partido Popular gana 9 puntos y más de 30 escaños	34,41	139	25,40	107
Izquierda Unida	Izquierda Unida aumenta en 2 escaños, pero sabe menos de lo esperado	9,41	19	9,21	17
Convergència i Unió	CiU admite que los socialistas tendrán la iniciativa en los pactos poselectorales	5,39	17	5,30	18

CiU no logra su objetivo de vencer en Catalunya

Desde 2 Millones
Sin comisiones. A plazo de 1 mes.
12,25 % T.A.E.
Depósito Atlántico
Banco Atlántico

el Periódico de Cataluña
de las elecciones

en el Periódico
Bruguera conquista Roland Garros al vencer a Courier

LA PARTICIPACIÓN FUE LA MÁS ALTA DESDE 1982 Y HUBO ERRORES EN EL CENSO

Felipe se lo ganó

El Presidente lleva al PSOE a su cuarta victoria consecutiva en las legislativas

Aznar reconoció la derrota pasada la medianoche y desautorizó las dudas del PP

PSOE
PP
IZQUIERDA UNIDA
CiU
PNV
HB
ERC
PAR
EA

CiU no logra su objetivo de vencer en Catalunya

Desde 2 Millones
Sin comisiones. A plazo de 1 mes.
12,25 % T.A.E.
Depósito Atlántico
Banco Atlántico

Figura 10.6. Portadas de las dos ediciones publicadas por «El Periódico de Cataluña» el 7 de Junio de 1993.

PARTE 3

AUTOEDICION

- La Autoedición
- Arquitectura de un sistema de autoedición
- Dispositivos de comunicación
- Tipografía digital
- La maquetación por ordenador
- Aplicaciones de maquetación I: Quark X Press
- Aplicaciones de maquetación II: Page Maker y Ventura
- Programas de dibujo
- Tratamiento de imágenes: Photoshop
- La autoedición en la prensa española

1

LA AUTOEDICION

- **Evolución de las técnicas de composición**
- **La autoedición: concepto y desarrollo**
- **Equipamiento informático**

1.1. Evolución de las técnicas de composición

En la historia de la composición se citan tradicionalmente tres etapas históricas fundamentales: la composición manual, la composición mecánica y la composición electrónica.

En un primer momento, la composición se realizaba a partir de tipos sueltos -primero de madera y después de metal-. Estos eran colocados letra a letra en el componedor para formar las sucesivas líneas que integraban una página. Esta forma de trabajo se mantuvo hasta 1884, momento en que Ottmar Merghentaler inventó la linotipia, máquina que además de componer palabras justificaba las líneas o renglones. Este acontecimiento marcó el inicio de la segunda etapa.

La tercera llegó con la fotocomposición, sistema que componía directamente los textos sobre películas fotográficas. De este modo se sustituía el proceso de fundición y el tallado de los tipos en metal por procesos fotográficos. La principal ventaja de esta técnica fue la sustitución de los caracteres físicos por caracteres fotográficos. Hasta la década de los 60 no aparecieron las máquinas de composición digitales las cuales almacenaban los caracteres como datos capaces de controlar un proceso electrónico de generación de caracteres.

En un primer momento, los ordenadores se incorporaron a la fotocomposición como elementos de apoyo siendo impensable, entonces, que estos pudieran controlar la totalidad del proceso -excepto la impresión- como hacen hoy día. En los primeros terminales no se visualizaba más que una línea de texto que incorporaba sólo las órdenes de tamaño o posición. En los 70 ya aparecieron terminales que visualizaban dos líneas, si bien rápidamente llegaron los que permitían ver la página completa, al mismo tiempo que surgía la posibilidad de almacenar en disquetes los ficheros de texto. Todo ello haría factible el acceso directo a la información.

Estos dos avances posibilitaron al operador la corrección de erratas y la modificación del estilo o formato de los documentos. De esta manera, el operador podía revisar y corregir los manuscritos desde los puntos de vista tipográfico y estilístico, permitiéndole asumir labores propias del editor. No obstante, el paso definitivo llegó con la autoedición.

Los cambios y avances acontecidos en el mundo de la composición y de la edición en los últimos siete años -la corta historia de la autoedición- han sido más innovadores, y se han producido en intervalos menores, que los sucedidos en los poco más de cinco siglos que van desde la invención de la imprenta hasta 1986.

Desde la aparición del primer programa de autoedición y de la primera impresora láser dotada con PostScript hasta hoy, la evolución y desarrollo tanto del software como de los equipos ha sido, y es, constante e irreversible.

La autoedición ha supuesto, de un lado, la ruptura con los procedimientos y esquemas clásicos de actuación y, de otro, la desaparición de profesiones tradicionales, siendo numerosos también los profesionales que, si quieren seguir siendo competitivos, tendrán que reciclarse. Estos no tienen que valorar las nuevas tecnologías, los nuevos equipos, como una amenaza sino como nuevos instrumentos de trabajo, más veloces y versátiles, que potencian su creatividad y facilitan su labor.

Pero también ha supuesto el punto de partida para un amplio número de innovaciones que se van a producir y que ya se están produciendo, todo lo cual modificará el sentido de la comunicación.

1.2. La Autoedición: concepto y desarrollo

El desarrollo de las Nuevas Tecnologías y la aplicación de la informática al mundo de la edición y el diseño gráfico ha supuesto el nacimiento de un fenómeno de reciente acuñación: la autoedición o «desktop publishing».

En una primera aproximación podemos definir la autoedición como el proceso global de elaboración de una página completa con la incorporación de todos los elementos que la integran, ya sean textos, títulos, gráficos, líneas, recuadros o fotografías. Define, pues, el conjunto de procesos, en el ámbito de la edición electrónica, que darán como resultado la elaboración de una página de cualquier clase de publicación (libro, diario, revista, folletos, etc.) integrando textos e ilustraciones.

La autoedición ha constituido una auténtica revolución, ya que ha permitido llevar a cabo, de modo sencillo, el conjunto de las operaciones de preimpresión: el montaje, la composición, la maquetación y diseño e, incluso, la separación y selección del color. De este modo, la autoedición lo que permite es acercar a los creadores de cualquier tipo de material impreso todo el proceso de producción, facilitándoles un mayor control sobre sus trabajos.

Inicios. El punto de partida de este fenómeno se sitúa a mediados de la década de los 80, concretamente en 1984, momento en que Apple lanza al mercado su primer Macintosh, un ordenador personal de gran capacidad gráfica y una estimable memoria y velocidad.

Pero el arranque de la autoedición no se produce hasta un año más tarde, momento en el que Apple introduce en el mercado la impresora LaserWriter, equipada con PostScript (Figura 1.1). Así, la autoedición nace con la unión de un ordenador Macintosh, una impresora láser y un programa de maquetación, ya que de este modo es posible integrar, en cualquier tipo de documento, textos e ilustraciones y obtener una buena impresión de este material. Esto se consigue gracias a la impresora LaserWriter, el único tipo que podía ofrecer una buena calidad. El nacimiento de las impresoras láser vino dado por el hecho de que los ordenadores Macintosh incorporaban un monitor que ofrecía una representación de las imágenes en pantalla en mapas de bits que no podían ser reproducidas por las impresoras margarita.

A partir de ese momento las nuevas versiones de Macintosh (Figura 1.2) se suceden con rapidez, las impresoras también están sujetas a una evolución constante y los programas de maquetación están cada vez más perfeccionados. Todo ello contribuye a que este sector informático tenga grandes expectativas de crecimiento.

El PostScript. La verdadera innovación que posibilitó el nacimiento de la autoedición fue el PostScript, utilizado por primera vez en 1985 en la impresora LaserWriter de Apple.

Se trata de un lenguaje de descripción de página capaz de imprimir cualquier tipo de imagen, es decir, caracteres compuestos en familias tipográficas, gráficos vectoriales y grupos de puntos (mapas de bits). Es un lenguaje estándar que hace compatibles los aparatos de composición y producción, salvando sus diferencias. Sirve, pues, de nexo entre los programas y los periféricos de salida.

El PostScript, que considera los textos y los gráficos como si fueran el mismo tipo de datos, permite describir las características de una página determinando todas las especificaciones del texto (familia, estilo, tamaño...) y los gráficos tal y como se generaron en pantalla. Cada documento creado por el usuario tiene un archivo PostScript que registra las características de la páginas y que incluye todas las instrucciones necesarias para obtener, no la página, sino un imagen de ésta. Este lenguaje fue creado en 1985 por *Adobe Systems Incorporated*, empresa norteamericana pionera en el mundo de la autoedición.

Entornos. Existen en el mercado dos tipos de entornos informáticos especializados en autoedición. De ellos, el más popular es el entorno Macintosh, de Apple. Para la mayor parte de los usuarios y expertos en la materia es el más adecuado y el mejor dotado en lo referente a aplicaciones gráficas y de composición. En los comienzos de la autoedición la hegemonía de Apple en los entornos gráficos fue absoluta, ya que con los ordenadores Macintosh podían realizarse trabajos que con otros sistemas resultaban más lentos o imposibles.

Sin embargo, otros consideran que existe una alternativa importante, la de los ordenadores compatibles o PC, que si bien no están desarrollados específicamente para este tipo de trabajos, sí pueden responder adecuadamente debido a sus características tecnológicas. Una desventaja importante respecto al entorno Macintosh es que normalmente emplean monitores basados en caracteres por lo que las imágenes de la pantalla quedan limitadas a letras de diseño y tamaño único, mientras que los Macintosh emplean monitores basados en mapas de bits, los más adecuados para la representación de caracteres y gráficos.

Otra importante desventaja inicial era el precio, el coste económico de los compatibles era mayor que el de los Macintosh. A esto se añade el que no soportaran lenguaje PostScript, mientras que los Macintosh sí. Sin embargo, hoy día está empezando a introducirse en este entorno.

Al principio de su nacimiento y durante los últimos años, hablar de autoedición era hablar de ordenadores Macintosh. No obstante, hoy día, los ordenadores compatibles van ganando terreno debido, sobre todo, al desarrollo de procesadores cada vez más rápidos, al lanzamiento de software que ya existía para Macintosh adaptado ahora a los PC, a la incorporación de interfaces de fácil manejo (como Microsoft Windows) y a la existencia de unos precios más competitivos.

1.3. Equipamiento informático

La autoedición es un proceso basado en la informática, tanto a nivel de hardware (parte material) como de software (parte inmaterial). Por esta razón, con

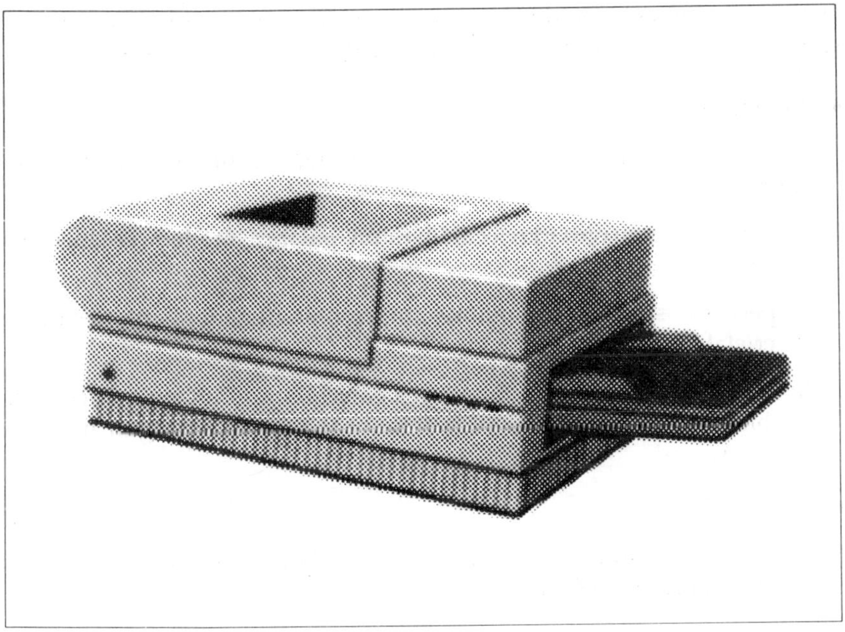

Figura 1.1. Impresora LaserWriter IINT, de Apple.

Figura 1.2. Ordenador Macintosh fx y monitor Radius de 19 pulgadas..

independencia del entorno que elijamos para efectuar nuestros trabajos, un sistema de autoedición tiene que estar integrado por los siguientes elementos:

- HARDWARE

  - una unidad central de proceso (CPU), es decir, el ordenador propiamente dicho.

  - los periféricos de entrada: teclado, ratón, palanca, módem, escáner, tableta gráfica, etc.

  - los periféricos de salida: monitores, impresoras, filmadoras, plotter, pantallas de cristal líquido, etc.

  - los interfaces: conjunto de conectores, cables y programas que hacen posible la conexión de todos elementos anteriores a fin de conseguir una unidad operativa.

- SOFTWARE

  Es el conjunto de programas y aplicaciones que van a permitir obtener como resultado un producto final.

Partiendo de la utilización de estos elementos (Figura 1.3) el usuario elaborará sus trabajos, los cuales son el resultado de tres fases de las que constará cualquier proceso de autoedición: una primera, de introducción o entrada de la información; una segunda, de tratamiento de la misma y una última o de salida del trabajo elaborado.

La introducción de la información se produce a partir de los periféricos o dispositivos de entrada, bien sean escáners, tarjetas de captura, módems o, simplemente, tecleando el texto.

Tras ello se procede al tratamiento de esta información. Para esto existen multitud de aplicaciones agrupadas en diferentes categorías: procesadores de textos, programas de maquetación, programas de dibujo o diseño, aplicaciones de digitalización, tratamiento y retoque de imágenes, etc.

El paso final es el de dar salida al trabajo realizado, ya sea a través de impresora -siempre que ésta ofrezca la calidad requerida-, o a través de filmadora, si después se piensa enviar éste a la imprenta. También existen otras alternativas de producción como son la animación, la música o el vídeo, entre otros.

Gracias a los sistemas de autoedición, el usuario puede ejercer un control total sobre cada una de estas fases (Figura 1.4), a diferencia de lo que sucedía con anterioridad. La autoedición le permite controlar tanto la forma como el contenido de su trabajo. Esto supone una serie de ventajas como son la posibilidad de supervisar directamente los trabajos, una mayor independencia respecto de los proveedores y un consiguiente ahorro de los costes, a lo que podemos añadir la

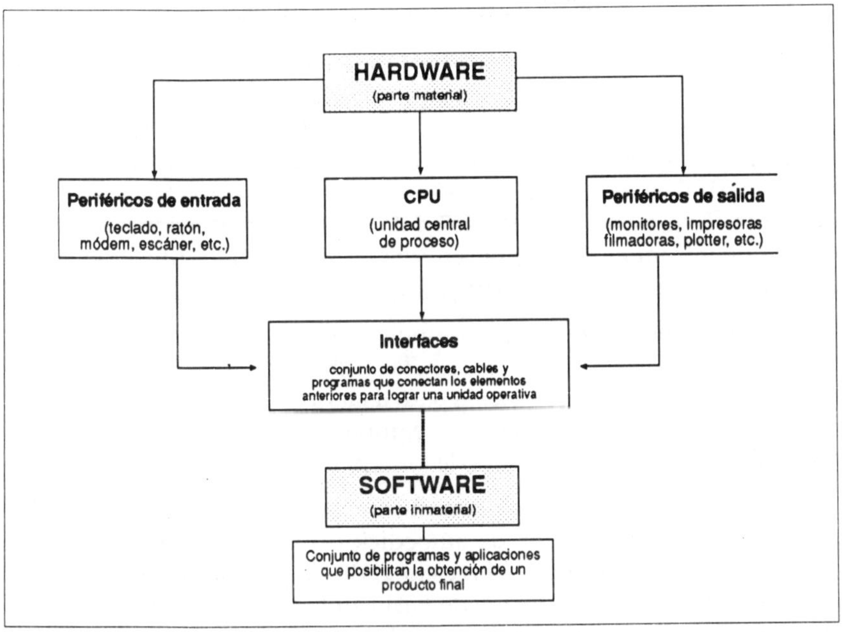

Figura 1.3. Elementos de un sistema de autoedición

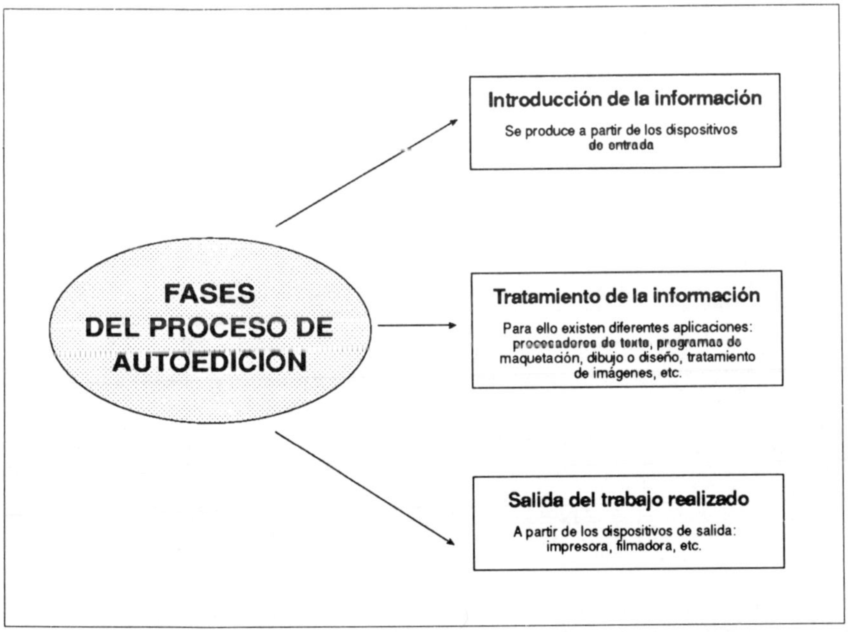

Figura 1.4. Fases del proceso de autoedición

característica de la sencillez del proceso y su fácil manejo.

En los últimos años, la autoedición ha evolucionado en tres líneas divergentes. Por un lado, se ha producido una tendencia hacia el perfeccionamiento de los programas y la introducción de nuevos equipos, lo que ha llevado a una mayor profesionalización de la autoedición. Por otro, la generalización de algunos conceptos con la llegada de aplicaciones asequibles en cuanto a facilidad de manejo y a un menor costo, pero también más limitadas en sus prestaciones. Y por último, la pérdida de hegemonía de Apple en este terreno, siendo difícil determinar en estos momentos quien lleva las riendas del mercado.

Es este punto donde surge la duda sobre hacia dónde debe caminar la autoedición. En opinión de Alex Brown, la autoedición se debate entre la necesidad de ser lo suficientemente sencilla para usuarios que desconozcan las técnicas de composición, y lo suficientemente compleja para ofrecer a los verdaderos profesionales todas las prestaciones de los sistemas tradicionales (1991, pág.156).

En este sentido también se planteaba un temor inicial vinculado a la idea de que cualquiera con un sistema de autoedición y un poco de interés sobre los aspectos gráficos y tipográficos, sobreestimando sus propias capacidades, pudiera inundar el mercado con productos de baja calidad. Sin embargo, estos temores pueden haber resultado un tanto exagerados, aunque tampoco están exentos de razón.

De cualquier forma, los expertos consideran que el mundo de la autoedición seguirá evolucionando unido al concepto de «fácil manejo» en muchas de sus aplicaciones, si bien tenderá hacia una mayor sofisticación y complejidad.

2

ARQUITECTURA DE UN SISTEMA DE AUTOEDICION

- **Conceptos básicos**
- **El sistema operativo**
- **Sistemas operativos aplicados**

2.1. Conceptos básicos

Un sistema de autoedición es, ante todo, un sistema informático. Por tanto, estará integrado por una parte material o hardware, la máquina, y otra inmaterial o software, los programas que dirigen la acción de dicha máquina. La parte material está integrada por la CPU, los periféricos de entrada y salida y las unidades de almacenamiento. La parte inmaterial es la que aglutina todos los programas, bien sean sistemas operativos, herramientas, lenguajes de programación, aplicaciones, etc.

Un sistema informático tiene por objeto el tratamiento automático de la información y la herramienta empleada para tal fin es el ordenador. En una primera aproximación, el ordenador se puede definir como un máquina que puede recibir datos, a través de las unidades de entrada, y proporcionar resultados, a través de las unidades de salida.

Para la obtención de resultados a partir de los datos que previamente se han introducido es necesaria otra unidad, la Unidad Central de Proceso (CPU), que se encarga del procesamiento de la información. Además, es necesario poder almacenar la información, de lo que se encargará la memoria.

Todo esto nos lleva a ofrecer una segunda definición del ordenador como una máquina capaz de recibir, almacenar, procesar y proporcionar información ejecutando las instrucciones de un programa, entendiendo por programa el conjunto ordenado de instrucciones que controlan la actividad de la CPU.

A continuación desglosaremos algunos conceptos básicos dentro de un sistema informático: CPU, memoria, dispositivos de entrada y salida (E/S) y sistema operativo (Figura 2.1).

a) La CPU (Central Process Unit)

Es el núcleo del ordenador. En torno a ella se estructuran los demás elementos del sistema. Su misión es, básicamente, la de ejecutar las acciones indicadas por los programas. Consta de una Unidad Aritmético-Lógica, una Unidad de Control y una Memoria Principal.

- *Unidad Aritmética Lógica* (UAL). Se encarga de efectuar operaciones aritméticas (sumar, restar, multiplicar, etc.), lógicas (comparaciones, enmascaramientos, etc.) y operaciones de tipo intermedio (mover, desplazar, etc.). Todas estas operaciones se realizan con información o datos que previamente han estado almacenados en la memoria. Está compuesta de ciertos elementos o circuitos que se encargan de efectuar operaciones muy sencillas.

- *Unidad de Control.* Su función es la de dirigir al resto de unidades de la CPU a través del envío de las órdenes adecuadas (lectura de memoria, operaciones en la UAL, etc.) y la de analizar o interpretar las instrucciones del programa que se está ejecutando. Es, por tanto, la parte de la CPU que controla y coordina las operaciones necesarias para el procesamiento de los datos en la memoria.

- *Memoria principal.* Es un dispositivo electrónico donde se almacenan dos tipos de información. Por un lado, el programa, y por otro, los datos introducidos por el ordenador que serán tratados de acuerdo con las instrucciones del programa. Se utiliza para introducir datos del exterior y dejarlos registrados, para albergar el programa que contiene las instrucciones que deben ejecutarse y almacenar los resultados del trabajo que se realice.

b) La memoria

Elemento del ordenador capaz de almacenar la información. Puede hablarse de memoria principal (interna o central) y memoria secundaria (externa o auxiliar). Dentro del primer bloque existen varios tipos de memorias, pero en realidad pueden agruparse en dos categorías: RAM y ROM (Figura 2.2).

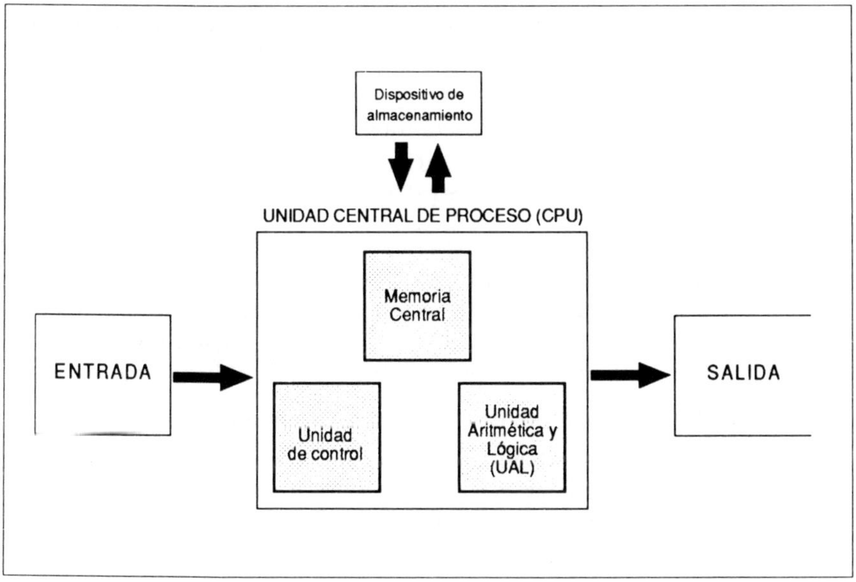

Figura 2.1. Elementos básicos de un ordenador.

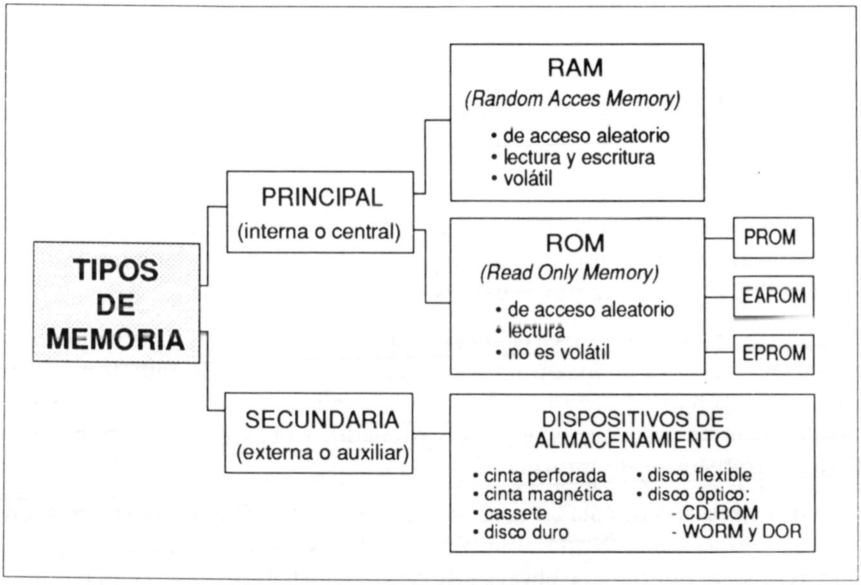

Figura 2.2. Tipos de memoria.

La RAM (Random Acces Memory) es una memoria cuyas principales características son:

- ser de acceso aleatorio
- permitir operaciones de lectura y escritura
- ser volátil, lo que quiere decir que, si el ordenador se desconecta de su fuente de alimentación, se pierde la información en ella almacenada

En la memoria RAM se contiene gran cantidad de información y es la que permite trabajar con los diversos programas, por lo cual es necesario tener la cantidad de memoria adecuada. Para poder trabajar con comodidad se recomienda disponer, al menos, de 2 MB de RAM. Si aún así subsisten los problemas de memoria y lentitud en las operaciones, la solución pasa por incrementarla.

La ROM (Read Only Memory) tiene como características:

- permitir sólo operaciones de lectura (su contenido es permanente y no se puede modificar)
- ser también de acceso aleatorio
- no ser volátil

La memoria ROM presenta diversas variantes. Una de ellas es la memoria PROM, en la que es el usuario quien la graba inicialmente, si bien después no puede efectuar modificaciones. Existen además otras variantes que permiten ser borradas y regrabadas mediante procesos especiales (EAROM y EPROM).

c) Dispositivos de entrada y salida (E/S)

La CPU y la memoria serían elementos inútiles si no pudieran comunicarse con el exterior para recibir datos y programas y facilitar resultados. Esta es la tarea de los dispositivos de E/S.

Las memorias RAM y ROM presentan varias desventajas. Por ejemplo, la información almacenada en la RAM se pierde al apagar el ordenador; y la ROM no es accesible en escritura por el usuario.

Por esta razón es necesaria la existencia de otros soportes de información que no sean volátiles y en los que el usuario pueda escribir. Es aquí donde entran en juego determinados periféricos de entrada y salida. A través de ellos se realiza la transferencia de información entre el ordenador y el exterior. Y quien controla el modo de transferir esta información es la CPU.

En la ejecución de esta tarea es ayudada por unos dispositivos intermedios llamados interfaces de E/S que comunican la CPU con el periférico y viceversa. Al mismo tiempo, el interface se encarga de descargar de trabajo a la CPU, mientras que el periférico sigue trabajando a una velocidad mucho menor.

2.2. El sistema operativo

En una primera aproximación podemos definir un sistema operativo como el software que controla el hardware, como el conjunto de programas que hacen al hardware utilizable. En primer lugar, es un administrador de recursos, que administra y gestiona los procesadores, el almacenamiento, los dispositivos E/S (entrada/salida) y los datos. Los sistemas operativos se utilizan en todos los ordenadores, desde los grandes ordenadores centrales hasta los más pequeños ordenadores personales.

El sistema operativo es un programa cuya misión es controlar y regular todos los elementos del sistema informático (periféricos E/S, memorias, etcétera), pero también la de hacer posible al usuario la programación y ejecución de las aplicaciones.

Es una colección ordenada de rutinas y procedimientos que acompañan al ordenador y normalmente realizan algunas, o todas, de las siguientes funciones:

- planificación, carga, iniciación y supervisión de la ejecución de programas
- asignación y administración de memoria
- conexión entre las unidades de E/S y el resto de dispositivos del sistema
- inicio y coordinación de todas las operaciones de E/S
- manejo de errores y reiniciaciones
- coordinación de las comunicaciones entre el operador y el sistema
- definición del interface del usuario
- determinación del modo de compartir el hardware entre usuarios, etc.

Pero el sistema operativo no es el único elemento que posibilita la comunicación hombre-máquina. Este forma parte del llamado software del sistema, que integra, además del sistema operativo, a los programas de utilidad y los lenguajes de programación.

Los programas de utilidad, llamados también utilidades del sistema, son aplicaciones que no forman parte del sistema operativo, pero se erigen como una ayuda necesaria para que el usuario pueda servirse del mismo. Existen muchos programas accesorios cuya misión es la de complementar al sistema operativo.

Los lenguajes de programación, por su parte, proporcionan al ordenador las instrucciones para su trabajo. Se dividen en lenguajes de máquina y lenguajes simbólicos. Estos últimos pueden ser de dos tipos: de bajo nivel y de alto nivel. Mientras que los lenguajes de alto nivel presentan una sintaxis más próxima al lenguaje humano, los segundos se acercan más al lenguaje-máquina. En la actualidad existen múltiples lenguajes de alto nivel, entre los que destacan: Fortran, Basic, Cobol o Pascal.

2.3. Sistemas operativos aplicados

A. El sistema operativo del Macintosh

El sistema operativo más intuitivo del mercado es el ofrecido por el ordenador Macintosh, de Apple. Esto se debe a que en su comunicación con los usuarios emplea un interface gráfico, basado en pictogramas o iconos, que se aleja notablemente de los directorios, comandos y funciones empleados por los sistemas alternativos. Los iconos o dibujos representan aplicaciones, archivos, documentos, utilidades, así como cualquier herramienta necesaria para efectuar trabajos o facilitar información acerca del propio sistema o de las aplicaciones instaladas.

Al encender el ordenador, lo primero que visualizamos es el escritorio, llamado también *finder*, donde confluyen diversos elementos. En la parte superior aparece una barra de menús, cada uno de los cuales contiene diferentes comandos que ejecutan funciones diversas. El modo de acceder a estos menús es a a través del ratón -dispositivo de entrada- que permite el desplazamiento por la pantalla y la selección de iconos y comandos. En algunos casos existe una alternativa, la llamada «función rápida» que activa comandos desde el teclado.

El proceso seguido para abrir menús es situarse con el ratón sobre el nombre del menú en cuestión y presionar el botón incorporado en la parte superior de este dispositivo. De esta manera, el menú se despliega pudiendo deslizar el ratón en vertical y posicionarlo sobre la operación que se desea.

En el escritorio también puede verse, en la parte superior derecha, un icono que representa el disco duro interno en el que, a través de un sistema de carpetas, se halla jerarquizada y guardada toda la información almacenada en el ordenador. También pueden verse en la pantalla las diferentes unidades de disco o periféricos conectados al sistema. En la parte inferior aparece otro icono, la papelera, empleada para suprimir todo aquello que queramos desechar (aplicaciones, documentos, utilidades, etc.).

Si en el entorno Macintosh hay un concepto esencial este es el de *ventana* (Figura 2.3). Cuando activamos un icono, abrimos una carpeta o una aplicación o, simplemente, el ordenador nos ofrece información a través de sus cajas de diálogo, aparece una ventana en la que podemos diferenciar varios elementos:

- un cuadro de cierre, situado en la parte superior izquierda, que sirve para cerrar la ventana y equivale al comando «cerrar» del menú Archivo.
- un cuadro de *zoom*, en la parte superior derecha, que amplía o reduce la ventana para visualizar el contenido de la misma y lo hace según dos valores fijos.
- el nombre del archivo, carpeta o disco, centrado en la parte superior.
- dos barras de desplazamiento, situadas, una, en la parte derecha -en

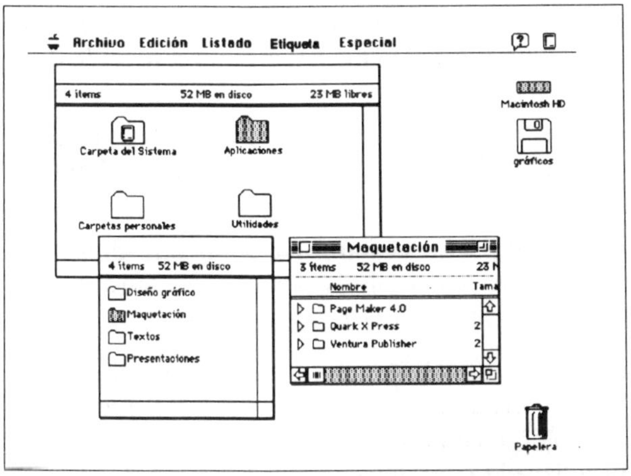

Figura 2.3. El ordenador Macintosh trabaja en un entorno gráfico a base de ventanas e iconos, los cuales representan aplicaciones, archivos o documentos que se organizan en carpetas. En la parte superior del finder aparece la barra de menús; a la derecha, los iconos que representan el disco duro y los disquetes; y en la parte inferior, la papelera.

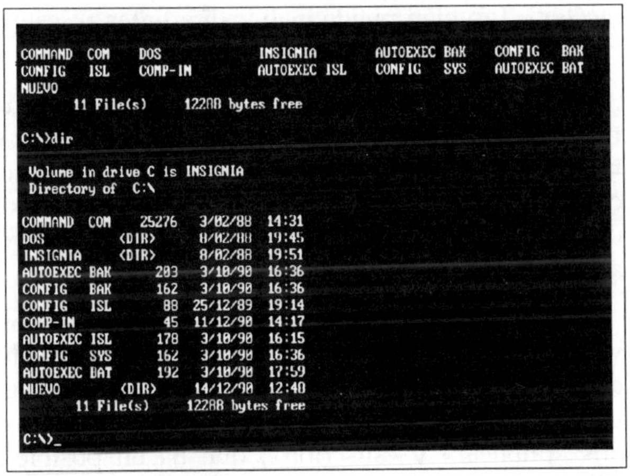

Figura 2.4. Listado de archivos en MS-DOS.

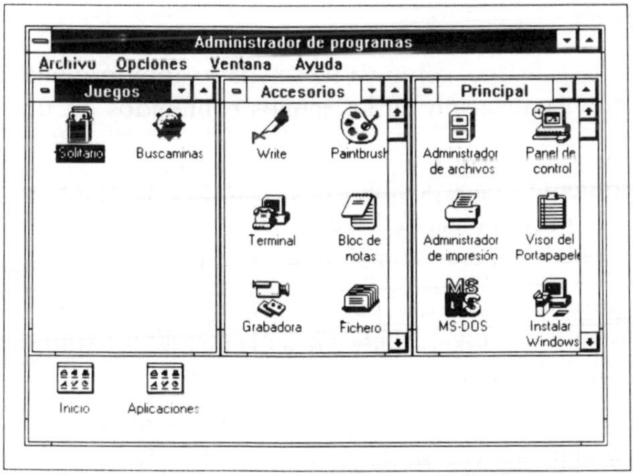

Figura 2.5. Entorno gráfico Windows.

vertical-, otra, en la parte inferior -en horizontal- y que hacen posible un movimiento horizontal o longitudinal para visualizar el contenido de la ventana.

- un cuadro de redimensionamiento, en el extremo inferior derecho de la ventana, que hace posible modificar el tamaño de la misma tanto en horizontal como en vertical.

El contenido de estas ventanas puede visualizarse siguiendo diferentes criterios: por iconos, grandes o pequeños, por nombres, por tamaño, según el tipo de archivo, etc. Estos están reunidos en el menú *Listado* del escritorio.

Junto a este menú el sistema operativo del Macintosh incorpora otros cinco. El primero es el menú *Apple*. En él se incluyen los paneles de control, que posibilitan los ajustes del Macintosh: el color del escritorio, la velocidad del ratón, la del parpadeo del cursor de escritura, la selección del sonido, el sistema de teclado, etcétera. También puede incluir diferentes accesorios de escritorio (reloj alarma, calculadora, un puzzle, etc.).

El menú *Archivo* es el que contiene las funciones relacionadas con el tratamiento de los documentos, por ejemplo, crear una nueva carpeta, abrir o cerrar otras, imprimir un documento, obtener información sobre su volumen, compartir documentos con otros usuarios conectados en red, duplicar un documento, etc. También podemos localizar archivos, documentos o aplicaciones a partir del comando *Buscar*.

Edición es el menú que agrupa los comandos relacionados con deshacer o volver a la acción anterior a la ejecutada en último lugar; cortar/copiar elementos de un trabajo para después pegarlos en otra parte; seleccionar todo el contenido de un trabajo para modificarlo o borrarlo; y, en determinadas ocasiones, los comandos «publicar» y «suscribir», que hacen posible publicar datos en forma de ediciones a otros documentos y suscribirse a ediciones que permanecen conectadas al documento fuente original.

El cuarto menú es el de *Listado* que, como ya he señalado anteriormente, permite modificar el modo de visualización de los iconos contenidos en una ventana.

El menú *Etiqueta* es el siguiente y hace posible que podamos establecer una serie de categorías en cuanto a la importancia de los documentos o archivos: sin terminar, importante, urgente, puede esperar, son algunas de estas categorías.

Y por último, *Especial*, que es un menú que permite varias cosas; por ejemplo, ordenar los elementos contenidos en una carpeta, vaciar la papelera, expulsar un disco, borrarlo, reiniciar el equipo o apagarlo.

Junto a estos menús aparecen, también en la parte superior del escritorio, otros dos iconos: el de ayuda y el de aplicación. El primero ofrece, mediante un sistema de globos, información sobre la forma de trabajar del comando o ítem seleccionado por el usuario. El segundo nos permite trabajar con varias aplicaciones a la vez, sin necesidad de salir de una para entrar en otra.

B. MS DOS

Es un sistema operativo de tipo numérico que sirve para dotar de inteligencia a los ordenadores compatibles.

Las siglas MS proceden del nombre de la empresa que lo creó -Microsoft- y DOS es el acrónimo de Disk Operating System (Sistema Operativo de Disco).

Este sistema operativo consta, principalmente, de tres partes:

- el sistema E/S
- el procesador de comandos
- las utilidades

El sistema entrada/salida permite al usuario escribir cualquier tipo de datos, visualizarlos en pantalla, imprimirlos, almacenarlos en el disco y cargarlos en éste.

El procesador de comandos es el programa mediante el cual nos vamos a comunicar con el DOS para indicarle las tareas que queremos que realice. Contiene una gran variedad de posibilidades que actúan como programas independientes y permiten copiar, visualizar o ejecutar los ficheros.

Las utilidades también forman un conjunto de programas independientes que facilitan darle formato a un disco, ver el espacio libre disponible, comparar archivos, etc.

Si el sistema operativo del Macintosh trabaja a partir de menús y ventanas, el DOS lo hace a partir de comandos y directorios (Figura 2.4).

A través de los comandos el usuario se comunica con el ordenador y puede ejecutar sus tareas. Siempre que trabaje con una aplicación creará un archivo o documento, el cual puede tener un nombre de no más de ocho caracteres. A este nombre se le puede añadir un punto y una extensión, formada por tres letras que ayudan a identificar el contenido del fichero. Existen extensiones creadas específicamente por el DOS y otras creadas por el usuario para saber el tipo de información de que se trata. El usuario debe evitar dar a sus archivos extensiones del primer tipo a fin de evitar equívocos. Entre las más comunes se encuentran:

- BAT. Contiene un fichero de texto con comandos del DOS que se ejecuta al escribir el nombre del archivo

- COM. Archivo de comando
- DAT. Contiene un fichero de datos
- DOC. Contiene un fichero de documento
- EXT. Contiene un fichero ejecutable
- SYS. Identifica un archivo de uso exclusivo del DOS. Corresponde a la configuración del sistema
- TXT. Archivo de texto

Los comandos son de dos tipos: internos y externos. Los comandos internos se ejecutan inmediatamente porque están incluidos dentro del DOS. No se puede ver su contenido. Los comandos externos residen en el disco como archivos de programa. Cualquier archivo con la extensión BAT, COM o EXE se considera un mandato externo. Esto permite que cualquier programa cree sus propios mandatos y los añada al sistema.

Algunos de los comandos más importantes son los siguientes:

- internos

DIR. Hace un listado de todas las entradas de un directorio o sólo de aquellos que corresponden a archivos específicos. A través de este comando se puede obtener un directorio, el cual representa el contenido del disco. Este conte-nido se presenta en columnas donde se recoge el nombre de los archivos, tamaño, fecha, etc.

RMDIR (Remove directory). Elimina directorios del disco especificado

MK (Make directory). Para crear subdirectorios en el directorio de trabajo o crear un nuevo directorio.

CHDIR. Para cambiar de directorio de trabajo.

CHKDSK (check disk). Analiza los directorios y los archivos en la unidad designada y produce un informe del estado de la memoria y del disco.

DEL. Suprime el archivo o archivos especificados. La información que se suprime es irrecuperable.

DATE. Permite introducir la fecha o cambiar la que ya tiene el sistema. La fecha se graba en la entrada del directorio para cada archivo que se crea o altera, por lo que es importante que esté actualizada.

RENAME. Cambia el nombre del archivo especificado en el primer parámetro por el nombre y extensión dada en el segundo parámetro.

- externos

BACKUP. Realiza copias de seguridad de uno o más archivos de disco a otro disco.

COPY. Copia las salidas de un dispositivo o archivo en un archivo u otro dispositivo.

DISKCOPY. Copia el contenido del disco de la unidad de origen en el disco de la unidad de destino.

FORMAT. Sirve para formatear los disquetes. Inicializa el disco en la unidad designada con un formato de registro aceptable para el DOS. Analiza el disco completo buscado las pistas defectuosas y también prepara el disco para la aceptación de los archivos del DOS.

PRINT. Imprime una lista de archivos de datos en la impresora mientras se están realizando otras tareas en el sistema.

RECOVER. Recupera archivos procedentes de un disco que tenga un sector defectuoso.

C. El entorno Windows

Windows es un entorno gráfico que marcó una clara evolución en el mundo de los compatibles al posibilitar un manejo más fácil e intuitivo de los PC.

Fue creado por la casa Microsoft para potenciar su sistema operativo MS DOS y equipararlo, en cuanto a la sencillez a la hora de trabajar, con el sistema operativo lanzado por Apple al mercado.

Para trabajar con este entorno gráfico el sistema operativo exigido es el DOS. Al igual que el sistema operativo de los Macintosh, Windows ofrece un panel de control desde donde se determinan cuestiones relativas al diseño y fisonomía del escritorio, la velocidad de parpadeo del cursor, el ajuste de velocidad del teclado o la selección de la impresora, entre otras.

Lo que hace Windows es transformar la pantalla en un escritorio electrónico dominado por la ventana del «Administrador de Programas», quien soporta el resto de utilidades y accesorios. Es un organizador de las tareas. Las aplicaciones instaladas están representadas por iconos, los cuales están contenidos en unos recuadros llamados ventanas y se organizan en grupos con rasgos comunes (Figura 2.5).

Incorpora también un «Administrador de Archivos» y un «Administrador de Impresión». El primero se utiliza para el mantenimiento de archivos y directorios, a partir de labores de copia, modificación del nombre y traslado de archivos de un sitio a otro del disco, formateo de discos, etc. El segundo reconoce y envía los documentos que queremos imprimir a una red, lo que facilita la configuración y selección de la impresora que vamos a emplear.

Al igual que sucede en el entorno Macintosh, se comunica con el usuario a partir de cajas de diálogo. Por otra parte, para instalar Windows en un ordenador personal necesitaremos un espacio libre en el disco duro de al menos 4,5 MB. Windows incluye, además, tres aplicaciones: Write, que es un procesador de texto; Terminal, que es un programa de comunicaciones y PaintBrush, un programa de dibujo. También incorpora una serie de pequeñas aplicaciones como son un reloj, una calculadora, un bloc, una agenda y un fichero, a los que se suman un par de juegos.

3

DISPOSITIVOS DE COMUNICACION

- **Periféricos de entrada**
- **Periféricos de salida**
- **Dispositivos de almacenamiento**

3.1. Periféricos de entrada

En la evolución que experimenta la información desde su nacimiento hasta que es procesada por el ordenador y sale al exterior, juegan un papel fundamental una serie de dispositivos conocidos como periféricos.

Estos elementos representan los dispositivos de comunicación del ordenador con su entorno, es decir, son los medios a través de los cuales proporcionamos información al ordenador y aquellos por los que éste suministra información de salida. A todos las unidades encargadas del trasiego de información entre el exterior y la UCP, o viceversa, se les denomina unidades o elementos periféricos.

De acuerdo con su utilización se pueden diferenciar dos tipos de dispositivos periféricos. Los de comunicación con el exterior y los de almacenamiento. Dentro del primer grupo se incluyen los periféricos de entrada y los de salida y, en el segundo, los periféricos de entrada/salida (E/S).

Los periféricos de entrada sirven para introducir información, datos, al ordenador. Por ejemplo, teclado, escáners, manejadores, etc. Los periféricos de salida son aquellos por los cuales el ordenador proporciona información, como monitores o impresoras, entre otros. Los periféricos de E/S se utilizan para ambas cosas (Figura 3.1). En este sentido pueden ser llamados dispositivos de «almacenamiento» o memorias externas, en cuanto que el ordenador almacena en ellos datos que pueden recuperarse en cualquier momento. Son las cintas magnéticas, discos rígidos, discos flexibles, discos removibles, etc.

Comenzaremos con los periféricos de entrada, que son los utilizados para tomar datos del exterior. Vamos a ver el teclado, los manejadores y los escáners.

A. Teclado

El dispositivo más empleado para efectuar la entrada de datos en el ordenador es el teclado. Probablemente es, junto al monitor y el ratón, el periférico con el que estamos más familiarizados.

En el teclado se diferencian varios grupos de teclas:

- teclas de texto o alfanuméricas. Corresponden a las teclas del alfabeto. Además de éstas incluye una serie de signos o símbolos especiales (asteriscos, porcentaje, dólares, copyright, etc.). En cuanto a su disposición, mantiene una clara analogía con la máquina de escribir.

- teclas numéricas. Se corresponden con los números del 0 al 9. Normalmente se sitúan en la fila superior del teclado, si bien, es posible encontrarlas a la derecha de éste, separadas del resto.

- teclas de función. Incluyen teclas de control y otras de ayuda a la programación. A través de ellas, el usuario envía códigos o señales al ordenador, que éste interpreta y ejecuta. Se diferencian del resto por tener una situación especial en el teclado y en que pueden llevar impreso un nombre que identifica la función que efectúan.

Es importante que estos grupos de teclas ocupen lugares claramente diferentes dentro del teclado a fin de facilitar la labor del usuario. Por otra parte, las compañías fabricantes aportan teclados cada vez más funcionales y manejables para que el usuario desarrolle mayores velocidades de pulsación (esta no suele sobrepasar los diez caracteres por segundo). Existen, incluso, teclados que ofrecen la repetición automática de funciones cosa que se produce al ser pulsada continuadamente alguna de las teclas.

B. Manejadores de cursor

Son unos dispositivos que envían al ordenador señales de entrada. Los más frecuentes son el ratón y el « joystick» o palanca.

- **El ratón.** Este periférico de entrada se caracteriza porque complementa al teclado, si bien le sustituye en muchas funciones. Se utiliza para ejecutar la mayor parte de las operaciones, algunas de las cuales también pueden

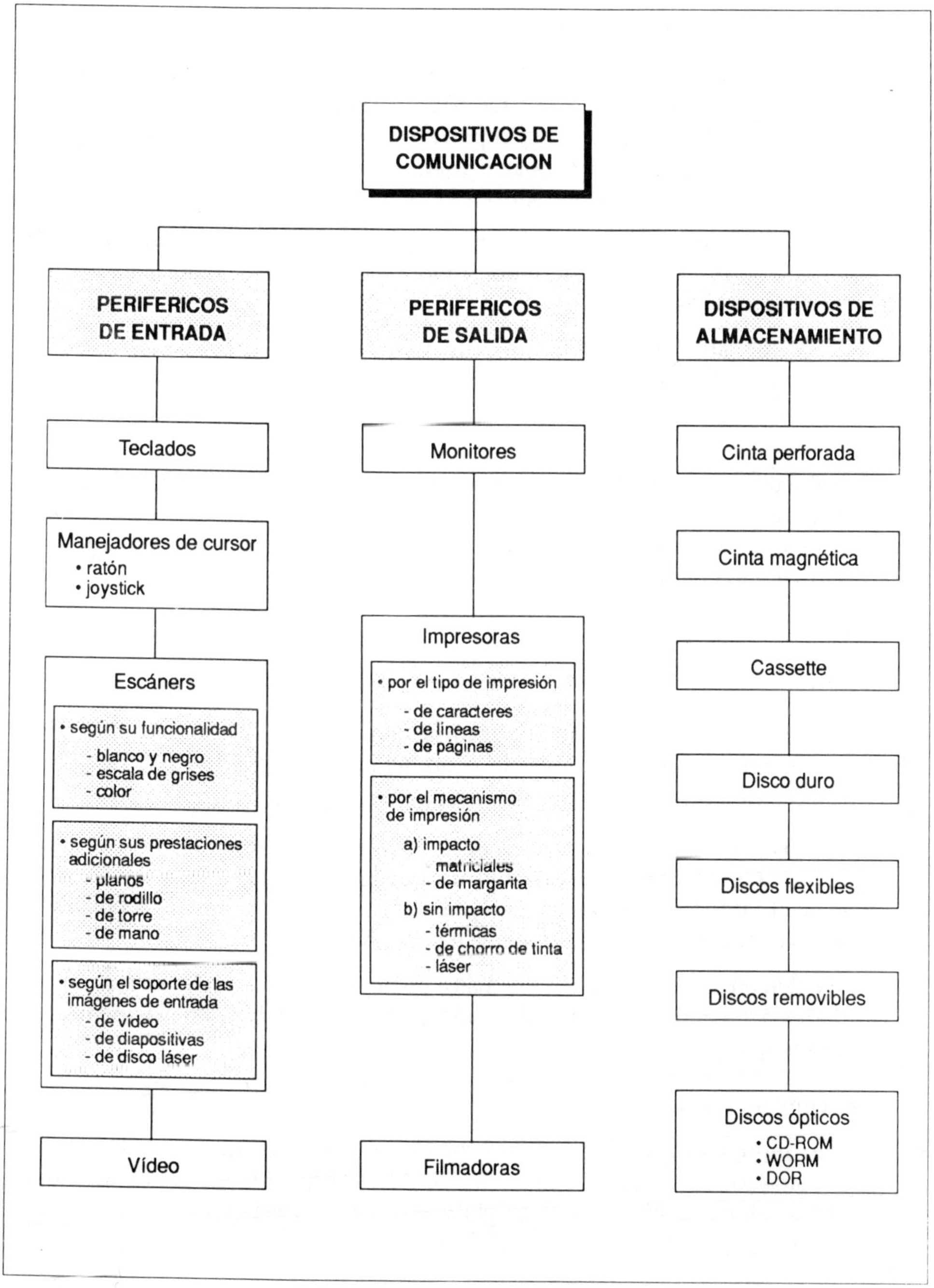

Figura 3.1. Esquema de diferentes dispositivos de comunicación.

efectuarse a partir de comandos del teclado.

El ratón es un dispositivo manual que físicamente consiste en una bola alojada en un hueco que hace posible su rotación en varias direcciones. Al apoyar el ratón sobre una superficie lisa los deslizamientos de éste se convierten en giros para la bola. Estos giros son enviados al ordenador y los reproduce moviendo el cursor por la pantalla.

La representación del ratón en la pantalla es un cursor que puede ser visualizado a partir de diferentes iconos, según la aplicación o herramienta con la que trabajemos.

El ratón desempeña dos funciones básicas: arrastrar o desplazar elementos de un lugar a otro y seleccionar o activar aquello con lo que vamos a trabajar.

- **Palanca o «joystick».** Dispositivo de entrada que permite también varias rotaciones. Está formado por una palanca unida por uno de sus extremos a una pequeña caja. Los ángulos de la palanca se convierten en direcciones del cursor en la pantalla.

C. Escáner

Es un elemento esencial dentro de un sistema de autoedición. Este periférico digitaliza imágenes a fin de convertirlas en ficheros que puedan ser tratados y modificados con las herramientas que ofrece el ordenador.

Gracias a los escáners es posible introducir, retocar o transformar cualquier imagen, ya sea una fotografía, un dibujo, un logotipo e incluso textos. Son de gran utilidad en el campo del diseño gráfico y la maquetación porque hacen posible la integración en los documentos de textos e imágenes.

Existen en el mercado escáners más o menos sofisticados a la medida de las necesidades del usuario. Atendiendo a diferentes criterios pueden clasificarse de distintas maneras:

- según su funcionalidad

  a) monocromos, blanco y negro. Dentro de este tipo se incluyen los llamados OCR (Optical Character Readers), específicos para textos y que permiten introducir estos en el ordenador, pudiendo ser modificados o corregidos sin necesidad de teclearlos.

  b) escala de grises, reconoce 256 niveles de grises, del 0 negro al 256 blanco.

  c) de color. La gama de colores ofrecidos por el escáner está en función del número de bits con que opere. Por ejemplo, un escáner de 8 bits admite una escala de hasta 256 niveles de grises o de colores, uno de 18 bits alcanza los 262.000 colores y otro de 24 bits hasta 16 millones de colores en una imagen.

- según sus prestaciones adicionales

  a) planos. Funcionamiento similar al de una fotocopiadora. La imagen se coloca sobre un cristal que será iluminado por un foco de luz que efectuará un barrido de la imagen interpretando ésta línea a línea. Se utiliza sobre todo para introducir fotografías, dibujos, gráficos y textos.

  b) de rodillos. Son escáners planos que incorporan unos rodillos que cogen los documentos situados en una bandeja de alimentación y que son desplazados sobre el foco de luz que, a diferencia de los anteriores, está fijo.

  c) de torre. En estos, los dispositivos ópticos de iluminacióny captura están en una especie de torre que se desplaza sobre la imagen que queremos digitalizar. Son de gran utilidad porque permiten escanear documentos de tamaños diversos e, incluso, en tres dimensiones.

  d) de mano. Son escáners muy pequeños, de un tamaño similar al del ratón. Constan de una cabeza lectora y un cable que se conecta al ordenador y a través del cual se transmite la imagen. Para capturar la imagen, el usuario tiene que situar la cabeza de lectura sobre el documento y deslizarla sobre la imagen que se desea. Su coste es bajo y son adecuados para digitalizar imágenes de tamaño reducido (logotipos, firmas...).

- según los soportes de las imágenes de entrada

  a) de vídeo

  b) de diapositiva o negativo

  c) de disco láser

Los componentes principales de un escáner son cuatro. El haz de luz que ilumina la imagen; un sistema mecánico que hace posible el barrido de la imagen por dicho haz; la cabeza digitalizadora que genera los diferentes valores de voltajes y, por último, un convertidor analógico-digital (el programa) que crea los diferentes puntos de la imagen.

Para introducir una imagen en el ordenador hay que seguir tres pasos: la exploración, la digitalización y el ajuste. La primera operación es la de exploración. En ella el escáner efectúa el barrido del foco de luz sobre la imagen, comenzando seguidamente, y de forma automática, el siguiente paso, el de la digitalización. Mediante la digitalización, las intensidades de luz se traducen en valores de punto. El resultado pasa, en primer lugar, a la memoria del ordenador y, después, al dispositivo de salida. En esta fase ya aparece la imagen sobre el monitor, momento en el que se pueden modificar los controles de brillo, contraste, umbral, etc. La duración de esta operación varía según el tamaño, tipo de imagen, resolución de salida y el modelo de escáner empleado.

La tercera fase es la de ajuste. Tal y como indica su nombre, en ella se procede a ajustar la imagen de acuerdo con las prestaciones y herramientas ofrecidas por el software que incluye el escáner. De esta manera se corrigen errores, se suavizan curvas, se cambian tonos, etc., hasta conseguir el resultado deseado.

Posteriormente, la imagen será guardada con un formato que pueda ser leído por el programa al que queremos destinar ésta. Como veremos en el capítulo noveno, existen también programas específicos de tratamiento fotográfico que permiten un ajuste o modificación más completa de las imágenes.

D. El vídeo

También es posible introducir imágenes en nuestro ordenador con ayuda del vídeo. Con los periféricos precisos se pueden capturar imágenes de la vida real, de una cinta de vídeo o de la misma televisión, con el propósito de darles posteriormente un tratamiento informático e, incluso, volver a darles salida a vídeo. El vídeo posibilita la entrada de imágenes directamente desde un vídeo o la televisión. La captura puede ser de imágenes estáticas o en movimiento, dependiendo siempre de la capacidad del ordenador.

El equipo necesario para ello pasa por 8 MB de RAM como mínimo, entre 80 y 100 MB de disco duro, una cámara de vídeo, una tarjeta digitalizadora - que convierte las imágenes analógicas en digitales- y los conectores adecuados.

La ventaja del vídeo respecto al escáner es que proporciona la entrada de imágenes en movimiento, mientras que el primero sólo proporciona imágenes estáticas. Escáner y vídeo son, pues, dos elementos esenciales dentro de un equipo de diseño para la autoedición. Gracias a su capacidad para capturar imágenes podemos disponer de amplias bibliotecas o archivos gráficos que incrementan las posibilidades artísticas de nuestros trabajos de autoedición.

3.2. Periféricos de salida

A través de los periféricos de salida el ordenador facilita la salida de la información al exterior. Los más habituales, y de los que vamos a hablar aquí, son los monitores, las impresoras y las filmadoras.

A. Monitores

El monitor es uno de los elementos más importantes del sistema de autoedición, ya que es quien presenta la información -gráfica o alfanumérica- al usuario. El tipo de monitor más empleado es el CTR o tubo de rayos catódico, y puede ser monocromo o en color.

Físicamente, consiste en un tubo vacío en forma de pirámide truncada y con una base rectangular. En la parte más ancha existe una superficie recubierta de material fluorescente. En la más estrecha lleva un filamento que produce un haz de electrones que al impactar con la base fluorescente hace que éste se ilumine. El fundamento del CTR en color es análogo, solo que emplea tres haces de electrones y tres revestimientos de fósforo que se iluminan en los tres colores básicos: rojo, verde y azul, obteniendo los demás por combinación de estos.

Mientras que el ordenador trabaja en un entorno digital, el monitor se mueve en el analógico. Así, la comunicación entre ambos es posible gracias a una placa de vídeo incorporada en el ordenador que recoge las señales digitales enviadas por éste y las traduce en niveles de rojo, verde y azul.

Los monitores se clasifica en función del color, resolución o tamaño. Desde el punto de vista del color estos pueden ser monocromos (blanco/negro), de escala de grises (256 niveles) o en color (los que disponen de 8 bits permiten visualizar 256 niveles; y los que disponen de 24 bits, hasta 17,6 millones de colores).

En cuanto al tamaño, los monitores pueden tener desde nueve hasta veintiuna pulgada y pueden ser verticales, horizontales o cuadrados. Es conveniente que la elección del tamaño esté relacionada con la naturaleza del trabajo que vamos a realizar. Para tareas de autoedición son convenientes las pantallas de quince pulgadas, debido a que permiten visualizar un formato DIN A/4 en tamaño real, tanto en posición vertical como horizontal. No obstante, también hay que considerar las del doce pulgadas, ya que son más baratas y, en algún caso, ofrecen más nitidez que otras de mayor tamaño.

Otro de los atributos de los monitores es la resolución. Esta viene dada por la densidad de puntos por pulgada. Esto indica el número de puntos que existen en una determinada superficie, la pulgada. Se considera como resolución estándar la de 72 p.p.p., y a medida que esta resolución aumenta también lo hace su nitidez debido a que se incrementa el número de puntos en la misma superficie.

B. Impresoras

Las impresoras son los dispositivos que dan salida a los documentos procesados por el ordenador. Gracias a este periférico podemos obtener en papel una copia de tales documentos. Esto la convierte en un elemento esencial dentro del sistema de autoedición, ya que nos ofrece una primera aproximación al formato final del proyecto de trabajo que estemos realizando.

Según sus características podemos clasificar las impresoras de este modo:

1. Por el tipo de impresión
   a) impresoras de caracteres
   b) impresoras de líneas
   c) impresoras de páginas
2. Por el mecanismo de impresión
   a) impresoras de impacto
      - de matriz de puntos o matriciales
      - de margarita
   b) impresoras sin impacto
      - térmica
      - de chorro de tinta
      - láser

IMPRESORAS DE CARACTERES

Imprimen el texto carácter a carácter. Por esta razón son más lentas que las impresoras de línea, que imprimen simultáneamente una línea entera. Siguiendo esta argumentación, las impresoras de página son, por tanto, las más rápidas de todas ya que imprimen de golpe toda una página, tal y como hacen las impresoras láser que son las más rápidas que pueden encontrarse en el mercado.

IMPRESORAS DE MATRIZ DE PUNTOS

Las impresoras matriciales pueden encuadrase como impresoras de caracteres puesto que diseñan mediante puntos los caracteres. Se consideran las impresoras personales más difundidas. Presentan algunas características, como por ejemplo, la posibilidad de imprimir diferentes tipos de letras; son capaces de imprimir en alta calidad, en detrimento de la velocidad, lo que consigue haciendo una doble pasada de trazado por línea.

También ofrecen impresión de alta densidad. Esto supone la posibilidad de comprimir los espacios, de modo que en las que sólo imprimen ochenta caracteres por línea se pueden conseguir ciento treinta y dos. Además incorporan posibilidades gráficas, las cuales permiten imprimir dibujos mediante puntos con resolución de alta calidad, pudiendo llegar a los 200 p.p.p.

La calidad y velocidad de este tipo de impresoras depende del número de agujas del cabezal. Las más comunes son las de nueve agujas, sin embargo, su calidad es superada por las nuevas de dieciocho, veinticuatro y cuarenta y ocho agujas.

IMPRESORAS DE MARGARITA

Incorporan un mecanismo análogo al de las máquinas de escribir. Este es un dispositivo en forma de margarita que tiene grabadas en relieve, y al revés, todos los caracteres de impresión. El resultado se obtiene a partir del impacto de esta superficie contra el papel a partir de una cinta de tinta.

IMPRESORAS TERMICAS

Se basan en el empleo de un papel especial, termosensible, es decir, sensible al efecto del calor. En ellas, el cabezal de escritura lo conforma un elemento con puntos caloríficos; de ahí que la impresión tenga trazos de puntos de modo semejante a las matriciales. Desde el punto de vista comercial, estas impresoras no han tenido mucho éxito debido, principalmente, a que el papel térmico es muy caro y a que se deteriora con facilidad.

IMPRESORAS DE CHORRO DE TINTA

Son un tipo de impresoras, sin impacto, que funcionan a partir de un fino chorro de tinta, cargado con electricidad estática, lo que hace posible que pueda ser manipulado en cualquier dirección conformando así los caracteres deseados. Esta clase de impresoras tiene como ventaja la posibilidad de utilizar simultáneamente diferentes tintas, con lo que se pueden efectuar impresiones en color.

IMPRESORAS LASER

Se consideran, por su calidad, las más eficaces de todas. Su funcionamiento es muy parecido al de las fotocopiadoras, pues son capaces de imprimir páginas enteras de una vez. La gran ventaja, a parte de su velocidad -cuatro páginas por minuto-, es la posibilidad de incorporar en un mismo documento diferentes familias tipográficas.

Una impresora láser está constituida por un rayo láser, un cartucho de tonner (o tinta) y un tambor sobre el que se forma la imagen de la página antes de ser impresa sobre el papel. La superficie del tambor admite ser cargada con electricidad estática y el láser elimina esta carga estática de las zonas que no se desean entintar. Las zonas que quedan cargadas atraen las partículas de tonner que dejan grabados los caracteres.

PLOTTER O TRAZADOR

Es un tipo de impresora que se caracteriza por admitir grandes formatos y que utiliza plumillas o cabezales con puntas de fibra o cargas de tinta de los más diversos grosores. Estos cabezales también pueden incorporar rotuladores para dibujar sobre el papel.

Sus características principales son que el tamaño de la página de dibujo es muy grande, que se pueden usar hasta seis colores diferentes y que la velocidad de dibujo es de 60 centímetros por segundo. Este tipo de dispositivo impresor se emplea, sobre todo, para imprimir proyectos de arquitectura y aplicaciones de CAD.

C. Filmadoras

Periférico a través del cual se obtienen los fotolitos de los trabajos que el usuario necesita enviar a imprenta. Una filmadora es un dispositivo que utiliza rayos láser para exponer la película y el papel fotosensible con una imagen de trama, es decir, una imagen hecha con puntos. Su resolución es de, al menos, 1.000 puntos por pulgada lineal (ppp), si bien, las filmadoras de alta calidad pueden sobrepasar los 3.000 p.p.p. Aunque estas resoluciones tan altas mejoran la calidad de la imagen, la diferencia se aprecia únicamente en impresiones de alta calidad y sobre papel brillante. Por ejemplo, para la edición de periódicos basta con una resolución de 1.200 puntos.

Una filmadora consta de varias partes: la grabadora, el procesador de trama y el procesador de película. La *grabadora* es la parte de la filmadora que expone la película. Tiene dos componentes básicos: el láser y el mecanismo de transporte, que mueve gradualmente la película o el papel para que el láser barra la página completa.

El *procesador de trama de imagen* o *RIP* es un dispositivo que sirve para crear la imagen de trama. Normalmente, este dispositivo va separado de la grabadora, pero a veces, especialmente en los sistemas más antiguos, se halla en la misma caja.

Y por último, el *procesador de película*, que es donde se revela la película o papel cuché utilizados en la filmadora. Hay una gran variedad de procesadores en el mercado. En la compra inicial, el usuario no suele tener en cuenta el procesador de película, sin embargo, puede ser tan importante para lograr una alta calidad como la grabadora o el RIP, mucho más caros que éste.

3.3. Dispositivos de almacenamiento

Un tercer tipo de periféricos son los de almacenamiento, los cuales permiten extraer o introducir datos en cualquier momento. Estos soportes de almacenamiento son de enorme utilidad debido a que, como ya se señaló con anterioridad, los trabajos en la memoria RAM se pierden ante el mínimo corte en el fluido eléctrico o un error en el sistema. Por eso es preciso ir guardando o salvando los trabajos cada cortos intervalos de tiempo.

Al margen de que los discos vayan fuera o dentro del ordenador son periféricos de éste. A continuación haremos una breve descripción de diferentes soportes para almacenar información.

CINTA PERFORADA

Fue uno de los primeros soportes para almacenar información. Es un soporte continuo de modo que puede contener información de cualquier longitud. El resultado es una cinta de papel de cientos de metros, por eso, para su almacenamiento se puede enrollar sobre un carrete a fin de que ocupe un volumen relativamente reducido.

Estas cintas se perforaban mediante una máquina perforadora y los agujeros -o perforaciones- representaban la información en códigos binarios. La introducción en la memoria del ordenador de la información contenida en estas cintas se realiza con un *lector de cinta perforada*. El principio de estos instrumentos es análogo al sistema de lectura de un teletipo, leyendo al mismo tiempo todos los elementos codificados que corresponden a un carácter y los transmite al ordenador uno a uno.

CINTA MAGNETICA

Es un soporte muy utilizado cuando se necesita almacenar datos de forma masiva, debido a su bajo coste. Sin embargo tiene el inconveniente de ser un dispositivo de acceso secuencial.

Es una cinta de material plástico recubierto de material ferromagnético. Tiene un ancho de 13 mm. y sus longitudes más habituales son 600, 1200 y 2400 pies (pie = 0,3048 m.). La capacidad de una de estas cintas puede ascender a varios millones de caracteres.

CASSETE

Constituye una variante de las cintas magnéticas. Son un poco más reducidas en longitud y anchura y situadas en unos cartuchos idénticos a los conocidos universalmente como «cassettes». Son capaces de almacenar unos trescientos cincuenta mil caracteres.

Este fue uno de los soportes más empleados y baratos para almacenar datos en los ordenadores personales. Su operatividad también es de tipo secuencial dado que para leer la información hay que bobinar la cinta hasta la posición donde se encuentra la información. Prácticamente no se utilizan en la actualidad, a excepción de algunos ordenadores personales de juegos.

DISCO DURO

Es el medio de almacenamiento principal. Es el dispositivo que ofrece un acceso aleatorio y rápido a los programas y archivos de datos que se utilizan con frecuencia. El almacenamiento principal es una necesidad básica, por lo que el disco duro debería continuar desempeñando un papel central en su configuración de almacenamiento como el punto en torno al cual giran las demás opciones de almacenamiento, necesarias en caso de que esta capacidad se quede pequeña. Las unidades de disco duro se producen con capacidades que van de 20 MB a más de 2 GB.

Es un disco magnético consistente en un disco metálico, generalmente de aluminio, cuyas dos superficies principales están recubiertas de una sustancia magnetizable. Al ser encendido el ordenador este disco comienza a girar, sin interrupción, dentro de una cámara de aire filtrado. Los datos se almacenan en serie, bit a bit, magnetizando puntos sucesivos sobre algunas de las circunferencias concéntricas denominadas pistas, contenidas en ambas caras del disco. Las pistas, a su vez, se dividen en sectores y cada sector consta de un cierto número de palabras.

Las particiones facilitan la organización de la información y evitan, en caso de accidente, una pérdida generalizada de la misma. En estos casos la información que se pierde es sólo la del sector en el que se estaba trabajando en el momento del accidente y no la de todo el disco. Ahora bien, si el fichero ocupa dos o más sectores, quedará inservible, aunque sólo se haya dañado uno de ellos, ya que la información está relacionada entre sí y los sectores en buen estado no pueden leerse sin el dañado.

El disco duro consta de una cabeza lectora, incrustada en un brazo radial, que tendrá que situarse sobre la pista deseada para iniciar el proceso de lectura o escritura de información.

DISCO FLEXIBLE

El diskette o disco flexible (floppy disk) es un disco de material plástico fino, recubierto de un material magnetizable. Tienen menor capacidad que los anteriores debido a que el número de pistas es menor.

No dispone de cabezas lectoras, ya que éstas están integradas en el disco duro. Sí dispone de un hueco para el eje de la unidad de disco rígido. Este permite que, después de que el disco haya sido colocado en la disquetera, quede sujeto al disco duro y pueda girar.

Según su tamaño, pueden ser de varios tipos: de 5 1/4 y de 3 1/2. Los primeros tienen más volumen físico pero permiten almacenar menos información que los segundos y también son más vulnerables. Los de 3 1/2, sin embargo, son más seguros, más manejables y tienen mayor capacidad de almacenamiento. Son de dos tipos: de doble cara o doble densidad (DD), y de alta densidad (HD, high density). Los primeros almacenan 800 k y los segundos 1400 k.

Este tipo de soporte es una forma rápida y sencilla de almacenar información para hacer copias de seguridad. Es conveniente tener copias de seguridad en discos flexibles de los trabajos guardados en el disco duro, ya que, por diferentes motivos (defectos de fabricación, virus informáticos, roturas físicas, etc.) puede ocurrir que perdamos las informaciones.

DISCOS DUROS EXTERNOS

Las unidades externas de disco se utilizan, sobre todo, como almacenamiento secundario. Este periférico se ha erigido como una de las opciones más adecuadas para cuando el disco duro interno carece de la capacidad suficiente para almacenar toda la información generada. También para aquellos equipos que no tienen disco duro y que por tanto necesitarían numerosos disquetes para guardar los trabajos.

En esta categoría se incluyen también los discos duros removibles. En ellos el *drive* (disco) está contenido en un cartucho removible. Son transportables y extraíbles, además de bastante rápidos. Combinan, pues, la característica removible de los disquetes y la capacidad de los discos duros. Los cartuchos removibles existen desde hace años y satisfacen una amplia variedad de necesidades de almacenamiento. Son intercambiables, por lo que la capacidad de almacenar es virtualmente ilimitada.

Las unidades removibles antiguas eran lentas y su capacidad estaba limitada a 44 MB. Sin embargo, las actuales unidades ofrecen un acceso más rápido y una capacidad de hasta 90 MB, aunque pronto las unidades de removibles soportarán cartuchos con capacidades de hasta 240 MB.

Una ventaja de los cartuchos removibles, y también de los discos duros externos, es que pueden ser utilizados como unidades de almacenamiento primario y secundario, y también para transportar grandes archivos. Son más duraderos que los disquetes por lo que se erigen como una alternativa de copia de seguridad adecuada. Y si el disco duro fallara podríamos arrancar desde un cartucho y continuar trabajando.

DISCOS OPTICOS

En este tipo de discos el cabezal magnético empleado en los discos duros es sustituido por otro con un emisor láser que permite la captación de microorificios de una millonésima de milímetro de grosor. Ofrecen, por tanto, una ventaja clara y es que, como el láser ofrece una mayor precisión de lectura, esto hace posible el almacenamiento en menos espacio de más información.

Pueden ser la mejor opción cuando se necesite almacenar archivos enormes, ya que brinda medios removibles de bajo coste, alta capacidad -hasta 1000 MB- y tiempos de acceso no demasiado lentos. Al igual que los disquetes y los cartuchos removibles, los discos ópticos también son removibles, con lo que pueden disponer de una capacidad de almacenamiento ilimitada. También puede trabajarse desde estos en caso de fallo del disco duro.

En la actualidad son tres los medios de almacenamiento a partir de tecnología óptica: el CD-ROM, el DOB y el WORM.

CD-ROM (Compact Disk-Read Only Memory).- Es un disco compacto que, al estar pregrabado su contenido, es inalterable. Sólo puede ser leído, no se puede ni introducir datos, ni modificar los ya existentes. Suelen emplearse para almacenar informaciones masivas: gráficos, fotografías, juegos, libros, etc. Su capacidad de almacenamiento es mil veces superior a la de un disco flexible.

WORM (Write Once, Read Many).- Unidades de escritura única y múltiples lecturas. A diferencia de los anteriores, sí permiten escribir datos, pero sólo una vez, ya que una vez escritos no pueden ser modificados. Son empleados para hacer compilaciones bibliográficas, almacenamiento de informes -médicos, jurídicos, etc.-, elaboración de grandes bases de datos, etc. Cada disco WORM puede almacenar hasta 5 GB.

DOR.- Es un disco óptico regrabable. También se denominan DOB o discos ópticos borrables. Estos posibilitan la grabación y lectura de información.

4

TIPOGRAFIA DIGITAL

- **Los caracteres digitales**
- **Fundamentos tipográficos**
- **Aplicaciones de creación tipográfica**

4.1. Los caracteres digitales

Uno de los elementos más importantes en el diseño de cualquier material impreso, sea diario, revista, folleto, memoria, libro o cartel, son los tipos o letras, ya que forman el marco visual a través del cual el lector recibe la primera impresión de la página.

La tipografía es, en palabras de Martín Solomón, el arte de producir letras, números, símbolos y formas con la ayuda del conocimiento de los elementos, los principios y los atributos esenciales del diseño (1988, pág.8).

En la historia de la tipografía se diferencian, claramente, tres momentos. El primero vino definido por la escritura a mano, bien sobre piedra, madera, papel... El segundo fue el de la tipografía de imprentas (con tipos de madera, primero, de plomo después). Y el último, el de la tipografía electrónica, en el que nos encontramos inmersos en la actualidad y al que vamos a dedicar este capítulo.

Los sistemas tipográficos tradicionales, basados en matrices en relieve u ópticas, están siendo sustituidos por otros más modernos y precisos: los sistemas digitales de composición tipográfica. El ordenador ha supuesto una auténtica revolución tipográfica puesto que, en este sentido, ha traído consigo posibilidades ilimitadas. Una vez más es preciso hablar del Macintosh, de Apple, como el auténtico responsable de esta revolución y al que se considera ya integrante de la historia de la tipografía, en la que entra en el momento en que nace la primera impresora LaserWriter con PostScript. Este lenguaje lo que ha hecho ha sido flexibilizar la manipulación de fuentes al estandarizar el formato de definición y representación de las mismas, a partir de rectas y curvas de tipo *Bezier*, y que son almacenadas en un fichero que basta con instalarlo en el sistema del ordenador para disponer de tal o cual fuente.

Antiguamente, las tipografías estaban sometidas a una rigidez que les impedía ser modificadas, sin embargo, ahora los tipos digitales pueden ser variados en múltiples aspectos como el tamaño, grosor o inclinación, y pueden aplicárseles diferentes efectos especiales tales como ondulaciones, giros, escalados o perspectivas, así como el color, degradados o diferentes motivos de relleno.

Un tipo digital consta de tres partes: una fuente bitmap (mapa de bits) para la pantalla (screen), una fuente vectorial para la impresora (printer) y otra parte, el AFM, también para la impresora, y que incorpora la información sobre controles tipográficos. Las fuentes de pantalla aportan información sólo sobre determinados cuerpos así, para la representación de cuerpos superiores o inferiores a los instalados en el sistema, el ordenador tiene que escalar los que sí están cargados. Esto supone una representación tipográfica del cuerpo bastante pobre debido a que presenta un gran escalonado que parece distorsionar el tipo. Sin embargo, existen aplicaciones que pueden solucionar este inconveniente, como ATM (Adobe Type Manager) que mejora la visualización en pantalla de estos cuerpos.

En la actualidad son varias las aplicaciones que, nacidas al amparo de la autoedición, permiten la creación o modificación de fuentes. El número de efectos o deformaciones que podemos aplicar a éstas depende, exclusivamente, del software con que trabajemos. En este sentido, vamos a centrarnos en los ordenadores Macintosh de Apple, por ser los primeros en adoptar el lenguaje PostScript como estándar y por ser los más empleados en las artes gráficas, la fotocomposición y el diseño digital.

4.2. Fundamentos tipográficos

Para que los usuarios de sistemas de autoedición saquen el máximo partido a sus trabajos, desde un punto de vista tipográfico, no basta con que dominen los programas de creación o modificación de fuentes, sino que es preciso que conozcan y apliquen determinados fundamentos de tipografía sobre los que vamos a ofrecer a continuación algunas consideraciones.

Aunque la mayor parte de la producción tipográfica actual se hace por métodos fotográficos e informáticos, la terminología que se emplea tiene su base en la etapa de la composición con plomo, por lo que, a la hora de trabajar con tipografías, hay que conocer estos términos.

Caracter tipográfico y familia tipográfica

Un caracter es un signo impreso; es el resultado final de un letra obtenido bien por impresión o por fotografía (fotocomposición).

La inmensa variedad de caracteres existentes en la actualidad se agrupa en familias tipográficas. Una familia tipográfica es el conjunto o colección de caracteres de los diversos cuerpos y series -normal, cursiva, negrita, condensada, expandida- que son del mismo estilo y han sido obtenidas partiendo del mismo diseño básico.

Elementos de un caracter

Antes de enunciar las partes de un caracter hay que señalar que todos ellos están delimitados por cuatro líneas imaginarias, que son: la línea base, el ojo medio o altura del tipo, la de los trazos ascendentes y la de los descendentes.

La línea base es el punto de referencia de las letras del texto, es una línea imaginaria sobre la que se apoyan los caracteres (Figura 4.1). Algunos de los programas de diseño para la autoedición existentes en la actualidad permiten alterar la línea base de cada uno de los caracteres que componen una palabra o párrafo para conseguir determinados efectos.

La altura del tipo es el espacio vertical ocupada por las minúsculas. Los trazos ascendentes son aquellas partes de una letra minúscula que sobresalen de la altura del tipo, y los descendentes los que quedan por debajo de la línea base (Figura 4.2).

A estas líneas de referencia habría que añadir algunas otras, pues en ocasiones, o bien las letras mayúsculas sobrepasan la línea de referencia de los ascendentes, o bien se diseñan caracteres que terminan por debajo de la línea de referencia de los descendentes.

Toda letra se compone de una serie de elementos o partes:

- *ojo medio.* Altura de los caracteres de caja baja que carecen de trazos ascendentes y descendentes.
- *ascendente.* Parte de las letras de caja baja que sobrepasa el ojo medio.
- *descendente.* Parte de las letras de caja baja que desciende desde la línea base.
- *asta.* Trazo principal de una letra.
- *remate o terminal.* Trazos finales de una letra que parten de los trazos principales de la misma.
- *enlace.* Parte donde se unen el asta y el remate.
- *cabeza.* Parte superior de la letra incluido su remate.
- *brazo.* Trazo horizontal que parte de un trazo vertical.

- *travesaño.* Trazo horizontal que corta la línea vertical principal de una letra.
- *hombro.* Trazo curvo que sobresale del asta.
- *cola.* Pequeño trazo en ángulo respecto al trazo principal (Figura 4.3).

Estilos de letra

Cada familia de letra puede agrupar uno o varios estilos: fina, normal, negrita, supernegra y cursiva y la combinación de estos, es decir, fina cursiva, cursiva negrita y cursiva supernegra. Pero no todas las familias tipográficas tienen que incluir estos estilos. Puede ocurrir que una familia no tenga cursiva o supernegra, por ejemplo, lo que se debe únicamente a que en el diseño inicial de la letra se excluyeron estos estilos.

La mayoría de las familias incorporan al menos dos estilos, la redonda y la cursiva, a los que se puede añadir, según el grosor, estilos que van desde la ultrafina a la supernegra. También se encuentran familias que poseen versiones adicionales, como son condensadas, expandidas, huecas, sombreadas o invertidas, estilos que pueden combinarse con los ya señalados (Figura 4.4).

Sin embargo, los programas de diseño para la autoedición incorporan un submenú llamado «estilos de letra» que nos permiten aplicar a la familia elegida el estilo que queramos, aunque no lo incluya la familia.

Clasificación de los tipos

Para lograr que nuestro trabajo tenga una calidad y diseño óptimo es preciso conocer y valorar adecuadamente las diferentes familias tipográficas existentes. A lo largo de la historia han sido numerosos los esfuerzos por clasificar los tipos dando como resultado múltiples clasificaciones con diferentes sistemas de identificación.

De cualquier forma, en la actualidad son dos los estilos que dominan el espectro tipográfico: los caracteres con remates y los caracteres sin remates o de palo seco.

Caracteres con remate. Esta categoría de tipos recibe la influencia de la escritura manual renacentista. Se caracteriza porque sus formas son libres y sueltas. Dentro de este tipo de letras se encuentran diferentes subcategorías: caracteres con remate antiguos, caligráficos, con remates suaves, afilados o gruesos, caracteres de transición, modernos, etc.

Las familias más empleadas son: Times Roman, Garamond y Caslon (de entre las antiguas), Palatino (de las caligráficas), Bookman (con remates gruesos), Bodoni (de las modernas), entre otras (Figura 4.5).

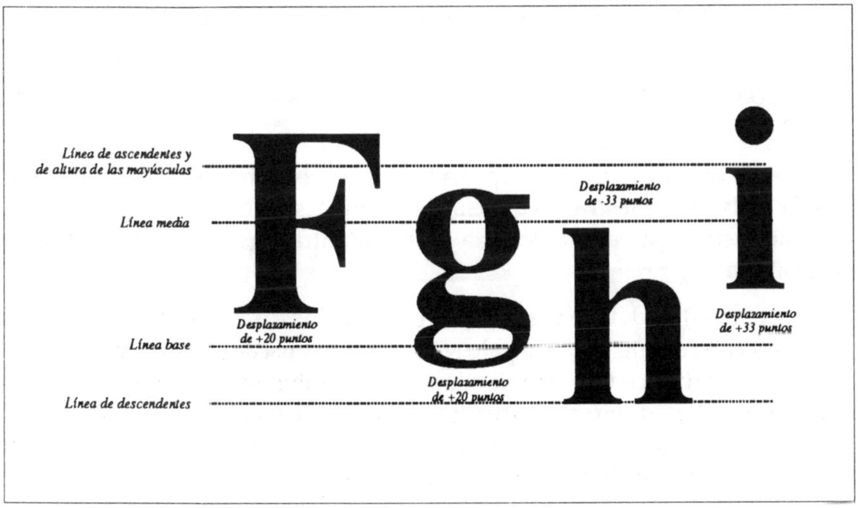

Figura 4.1. Ascendentes y descendentes de una letra.

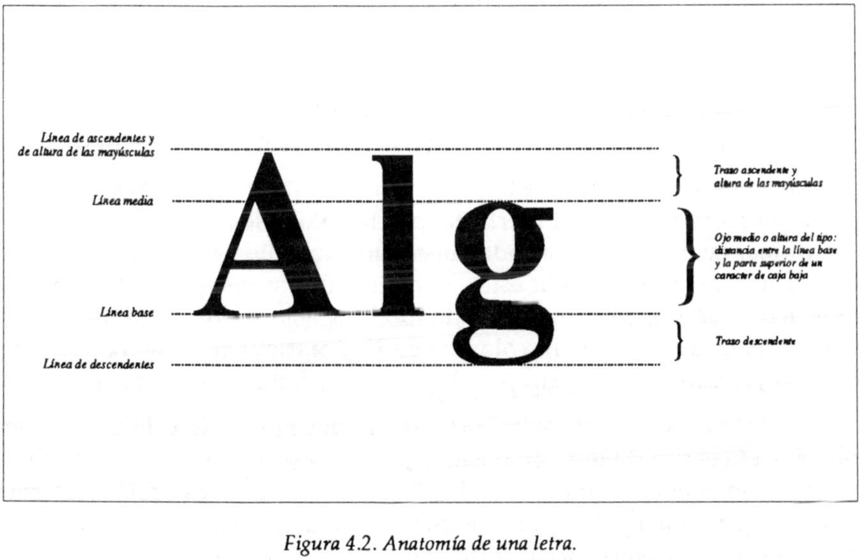

Figura 4.2. Anatomía de una letra.

Caracteres de Palo Seco. Son los que carecen de dibujos y remates. Son considerados caracteres modernos debido a que fueron utilizados con posterioridad a los que sí tenían remates. Estos se emplearon por primera vez en el siglo XIX.

Son utilizados en trabajos técnicos, comerciales y también en diarios y revistas, especialmente para titulares, debido a que son muy legibles en los cuerpos grandes.

En esta categoría se agrupan también diferentes familias. Las más utilizadas son la Helvética, Futura, Avant Garde y Univers (entre aquellas cuyos rasgos no presentan contraste aparente) y la Optima, entras las que presentan un contraste limitado.

En la actualidad, la tendencia por parte de los diseñadores es la de combinar los tipos con remate y los de palo seco a fin de buscar efectos de contraste en sus trabajos. Los diarios también tienden a esta combinación, ya que viene siendo habitual que en los titulares se empleen caracteres de palo seco, y en los textos, entradillas o sumarios, caracteres con remate. En el caso de las revistas la variedad de tipos es mayor dado que se buscan mayores contrastes que refuercen el carácter estético de las páginas.

Interlineado e interletraje

El interlineado es, como su nombre indica, el espacio entre las líneas que componen un texto, es la distancia entre la línea base de una línea de texto y la línea base de la siguiente.

El interlineado normal más pequeño es aquel cuyo valor equivale al del cuerpo empleado (si el cuerpo es 9, el interlineado es también de 9 puntos). Se denomina interlineado sólido y es el empleado normalmente en periódicos.

Sin embargo, el interlineado más frecuente es el que incrementa un punto respecto del cuerpo (cuerpo 9, interlineado al 10). No obstante, existe una regla para determinar cual es el interlineado adecuado. Para ello hay que medir el ancho de la columna en picas y dividir este valor entre los puntos del cuerpo empleado; de este modo se obtiene como resultado el espacio entre líneas que debería aplicarse. Por ejemplo, si en una columna de 32 picas de ancho tenemos un cuerpo de 8 puntos, el resultado es cuatro, con lo que la interlínea debería ser de 12 puntos.

También existe una regla importante y es que ningún interlineado debe ser menor que el cuerpo de letra empleado, pues ello supondría que las letras con trazos descendentes coincidieran con las de trazos ascendentes y esto afectaría a la legibilidad. Sin embargo, en algunos casos si podría aplicarse un interlineado negativo, es decir, que el espacio entre líneas sea menor que el cuerpo de la letra, ya que puede se adecuado cuando todo el texto está en mayúsculas o versalitas o bien en el caso de algunos titulares.

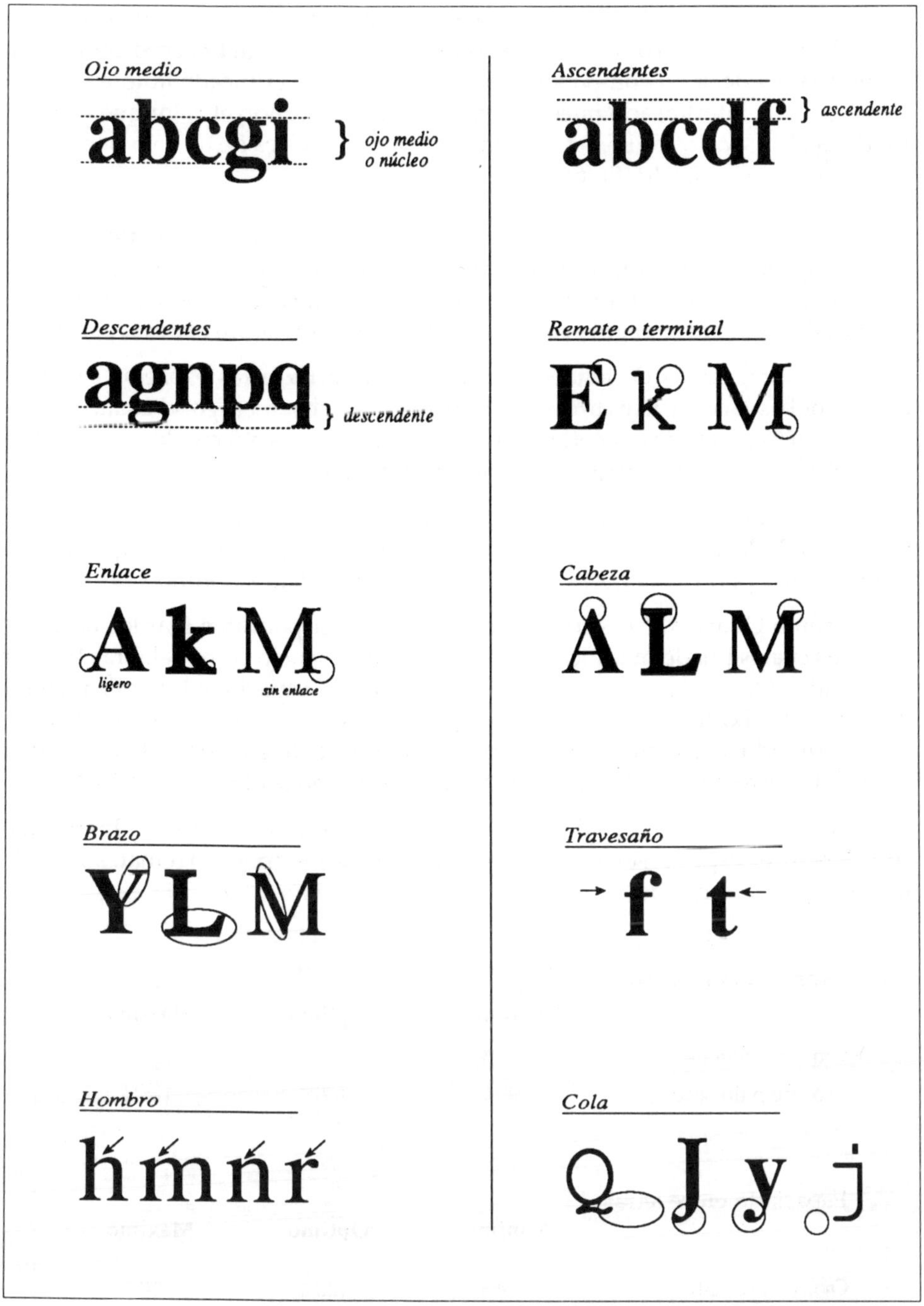

Figura 4.3. Elementos de un caracter.

Los programas de maquetación aplican un interlineado predeterminado llamado «Auto» que equivale a dos puntos por encima del cuerpo de la letra empleada. Es decir, si componemos al cuerpo 9, el interlineado auto es 11. Sin embargo, este interlineado puede ser modificado aplicando el valor que el usuario desee. El espacio recomendado para textos seguidos es de un sólo punto más que el cuerpo empleado (Figura 4.6).

Para que un impreso resulte visualmente agradable y sea perfectamente legible es preciso un equilibrio entre el reparto de los blancos (espacios -ya sea entre letras, entre palabras o entre líneas-), y negros (letras). Hay que buscar siempre la estética del «gris de la página» basada en este equilibrio entre blancos y negros.

Los programas de autoedición permiten variar estos espacios según el criterio del usuario. Esto es una ventaja importante; sin embargo, el usuario todavía desconoce, en líneas generales, cuáles son los valores adecuados que tendría que aplicar con el fin de lograr una mayor legibilidad.

Las dos aplicaciones que mejor regulan estos espacios entre letras y palabras son Quark X Press y Aldus Page Maker, ya que los programas de dibujo, aunque también incorporan esta posibilidad, no ofrecen resultados óptimos.

Tanto Quark X Press como Aldus Page Maker permiten fijar los baremos entre los cuales puede modificarse el interletraje y espacio entre palabras tras ser justificado el texto. En estos baremos queda fijado el espacio óptimo, la anchura mínima y la máxima entre los caracteres, por un lado, y entre las palabras, por otro. En este sentido, existe una tabla de valores que sirve de guía para determinar el espaciado correcto. En ellas, el ajuste normal está representado por el 100%.

Por otra parte, se considera que los ojos tipográficos con remate y los de palo seco tienen que espaciarse de formas distintas, ya que los tipos con remates son más legibles que los segundos.

Espaciado entre palabras	Mínimo	Optimo	Máximo
Ojos con remate	75%	100%	125%
Ojos de palo seco	90%	100%	125%

Espaciado entre letras	Mínimo	Optimo	Máximo
Ojos con remate	95%	100%	110%
Ojos de palo seco	100%	100%	110%

Helvética

Helvética Italic

Helvética Bold

Helvética Bold Italic

Helvética Extended (120%)

Helvética Condensed (80%)

Figura 4.4. Diferentes versiones de la familia Helvética.

Bodoni Bold	Avant Garde
Bookman Bold	**Futura** Extra Bold
Caslon 540	Gill Sans Light
Garamond	Helvetica Light
Palatino	Optima
Times New Roman	Univers 45

Figura 4.5. Principales familias con remate y de palo seco.

La Autoedición ha traído consigo el nacimiento de dos nuevos términos aplicados a la tipografía *kerning* y *tracking*. El kerning es el ajuste del espacio entre pares de caracteres. En ocasiones, se produce un espaciado irregular entre determinados pares de caracteres que es necesario ajustar.

Los programas de maquetación incluyen tablas de kerning que contienen pares de interletrado y a las que el usuario puede añadir sus propios pares, a los que ha asignado el valor adecuado para conseguir el espaciado correcto en todas las combinaciones de caracteres.

En el caso de los cuerpos de texto el interletrado automático basado en las tablas de kerning funciona correctamente. No obstante, en los titulares los problemas de interletraje son mayores ya que si se desea conseguir un buen efecto visual en cuerpos superiores a 24 puntos es necesario aplicar un interletrado manual (Figura 4.7).

El tracking es el ajuste entre todas y cada una de las letras, esto es, el interletraje general. Este debe reducirse a medida que las letras aumenten su tamaño a fin de compensar esa apariencia que tienen los cuerpos grandes de estar más abiertos (Figura 4.8).

4.3. Aplicaciones de creación tipográfica

La incorporación del ordenador al mundo de la tipografía se ha producido en una triple vía.

La primera está integrada por aquellas aplicaciones que posibilitan la creación de nuevas tipografías. La segunda, por las que permiten manipular o aplicar determinados efectos a tipografías ya existentes. Y una tercera que está integrada por diferentes programas de diseño que permiten «dibujar» las letras y, por tanto, trabajar con ellas como si fueran gráficos.

1. *Programas para crear fuentes*

El proceso de creación de fuentes nuevas es lento y complejo y las aplicaciones empleadas para ello son un tanto complicadas. Sin embargo, ofrecen una gran ventaja y esque la fuente, una vez diseñada, se incorpora como una tipografía más en el sistema, pudiendo ser instalada en la impresora y trabajar con ella desde otras aplicaciones.

Dentro de esta vertiente los dos programas líderes son FontStudio, de Letraset, y Fontographer, de Altsys.

El interlineado es el espacio entre las líneas que componen un texto, es decir, la distancia entre la línea base de una línea de texto y la línea base de la siguiente.

Interlineado Sólido
(igual a los puntos del cuerpo =8)

El interlineado es el espacio entre las líneas que componen un texto, es decir, la distancia entre la línea base de una línea de texto y la línea base de la siguiente.

Interlineado Auto
(dos puntos más que el cuerpo =10)

El interlineado es el espacio entre las líneas que componen un texto, es decir, la distancia entre la línea base de una línea de texto y la línea base de la siguiente.

Interlineado 12 ptos.

El interlineado es el espacio entre las líneas que componen un texto, es decir, la distancia entre la línea base de una línea de texto y la línea base de la siguiente.

Interlineado 6 ptos.

■ *En el caso de las mayúsculas, el interlineado auto disminuye la legibilidad. Al no haber una separación entre líneas suficiente, los trazos descendentes y ascendentes coinciden, al tiempo que es fácil que el lector se salte las líneas.*

EL INTERLINEADO ES EL ESPACIO ENTRE LAS LINEAS QUE COMPONEN UN TEXTO, ES DECIR, LA DISTANCIA ENTRE LA LINEA BASE DE UNA LINEA DE TEXTO Y LA LINEA BASE DE LA SIGUIENTE.

Cuerpo 8, mayúsculas, interlineado auto.

EL INTERLINEADO ES EL ESPACIO ENTRE LAS LINEAS QUE COMPONEN UN TEXTO, ES DECIR, LA DISTANCIA ENTRE LA LINEA BASE DE UNA LINEA DE TEXTO Y LA LINEA BASE DE LA SIGUIENTE.

Cuerpo 8, mayúsculas, interlineado sólido.

EL INTERLINEADO ES EL ESPACIO ENTRE LAS LINEAS QUE COMPONEN UN TEXTO, ES DECIR, LA DISTANCIA ENTRE LA LINEA BASE DE UNA LINEA DE TEXTO Y LA LINEA BASE DE LA SIGUIENTE.

Cuerpo 8, mayúsculas, interlineado 11 puntos.

Figura 4.6. Ejemplos de interlineados distintos.

FONTSTUDIO

Es una aplicación que permite diseñar y crear fuentes tipográficas, ya sea partiendo de cero o modificando las existentes, dando como resultado otra fuente diferente que puede ser empleada en impresoras PostScript o filmadoras.

En la creación de una fuente con este programa hay que seguir un proceso cuyo primer paso es determinar qué estilos va a tener la familia que vamos a diseñar, es decir, si sólo queremos el normal, la negrita, la cursiva, la negrita-cursiva, etc. También permite crear familias de un solo estilo. De cualquier forma, y ya como segundo paso, es preciso que para cada estilo se añada la correspondiente fuente PostScript ya que ésta es la que tiene que enviarse a la impresora.

La siguiente operación es la edición de los contornos de la letra, su diseño individual (Figura 4.9). Para ello incorpora una completa caja de herramientas, algunas de ellas muy similares a las de los programas de dibujo, por ejemplo, la lupa, la mano -que permite movernos por la letra a la edición punto por punto, etcétera. Otras operaciones que podemos realizar con esta aplicación son la unión de puntos o la intersección de contornos. Pero, sin duda una de las más útiles es la posibilidad que ofrece de crear y aplicar rasgos comunes a un número determinado de letras, que definen su estilo y peso.

La aplicación de «hinting» es otra opción específica de FontStudio. Se trata de una técnica empleada para una reproducción correcta, sobre impresora láser, de las fuentes en cuerpos pequeños.

Una vez diseñados los contornos de las letras el siguiente paso es la generación de fuentes bitmap, al ser las empleadas habitualmente por cualquier programa para Macintosh, para su visualización en pantalla. FontStudio realiza esta operación de modo automático y puede especificar un número determinado de cuerpos, de colores así como la técnica de rasterización(o procesamiento de imagen por líneas).

Una vez creada la fuente bitmap un nuevo paso en este proceso de creación tipográfica es la aplicación de los ajustes oportunos de los cuales, el más importante es el de la separación entre pares de caracteres -kerning- para conseguir el efecto visual adecuado. En este aspecto, FontStudio incorpora las herramientas adecuadas para lograr el ajuste preciso entre cada par.

Efectuados los ajustes, la última operación es exportar toda la familia tipográfica enviando, por un lado, las fuentes PostScript a la impresora y, por otro, las fuentes bitmap, que serán las que visualicemos en pantalla.

FONTOGRAPHER

Esta aplicación de creación y diseño de fuentes posee unas características más limitadas que la anterior, pero su manejo es más sencillo.

Valor
kerning normal

Valor
kerning de -3 ptos. entre v y a

Valor
kerning correcto
(entre v y a=-2; a y l=0; l,o y r=-1)

Figura 4.7. Diferentes ejemplos de kerning.

Tracking	Cuerpo 36 Interletrado normal
Tracking	Cuerpo 36 Interletrado -1
T r a c k i n g	Cuerpo 36 Interletrado 4
T r a c k i n g	Cuerpo 36 Interletrado 8

Figura 4.8. Ejemplos de tracking.

El proceso de diseño de una familia es más fácil que en el programa anterior. Cada documento se compone de un solo estilo, de forma que para generar una familia completa serán necesarios cuatro documentos (normal, negrita, cursiva y negra cursiva). Una vez creado el documento y, por tanto, la fuente, se puede elegir una letra dentro de la tabla de selección, tras lo cual pasa al editor de contornos, desde el que se generarán, a partir de un conjunto de herramientas básicas y sencillas, los contornos de la fuente (Figura 4.10).

Una vez creado el conjunto de caracteres, la siguiente operación es ajustar las informaciones métricas de los caracteres - el kerning y el grosor de la letra-.

Definir la representación bitmap de la fuente es el siguiente paso. Para ello basta con guardar la fuente ya que, de esta manera, se genera automáticamente la maleta que contiene los cuerpos.

A diferencia de la aplicación anterior, Fontographer no permite abrir una fuente ya definida, por lo que no puede modificar fuentes ya existentes. Otro aspecto que les diferencia es la posibilidad que ofrece de diseñar letras que posean escalas de grises en sus contornos.

El último paso es también el de exportar la fuente, si bien en esta aplicación es preciso integrar como una familia las fuentes generadas, ya que como se ha señalado al principio, es preciso crear un documento para cada estilo. Para ello existe una aplicación -Style Merge- que hace posible la fusión de los diferentes estilos para dar como resultado la familia completa.

2. *Programas de efectos especiales*

Existe otro tipo de aplicaciones que posibilitan la lectura de fuentes ya creadas, editar o importar textos y aplicar determinados efectos especiales de distorsión a los mismos (perspectivas, ondulaciones, etc.). También son dos los programas que destacan en este aspecto, Typestyler de Broderbund y LetraStudio de Letraset.

LETRASTUDIO

La filosofía de este programa es la aplicación a un texto o diseño de una amplia gama de efectos o envolventes. Se emplea especialmente para elaborar toda clase de rótulos y logotipos.

Su manejo es muy sencillo. Basta con escribir o importar un texto, seleccionarlo y aplicarle cualquier efecto envolvente. Estos son de dos tipos: los que afectan sólo a la línea base del texto, y los que modifican la forma de la caja que ocupa el tex-

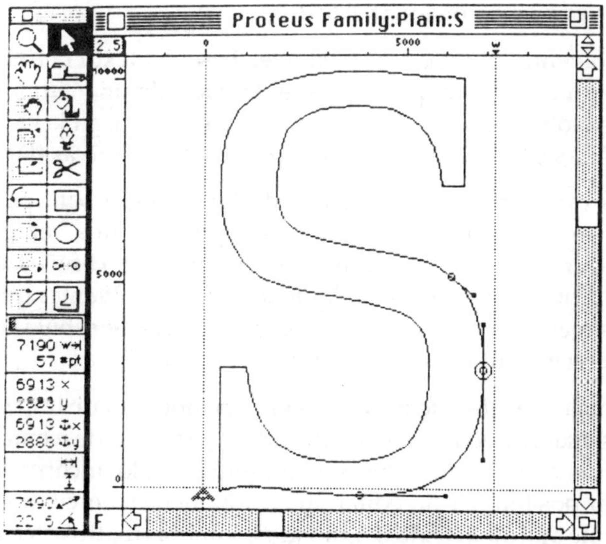

Figura 4.9. Diseño de tipos con FontStudio.

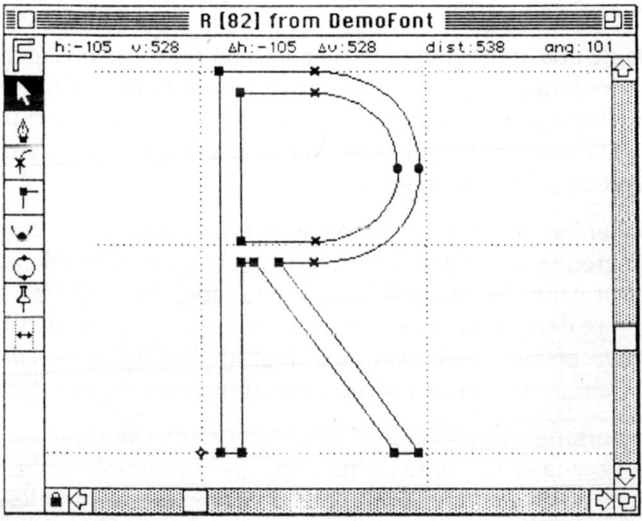

Figura 4.10. Diseño de tipos con Fontographer. En el ejemplo se puede observar cómo su caja de herramientas es más simple que la de FontStudio.

to. La edición de la envolvente es sencilla pues incorpora puntos de control a partir de los cuales se puede distorsionar el texto.

Las envolventes que modifican la línea base del texto permiten crear, por ejemplo, un texto ondulante que recorre el trazado de una curva o círculo. Sin embargo, los envolventes más típicos son los que modifican la caja del texto en forma de banderas o lo distorsionan en diferentes perspectivas (Figura 4.11).

Las dos características principales de LetraStudio son, por un lado, la posibilidad de modificar vectorialmente una tipografía una vez que le ha sido aplicado un efecto. Y, por otro, la opción de importar diseños realizados en programas de dibujo y aplicarles cualquiera de las envolventes que esta aplicación ofrece. Esto es importante porque los programas de dibujo no incorporan todavía la generación automática de banderas o perspectivas.

Una ventaja más de este programa es la posibilidad de importar todo tipo de fuentes, las cuales pueden ser modificadas. Pero una desventaja es que sus posibilidades de edición de color son limitadas. Sólo incorpora los colores PANTONE, sin posibilidad de editar sus componentes en cuatricomía o RGB. Tampoco permite aplicar al texto degradados, sombras u otros efectos propios de un programa de dibujo. Sin embargo, como incorpora una opción que permite exportar posteriormente el diseño en formato Illustrator, desde este programa, sí puede aplicársele cualquier efecto.

TYPESTYLER

Se trata de una aplicación muy sencilla, con pocos menús, pero con numerosos efectos predefinidos y una gran velocidad en la creación y visualización de los rótulos y logotipos. A pesar de su sencillez es un programa muy sofisticado que permite a los usuarios personalizar, manipular y crear efectos especiales con cualquier fuente PostScript (Figura 4.12).

Typestyler incorpora una ventana de inserción de texto en la que es posible elegir entre diferentes envolventes ya creados, seleccionar el estilo para el texto y determinar otros controles tipográficos como el espaciado entre letras y palabras y el kerning entre determinados pares de caracteres. También permite aplicar al texto diferentes efectos, por ejemplo, degradados lineales, concéntricos o logarítmicos, tramas, o rellenos y sombras de diferentes colores y grosores.

Una importante diferencia con LetraStudio es que, aunque al igual que éste permite modificar la envolvente de un texto, sólo puede hacerlo una vez. Sin embargo, LetraStudio permite aplicar cuantos efectos envolventes desee el usuario.

En cuanto al color, ofrece una gestión notable ya que permite la selección por RGB y CMYK tanto para ser utilizados como colores planos o como colores de separación. También incorpora una opción novedosa respecto a LetraStudio, es la

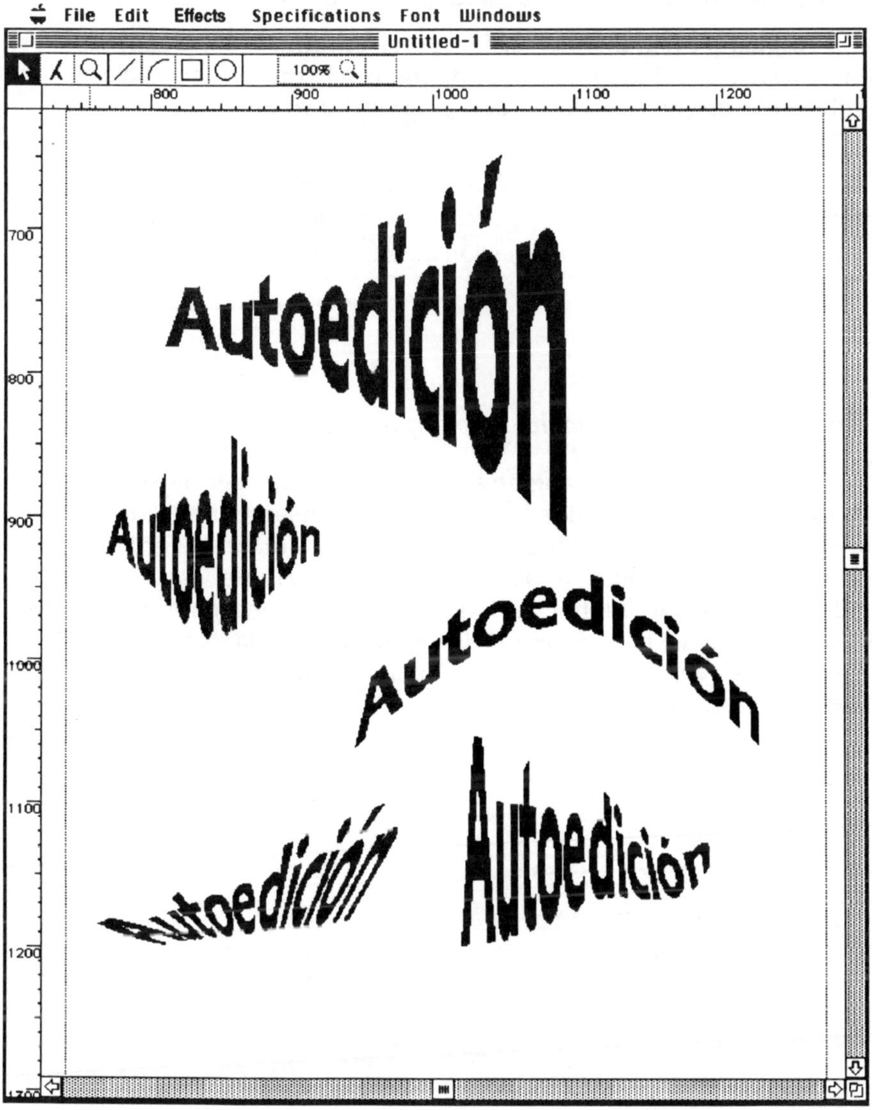

Figura 4.11. Tratamiento tipográfico con LetraStudio. La ilustración recoge ejemplos de cinco envolventes distintos aplicados a una misma palabra. En la ilustración se observa también su simplificada caja de herramientas.

fusión de letras, que permite tratar a un grupo de letras como un conjunto, pudiendo de este modo aplicar degradados completos.

Al igual que LetraStudio puede exportar en formato Illustrator, sin embargo, a diferencia de aquel no puede importarlos, con lo que no es posible aplicar sus envolventes a diseños creados en este programa de dibujo.

En definitiva, ambas aplicaciones son bastante completas, si bien lo ideal sería un programa que fuera un compendio de ambas permitiendo importar y exportar ficheros de Illustrator, insertar y editar textos, aplicar colores y envolventes y una gran rapidez en la gestión de estas operaciones.

3. *Programas de dibujo y manipulación tipográfica*

Un tercer grupo de programas son aquellos que permiten dibujar las letras, con lo que las posibilidades de creación y manipulación de fuentes son ilimitadas. Al igual que las aplicaciones del apartado anterior incorporan una serie de herramientas que pueden distorsionar el texto: girarlo, escalarlo, inclinarlo, seguir un trazado, etc. Tanto FreeHand como Illustrator son un claro ejemplo de ello, ya que incluyen numerosas funciones vinculadas a la manipulación tipográfica, funciones que repasaremos en el capítulo 8º, dedicado a las aplicaciones de dibujo (Figura 4.13).

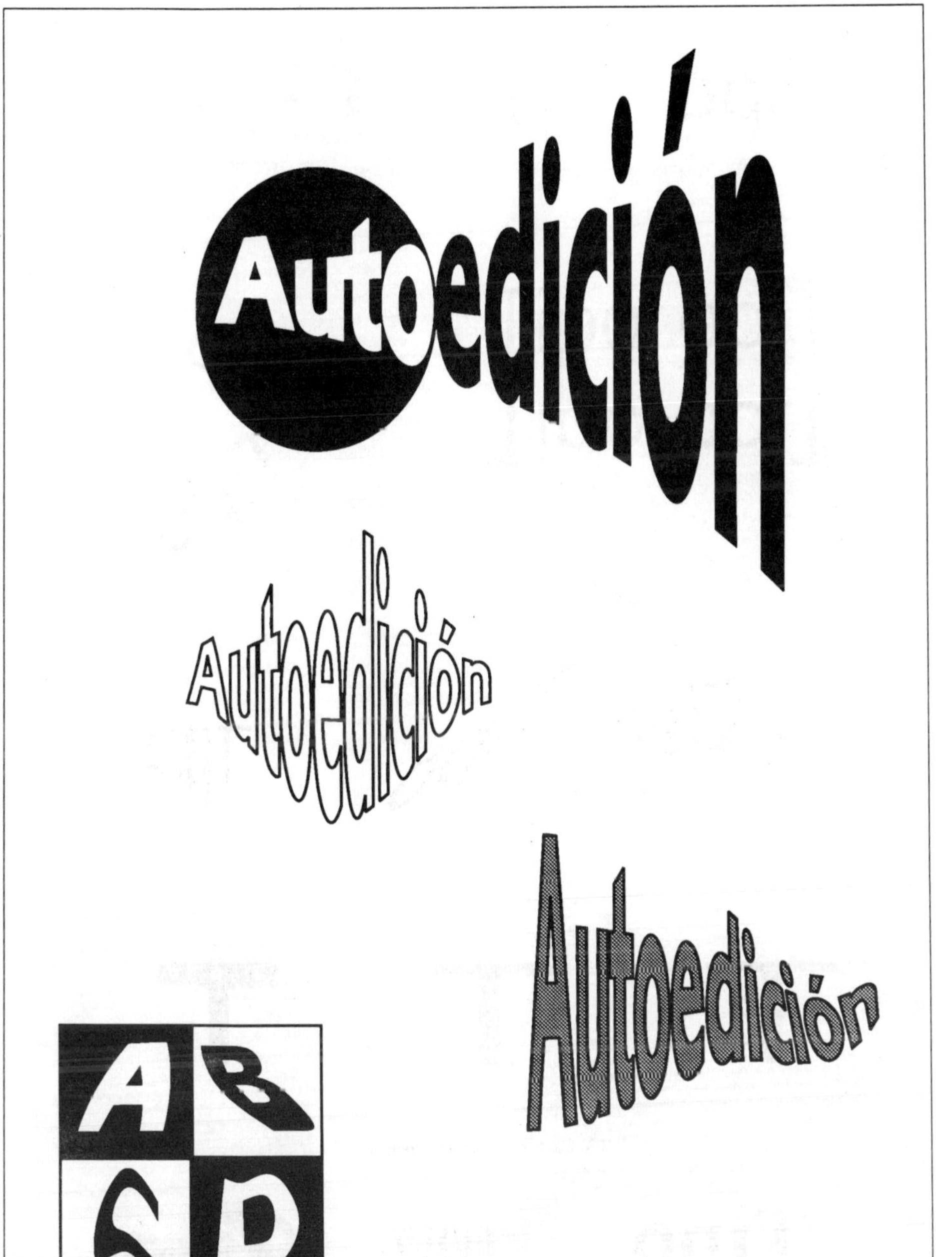

Figura 4.12. Tratamiento tipográfico con Typestyler.

Figura 4.13. Diferentes ejemplos de manipulación tipográfica. La ilustración ha sido elaborada con la aplicación de dibujo y diseño FreeHand.

5

MAQUETACION POR ORDENADOR

- **Innovaciones tecnológicas**
- **Maquetación por ordenador: características generales**
- **Creación de formas de texto**

5.1. Innovaciones tecnológicas

Los avances tecnológicos motivados por la aparición del ordenador, han supuesto una modificación completa de los procesos de trabajo. Todas estas innovaciones tecnológicas han venido provocando una revolución en los sistemas de comunicación de la que tampoco escapan los procesos de elaboración de medios impresos y maquetación de páginas.

Desde que Gutenberg inventara la imprenta a mediados del siglo XV se han sucedido diferentes etapas en la comunicación impresa. De la era tipográfica, donde palabras y líneas se componían a partir de tipos móviles, se pasó a la era mecánica, marcada por la invención de la linotipia, máquina que multiplicaba por cinco la velocidad de composición y que, además de componer palabras, justificaba las líneas.

Hoy día asistimos a la tercera etapa desde el nacimiento de la imprenta. Estamos inmersos en la era electrónica, iniciada con el ordenador, instrumento que acelera el proceso de composición tipográfica y ejecuta variedad de funciones, que van desde la composición automática, o la compaginación, hasta el registro electrónico del color o el proceso fotográfico, entre otras.

Los modernos sistemas de autoedición, nacidos al amparo de los ordenadores, incorporan numerosas ventajas respecto a los procesos de edición tradicionales. A continuación trataremos de hacer una valoración sobre las diferencias entre los métodos clásicos de trabajo y la moderna autoedición.

Tradicionalmente, los principales procesos que se seguían en la elaboración de un impreso eran el de redacción, composición, corrección, ajuste de la página, obtención de la plancha e impresión. En la redacción, los originales que llegaban al periódico eran corregidos, elaborados y titulados. Después pasaban a la sala de composición, donde el regente distribuía los originales entre los linotipistas y cajistas. Un linotipista componía una media de cinco líneas por minuto. Si a esto se añade la posibilidad de cometer errores, el proceso se ralentizaba aún más.

El siguiente paso era el de la corrección. Aquí se obtenía en papel una prueba de las líneas compuestas en plomo, y un lector leía el original indicando los errores. Localizados éstos, las líneas defectuosas eran sustituídas por otras compuestas en linotipia. La cuarta fase era la de ajustar la página, lo que suponía distribuir los paquetes de composición -textos, titulares, grabados y anuncios- con criterios periodísticos. Esto se hacía en la forma, situada sobre la platina -mesa de hierro- y el resultado era una imagen inversa, en plomo, de la página completa.

A continuación se procedía a la obtención de la plancha de impresión. Para ello se colocaba una matriz de cartón húmedo sobre el plomo y se ejercía sobre ella una gran presión. Esta matriz pasaba después a la sección de estereotipia, donde se inyectaba el plomo fundido sobre el molde. Tras este proceso se obtenía una plancha semicilíndrica que después se montaba sobre el cilindro de la rotativa. Después se procedía ya al último paso, la impresión.

Este método tradicional de producción e impresión aún se emplea hoy día aunque ofrece importantes desventajas. Por ejemplo, la complejidad de los procesos técnicos, lentitud, necesidad de un elevado número de personal, alto coste de producción, entre otras.

Ahora bien, la incorporación del ordenador al mundo de la edición y de las artes gráficas motivó que dejara de usarse el plomo fundido. En lugar de ésto, las imágenes y tipos se imprimen directamente sobre el papel utilizando técnicas de fotocomposición. En este nuevo sistema en el que las imágenes y las letras impresas se generan o imprimen fotográficamente sobre el papel, el ordenador juega un papel fundamental.

Las nuevas tecnologías han hecho posible que secciones como la de redacción empleen una serie de máquinas electrónicas que han desplazado a las clásicas máquinas de escribir. Esta revolución electrónica en el departamento de redacción vino de la mano de los OCR (Optical Character Reader) o lectores ópticos que trabajan en base a un escáner. Su funcionamiento es bastante simple. Basta con introducir un texto ya plasmado en papel. El OCR actúa básicamente como una fotocopiadora. Una pantalla de luz «lee» la página del original, pero en lugar de producir una fotocopia, lo que se crea es una versión electrónica del original, la cual es introducida en la memoria del ordenador, donde están programadas las órdenes relativas a la composición final del texto.

En las modernas redacciones, el OCR ha sido sustituido por el VDT (Video Display Terminal). Este es una máquina empleada para redactar noticias que consta de un teclado y una pantalla de visualización donde va apareciendo el texto. Una vez escrito el original es posible hacer cambios, cortes, añadidos o cualquier tipo de corrección. Después, este texto es transmitido al ordenador central del periódico en el que se almacena la información procedente de todos los terminales o puestos de trabajo.

Tanto en el caso del OCR como en el del VDT, el objeto fundamental de la máquina es convertir un original, impreso en soporte papel, en una versión electrónica que pueda ser introducida en el ordenador. Este, gracias a una programación previa, realiza automáticamente determinadas funciones (justificar líneas, insertar guiones, espacios, correcciones...) e instrucciones relacionadas con la composición del texto.

Las ventajas son evidentes. Lo que ha hecho el ordenador ha sido asumir varias de las funciones anteriores de la composición: almacenar los textos y originales electrónicamente -cuestión que en los antiguos procesos ocupaba grandes espacios en las salas de composición-, ordenar las líneas, márgenes y separaciones -funciones en las que los linotipistas empleaban la mayor parte de su tiempo- y, finalmente, pueden realizar todos los cambios, cortes y correcciones que son decretados desde la redacción.

Una vez que la información ha sido tratada electrónicamente, se pasa a la fotocomposición. En esencia, la máquina de fotocomposición lo que hace es traducir el input o material original en una copia impresa. Para ello emplea medios ópticos, electrónicos y químicos. Los originales aparecen en forma de columnas o formando la página completa. Existen numerosos tipos y tamaños de máquinas de fotocomposición cuya velocidad puede llegar hasta las cuatro mil líneas por minuto.

La siguiente fase es la de montaje y confección. Con los medios tipográficos tradicionales el montador para ejecutar su trabajo utilizaba una maqueta de la página del periódico, en formato reducido. En ella distribuía los diferentes contenidos informativos -textos, ilustraciones, publicidad- según la extensión y el interés periodístico de los textos.

Sin embargo, hoy día, este proceso se lleva a acabo directamente en los terminales de visualización con la ayuda de los programas de maquetación. Primero fueron los paquetes de plomo, después se pasó al empastado de la página -colocando las columnas ya impresas fotográficamente, las fotografías, los grabados y los anuncios- y ahora, las modernas técnicas de compaginación permiten producir directamente en el ordenador las páginas completas.

Esto hace que el confeccionador tenga un control absoluto del diseño de la página. La imagen o fotografía del formato final de la página se consigue a partir de los fotolitos obtenidos en la filmadora, que son enviados a la sección de fotograbado con el objeto de obtener la plancha que será instalada en la rotativa.

De esta manera se ha pasado a la confección electrónica de las páginas a partir de los modernos sistemas de autoedición. Estos sistemas permiten introducir el texto (modificarlo, corregirlo, hacer el cálculo exacto de los originales) e integrarlo con las ilustraciones. Para ello existen diferentes programas de maquetación que permiten compaginar cualquier medio impreso (libro, revista, periódico...) con más facilidad y rapidez (Figura 5.1).

5.2. Maquetación por ordenador: características generales

Un programa de maquetación es un sistema que permite crear páginas completas integrando el material redaccional que compone la morfología de un diario -textos, ilustraciones, anuncios y los diferentes recursos tipográficos-. La razón de ser de un programa de maquetación es la de asignar a todos los elementos un lugar en la página a partir de las oportunas órdenes tipográficas. Cada programa tiene un sistema propio y característico para introducir estas órdenes, ya que los controles tipográficos no son iguales en todos los programas.

Todos los programas de maquetación permiten producir páginas completas, ya sean éstas más o menos complejas. En este sentido hay que apuntar que los sistemas de autoedición pueden clasificarse en sistemas para maquetar (cuyos mejores exponentes son Quark X Press y Aldus Page Maker) y sistemas para la elaboración de documentos (donde destaca Ventura Publisher, pero donde también podría incluirse Page Maker). Tanto unos como otros permiten la elaboración de páginas, si bien los programas orientados hacia la creación de documentos pueden quedarse cortos en determinados aspectos.

Estos programas permiten efectuar todo tipo de pruebas, lo que hace que el usuario trabaje con total libertad, ya que puede cambiar de opinión con el consiguiente desplazamiento de los elementos de la página sin que ello le suponga un considerable tiempo adicional. Cada aplicación tiene sus propias características y ofrece sus propias variaciones del mismo proceso. Cada una tiene unos menús y funciones, y todas se ayudan del ratón para la ejecución de las mismas.

El paso previo para comenzar a elaborar un proyecto o documento es siempre el de determinar el formato y la extensión del mismo, es decir el tamaño y el número de páginas. Pero también hay que establecer, en este primer paso, las indicaciones sobre las columnas y márgenes deseados. Es necesario configurar una retícula o plan de composición elaborado por los diseñadores con el fin de fijar una continuidad visual a lo largo de una determinada publicación o de una serie de trabajos gráficos interrelacionados. La retícula marca la posición de los

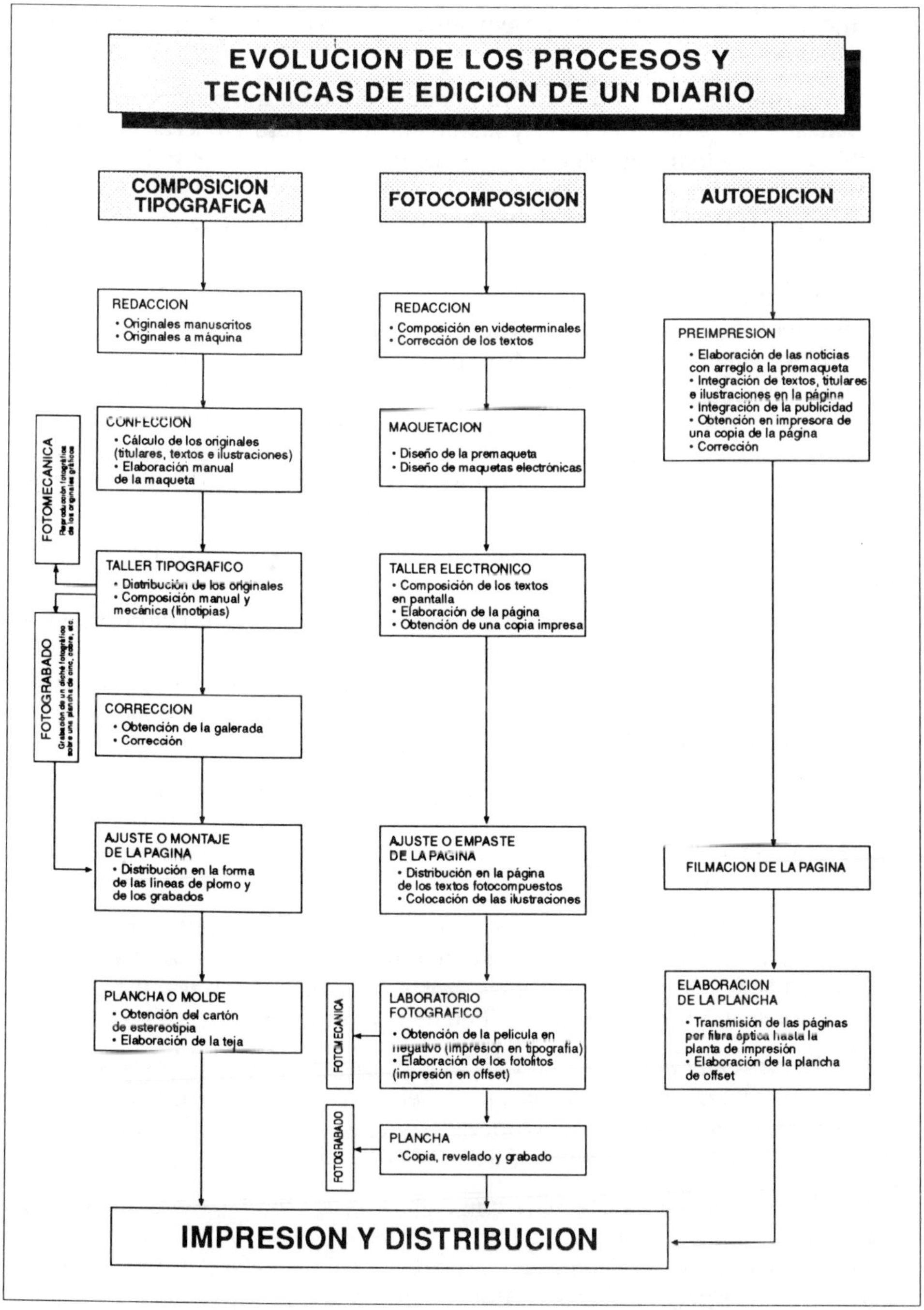

Figura 5.1. Evolución de los procesos y técnicas de edición de un diario.

márgenes y las columnas de texto ayudándose de unas líneas de guía verticales y horizontales.

A continuación, el usuario ya puede proceder a introducir en la página visualizada en pantalla el texto y las ilustraciones, para empezar a distribuir armónicamente todos los recursos o elementos que integran el trabajo. En este sentido, siempre resulta de gran ayuda la elaboración de un boceto previo de la maqueta de la página. De este modo evitamos afrontar el diseño sobre la marcha ya que esto puede restar eficacia a nuestra labor.

Por otro lado, no hay que olvidar que, hasta hace poco tiempo, los programas de maquetación no han estado preparados para trabajar como procesadores de texto. Normalmente, el texto no se teclea en el programa de maquetación, sino que se importa desde un programa de procesamiento de texto, colocándose éste en los espacios que se le asigna desde la aplicación de maquetación. Puede ocurrir que dicho espacio sea demasiado pequeño para introducir todo el texto que se ha llamado, pero en estos casos las diferentes aplicaciones ofrecen diversas opciones para trasladar el texto a otro lugar. Al ser importado, el texto mantiene todas las órdenes tipográficas -familia, estilo, cuerpo, interlineado, etc.- que le fueron asignadas en el procesador.

Una de las características de la maqueta electrónica es el respeto al orden del texto. Los archivos mantienen su orden original a menos que se de el mandato de eliminar o trasladar el texto. Si bien existe la posibilidad de desplazar los bloques de texto o mover las columnas, éste nunca llega a mezclarse o desordenarse, hecho por otra parte bastante frecuente en el montaje manual de las maquetas.

Por otra parte, si queremos incorporar ilustraciones al documento que estamos maquetando, éstas se introducen igual que el texto, son importadas desde otros programas. Las imágenes pueden ser manipuladas, se pueden reducir o ampliar, variar las tramas, etc.

Estas aplicaciones también permiten la numeración automática de las páginas, así como la incorporación de determinados recursos tipográficos: por ejemplo, filetes o lutos de diferentes grosores, colores y formas, marcos para ventanas e ilustraciones, tramas de diferentes colores o intensidades, etc.

Es conveniente, por otra parte, ir sacando pruebas, en la impresora láser, del trabajo que estamos realizando, ya que la definición de ésta es superior a la de la pantalla. Por esta razón, las copias impresas pueden ser de gran ayuda a la hora de efectuar los ajustes y correcciones finales.

Todas estas líneas generales que acabamos de apuntar son bastantes sencillas de llevar a la práctica. Puede ocurrir, a veces, que el programa de maquetación empleado para la elaboración de un documento o trabajo se quede corto en determinados aspectos, pero los pasos que hay que seguir para su creación son siempre los mismos.

La constante evolución que la autoedición está experimentando hace imposible recomendar definitivamente uno u otro producto. Para valorar un programa de maquetación lo más conveniente es considerar los principales aspectos que lo caracterizan.

En el entorno de los compatibles el mundo de la autoedición está dominado, en los últimos años, por dos aplicaciones: Aldus Page Maker y Ventura Publisher, mientras que en el entorno Macintosh es Quark X Press el programa de mayor aceptación. Sin embargo, gracias al entorno Windows, ya es posible que los usuarios de PC puedan trabajar también con X Press.

En los próximos capítulos escribiremos sobre las excelencias de todos estos programas, los más populares en lo que a autoedición se refiere.

5.3. Creación de formas de texto

Uno de los aspectos más importantes de la maquetación por ordenador es que permite conseguir, a partir de los textos, efectos muy difíciles o imposibles de generar mediante la composición convencional. De esta manera, se pueden crear formas de texto dinámicas que realzan el diseño de las páginas. A continuación veremos algunos ejemplos elaborados con el programa de maquetación Quark X Press.

La figura 5.2. recoge tres textos con formas diferentes. El primero adopta una forma ondulante. Para conseguir este efecto es necesario elaborar, en un programa de dibujo, dos líneas curvas invisibles que determinen la silueta del texto. Una vez dibujadas, hay que importarlas y colocarlas en el programa de maquetación con el fin de que marquen el recorrido del texto.

En el segundo ejemplo, la disposición de éste es diagonal. Esta se obtiene al situar el texto entre dos líneas blancas que funcionan también como límite. En el tercero, presenta forma de pirámide, la cual también se ha creado a partir de dos líneas blancas invisibles. Ambos efectos hubieran sido muy difíciles de conseguir con los métodos convencionales de composición ya que, para ello, habría que dar a cada línea un valor de desplazamiento distinto.

En la figura 5.3. tenemos una composición creada a partir de un texto inclinado. Hay que señalar que no todos lo programas de maquetación permiten crear este efecto, pero puede conseguirse importando el texto, ya girado, desde un programa de dibujo. Debajo de este ejemplo se sitúa otro en el que vemos un texto dispuesto en bloques separados, pero sólo aparentemente, ya que comparten una de las líneas.

El siguiente ejemplo, la figura 5.4, recoge un texto en forma de exágono. Para conseguir este efecto pueden utilizarse cuatro líneas blancas que funcionen como límites del texto; o bien, importar un gráfico, desde un programa de dibujo, con la forma que queramos dar al texto. Debajo, composición un tanto especial, ya que éste adopta forma de cruz. Esto se consigue creando tres cajas de texto diferentes, pero vinculadas, de forma que el texto fluye automáticamente de una a otra.

El último ejemplo, la figura 5.5, recoge dos formas de texto. En la primera, éste encuentra en su camino un círculo que actúa como si fuera una barrera invisible. En la segunda, el texto adopta forma de círculo. Para conseguir este efecto, el círculo puede hacerse directamente en el programa de maquetación, o bien importarlo desde un programa de dibujo.

Se acepta de forma generalizada que la «era dorada» del diseño de revistas se desarrollo aproximadamente entre 1945 y 1968, y sus meritos hay que atribuirlos a una serie de generaciones consecutivas. Durante este período el diseño de la revista fue madurando, tras una breve adolescencia que duró poco más de cincuenta años, el tiempo que transcurrió desde la introducción de la fotografía en las revistas ilustradas. Sin embargo, este período no debe considerarse como la cumbre de la realización. Se acepta de forma generalizada que la «era dorada» del diseño de revistas se desarrolló aproximadamente entre 1945 y 1968, y sus méritos hay que atribuirlos a una serie de generaciones consecutivas. Durante este período el diseño de la revista fue madurando, tras una breve adolescencia que duró poco más de cincuenta años, el tiempo que transcurrió desde la introducción de la fotografía en las revistas ilustradas. Sin embargo, este período no debe considerarse como la cumbre de la realización.

Se acepta de forma generalizada que la «era dorada» del diseño de revistas se desarrolló aproximadamente entre 1945 y 1968, y sus méritos hay que atribuirlos a una serie de generaciones consecutivas. Durante este período el diseño de la revista fue madurando, tras una breve adolescencia que duró poco más de cincuenta años, el tiempo que transcurrió desde la introducción de la fotografía en las revistas ilustradas. Sin embargo, este período no debe considerarse como la cumbre de la realización. Se acepta de forma generalizada que la «era dorada» del diseño de revistas se desarrolló aproximadamente entre 1945 y 1968, y sus méritos hay que atribuirlos a una serie de generaciones consecutivas. Durante este período el diseño de la revista fue madurando, tras una breve adolescencia que duró poco más de cincuenta años, el tiempo que transcurrió desde la introducción de la fotografía en las revistas ilustradas. Sin embargo, este período no debe considerarse como la cumbre de la realización.

Se acepta de forma generalizada que la «era dorada» del diseño de revistas se desarrolló aproximadamente entre 1945 y 1968, y sus méritos hay que atribuirlos a una serie de generaciones consecutivas. Durante este período el diseño de la revista fue madurando, tras una breve adolescencia que duró poco más de cincuenta años, el tiempo que transcurrió desde la introducción de la fotografía en las revistas ilustradas. Sin embargo, este período no debe considerarse como la cumbre de la realización. Se acepta de forma generalizada que la «era dorada» del diseño de revistas se desarrolló aproximadamente entre 1945 y 1968, y sus méritos hay que atribuirlos a una serie de generaciones consecutivas. Durante este período el diseño de la revista fue madurando, tras una breve adolescencia que duró poco más de cincuenta años, el tiempo que transcurrió desde la introducción de la fotografía en las revistas ilustradas. Sin embargo, este período no debe considerarse como la cumbre de la realización.

Figura 5.2.

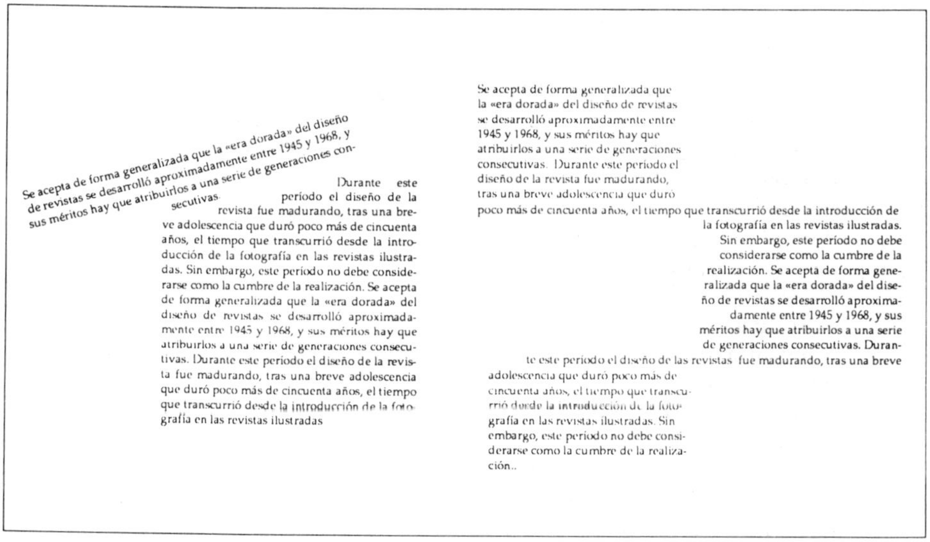

Figura 5.3.

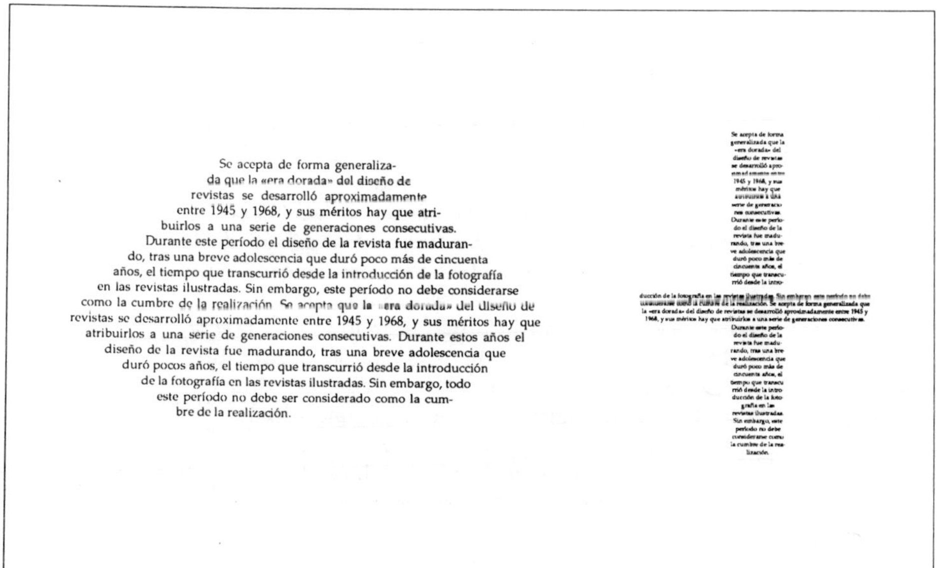

Figura 5.4.

Se acepta de forma generalizada que la «era dorada» del diseño de revistas
se desarrolló aproximadamente entre 1945 y 1968, y sus méritos hay que
atribuirlos a una serie de generaciones consecutivas. Durante este período
el diseño de la revista fue madurando,
tras una breve adolescencia que
duró poco más de cincuenta
años, el tiempo que
transcurrió desde la
introducción de la
fotografía en las
revistas ilustradas. Sin
embargo, este período
no debe considerarse
como la cumbre de la
realización. Se acepta de
forma generalizada que la «era
dorada» del diseño de revistas se
desarrolló aproximadamente entre 1945 y 1968, y sus méritos hay que
atribuirlos a una serie de generaciones consecutivas. Durante este período
el diseño de la revista fue madurando, tras una breve adolescencia.

Se acepta de forma
generalizada que la «era dorada»
del diseño de revistas se desarrolló
aproximadamente entre 1945 y 1968, y sus
méritos hay que atribuirlos a una serie de
generaciones consecutivas. Durante este período el
diseño de la revista fue madurando, tras una breve
adolescencia que duró poco más de cincuenta años, el
tiempo que transcurrió desde la introducción de la
fotografía en las revistas ilustradas. Sin embargo, este
período no debe considerarse como la cumbre de la
realización. Se acepta de forma generalizada que la «era
dorada» del diseño de revistas se desarrolló
aproximadamente entre 1945 y 1968, y sus méritos
hay que atribuirlos a una serie de generaciones
consecutivas. Durante este período el
diseño de la revista fue madurando,
tras una breve adolescencia .

Figura 5.5.

6

APLICACIONES DE MAQUETACION I: QUARK X PRESS

- **Introducción y desarrollo**
- **Textos, ilustraciones y color**
- **La impresión**

6.1. Introducción y desarrollo

Desde que en 1987 apareciera en el mercado la primera versión de Quark X Press, este programa se ha convertido en el primer software para la edición electrónica.

En opinión de los expertos, es el mejor programa de autoedición -tanto para el entorno Macintosh como para el de los PC- debido, principalmente, a su capacidad para combinar las necesidades de los profesionales de la composición y maquetación con las características básicas de la autoedición profesional.

Es una de las herramientas más potentes para la elaboración de publicaciones y documentos, ya que combina de modo versátil textos e ilustraciones. Permite un control absoluto de las características de los textos y de su formato y, desde el punto de vista gráfico, permite la manipulación y el manejo de imágenes importadas y el empleo de seis sistemas diferentes de color, al tiempo que puede imprimir separaciones de color.

Son muchas las características y funciones que han hecho de Quark X Press el programa a la cabeza de la autoedición profesional. A continuación pasaremos revista a su forma de trabajo y a sus principales características (Figura 6.1).

6.2. Textos, ilustraciones y color

Trabajando con X Press. El primer requisito para trabajar de modo eficaz con Quark X Press y, en general, con cualquier programa de diseño para la autoedición (DTP)- es conocer a fondo su caja de herramientas. Los útiles que este programa ofrece para hacer frente a la maquetación de una página se reúnen en una paleta situada a la izquierda de la página -aunque puede trasladarse-.

Las herramientas son trece (Figura 6.2) y se agrupan en seis bloques:

- herramientas de ítem. Permiten mover, cortar, copiar y pegar objetos.
- herramientas de contenido. Para importar, editar, cortar, copiar, pegar, o modificar el contenido de cajas gráficas y textuales.
- herramientas de rotación. Gira tanto las cajas de texto como las cajas gráficas con cualquier ángulo de inclinación.
- herramienta de *zoom*. Amplia o reduce la visualización de la página.
- herramientas de vinculación y desvinculación. Permiten la conexión o encadenamiento del texto para que fluya de una caja a otra. La herramienta de desvinculación rompe la cadena de texto vinculada con anterioridad.
- herramientas de creación. Existen siete herramientas para fabricar cajas - de texto y gráficas- y líneas.
    - herramienta de cajas de texto. Se emplea para crear cajas de texto rectangulares o cuadradas. Estas cajas pueden redimensionarse y trasladarse de un lugar a otro de la página.
    - herramientas para crear cajas gráficas. Son de cuatro tipos: con ángulos rectos, con ángulos redondeados, ovoides y poligonales. Las primeras permiten elaborar cajas gráficas cuadradas o rectangulares con los ángulos rectos. La segunda redondea los ángulos. La tercera crea cajas gráficas circulares o en forma de elipse. Y la cuarta crea cajas poligonales de al menos tres lados. Todas estas cajas también pueden ser trasladadas y redimensionadas.
    - herramientas para crear líneas. Son dos, la que sirve para hacer líneas perpendiculares y la que crea líneas oblicuas. Con la primera podemos hacer líneas en ángulos de 0 y 90° y, con la segunda, líneas con cualquier ángulo de inclinación.

Pero no basta con conocer únicamente la caja de herramientas, sino que hay que dominar también la barra de menús que, en el caso de Quark X Press, son siete.

El primero es el menú *Archivo*. Sus comandos se relacionan con el documento: abrirlo, cerrarlo, importar textos o imágenes, guardarlo o imprimirlo.

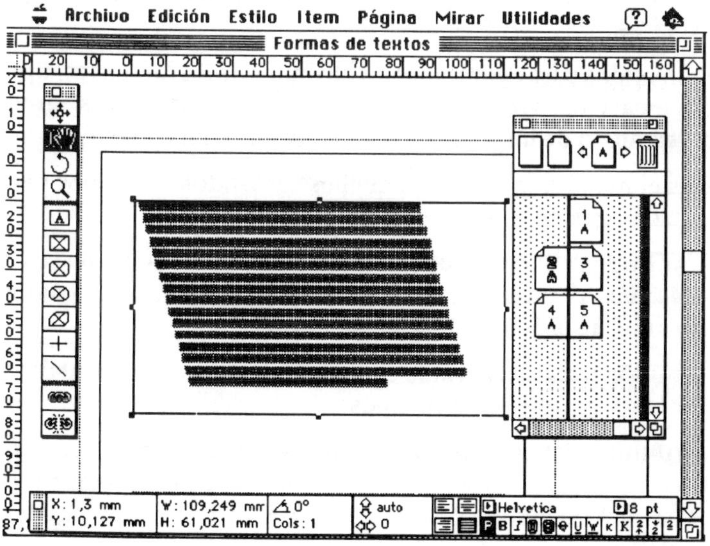

Figura 6.1. En la ilustración se observan tres de las paletas que X Press ofrece a sus usuarios. A la izquierda se sitúa la caja de herramientas; a la derecha, la paleta de maquetación del documento, donde están representadas cada una de las páginas que integran éste y, desde la cual, es posible reubicar, eliminar o copiar páginas. Por último, en la parte inferior figura la paleta de dimensiones.

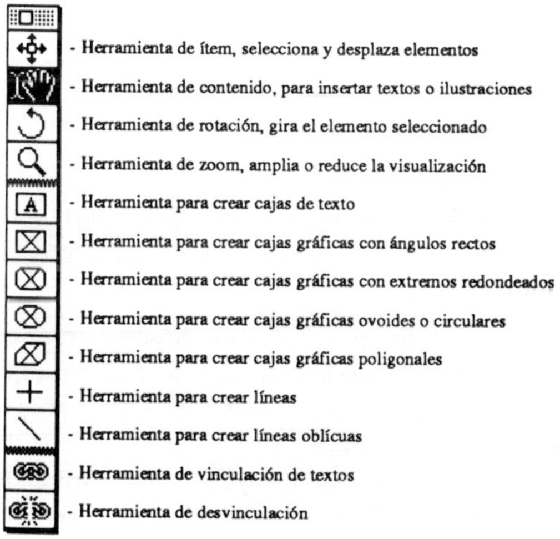

Figura 6.2. Cuadro de herramientas de X Press.

El menú *Edición* contiene los comandos que editan texto e imágenes, hojas de estilo y colores.

Los comandos para determinar los atributos de los caracteres -tipo, tamaño, color, track, escala horizontal, interlineado, etc.- de las líneas -grosor, color, intensidad, remate- o de los gráficos, están recogidos en el menú *Estilo*.

Item es el menú que aglutina aquellos comandos necesarios para trabajar con objetos, bien cajas de texto, de imágenes o de líneas.

Los comandos relacionados con las páginas del documento se encuentran en el menú *Página*. A través de éste podemos insertar nuevas páginas, borrar otras o cambiarlas de orden.

El menú *Visualización* permite controlar lo que se ve en pantalla y el modo de visualizar las páginas y sus elementos.

Y, por último, el menú *Utilidades*, que contiene comandos necesarios para el tratamiento correcto del texto cuando el programa se emplea como procesador. A través de este menú podemos verificar la ortografía, determinar excepciones para particiones silábicas, etc.

Ahora bien, para trabajar con X Press el primer paso que hay que dar, al igual que sucede en el resto de aplicaciones, es el de crear el nuevo documento sobre el que vamos a trabajar. Para ello proporciona una caja de diálogo donde elegiremos el formato o tamaño de la página, los márgenes, el número de columnas y la separación entre éstas.

Después, es importante saber si el documento incorporará elementos que se van a repetir en las diferentes páginas, por ejemplo, un logotipo, la cabecera, la paginación, determinados recursos tipográficos, etc. Si esto es así habrá que hacer uso de las páginas maestras, las cuales permiten crear unas especificaciones generales que se repetirán en todas las páginas del documento, pudiendo suprimirse donde no se deseen.

También hay que determinar la forma en que serán distribuidos los textos cuando se importen desde otros programas estableciendo, previamente, la vinculación de las cajas de texto.

Es importante que si el documento que vamos a crear contiene diferentes estilos y formatos se elaboren hojas de estilo en aras de una mayor rapidez en el tratamiento de los mismos. Una vez que se han definido las hojas de estilo y se han determinado las preferencia generales, tipográficas y las relacionadas con las herramientas podemos empezar a elaborar el documento asignando espacios a partir de las cajas textuales y gráficas.

Tratamiento de los textos. Quark X Press es un programa que opera a partir de cajas; por eso, para trabajar con los textos, el primer paso que hay que dar es el de

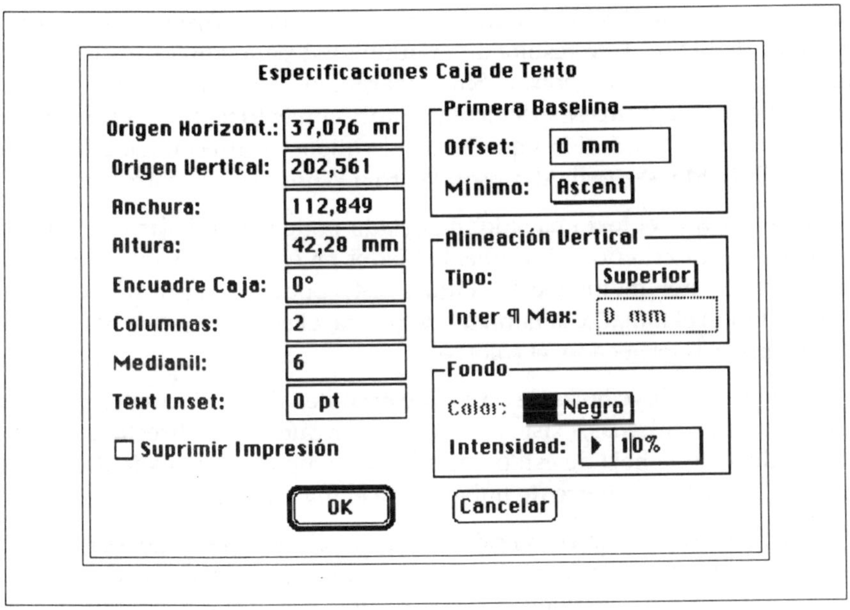

Figura 6.3. Desde esta caja de diálogo, el usuario puede determinar las dimensiones de la caja de texto, su situación en la página, el número de columnas, la trama de fondo, etc.

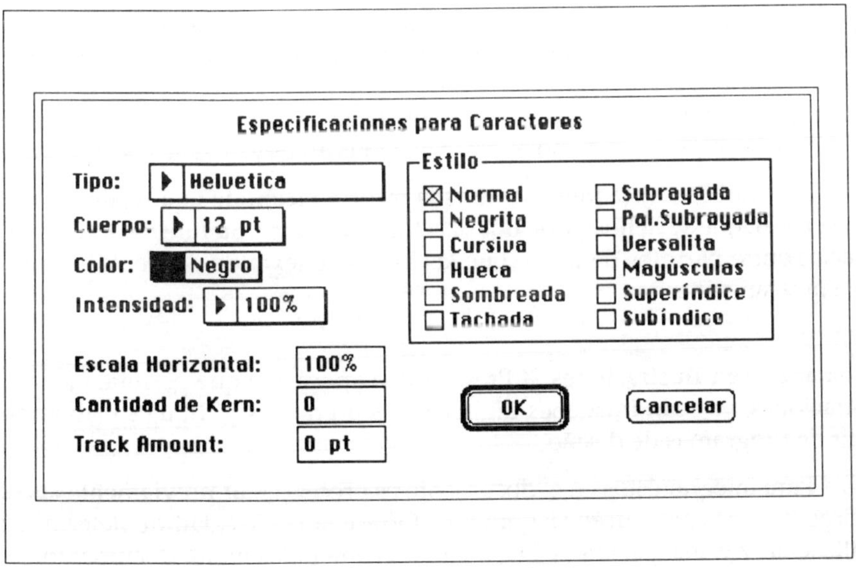

Figura 6.4. Desde este submenú, el usuario puede determinar, al mismo tiempo, la familia tipográfica, el estilo, el cuerpo, el grosor de las letras (escala horizontal), etc.

generar las cajas que los ubicarán (Figura 6.3). X Press dispone de su propio procesador de textos. Este resulta de gran utilidad para editar directamente los textos y realizar las correcciones. Sin embargo, lo habitual es que los textos se importen desde programas específicos de procesamiento texto. En este sentido es muy importante la posibilidad que ofrece de importar directamente ficheros en formato ASCII, MacWrite II, Microsoft Word o Word Perfect, entre otros.

Una vez que el texto ha sido importado podemos trabajar con él modificándolo según los criterios previamente fijados en el plan general de diagramación. A través del menú *Estilo* (Figura 6.4) podemos aplicarle diferentes especificaciones: el tamaño, la familia tipográfica, el estilo, el escala horizontal, el track, el kern, el interlineado, el color, etc.

También incluye hojas de estilo que permiten definir formatos repetitivos de forma sencilla. Además, existe una instrucción que asigna directamente desde el fichero de texto la hoja de estilo que se desea emplear para cada texto, lo que supone un importante ahorro de trabajo para el maquetador.

Permite, además, la corrección del texto sin necesidad de leerlo, ya que ofrece una potente función de búsqueda y reemplazo, que localiza no sólo el texto en el documento sino también códigos de formato (estilos, atributos) y que sustituye por los correctos. X Press incorpora también un diccionario que permite verificar con exactitud la ortografía del texto.

Esta aplicación explota al máximo las posibilidades de los textos. Facilita la edición de tablas de kerning (espacio entre pares de caracteres) y tracking (espacio entre caracteres). También se pueden desplazar los caracteres por encima y debajo de la línea base. Presenta, por otro lado, una función llamada P&J, partición y justificación (Figura 6.5), que proporciona al usuario la posibilidad de definir los valores para la partición y justificación automática de las palabras (palabra más pequeña, mínimo número de letras antes y después del guión, etc.).

Otra característica interesante es la incorporación de una rejilla de alineación vertical, que se define para todas las líneas de texto. Su función es ajustar los espacios entre párrafos de modo que las líneas de texto de diferentes columnas permanezcan alineadas.

Trabajando con ilustraciones. X Press es una aplicación que permite incorporar ilustraciones, ya sean imágenes digitalizadas o gráficos y dibujos elaborados a partir de programas de diseño.

Para integrar éstos en el documento es preciso crear previamente las cajas gráficas que los contendrán (Figura 6.6). Ofrece la posibilidad de determinar la localización y visualización de las imágenes contenidas en un documento. Estas pueden ser trasladadas, redimensionadas o modificadas. El tamaño puede ser variado proporcionalmente, o sólo en vertical y horizontal. Es posible, también,

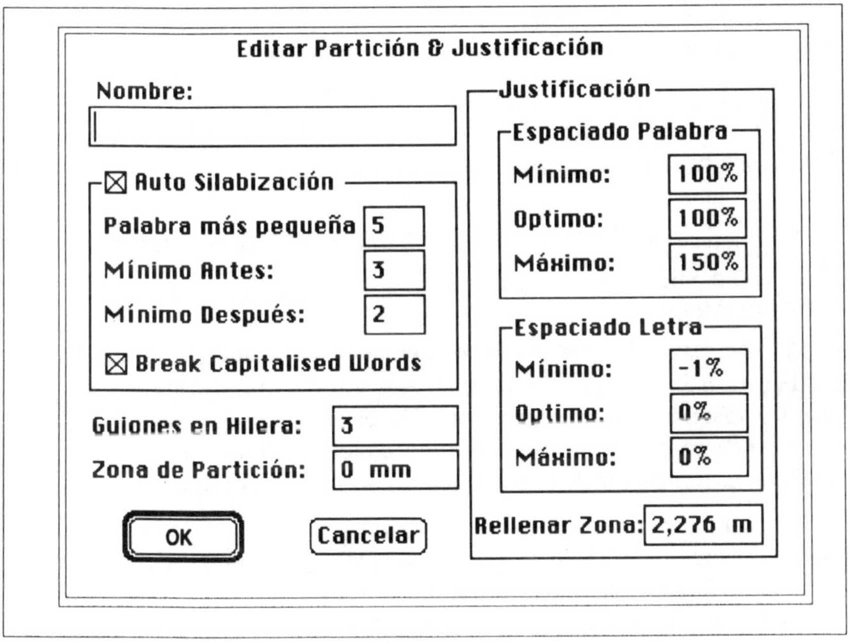

Figura 6.5. Ventana de dialógo para determinar las especificaciones de partición de palabras (P&J).

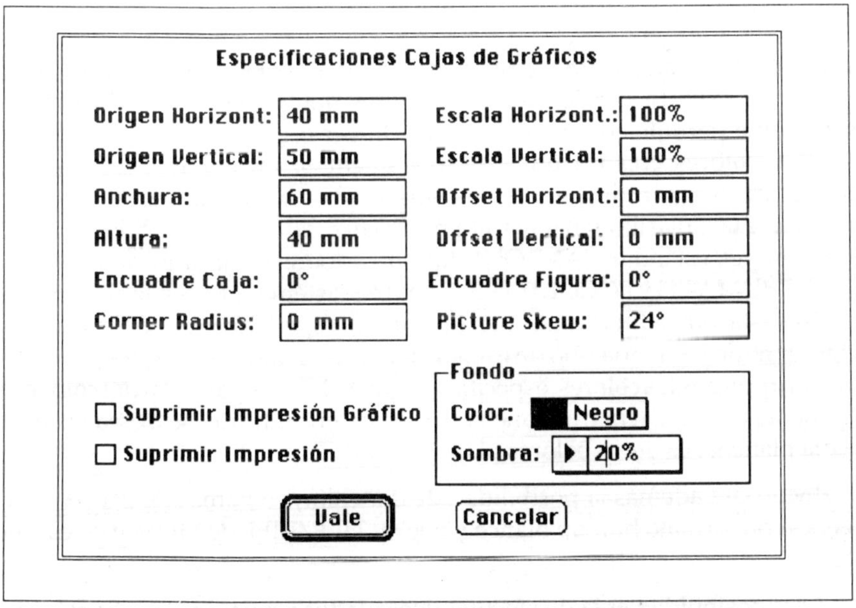

Figura 6.6. Ventana donde se determinan las especificaciones para las cajas gráficas.

girar o distorsionar las imágenes según diferentes ángulos de inclinación y establecer recorridos del texto alrededor de las figuras, etc.

Una imagen seleccionada puede ser modificada en cuanto al color, pero también en cuanto a sus contrastes. Podemos obtener el negativo de una imagen, modificar sus niveles de grises o de color, o ajustar a discreción la curva de contrastes de la imagen.

También se puede definir el tipo de trama que se desea aplicar a la imagen (puntos, líneas, elipses y hasta un tipo de trama personal) y su ángulo de inclinación (Figura 6.7).

Por otra parte, X Press permite la creación de gráficos simples: trazado de líneas (Figura 6.8), flechas, cuadros, elipses y todo tipo de figuras que puedan mejorar la presentación del documento. En los cuadros, el usuario puede seleccionar el tipo de marco que desee entre todos los existentes o, incluso, crear uno nuevo a través del editor de marcos que incorpora esta aplicación.

Una característica importante de X Press es que ofrece una compatibilidad en todos los aspectos, no sólo en lo que a textos o impresoras se refiere, sino también con los gráficos. Esto permite combinar Quark X Press con los más populares paquetes de diseño gráfico. Las cajas gráficas pueden contener todas las imágenes que tienen formatos inteligibles o compatibles con Quark. Estos formatos son PICT, TIFF y RIFF (de línea, en escala de grises o color), PAINT (bitmap) y EPS (PostScript encapsulados en blanco y negro o color).

El color. X Press ofrece una gestión del color inmejorable. A través de esta aplicación el usuario puede crear los colores que desee. Para ello ofrece un comando que permite editar un color, modificar o borrar otros ya existentes e incorporar colores creados en otros documentos. Proporciona seis sistemas diferentes de creación de color: el sistema RGB (rojo, verde y azul), el CMYK (cyan, magenta, amarillo y negro), el HSB (matiz, saturación y brillo) y los sistemas de colores estándar PANTONE (que incorpora un listado de más de 700 colores), TRUMACH y FOCOLTONE. Estos tres sistemas ofrecen tablas en las que los colores están ya definidos y tienen un nombre específico o un código numérico que los identifica. En cada uno de estos sistemas podemos determinar el modo en que serán impresos los colores, especificando si se desea separación del color en sus componentes básicos (cuatro planchas) o si, por el contrario, se desea el color en una sola plancha, es decir, colores planos.

Incorpora además la posibilidad de dar color, en gamas de 0 a 100%, a las imágenes con formato bitmap blanco y negro, TIFF/RIFF de líneas y en escala de grises.

Otra posibilidad es la de efectuar degradados a partir de la selección de un color inicial y otro final, pudiendo indicar el ángulo de inclinación de la transición

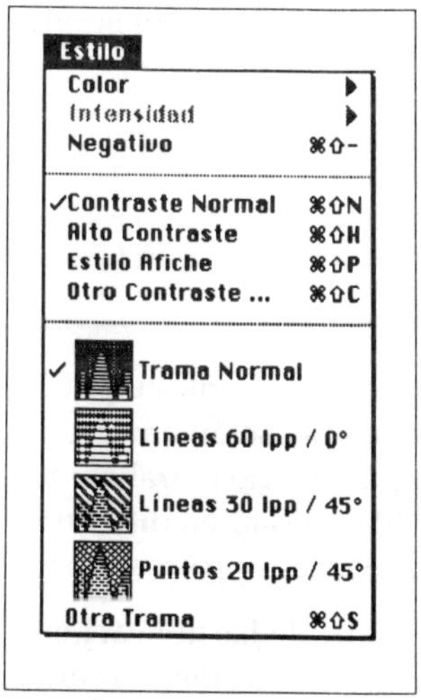

Figura 6.7. Desde el menú "Estilo", X Press ofrece diferentes especificaciones para aplicar a las ilustraciones.

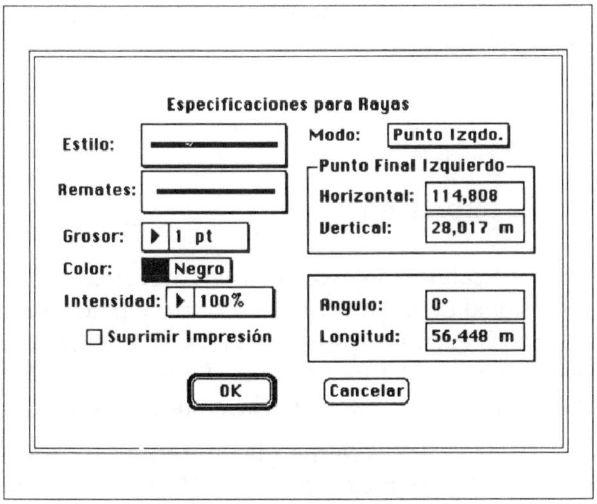

Figura 6.8. Las líneas también tienen su caja de diálogo. Dese ésta, el usuario puede determinar su estilo, el tipo de remates, el grosor, color, intensidad, etc.

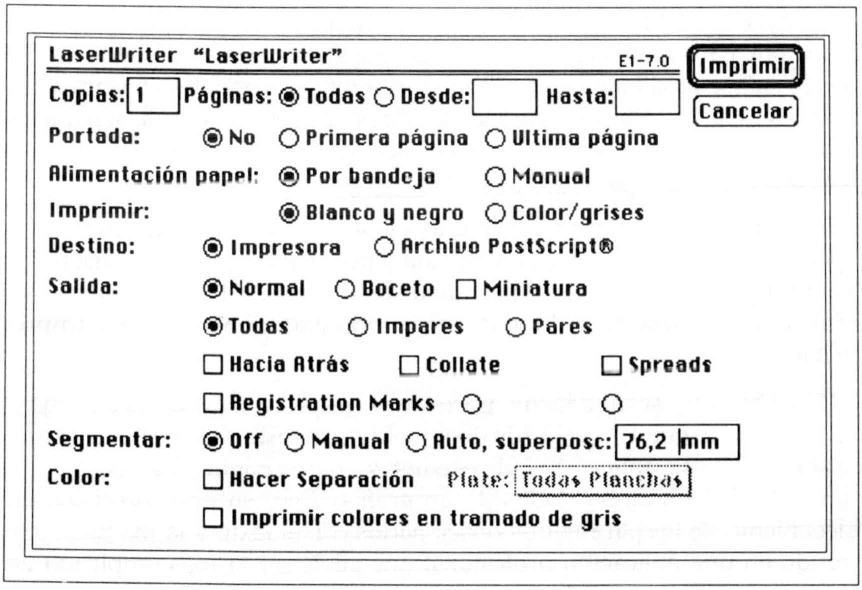

Figura 6.9. Cuadro de impresión. Incorpora opciones como imprimir en color o blanco y negro, incluir las marcas de registro, salida boceto o miniatura, segmentación de los documentos, separación de color, etc.

de un color a otro. Estos degradados pueden utilizarse como fondos en las cajas gráficas o de texto.

6.3. La impresión

La calidad final es uno de los mayores problemas a los se enfrenta cualquier profesional de la autoedición. Por muy potente que sea la aplicación empleada, si la salida final no aprovecha las características del programa todo el trabajo habrá sido inútil. Por esta razón, X Press permite obtener alta calidad en diferentes sistemas ya sean impresoras láser, térmicas de color o filmadoras profesionales.

En lo que concierne a la impresión (Figura 6.10) es una de las aplicaciones de autoedición mejor dotadas. Para la impresión superprofesional realiza separaciones de colores en el momento de la impresión. De este modo se obtienen páginas de separaciones con la calidad de la filmadora. Estas pueden obtenerse de varias formas, aunque la más habitual es la cuatricomía, también es posible efectuar separaciones para los colores estándar Pantone, de forma que aparezcan planchas de un solo color Pantone o cuatro separaciones de dicho color. Otra posibilidad es la de imprimir como gama de grises un documento creado en color.

Con X Press también pueden crearse documentos de gran tamaño que serán impresos por partes, superponiéndolos después manualmente. Estos módulos pueden ajustarse mediante unas marcas de referencia especiales en la impresión. También es capaz de realizar impresiones de prueba en miniatura, separaciones de color también de prueba e, incluso, borradores de página que no incluyan los gráficos con el fin de acelerar la impresión.

En resumen, podemos decir que Quark X Press es una herramienta indispensable en un sistema de autoedición y que el profesional del diseño tiene que conocer para sacar el mayor partido a sus trabajos. X Press un instrumento esencial para la producción editorial, sobre todo para publicaciones e impresos publicitarios.

No obstante, se queda un poco atrás respecto a otros programas de maquetación en lo que a creación de documentos extensos se refiere, ya que no es fácil elaborar con esta aplicación índices o notas a pie de página. Tampoco permite que un texto fluya a ambos lados de un gráfico. Pero su gran precisión en el establecimiento de los parámetros relacionados con el texto y la maqueta le han convertido en una aplicación profesional que suele ser la más empleada en la edición de periódicos, revistas y, en general, cualquier material impreso.

7

APLICACIONES DE MAQUETACION II: PAGE MAKER Y VENTURA

- Page Maker
- X Press frente a Page Maker
- Ventura Publisher

7.1. Page Maker

Page Maker es una importante herramienta para producir y diseñar cualquier tipo de publicaciones distribuyendo e integrando en la maqueta textos e ilustraciones -ya sean gráficos o imágenes-. A diferencia de X Press, es una aplicación que está muy difundida en diversas plataformas informáticas ya que existen, desde hace tiempo, versiones tanto para el entorno de los compatibles como para el entorno Macintosh.

La primera versión de Page Maker para el entorno Macintosh nació en 1985, y dos años más tarde apareció para el entorno de los compatibles. En la actualidad, esta aplicación se distribuye en más de cincuenta paises y está traducida a diecisiete idiomas.

El modo de trabajo. Al igual que en todos los demás programas de maquetación el punto de partida para trabajar como Page Maker es definir el documento de trabajo determinando el formato, la mancha, los márgenes, el número de columnas y el número de páginas. A continuación obtendremos en pantalla una representación gráfica de todas estas órdenes y estaremos ya preparados para insertar los textos y las ilustraciones (Figura 7.1).

Para proceder a la integración de todos estos elementos el programa ofrece una caja que contiene ocho herramientas (Figura 7.2). Un puntero, empleado para seleccionar, desplazar o redimensionar cualquier ítem de la página. La herramienta de texto que se utiliza para editar -insertar, seleccionar o borrar- texto. Dos herramientas para crear líneas; una, oblicuas y, la otra, en ángulos de 90°. Tres herramientas para generar diferentes figuras geométricas: rectángulos o cuadrados, con los bordes redondeados o no, y óvalos o círculos. Y por último, las tijeras, herramienta que permite ocultar aquella parte de la ilustración que no nos interese.

A diferencia de Quark X Press, Page Maker no trabaja a partir de cajas sino a través de *persianas*. Este programa trata los textos como si fueran bloques que pueden ser redimensionados. Para ello incorporan unos manejadores de persiana tanto en la parte superior como inferior de los mismos que permiten ocultar o estirar los textos. Si hay texto oculto, el manejador inferior tendrá un (+) o un triángulo invertido; y, si no lo hay, el manejador estará vacío (Figura 7.3). Si queremos colocar ese texto oculto en otra parte de la página basta con dar un «clic» con el ratón en ese (+) con lo que recogemos el texto que está escondido y dando otro clic en cualquier parte de la página fluirá el texto que hemos recogido en un bloque nuevo, pero vinculado al anterior.

Trabajando con los textos. Aunque no es el objeto principal de un programa de autoedición, muchos usuarios escriben los textos directamente en Page Maker en lugar de procesarlos con otras aplicaciones específicas e importarlos después.

Sin embargo, los programas de maquetación evolucionan y así lo ha hecho Page Maker, que ya incorpora un sofisticado sistema de tratamiento de texto que permite al usuario trabajar con texto dentro de una ventana -llamada *«Editor de textos»*- escribiéndolo de forma rápida y cómoda.

El trabajo con el tratamiento de textos es, sobre todo, rápido. Ofrece la posibilidad de cambiar los tipos de letra, sus atributos (cuerpo, serie, interlineado, etc.) y efectuar todas las operaciones típicas de edición (copiar, cortar, pegar) además de los estilos y nuevas funciones de búsqueda y reemplazo necesarias para corregir los textos. La búsqueda permite especificar los atributos y tamaño concreto para el texto que se quiere localizar.

Podemos definir estilos que apliquen al texto automáticamente determinadas órdenes tipográficas, con el fin de simplificar el trabajo. Se pueden visualizar, opcionalmente, códigos especiales (retornos de carro, tabuladores, espacios...) para facilitar la edición. Existe también la posibilidad de acceder a determinados caracteres especiales, como mayúsculas acentuadas u otros símbolos ortográficos, que no están disponibles directamente desde el teclado.

Por otro lado, el aspecto de la comunicación entre Page Maker y otros programas de tratamiento de textos ha mejorado considerablemente desde las

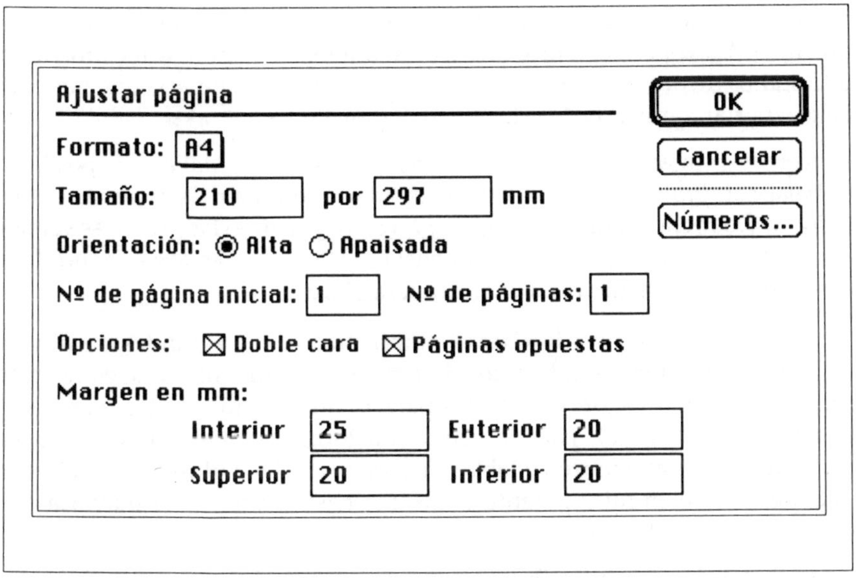

Figura 7.1. Ventana ofrecida por Page Maker para la creación de un documento nuevo. En ella se determina el formato de la página, su orientación, los márgenes, el nº de páginas, etc.

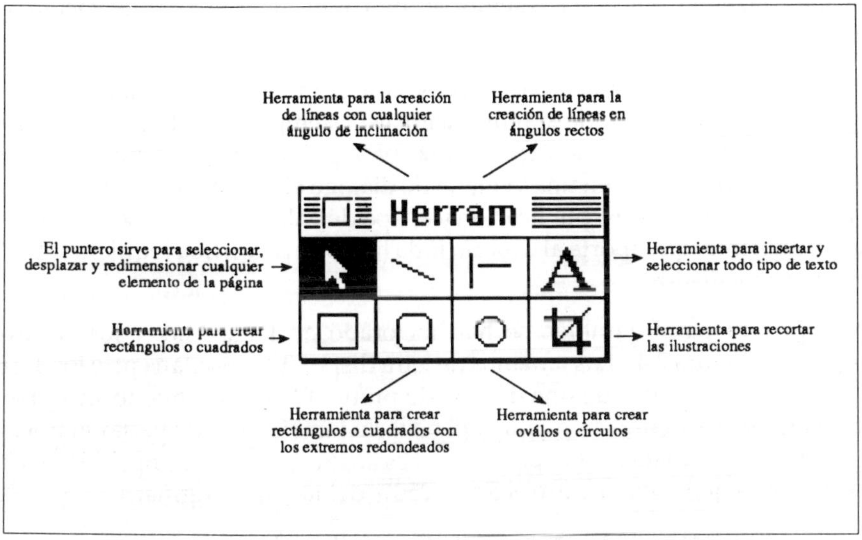

Figura 7.2. Especificación de la caja de herramientas de Page Maker.

primeras versiones. El programa incluye filtros para Microsoft Word, Works, MacWrite o Word Perfect, entre otros. Pero además reconoce directamente muchos formatos de ordenadores personales compatibles, al tiempo que también es posible exportar a muchos de estos formatos desde Page Maker.

Pero la gran ventaja de las últimas versiones de Page Maker es la posibilidad de trabajar con grandes documentos, necesidad cada día más presente entre los usuarios. De las ocho páginas que permitían como máximo las primeras versiones de Page Maker, ahora se puede trabajar hasta con 999 páginas, organizándolas por secciones (capítulos, artículos o lo que quiera el usuario).

La función denominada *«Libro»* permite trabajar con grandes documentos, a través de ella se pueden indicar los diversos subdocumentos que componen la publicación. Existen mejores controles para la numeración de las páginas (por secciones o globalmente), para la impresión local o global y también para la creación de índices alfabéticos y tablas de contenido. Esta última función es muy simple, pero también muy potente y ausente hasta ahora de la mayoría de los programas de autoedición.

Los enlaces o vínculos (links) permiten crear publicaciones en las que los datos se actualicen de forma externa y automática. Esto quiere decir que en el caso de que se esté diseñando un documento los textos pueden ser escritos directamente en Word y efectuar allí todas las correcciones oportunas. Por otro lado, el maquetador diseña las páginas a su gusto, indicando a Page Maker qué documento se va a utilizar para llenar la página. De esta manera, si el documento es corregido Page Maker lo detectará cuando se abra nuevamente la publicación y la recompondrá correctamente.

Esto facilita el trabajo en grupo y con grandes documentos, y permite asegurarse de que el texto de la publicación está siempre actualizado. La función de enlace es válida tanto para texto como para gráficos y su definición es muy simple, basta con indicar en una ventana de diálogo el nombre de los ficheros que componen el documento o publicación y el tipo de enlace que se desea. Existe otra función (link info) que aporta al usuario toda la información que requiera sobre los elementos vinculados.

Por otra parte, también se han mejorado en Page Maker los controles tipográficos (Figura 7.4). Los tamaños de letra disponibles oscilan entre los 4 y 650 puntos, con incrementos de una décima de punto. El kerning puede ajustarse de forma automática y también manual. El usuario también puede variar el tracking de forma semiautomática. Otra posibilidad es la de expandir y comprimir los tipos en porcentajes que oscilan entre el 5 y el 250% del tamaño original.

El texto también puede ser rotado. En Page Maker se pueden obtener directamente giros con cualquier ángulo de inclinación, en incrementos de 0,01 grado. Esta posibilidad puede aplicarse también a las ilustraciones.

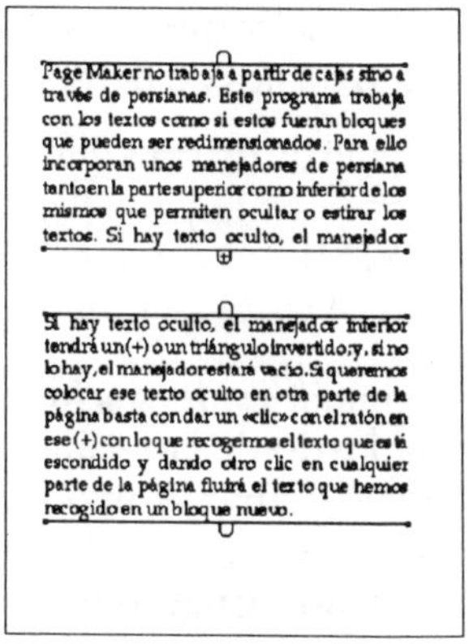

Figura 7.3. En el primer bloque de texto, el manejador inferior (+) indica que hay texto oculto. En el segundo, todo el texto está visible ya que el manejador inferior no recoge ninguna indicación.

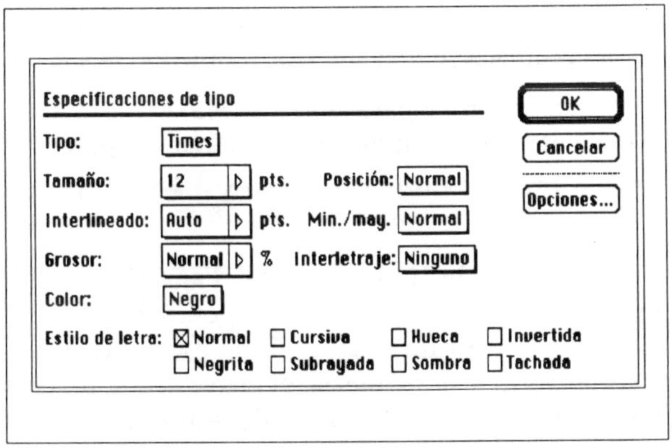

Figura 7.4. Desde esta ventana, Page Maker permite al usuario determinar el tipo de letra, su tamaño, el interlineado, su grosor, el color, el estilo, el espacio entre letras y su posición (normal, índice o subíndice).

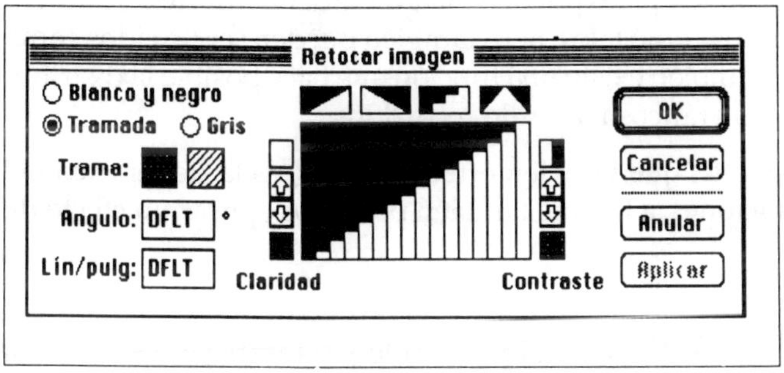

Fiura 7.5. A través de la caja de diálogo "Retocar imágen", el usuario de Page Maker puede determinar la claridad, el contraste, la trama, su ángulo de inclinación, el negativo de una imágen o diferentes niveles de grises.

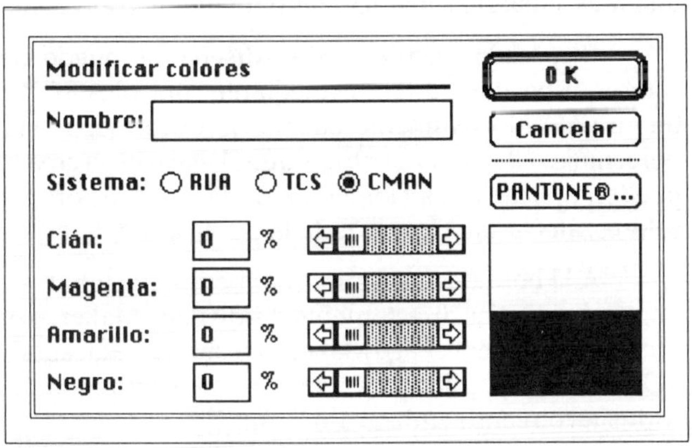

Figura 7.6. Esta caja de diálogo recoge los cuatro sistemas que Page Maker incorpora para definir los colores: RVA (rojo, verde, azul), CMAN (cyan, magenta, amarillo, negro), TCS (tono, claridad y saturación) y la carta de colores PANTONE.

Incorpora, además, una opción llamada «*Justificación forzada*» que permite justificar líneas sueltas de texto, como es el caso de titulares o finales de párrafo.

Un inconveniente de Page Maker respecto al tratamiento de texto es que la representación de tipos de gran tamaño aparece distorsionada en la pantalla, a menos que el usuario disponga de Adobe Type Manager (ATM).

Tratamiento de ilustraciones. Page Maker, desde el menú *Elementos*, incluye una función para controlar las imágenes (Figura 7.5) importadas desde un escáner, normalmente en formato TIFF de escala de grises. Se puede definir el tipo de colores o grises que se desea (blanco y negro, niveles de grises) y seleccionar el tipo de medios tonos (halftone) para conseguir un mejor resultado visual: puntos, líneas, elipses, etc.

Ofrece también controles para modificar el contraste, el brillo y los ángulos de las líneas en la impresión final. Todos estos comandos permiten preparar la imagen para obtener un resultado de gran calidad, sobre todo si el periférico del que procede la imagen ofrece en sí una resolución razonable.

Page Maker incorpora un comando, «Colocar», que permite importar gráficos desde otras aplicaciones. Estos pueden integrarse dentro del texto pudiendo ser tratados o modificados como tales, pero también pueden ser tratados como gráficos independientes. También existe una función que hace posible la distribución del texto en torno a los gráficos haciendo recorridos.

Una opción importante, que también ofrece X Press, es la de girar con el ángulo deseado las ilustraciones, a las que también podemos aplicar un efecto de simetría y de inclinación.

Tratamiento del color. Page Maker ya está preparado para trabajar en color. En esta aplicación se puede manipular el color con comodidad de varias maneras distintas: creando separaciones o mediante especificaciones estándar.

Para cada documento, el diseñador puede definir su propia paleta de colores, especificando estos mediante controles RGB, CMYK, HSB y PANTONE (Figura 7.6). Normalmente, cuando se desean separaciones de color se emplean los porcentajes CMYK. Los colores que el usuario va creando en la paleta de colores se pueden aplicar a los elementos de la publicación. Si el usuario modifica estos colores, afectarán a los de toda la publicación.

A la hora de imprimir, finalmente, existen dos opciones. El usuario puede imprimir pruebas directamente desde Page Maker, o utilizar Aldus PrePrint. Si se utiliza directamente Page Maker, el resultado es aceptable en impresoras PostScript o QuickDraw de color, ya sean láser o de chorro de tinta. Para realizar separaciones, Aldus recomienda utilizar PrePrint.

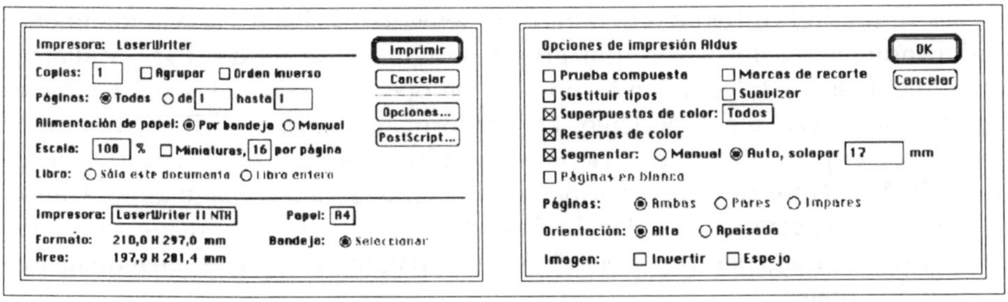

Figuras 7.7 y 7.8. En la parte superior, ventana de impresión en Page Maker. Desde aquí, el usuario puede determinar especificaciones como el número de copias, qué páginas va a imprimir, la reducción o ampliación de éstas, si quiere copias en miniatura, etc. Debajo, "Opciones para la impresión", ventana a la que se accede desde la anterior.

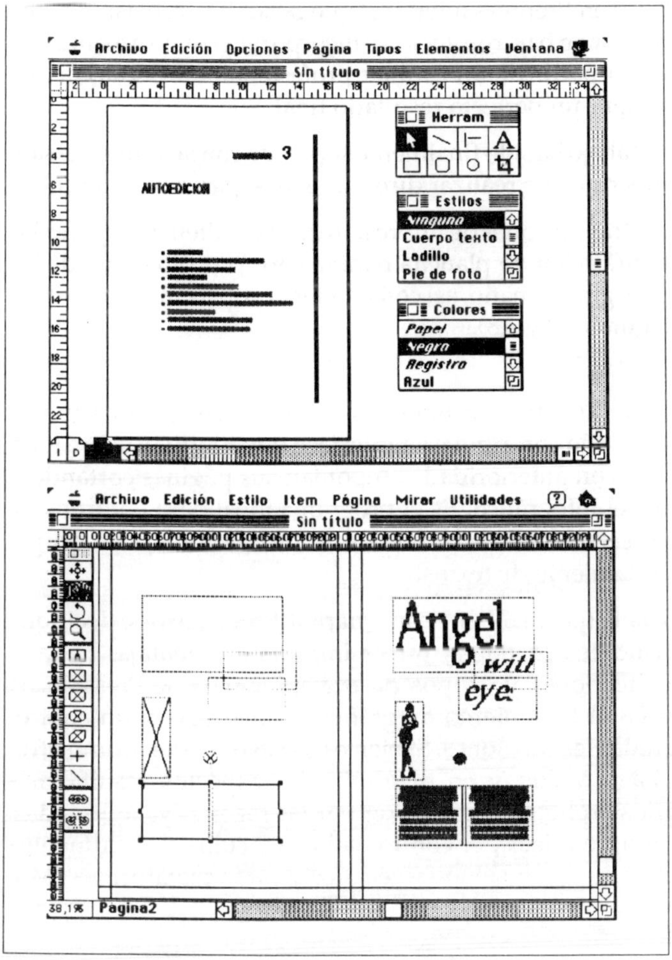

Figura 7.8. Arriba, entorno de pantalla en Page Maker.A la derecha se sitúan las tres paletas de trabajo: la caja de herramientas, el cuadro de estilos y el cuadro de colores. En la parte inferior izquierda aparecen los iconos correspondientes a las páginas maestras (I= izquierda, D= derecha) y a la página 1. Debajo, entorno de pantalla en Quark X Press.

Aldus PrePrint es un programa complementario a Page Maker, y totalmente independiente. La forma de utilizarlo es muy sencilla: desde Page Maker se imprime a disco, seleccionando una de las opciones especiales del menú de impresión. En este menú podemos activar formato «Normal», EPS (para impresoras PostScript) o «Para Separaciones». Este último prepara el documento para el módulo Aldus PrePrint. Posteriormente, el programa trata las páginas para llevar a cabo las separaciones de color. PrePrint también es capaz de realizar el tratamiento de las imágenes manipulando bien las páginas completas, bien imágenes TIFF individuales.

Se considera que la calidad del color obtenido con Page Maker es válida sólo para pruebas. Sin embargo, la de PrePrint es realmente aceptable y similar a la que podemos apreciar en las fotografías de cualquier publicación. Ahora bien, es posible incrementar esta calidad. Se consigue a partir de un enlace entre Page Maker y un sistema OPI (Open Prepress interface) que posibilita trabajar con una copia de las imágenes en color en baja resolución e incorporar posteriormente una copia de máxima calidad (a partir de un escáner profesional) e insertarla en la publicación a fin de conseguir un perfecto resultado final.

Pero esta forma de trabajo ha sido finalmente superada con la última versión de este producto, el cual permite ya realizar directamente separaciones de color.

Page Maker ofrece otras opciones de impresión que permiten incorporar las marcas de registro e identificación de plancha para la correcta colocación de las separaciones o imágenes de gran tamaño, así como obtener copias miniatura de la publicación completa (Figuras 7.7 y 7.8).

Conclusión. Page Maker, decano de los programas de autoedición, es una aplicación muy fácil de utilizar. A ello contribuye su interface tan intuitivo, sobre todo para aquellos usuarios que con anterioridad componían sus páginas cortando y pegando los trozos de papel fotográfico. Es el programa ideal para entornos de autoedición que precisen características como la sencillez, el trabajo en grupo, grandes documentos y tratamiento de textos.

En la particular batalla que mantiene con Quark X Press hay que decir que Page Maker es más sencillo de aprender y ofrece importantes ventajas hacia el trabajo con grandes publicaciones y grupos de trabajo. Quark X Press se ha orientado hacia mejoras en el tratamiento de gráficos, bibliotecas y un control más rápido y directo de todas las funciones. Si bien es cierto que éste último ofrece más funciones que Page Maker y en determinados aspectos resulta más completo, muchos usuarios prefieren Page Maker por las razones ya apuntadas: su sencillez de manejo y aprendizaje, el control sobre vínculos y documentos extensos o la compatibilidad con versiones anteriores y otras plataformas (MS-DOS y OS/2).

4.2. X Press frente a Page Maker

Desde que Aldus y Quark crearan estas dos aplicaciones destinadas al mundo de la autoedición han mantenido una pugna constante por la hegemonía en este mercado. Las versiones y actualizaciones de sus productos son constantes y tanto una como otra los han mejorado incorporándoles muchas de las características por las que el otro era famoso. No obstante, cada programa ha mantenido intacta su estructura básica, si bien han mejorado notablemente.

Composición de la página. Tanto uno como otro aplican elementos repetitivos utilizando páginas maestras independientes del documento en sí. El usuario puede copiar en cada una de las páginas del documento texto, gráficos, márgenes e información sobre la columna. Page Maker puede repetir elementos en cada una de las páginas del documento, aunque sólo sea para su visualización. Los elementos sólo pueden formatearse y editarse en la página maestra y cualquier modificación se aplica a todas las páginas que utilizan el elemento. X Press, sin embargo, puede editar y formatear texto en cada página y especificar hasta 254 páginas maestras distintas por documento.

Entorno de pantalla (Figura 7.9). Las dos aplicaciones ofrecen dispositivos de medición adecuados en pantalla como son las reglas. El funcionamiento de las cuadrículas para páginas y gráficos y de las guías pueden variar de uno a otro, pero ambos proporcionan algún medio preciso de alineación en pantalla.

También es una constante en los dos programas la calidad de visualización tanto de los textos como de los gráficos. Pueden utilizar los tipos de pantalla para mejorar la calidad de visualización, con alguna pérdida de rendimiento (dependiendo del número de tipos instalados, la resolución de la pantalla, y de la memoria RAM disponible en el sistema). Ambos soportan Adobe Type Manager (ATM).

En cuanto a los gráficos, ofrecen una calidad semejante de visualización y pueden ser ocultados con el fin de aumentar la velocidad de la pantalla.

Controles tipográficos. Page Maker se ha destacado siempre por permitir al usuario trabajar igual que un diseñador sobre su mesa de montaje: hace posible seleccionar elementos, distribuirlos, suprimirlos o enviarlos a otra página distinta.

Por su parte, X Press ofrecía mejores controles tipográficos y un mejor tratamiento del color, aunque se consideraba menos fluido que Page Maker puesto que no ofrecía un escritorio o mesa de montaje. Sin embargo esto se ha superado ya que ahora sí la incorpora y además permite mover los elementos con total libertad.

Por otro lado, Page Maker se ha puesto al día con la práctica totalidad de los controles tipográficos ofrecidos por X Press. Ya permite separar pares de letras hasta una centésima de cuadratín, indicar cuerpos hasta una décima de punto y crear letras condensadas o expandidas. No obstante, X Press se mantiene a la cabeza en la tipografía de precisión: separa pares de letras hasta una milésima de cuadratín e indica cuerpos hasta una milésima de punto. Además edita y separa pares de letras, reduce o amplia el espacio entre letras y deja manipular el texto una vez rotado. También permite editar tablas de espaciado entre letras y pares de letras y archiva sus preferencias, Page Maker no ofrece esta opción.

Trabajando con textos. Existen ciertas operaciones en el tratamiento de textos, tales como la corrección ortográfica o la búsqueda y sustitución de palabras, muy útiles en publicaciones de gran extensión. Si X Press ya ofrecía estas posibilidades, Page Maker no lo hizo hasta su la versión 4.0, en la incorporó un editor de textos que hacía posible la revisión ortográfica, búsquedas y sustituciones, pero fuera de la maqueta con lo que las funciones de textos son más rápidas al no ser necesario recomponer la maqueta cada vez que se introducen cambios. Esto es lo que hace X Press, por lo que la edición a veces es muy lenta.

Cuando lo que se está componiendo y maquetando es un libro o una publicación de gran extensión Page Maker supera a X Press. Sin embargo, en documentos individuales X Press incorpora una serie de funciones que Page Maker no tiene. Por ejemplo, abre más de un documento al mismo tiempo, visualiza las páginas en miniatura, o incorpora la orden *Biblioteca*. La visualización de las páginas en miniatura permite mover las páginas dentro de un mismo documento o de uno a otro. La orden *Biblioteca* hace posible la creación de un archivo de elementos gráficos o textos de uso habitual para emplearlos después en otros documentos.

Trabajando con gráficos. Ambas aplicaciones insertan gráficos en texto, lo que supone que el texto puede ser editado sin necesidad de recolocar los gráficos. Page Maker inserta directamente el gráfico en el texto mientras que X Press requiere dibujar primero una caja gráfica donde colocaremos la ilustración. También incluye la orden de visualización previa de la imagen que nos permite ver en pantalla una reproducción pequeña de cada gráfico.

Ambos programas dibujan líneas, recuadros, círculos y rectángulos. X Press también soporta polígonos y proporciona buenos atributos para el relleno de objetos, incluso permite rellenar con un degradado, obtenido tras la mezcla de dos colores, y especificar el ángulo de dirección de la mezcla. Page Maker, por su parte, soporta ocho patrones de relleno distintos. X Press puede agrupar o desagrupar gráficos, ajustarlos, alinearlos uno respecto al otro y rotarlos.

Tratamiento del color. Ambas aplicaciones ofrecen métodos de separación cuatricromática. En los dos casos la opción de imprimir separaciones de color parte del mismo programa. No permiten separar las imágenes en color TIFF, aunque se puede conseguir incorporando una extensión de Quark X Press -SpectreSeps- o bien utilizando Adobe Photoshop para convertir la imagen TIFF color en un fichero EPS con cuatro ficheros de separación que, posteriormente, pueden introducirse e imprimirse en X Press.

Conclusión. Quark X Press ofrece unos controles que proporcionan al diseñador profesional una precisión de la que aún carece Page Maker. De cualquier forma, quien no necesite precisión numérica, comprobará que Page Maker ofrece todo lo necesario para realizar cualquier tipo de publicación.

X Press es el más adecuado para la producción rápida de documentos con un gran número de gráficos de alta calidad. Ofrece una potente gestión de gráficos y funciones de color, un entorno de pantalla adecuado y una correcta gestión de los textos. Las funciones para documentos extensos, ausentes en el programa principal, pueden añadirse a través de los módulos adicionales proporcionados por las extensiones para X Press (Quark XTension). La calidad de impresión y visualización son excelentes.

Page Maker presenta un equilibrio entre las funciones de creación de documentos cortos y largos. Es una aplicación dirigida a usuarios de todos los niveles de experiencia. La calidad de visualización y de impresión es excelente y el rendimiento más que aceptable.

7.3. Ventura Publisher

Ventura Publisher es un programa veterano en el campo de la maquetación por ordenador. Fue la primera aplicación de autoedición en el entorno Windows capaz de competir con los programas para Macintosh. Al igual que las dos aplicaciones anteriores, se haya disponible en ambos entornos. Existe una versión para Macintosh y otra para PC.

Como Page Maker, ofrece la compatibilidad de ficheros entre sistemas operativos. Esta opción de intercambio entre plataformas le permite exportar una gran variedad de formatos de ficheros, además de soportar los principales formatos de textos y gráficos para Macintosh.

Al igual que el resto de programas de diseño para la autoedición sirve para editar páginas completas integrando textos e ilustraciones. Ventura Publisher se acompaña de tres módulos adicionales: Ventura Scann, Ventura Color Pro y Ventura Separator. El primero permite la digitalización de imágenes, directamente, desde el programa a partir de un escáner. El segundo sirve para la corrección y retoque de colores. Y el tercero para efectuar separaciones de color. A través de estos módulos es posible obtener una capacidad completa de preimpresión que comprende, incluso, hasta las separaciones de color.

Pero lo que caracteriza realmente a Ventura Publisher es su gran capacidad para la confección y edición de libros y manuales extensos. Se erige, pues, como un soporte potente para el formateo y mantenimiento de documentos muy amplios.

Incorpora un procesador de texto así como notables mejoras, respecto a sus primeras versiones, en la función de búsqueda y reemplazo de palabras. También permite configurar la partición de palabras a gusto del usuario. Junto a Page Maker ofrece las mejores sugerencias de corrección, si bien el proceso de exploración es más lento.

Otra de sus prestaciones es, como en Quark, la justificación horizontal y vertical de los párrafos, a lo que se suma la posibilidad de generar de forma automática pies de página, índices y cabeceras, que pueden ser definidas en todo el documento para las páginas pares, para las impares o para ambas. Además, incorpora 27 plantillas que pueden ser utilizadas como hojas de estilo para la creación de informes, libros, etc.

Son sus controles de párrafo, columna y formato lo que le sitúa por delante de los otros programas, especialmente, en la elaboración de documentos extensos. Como todos los programas de maquetación ofrece dispositivos de medición adecuados, así como una buena calidad de visualización del texto y los gráficos. También permite dibujar líneas, recuadros o elipses y soporta hasta ocho patrones de relleno, al tiempo que puede realizar la separación de colores.

Pero Ventura también presenta desventajas como son su bajo rendimiento, la lentitud, en la impresión, tanto de textos como de gráficos, así como en la reconstrucción del escritorio. Otro inconveniente es su limitada capacidad en el manejo de gráficos e ilustraciones.

En definitiva, Ventura Publisher es un programa que ofrece las mejores funciones para la elaboración de documentos extensos, si bien carece de varias de las capacidades gráficas que sí se encuentran en otros programas de maquetación. Además, la actualización de la pantalla y la impresiónson lentas. Ofrece una elevada calidad pero un rendimiento insuficiente, si bien sus funciones de diseño y mantenimiento de documentos amplios es mejor que en los demás programas.

8

PROGRAMAS DE DIBUJO

- **Características generales**
- **FreeHand e Illustrator**
- **Corel Draw**

8.1. Características generales

Otro de los elementos esenciales en un sistema de autoedición son los programas de dibujo. Actualmente es posible crear ilustraciones complejas y llamativas gracias a diferentes aplicaciones de diseño y dibujo. Estos programas permiten, por un lado, crear ilustraciones en la pantalla del ordenador y, por otro, manipular y editar ilustraciones, bien digitalizadas con ayuda de un escáner, bien procedentes de bibliotecas gráficas.

Una imagen digitalizada es un mapa de bits, pero los programas de dibujo no producen mapas de bits, sino gráficos vectoriales. Hay que diferenciar, por tanto, entre representación vectorial y representación en mapas de bits (bitmap). Los datos vectoriales son diferentes de los mapas de bits. La representación bitmap consiste en representar en memoria los puntos físicos de la pantalla, formando una matriz. Para transformar estos puntos se pueden emplear programas de ilustración.

La representación vectorial viene dada cuando el programa representa la figura dibujada como un conjunto de vectores. Estos programas suelen ser más lentos, pero necesitan menos cantidad de memoria y, además, ofrecen una mejor resolución y amplias opciones como trazado de curvas, autotrazado y modificación de dibujos. Esto es posible porque no se almacenan como un mapa, sino como una función matemática. Por eso, los programas que pretenden ofrecer alta calidad recurren a la utilización del método vectorial. Así lo hacen Aldus FreeHand y

Adobe Illustrator, los dos programas de dibujo de mayor implantación en el mercado. Son considerados como las mejores opciones para la elaboración de todo tipo de dibujos e ilustraciones y para crear portadas, carteles, logotipos, anuncios, etc.

En la actualidad, ambas aplicaciones se encuentran disponibles tanto para el entorno Macintosh como para el de los compatibles, lo que contribuye, sin duda, a una mayor implantación entre los diseñadores gráficos.

Para obtener una ilustración, un diseño, un boceto o cualquier tipo de dibujo publicitario estos programas tienen que seguir una serie de pasos y ofrecer diferentes características y funciones:

- *Elaboración de objetos y fabricación de elementos a partir de rectas y curvas.* Las curvas utilizadas se denominan *«de tipo bezier»*, y se caracterizan por una gran versatilidad, ya que pueden ser modificadas con facilidad. El programa tiene que incorporar herramientas que faciliten la creación y manipulación de esas curvas. Pero también tiene que integrar diferentes elementos gráficos, tales como cuadrados, rectángulos, círculos, elipses y el trazado a mano alzada, que permitan el dibujo de cualquier elemento (Figura 8.1).

- *Transformación y manipulación de todos los elementos gráficos creados.* Para ello existen diferentes herramientas de transformación: la *rotación* - que permite girar un elemento-, la *reflexión* -que refleja a partir de un eje, en horizontal o vertical, el elemento seleccionado-, el *escalado* -que modifica la escala de la figura seleccionada- y la *distorsión* -que distorsiona elementos en horizontal o vertical. Todas estas operaciones pueden efectuarse manualmente con ayuda del ratón, o bien de forma numérica para lograr una mayor precisión.

- *Incorporación de diferentes sistemas de medida,* con posibilidad de variación, que faciliten la colocación precisa y exacta de los elementos dentro de la página. Existen guías, reglas y opciones de alineación de objetos en pantalla.

- *Incorporación de las funciones básicas dentro del entorno Macintosh* -cortar, copiar, pegar y borrar- que sirven para editar y manipular elementos. También deben incluir las opciones de posicionamiento que permiten colocar elementos encima o debajo de otros a fin de no obstaculizar su visualización. Además, es importante que incorporen la posibilidad de agrupar diferentes objetos para tratarlos como uno solo.

- *Importación y tratamiento de imágenes* elaboradas con otras aplicaciones, bien sean en formato PICT, TIFF o EPS.

- *Integración de texto y tratamiento tipográfico y gráfico del mismo,* en el sentido de que, por un lado, puedan serle aplicados diferentes controles tipográficos: distintos cuerpos, estilos, fuentes, espacio entre caracteres, interlineado...; y por otro, ser tratado como un elemento gráfico al que podamos rotar, reflejar,

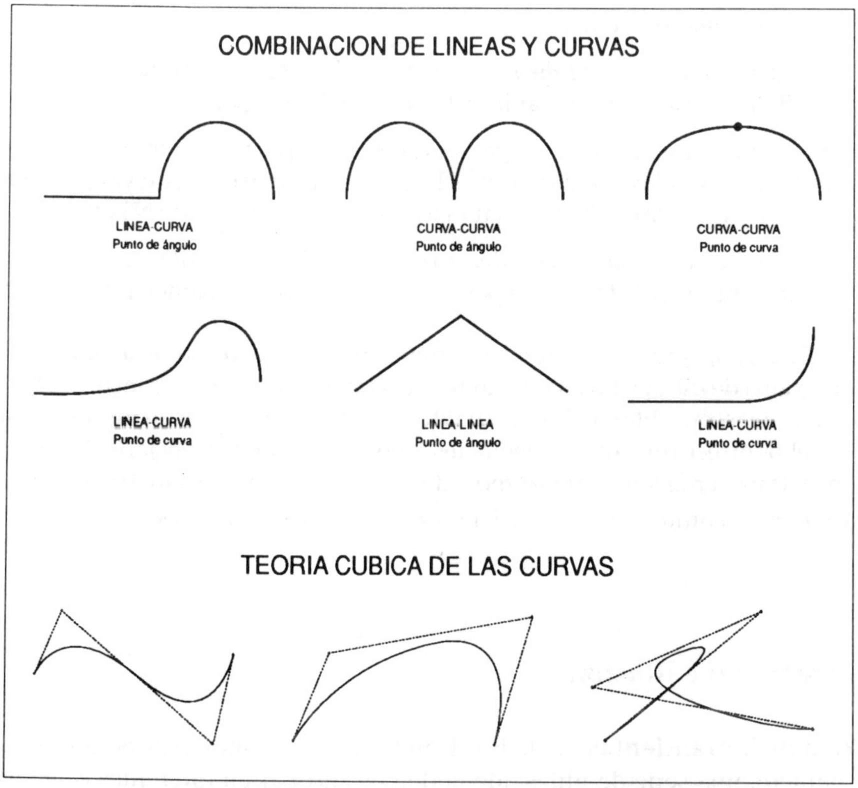

Figura 8.1. Combinación de líneas y curvas en los programas de dibujo.

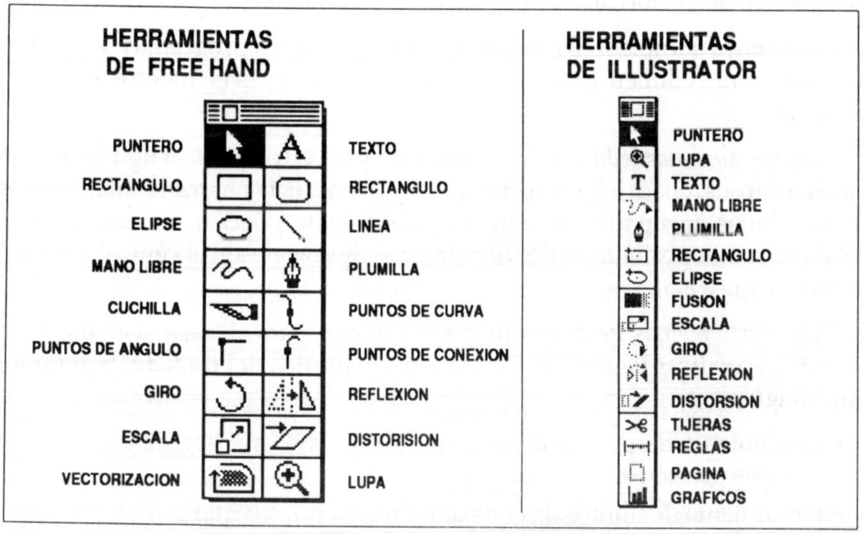

Figura 8.2. Herramientas en los programas de dibujo

escalar o distorsionar.

• *Relleno de objetos con diferentes motivos, degradados y colores*, así como la posibilidad de elaborar y aplicar tramas y rellenos personales.

• *Control del color.* Estos programas deben incorporar diferentes métodos de tratamiento del color, como son el sistema de cuatricomía (cyan, magenta, amarillo y negro) o sistemas tabulados de color como el PANTONE.

• Y por último, *la salida del resultado final a partir de diferentes dispositivos*, ya sean impresoras o filmadoras, con posibilidad de efectuar separaciones de colores.

Estas son, a grandes rasgos, las características o funciones que debe presentar un programa de dibujo. En cuanto tales, FreeHand e Illustrator las incorporan. No obstante muestran diferencias en cuanto a su tratamiento, al tiempo que cada uno de ellos ofrece funciones adicionales que sirven para diferenciarle del otro. En los próximos epígrafes trataremos de delimitar más exhaustivamente las características comunes y diferenciales de estas dos aplicaciones.

8.2. FreeHand e Illustrator

La caja de herramientas. Tanto FreeHand como Illustrator incorporan, además del puntero, una serie de útiles que podemos agrupar en diferentes categorías: herramientas de dibu jo básico, de dibujo libre, de transformación, de texto, de visualización, de vectorización, y la cuchilla (Figura 8.2).

El *puntero* cumple una función idéntica que en los programas de maquetación. Sirve para redimensionar y trasladar los diferentes elementos integrantes del trabajo.

Las *herramientas de dibujo básico* son cuatro y sirven para trazar figuras estándar: círculos o elipses, cuadrados o rectángulos y líneas. Estas herramientas permiten realizar dibujos agrupados, aunque posteriormente pueden ser desagrupadas. También existe la posibilidad de dibujar estas figuras desde el centro o desde los extremos (Figura 8.3).

Las *herramientas de dibujo libre* se emplean para dibujar a mano alzada pudiendo especificar la precisión y número de puntos del trazado. Son también cuatro (Figura 8.4).

- herramienta de puntos de ángulos. Sirve para unir segmentos formando ángulos perfectos.
- herramienta de puntos de conexión. Inserta puntos que son utilizados para unir suavemente rectas y curvas sin formar ángulos perfectos.

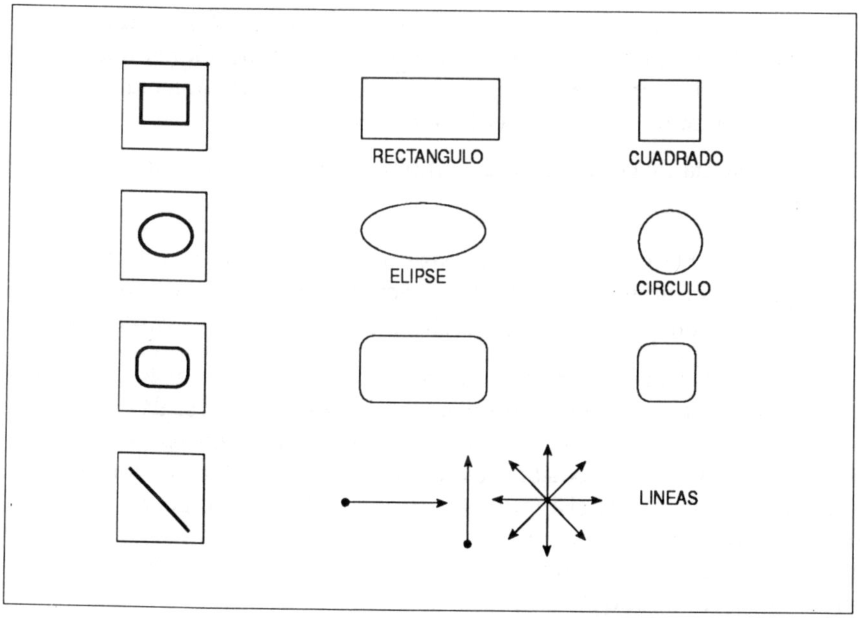

Figura 8.3. Herramientas de dibujo básico

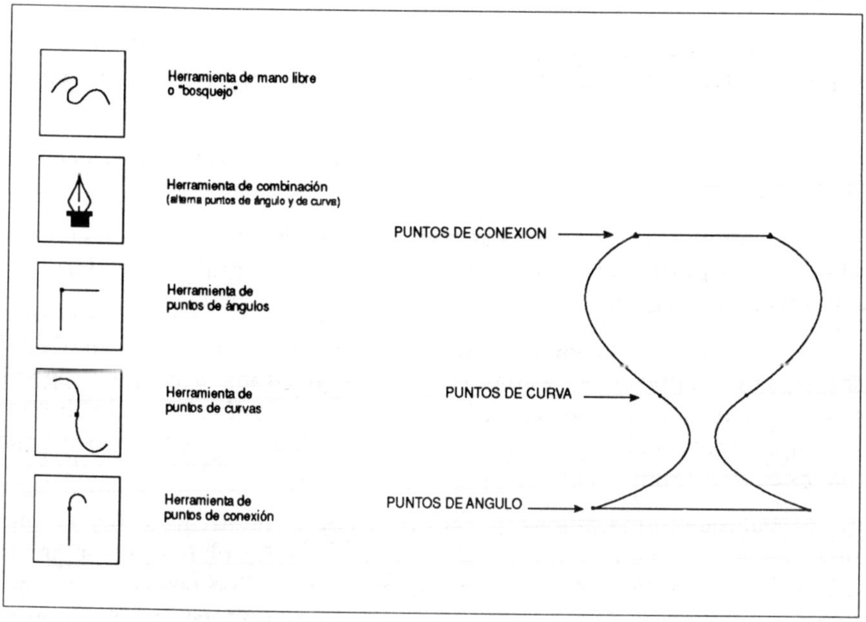

Figura 8.4. Herramientas de dibujo libre.

- herramienta de curvas. Sirve para unir curvas mediante una transición suave. Cada punto de curva incorpora dos manejadores que permiten modificar la curva trazada. Combinando esta herramienta con las dos anteriores pude obtenerse cualquier trazado.
- herramienta de combinación. Combina la inserción de puntos de curva y puntos de ángulo.

Para borrar un punto no hay más que seleccionarlo y pulsar la tecla de borrar, y para insertar uno nuevo basta con activar la herramienta correspondiente al tipo de punto que queremos y hacer "clic" allí donde el usuario quiera colocarlo.

Las *herramientas de transformación* son cuatro: rotación, distorsión, escala y reflejo. La de *rotación* permite girar un elemento hasta 360º ya se de forma manual o numérica. La de *distorsión* permite distorsionar los elementos horizontal y verticalmente. También es posible efectuar esta operación con mayor precisión al establecer numéricamente el ángulo de distorsión. Lo mismo podemos hacer con la de *reflexión*, que sirve para reflejar un elemento a través de un eje. Por último, la *escala* es una herramienta que permite modificar la escala de un elemento, ampliándolo o reduciéndolo (Figura 8.5)

Existe una *herramienta de visualización* que es el zoom o lupa que se emplea para aumentar o disminuir el objeto en pantalla, según queramos trabajar con más precisión o ver de forma completa el trabajo.

Ambos programas incorporan una herramienta de vectorización que se utiliza para actuar sobre una imagen en formato PAINT o TIFF previamente digitalizada.

La *cuchilla* es una herramienta que se emplea para segmentar un trazo en dos o más partes.

Y, por último, la herramienta de texto que se utiliza para integrar el texto en el trabajo, siendo posible aplicarle diferentes controles tipográficos y tratarlo como si fuera un elemento gráfico.

Otra herramienta importante, incorporada por Illustrator en su caja de útiles y por FreeHand en uno de sus menús, es la de fusión o transformación progresiva entre dos figuras, que permite crear efectos muy vistosos. En el caso de Illustrator es una importante función, ya que es la única posibilidad para obtener degradados en los colores (Figura 8.6).

De cualquier forma, ambas aplicaciones integran en su caja de herramientas los útiles necesarios para crear cualquier dibujo o diseño, elaborados a partir de línea y curvas. Las curvas, como ya señalamos, son de tipo bezier, de compleja elaboración pero fáciles de modificar. Cada curva se compone de cuatro puntos, dos de los cuales marcan el principio y el final y los otros dos definen la tangente de cada dirección. Un punto viene dado por la conjunción de dos curvas, una curva

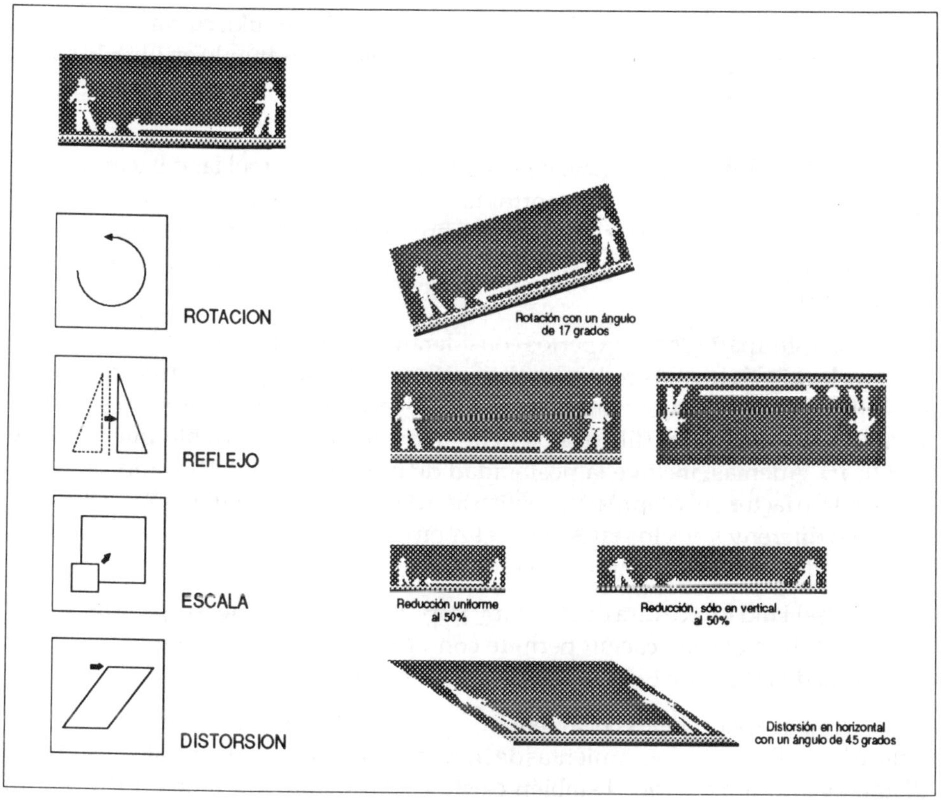

Figura 8.5. Herramientas de transformación.

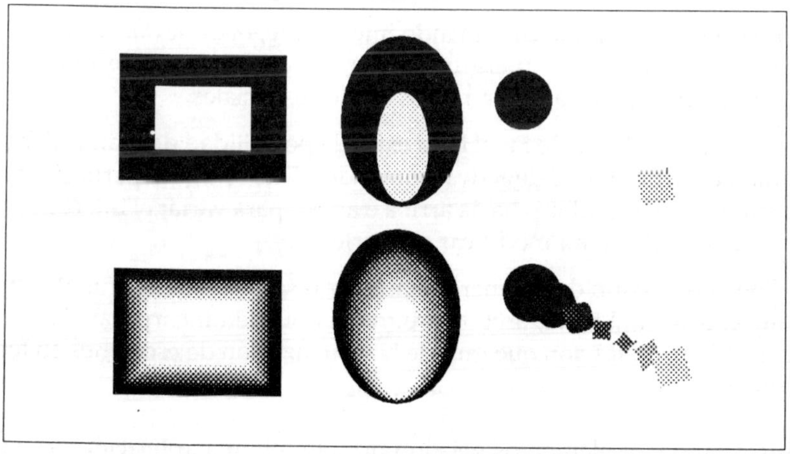

Figura 8.6. Fusión de elementos.

y una línea, o dos líneas y pueden ser de tres tipos: de ángulo, curva y conexión. Además existe la posibilidad de transformar un punto de ángulo en otro de curva o conexión y viceversa.

Tratamiento del texto. Aplicaciones como Illustrator o FreeHand hacen posible que los diseñadores tengan un control total sobre el proceso de diseño. Ya no es preciso montar, a posteriori, el texto sobre la ilustración puesto que existen programas que permiten trabajar con las diferentes familias tipográficas, en cualquier serie y tamaño.

En este apartado los expertos consideran que FreeHand es mejor, dado que aprovecha al máximo los controles tipográficos. Al igual que Illustrator, permite especificar la tipografía, el cuerpo o tamaño, el espacio entre caracteres, el espaciado vertical y la alineación (Illustrator tiene una carencia importante que es la de justificar). Además, incluye la posibilidad de modificar el interlineado, la escala horizontal o factor de compresión o expansión de caracteres, la alineación justificada, así como diferentes efectos tales como el zoom, la sombra, el relleno de caracteres, el ahuecado, entre otros (Figura 8.7).

FreeHand ofrece otra opción muy importante, el kerning o espacio entre los caracteres. Esta especificación permite conseguir un espaciamiento exacto entre determinados pares de caracteres (VA, por ejemplo).

Ambas aplicaciones permiten conseguir diversos efectos a partir del texto al aplicarle las diferentes herramientas de transformación. Podemos rotarlo, escalarlo, distorsionarlo o reflejarlo. También existe la posibilidad de unir un texto a un trazado de modo que el primero siga el recorrido del segundo, ya sea un círculo, cuadrado o una serie de curvas. Además, en el caso de FreeHand el texto, una vez unido al trazado, puede sufrir múltiples distorsiones (Figura 8.8).

FreeHand incorpora un comando importante, *trazar texto*. A partir de éste, el texto es tratado como si fuera un objeto, de modo que se le puede aplicar cualquier tipo de relleno, así como otros efectos especiales.

También en el caso de FreeHand existe la posibilidad de manipular el texto directamente, sin necesidad de activar comandos. Esto se logra a partir del puntero, desplazando los manejadores hacia arriba o abajo -para variar el interlineado- y a derecha o izquierda - para modificar el interletraje-.

Con el propósito de obtener una mayor resolución de las fuentes tipográficas empleadas en el texto, ambos programas pueden incorporar Adobe Type Manager (ATM), aplicación que impide la visualización de escalones en letras de gran tamaño.

El color. Uno de los elementos más importantes en una aplicación orientada al diseño o elaboración de dibujos es el tratamiento del color. Se considera que tanto

Figura 8.7. Efectos de texto con FreeHand.

FreeHand como Illustrator lo hacen correctamente. Pero existe un problema y es el de la visualización en pantalla de los colores, ya que no se corresponden con los que vamos a obtener en el resultado final. Esto se debe a que cada monitor posee un grado determinado de brillo y contraste y a que, para reproducir las imágenes, emplean colores aditivos producidos por la emisión de la luz.

Para salvar este inconveniente existen diferentes opciones. Por un lado, la comparación entre las tarjetas de colores progresivos (producidos por la combinación de los principales), con los mismos mostrados en el monitor. Si se desea una mayor precisión, esta se consigue a partir de *Calibrator*, en conjunción con los monitores Radius. Calibrator es un dispositivo que ajusta de manera automática la temperatura del color del monitor mostrando así del modo más preciso posible la salida posterior en papel.

Pero quizá la solución de mayor fiabilidad pasa por el empleo de los colores PANTONE, colores estándar de los que ya hemos hablado en el capítulo anterior, y que están disponibles tanto en Illustrator como en FreeHand. Esta es la única forma de asegurar que los colores elegidos y visualizados en pantalla se correspondan con los que aparezcan en el soporte de salida.

En este aspecto, FreeHand es más potente que Illustrator, ya que no sólo permite la elección de colores PANTONE, y por cuatricomía (cyan, magenta, amarillo y negro), sino también ofrece la opción de elegir el color por RGB (rojo, azul y verde) y el TSC (tono, saturación y claridad).

Un aspecto muy importante dentro de los programas de dibujo es el de los rellenos degradados para los objetos. Para conseguir un relleno de este tipo basta con indicar el color inicial y el final, obteniéndose los colores intermedios de modo automático. Para conseguirlo FreeHand e Illustrator siguen caminos distintos. FreeHand ofrece al usuario una doble posibilidad de relleno gradual: uno lineal, donde se puede definir el ángulo de inclinación del degradado, y otro radial o concéntrico para las figuras redondeadas. Illustrator, sin embargo, no permite obtener de forma directa, a partir de los menús, estos degradados aunque sí pueden conseguirse a través de la herramienta de fusión.

A estos efectos añade la posibilidad de que el usuario cree sus propios rellenos (Relleno Azulejo) utilizando objetos elaborados previamente y que podemos escalar horizontal y verticalmente, girarlo o distorsionarlo. Esta posibilidad es común a ambas aplicaciones. También lo es la de fabricar rellenos PostScript a partir de este lenguaje. Sin embargo, FreeHand incorpora, a diferencia de Illustrator, un catálogo de rellenos propios que podemos aplicar a los objetos, consiguiendo así un efecto semejante a la arenilla, al granito, a la piel de una cebra, a los microorganismos, etcétera (Figura 8.9).

Un aspecto importante en el trabajo con estas aplicaciones es el de la visualización de nuestro diseño o dibujo en el monitor. Illustrator sólo permite visualizar los contornos de los objetos mientras los dibujamos. Para ver el resul-

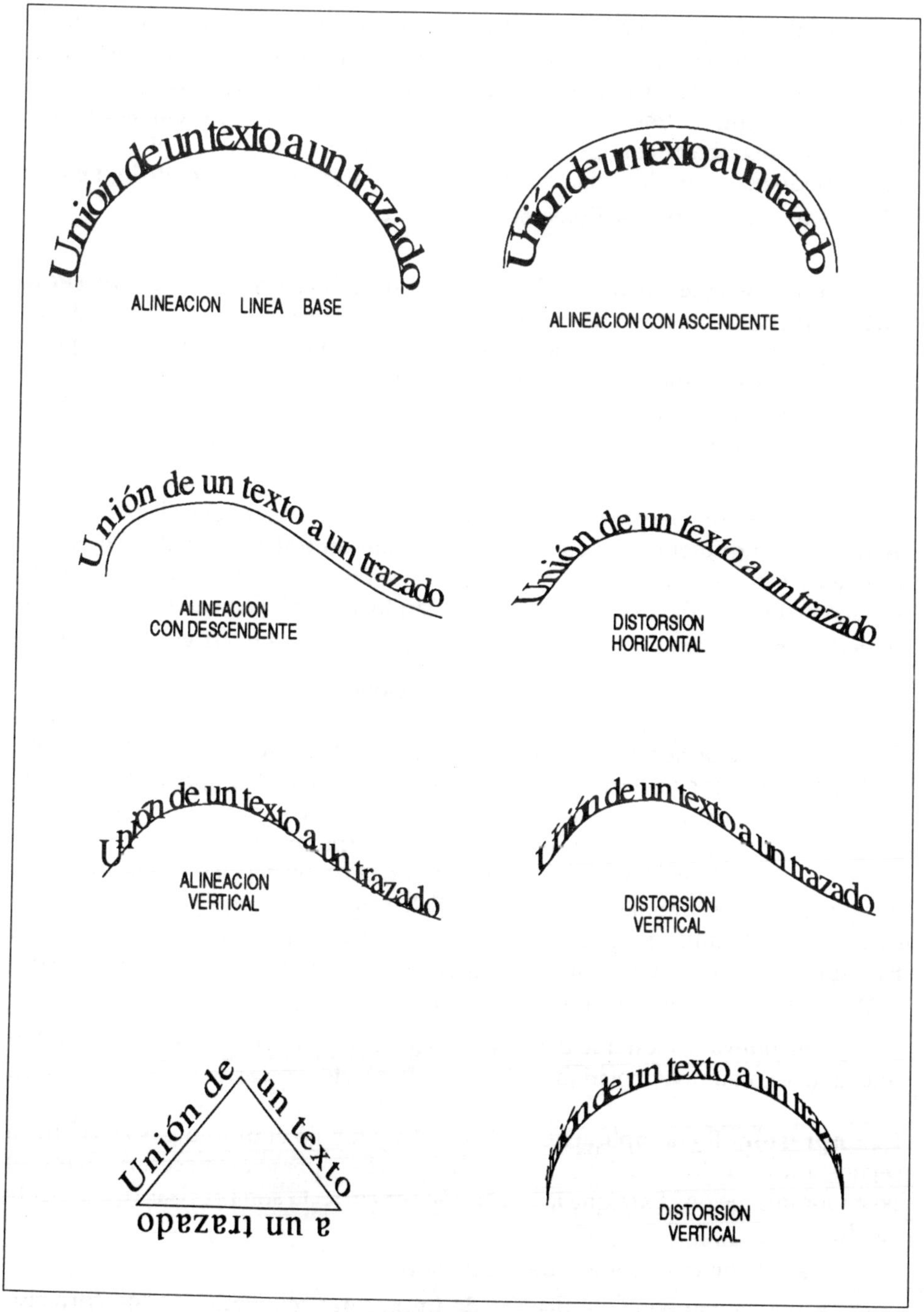

Figura 8.8. Unión de texto a un trazado.

tado final de las figuras con sus atributos y colores es preciso activar la opción de *Preview*. Sí hay una posibilidad de ver al mismo tiempo los contornos y los atributos y esto se consigue creando una nueva ventana, en la que activamos el comando *Preview*, y que enfrentamos a la que contenía el dibujo. Sin embargo, Free Hand permite trabajar con las dos opciones, es decir, el preview y el contorneado, de modo que es posible visualizar las especificaciones y colores de los objetos y figuras al tiempo que los dibujamos.

Más comparaciones. Ambas aplicaciones incorporan en la parte superior y en la parte izquierda de la mesa de trabajo una regla que permite la colocación de los elementos gráficos. FreeHand, a diferencia de Illustrator, incorpora en la parte superior de la ventana una barra de información (Figura 8.10) que contiene las coordenadas numéricas que definen la posición del cursor además de diferentes especificaciones sobre los objetos seleccionados (ancho y alto, grado del ángulo, entre otras).

Otra opción ofrecida por FreeHand pero no por Illustrator es la posibilidad de trabajar en diferentes capas, es decir, permite un tratamiento de planos que también pueden ser empleados como plantillas. En cada plano, y son doscientos, se pueden dibujar objetos diferentes visualizando todos al mismo tiempo o sólo los de determinadas capas. Pueden imprimirse todos a la vez o individualmente.

Un punto importante en estas aplicaciones es el de la importación de ilustraciones (imágenes, gráficos o dibujos) y documentos desde otros programas. FreeHand importa ficheros en todo tipo de formatos: PICT, TIFF, EPS o Paint, pudiendo controlar su claridad, el contraste o las tramas de impresión. Además, puede importar documentos desde Illustrator. Este, por su parte, importa ficheros PICT y EPS, pero ni TIFF, ni Paint. Para poder incorporar imágenes TIFF tiene que emplear Adobe Photoshop como intermediario, a partir del cual transforma esas imágenes TIFF en EPS. Por su parte, los ficheros en formato Paint sólo pueden abrirse como plantillas que pueden ser utilizadas para realizar el trazado automático. Esto supone un importante ahorro de tiempo respecto del el trazado manual del contorno a partir de la herramienta de mano alzada.

Una nueva opción que posee sólo FreeHand es la de las tramas de mediatinta que asignan una densidad de trama a un objeto y color.

La impresión. En las aplicaciones de diseño y dibujo el último paso es el de la separación de colores del documento realizado, operación necesaria para su posterior impresión. Para que la impresión sea correcta son precisas una serie de condiciones:

- seleccionar los colores de separación
- poseer variedad de drivers de impresoras, conteniendo los correctos parámetros para cada una, como las resoluciones, tramas, ángulos de

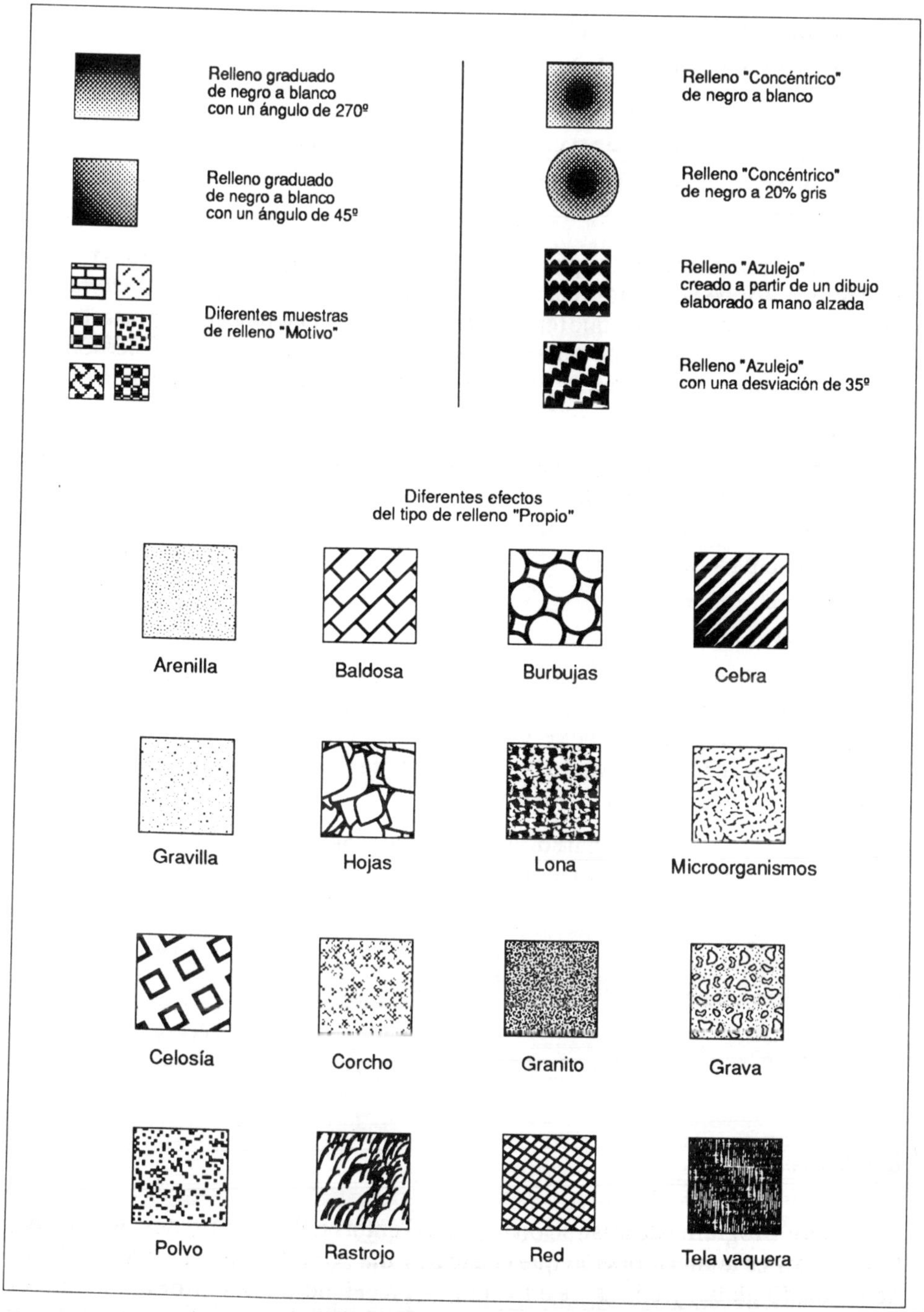

Figura 8.9. Tipos de relleno en FreeHand.

tramas, tipos de papel, etc.

- elegir el tamaño de la hoja según el driver
- fijar la densidad de trama
- incluir las marcas de recorte, cruces de registro, fecha...
- superposición de las tintas para evitar la incorrecta superposición de los colores

Illustrator realiza las separaciones de color al margen del programa. Para ello emplea Adobe Separator. Esto tiene un inconveniente y es que el documento que queremos separar tiene que tener formato EPS. Por ello hay que exportarlo con el programa principal. Esto supone una importante inversión de tiempo en guardarlo, salir del programa, entrar en Adobe Separator, volver a leerlo e imprimir.

FreeHand, sin embargo, posee el separador dentro del programa principal, por lo tanto los procesos desde la lectura del diseño hasta empezar a imprimirlos son inmediatos. Posee como punto fuerte el poder variar el ángulo de trama correspondiente a cada color.

Conclusión

Una valoración rápida de ambas aplicaciones nos permite señalar que FreeHand se caracteriza por ser una aplicación muy potente en lo que se refiere a texto, posicionamiento de objetos y rapidez de impresión. Como inconvenientes figuran una mayor complejidad a la hora de realizar las curvas y unos tiempos más largos en la transformación de los objetos.

Illustrator tiene la ventaja de emplear pocas herramientas pero de un modo más rápido y sencillo, y realiza los mismo efectos de degradados y rellenos que su adversario.

De cualquier forma ambas aplicaciones tienen la potencia suficiente para elaborar diseños y dibujos de cualquier tamaño.

8.3. Corel Draw

Es el programa de ilustración líder en el entorno PC. Dentro de este entorno, Corel Draw es la mejor opción que existe hoy día para ilustrar, diseñar y dibujar de un modo global y eficaz. Es a PC lo que FreeHand o Illustrator a Macintosh, incluso aporta soluciones no incorporadas por estos programas. Sus posibilidades

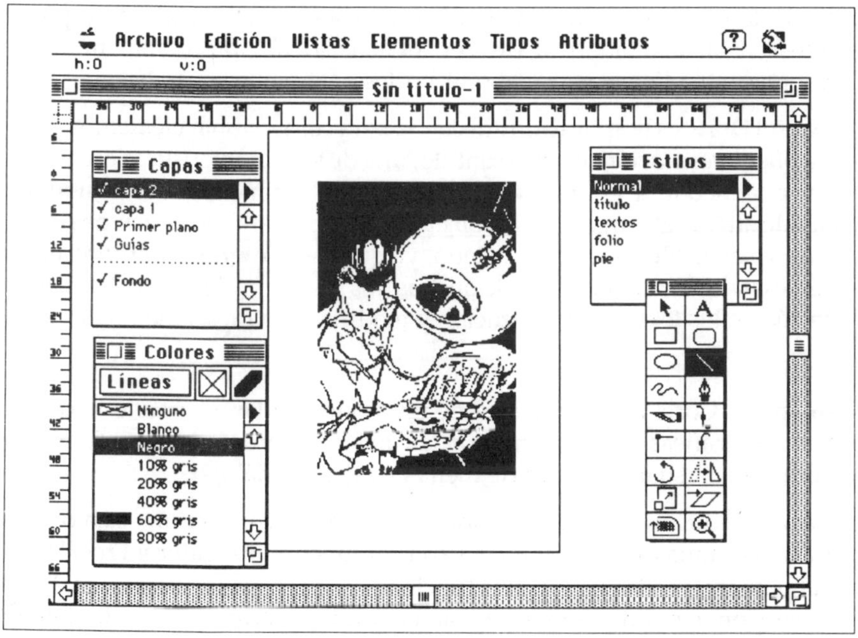

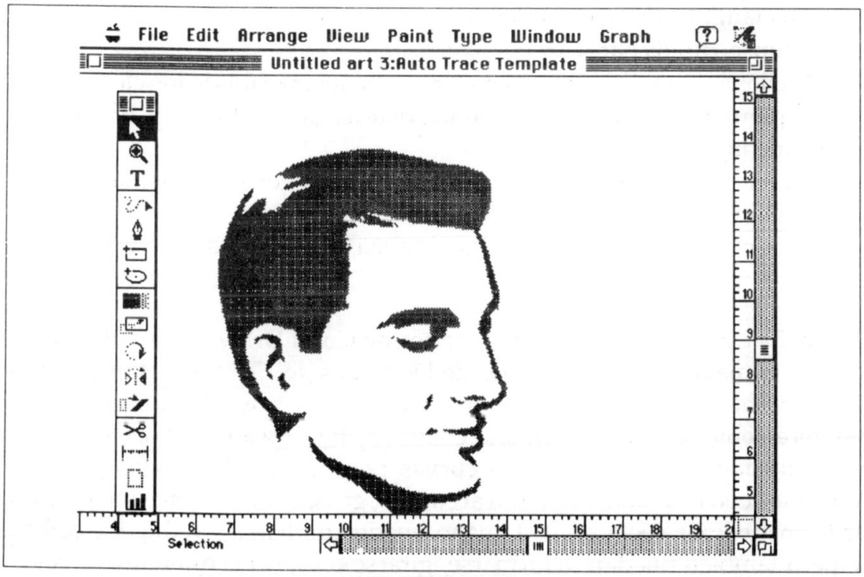

Figura 8.10. Arriba, entorno de pantalla en FreeHand. En la ilustración aparecen las cuatro paletas flotantes de FreeHand: herramientas, estilos, colores y capas. En la parte superior incorpora la barra de información y también las reglas. Debajo, entorno de pantalla en Illustrator, en el que se observan la caja de herramientas, a la izquierda, y las reglas.

de edición lo convierten en una de las aplicaciones más versátiles y potentes existentes en la actualidad al ofrecer al usuario un importante número de herramientas y funciones para elaborar profesionalmente sus trabajos.

Corel Draw es la aplicación adecuada para confeccionar elementos gráficos con una buena resolución. En este sentido, una de sus características esenciales es que funciona mediante gráficos vectoriales, lo que supone grandes posibilidades a la hora de alterar el tamaño de los objetos y de efectuar modificaciones especiales. Esto es extensible a los tipos de letra, ya que este programa permite alcanzar fácilmente cualquier tamaño y posición. Sus dos pilares básicos son el tratamiento que efectúa de los textos y la utilización y modificación de segmentos y curvas.

Herramientas. Corel Draw funciona de un modo similar a como lo hacen otras aplicaciones gráficas que incorporan las mismas características. También se comunica con el usuario a partir de menús y cajas de diálogo.

Para la edición de las ilustraciones y dibujos incorpora una caja de nueve herramientas, la mayoría de las cuales son comunes a Illustrator y FreeHand.

- el puntero: realiza las mismas funciones que en estas aplicaciones. Permite seleccionar, redimensionar o trasladar un elemento o conjunto de elementos
- el lápiz: dibuja, a mano alzada, líneas y curvas
- el rectángulo: dibuja rectángulos y cuadrados
- la elipse: dibuja elipses y círculos
- el relleno: para definir las características del interior de los elementos
- la pluma: para definir las características de las líneas y bordes de los elementos
- el vector: vectoriza los objetos seleccionados -textos e ilustraciones- y los modifica mediante su arrastre
- el zoom: amplía y reduce cualquier zona de la pantalla

El Texto. Es este uno de los puntos fuertes de Corel Draw. Es la aplicación que incorpora el mayor número de tipos de letra, más de 150. Lo más importante es que estas letras pueden convertirse en curvas, lo que posibilita que sean modificadas libremente hasta transformarse en los objetos deseados. El hecho de que las fuentes puedan ser tratadas como curvas permite que los textos puedan ser modificados con facilidad en cuanto al cuerpo, grosor, alineación o inclinación. Al estar formados por vectores, su tamaño puede ampliarse y reducirse con facilidad, pero también pueden deformarse, girarse o soportar diferentes efectos sin pérdida de resolución.

Otra posibilidad que tienen los textos es la de seguir el recorrido de las curvas de una figura. Para conseguir este efecto tienen que estar seleccionados los dos elementos, texto y objeto, y aplicar entonces el comando «adaptar curvas».

Tras ello, el texto adoptará automáticamente la forma del objeto seleccionado.

El texto, además de poder ser desplazado, pueden aplicársele distintas operaciones. Por ejemplo, es posible variar el tracking o espacio entre caracteres, también el interlineado, así como el tamaño o cuerpo de los textos. Además existen opciones de relleno de los caracteres, tramas, degradados con diferentes ángulos de inclinación y fondos que pueden ser estándar o creados por el propio usuario.

El color. Corel Draw ofrece una buena gestión y tratamiento del color. Incorpora cuatro sistemas de selección: la carta de colores PANTONE, el sistema CMYK (cuatricomía), el sistema RGB y el HSB (color por saturación).

En Corel Draw se pueden definir hasta seis millones de colores variando las tonalidades y la intensidad de los colores básicos. Incluso, se pueden efectuar degradados, pero sólo a partir de colores PANTONE de tonalidades similares.

También incorpora una importante cantidad de tramas originales para rellenar elementos y textos, pero sólo podrán ser empleadas por los usuarios con impresora PostScript.

Este programa puede hacer la separación de colores de cualquier página por él creada, pues incluye la opción de imprimir cada plancha por separado, así como la de especificar los ángulos de pantalla e incluir las marcas de registro necesarias para poder montar con exactitud las diferentes planchas. Esta opción es importante porque permite obtener una prueba previa a la filmación del documento sobre la que el usuario puede realizar las correcciones.

Ventajas de Corel Draw. Algunas de las ventajas de Corel Draw respecto de otros programas de diseño -tanto en el entorno PC como Macintosh- y que se han convertido en auténticascaracterísticas diferenciadoras, son éstas:

1. La incorporación de dos programas de notable utilidad: Corel Trace y WFNBOSS. El primero es un programa de trazado que convierte gráficos de tipo bitmap en gráficos de curvas, adaptándoles así a todas las herramientas de Corel Draw. El segundo es un conversor de tipos de letras que transforma fuentes de distintos formatos al modo Corel, y viceversa. Incluso el usuario puede modificar y personalizar sus tipos hasta crear una familia tipográfica.

2. Ofrece 153 tipos de letra incorporados en la misma aplicación. A estos se añaden más de 250 fuentes incluidas en un CD-ROM que acompaña al programa.

3. Incluye diferentes efectos de transformación. Ofrece la posibilidad de realizar cambios simples en los objetos seleccionados: desplazamientos a una distancia precisa, rotación y modificación de las propiedades del objeto

seleccionado. A esto se añade la opción de suprimir todas estas modificaciones y volver al estado inicial. Cuatro métodos de transformación que producen efectos llamativos son:

- perspective: crea perspectivas para los objetos seleccionados. Basta con desplazar los puntos de la perspectiva en el recuadro que enmarca el objeto
- envelope: deforma el rectángulo que representa el objeto hasta el lugar adecuado
- blend o fusión: permite crear los pasos intermedios en la transformación de dos objetos. Se puede variar el número de pasos y el ángulo de giro
- extrude: genera formas tridimensionales a partir de objetos planos. Afecta a la profundidad y al tipo de perspectiva

4. Incluye una paleta de colores y permite la selección de color a partir de diferentes sistemas.

5. Aplicación de rellenos vectoriales y de bitmaps más la opción de editar fondos personalizados creados por el usuario.

6. Dibujo de flechas y líneas punteadas.

7. Incorporación de reglas de referencia, líneas base y una rejilla.

8. Modo de visualización completa en pantalla.

9. Incorporación de una librería gráfica que incluye ilustraciones sencillas ya elaboradas que pueden ser introducidas por el diseñador en sus trabajos. Esto facilita su labor pues basta con seleccionarlas y trasladarlas al documento de trabajo, lo que supone un importante ahorro de tiempo. Esta librería incluye más de 750 gráficos que se agrupan en diferentes categorías (animales, medio ambiente, ciencia, industria, tecnología, alimentos, arquitectura, negocios, mapas, banderas, gente, tiempo libre y deportes) además de un extenso conjunto de símbolos. Por otra parte, la última versión de Corel Draw ha incluido un CD-ROM con unos 14.000 clip arts adicionales.

En definitiva, todas estas características son las que hacen de Corel Draw, sin lugar a dudas, el mejor programa de dibujo para el entorno de los compatibles, pues incorpora funciones que los demás programas no tienen y, además, funciona más rápidamente.

9

TRATAMIENTO DE IMAGENES

- Características generales
- Photoshop
- PhotoStyler

9.1. Características generales

La manipulación, montaje y retoque de fotografías se ha visto potenciada con la llegada del ordenador y el surgimiento de numerosas aplicaciones destinadas a tal fin. La aparición de escáners con colores de alta definición, de tarjetas de adquisición de vídeo así como la posibilidad de ver imágenes de 16,7 millones de colores y 24 bits e incorporar después estas a documentos de DTP, ha suscitado la necesidad de programas capaces de retocar y tratar estas imágenes de alta definición. En la actualidad son varias las aplicaciones específicas para tal fin, tanto en el entorno Macintosh como en el de los compatibles. En el primero destacan PhotoShop, de Adobe, MC View y Color Studio, de Letraset, a los que precedió Image Studio, también de Letraset, para imágenes únicamente en blanco y negro. En el segundo, el mejor exponente es Aldus PhotoStyler, si bien existen otros programas de ilustración que también permiten el tratamiento de imágenes.

En líneas generales, todos estos programas sirven para retocar fotografías, editar y modificar imágenes y pintar en color. Son excelentes herramientas de trabajo para directores de arte, fotógrafos o diseñadores gráficos, ya que les permite mezclar y editar imágenes en color, retocar pruebas, crear collages, hacer fotomontajes, etc. Pero también son aplicaciones útiles para el mundo de las artes gráficas y para los servicios de filmación debido, especialmente, a su capacidad para efectuar separaciones de color.

En general, todos los programas de tratamiento de imágenes incorporar una amplia caja de herramientas que combina útiles para pintar y editar, sofisticadas herramientas de selección y diferentes métodos de ajuste de los niveles de grises y de color.

También permiten cortar, girar, modificar el tamaño de las imágenes e, incluso, distorsionarlas utilizando diferentes filtros y efectos. Además, una vez finalizado el trabajo, estos programas pueden darle salida como un medio tono o como una separación de color. Para la salida de los originales se puede emplear cualquier impresora láser, preferiblemente con PostScript, si bien para obtener un mejor resultado es aconsejable emplear los controladores de Linotronic con objeto de destinar el trabajo a un servicio de filmación.

De todas estas aplicaciones vamos a centrarnos en PhotoShop al ser considerado por los expertos como la más potente y profesional de las existentes en el mercado. No obstante, muchas de las herramientas, funciones y efectos incorporados por PhotoShop, y en definitiva su filosofía de trabajo, son extensibles al resto de programas de tratamiento digital de imágenes.

9.2. Adobe PhotoShop

PhotoShop nace como un programa de tratamiento de imágenes para Macintosh y que puede ser utilizado como sistema de pintura, manipulación de imágenes, preimpresión, corrección del color, cámara oscura o retoque fotográfico. Se ha erigido como el instrumento de trabajo profesional a la altura de la calidad de las imágenes de alta definición.

Para efectuar estas operaciones, PhotoShop ofrece las herramientas más potentes del mercado. Al igual que el resto de paletas gráficas, posee diferentes útiles para retocar, modificar o crear imágenes en la pantalla. Junto a las herramientas de selección, relleno o pincel, existen otras más sofisticadas como el cambio de brillo, contraste o tramas, los efectos de imagen borrosa, alisados o filtros. PhotoShop incorpora un amplio abanico de filtros cuyo fin es reforzar, suavizar o añadir efectos especiales a las imágenes. A esto se une su capacidad de PhotoShop para efectuar la separación de color de las imágenes. Todo ello hace que esta aplicación transforme el Macintosh en una auténtica estación gráfica que ofrece una calidad similar al fotograbado profesional.

Las herramientas

PhotoShop ofrece una serie de herramientas, al igual que otros programas de tratamiento de imágenes, para retocar y mejorar éstas. Estos útiles permiten seleccionar, visualizar, pintar y editar imágenes (Figura 9.1).

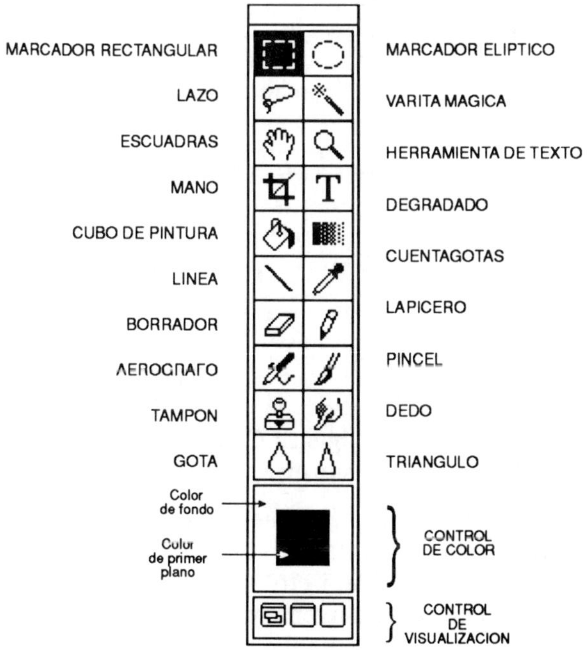

Figura 9.1. Caja de herramientas de PhotoShop.

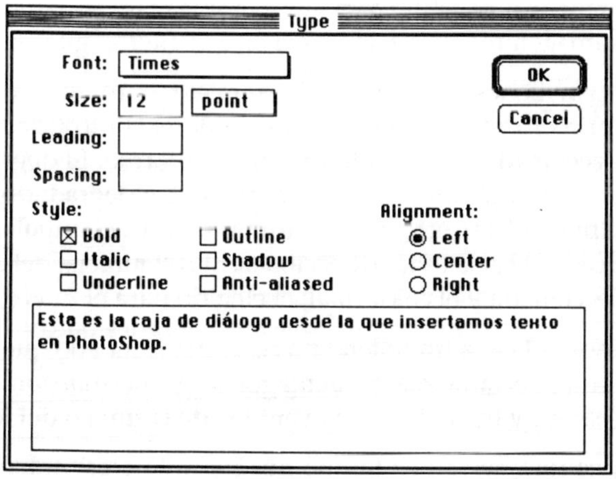

Figura 9.2. Ventana de inserción de texto en PhotoShop.

Las herramientas de selección se utilizan para indicar al ordenador con que parte de la imagen queremos trabajar. Son cuatro: el marcador rectangular, el marcador elíptico, el lazo y la varita mágica. La primera, permite hacer selecciones rectangulares; la segunda, ovoides; con la tercera, podemos seleccionar a mano alzada y, con la última, fragmentos de imagen en función de la similitud de color entre pixels contiguos.

Para visualizar, PhotoShop ofrece tres herramientas: la mano que desplaza la imagen hasta fijar en pantalla el fragmento que se desea visualizar; la lupa o *zoom*, que amplia o reduce la visión del trabajo y la escuadra (o tijeras), que definen el tamaño y la resolución de la imagen, los fragmentos no seleccionados son cortados y desechados.

Otra de las herramientas que ofrece PhotoShop es la de texto. Con ella insertamos texto en cualquier parte de la imagen, pudiendo determinar la fuente, estilo o cuerpo (Figura 9.2). Existe también la posibilidad de aplicarle diferentes filtros y efectos, al igual que a las imágenes. Cuando un texto está activo puede ser desplazado, rellenado, rotado, transformado, etc.

El resto de herramientas nos permiten modificar y editar imágenes, Para pintar a mano alzada o trazar rectas ofrece tres herramientas: el lapicero, el aerógrafo y el pincel. El trazo del lapicero es duro y se visualizan fácilmente los puntos del borde. El del pincel es diferente ya que los contornos son más suaves. El aerógrafo trabaja de modo semejante al que lo haría uno real. El programa ofrece, además, veintiséis formas y tamaños preestablecidos de pinceles y aerógrafos, además de un pincel adicional que se puede adaptar a las necesidades del usuario (Figura 9.3).

También incorpora una goma de borrar que ofrece la posibilidad de eliminar zonas de la imagen o de actuar como una «goma mágica» para que determinadas partes de la imagen recuperen la forma en que fueron guardadas.

Para rellenar zonas existen dos herramientas: el cubo de pintura y el degradado. El primero rellena del color fijado en el control de color las zonas previamente seleccionadas, aplicando un color uniforme. El degradado permite rellenar zonas con degradados lineales y radiales. Un degradado lineal es aquel que proyecta un punto sobre otro mediante líneas rectas. El radial es el que lo hace desde un punto central hacia todas direcciones. El color inicial del degradado será el de la tinta seleccionada y el color final, el elegido para el fondo.

Si queremos aplicar a un relleno un color determinado que ya figura en la imagen tenemos otra herramienta, el cuentagotas, que permite tomar exactamente el color que deseamos y trasladarlo a la ventana de la tinta o del fondo.

La línea, es una herramienta que nos permite crear trazos horizontales, verticales u oblícuos, en cualquier parte de la imagen y del color de la tinta seleccionada.

Para añadir efectos a las imágenes,PhotoShop incorpora cuatro herramientas. Sin duda de estas cuatro, la más versátil para retocar es el sello de caucho (tampón o «rubber stamp»). Esta hace posible que partes de la imagen puedan ser reproducidas exactamente, en otra parte de la misma imagen o de otra diferente. Permite, además, muestrear texturas, reproducir modelos y crear efectos especiales (ver lámina 14 en color).

Por su parte, el dedo o difuminador suaviza los bordes y difumina la imagen, pudiendo mezclar colores. Simula el efecto de arrastrar un dedo sobre pintura húmeda. Cuando se emplea esta herramienta el color va desapareciendo gradualmente hasta que se disipa por completo. La gota (blur) también suaviza y difumina los bordes de la imagen, sin embargo los colores no se mezclan. Con ella se puede conseguir sobre parte de una imagen un efecto de desenfoque. El triangulo (sharpen) perfila las imágenes dando una sensación de mayor nitidez. Permite al usuario enfocar parte de una imagen. Al aplicarlo sobre ésta aumenta el contraste entre pixeles contiguos.

Y, como última herramienta, PhotoShop ofrece un control de color, con dos posibilidades; por un lado, la de elegir el color de fondo (o «background») y, por otro, la de elegir el color de la tinta (o «foreground»). Ambos colores son seleccionados a partir de una ventana desplegable a través de la cual se puede editar el color deseado.

Filtros y efectos

El brillo, el contraste, la gama (con medios tonos) y el color de la imagen también pueden ser ajustados desde PhotoShop. Pero además ofrece veintidós efectos especiales -o filtros- que pueden aplicarse a la imagen total o a parte de ella (ver láminas 15 y 16 en color y figura 9.4). Estos se ordenan en diferentes categorías:

- para crear efectos especiales
    - noise: es una imagen representada por puntos con los niveles de colores distribuidos al azar.
    - fragment: crea cuatro copias de los puntos superponiendo una sobre otra.
    - facet: permite obtener una definición aguda de la imagen.
    - mosaic: aparece la imagen en bloques rectangulares.
    - offset: duplica y mueve la imagen.
- para trazar los contornos de la imagen
    - «find edges» y «trace contour»
- para invertir el color de una imagen: «high pass filter»
- para enfocar o desenfocar imágenes
    - sharpen: incrementa el contraste de una imagen mejorando su claridad.
    - unsharp: se utiliza en la fase de impresión para enfocar o realzar detalles

en las separaciones de color.

- gaussian blur: difumina o desenfoca la imagen perdiendo nitidez.
- motion blur: produce un efecto de movimiento hacia una dirección determinada y con una intensidad específica. Equivale a captar fotográficamente un objeto en movimiento con una larga exposición.
- blur y blur more: se utiliza cuando se producen saltos muy bruscos de color o el un color aparece dado desigualmente. El efecto *More* es lo mismo pero repetido tres o cuatro veces.
- despeckle: detecta las áreas donde hay un cambio de color relevante y elimina las manchas que haya en la imagen seleccionada.
- diffused: mezcla puntos, permite ver la selección menos enfocada, y dispone de tres comandos: *normal, light y dark.*

Además, PhotoShop ofrece la posibilidad de aplicar a la imagen total, o a una parte de ella, una serie de efectos (ver láminas 17 y 18 en color). Estos permiten estirar o comprimir dicha imagen; rotarla, girando manualmente la selección; o distorsionarla, de forma oblicua, con una perspectiva cónica o completamente, recolocando sus esquinas.

Tipos de imágenes

PhotoShop trabaja con distintos tipos de imagen (Figura 9.5). Podemos operar con imágenes definidas en ocho formatos diferentes. El primero de ellos es el formato BITMAP. Una imagen bitmap es la de formato más sencillo pues ésta sólo puede adoptar dos valores, blanco o negro. Esto sucede porque este formato asigna, únicamente, un bit información a cada punto que compone la imagen.

En el formato GRAYSCALE son 8 los bits que se asignan a cada uno, lo que posibilita la representación de 256 niveles de grises, incluidos el blanco y el negro. En este sistema se pueden usar todas las herramientas.

En el caso del formato INDEXED COLOR también son 8 los bits por punto, pero la información está compuesta por colores, pudiendo obtener hasta 256 valores cromáticos diferentes. La ventaja de este formato es que los archivos ocupan menos memoria que en cualquier otro, sin embargo, existe una dificultad y es que las posibilidades de edición son limitadas, ya que no permite emplear todas las herramientas. Por eso, si el usuario piensa editar bastante será necesario que transforme la imagen al formato RGB.

Una imagen RGB es la que está compuesta por tres canales, uno por cada color (rojo, verde y azul), cada uno de los cuales asigna ocho bits por punto, de modo que al mezclarlos se obtiene una definición de veinticuatro bits por punto. Frente a los 256 colores del formato anterior, el RGB hace posible la visualización de 16,7 millones de colores. Existe la posibilidad de visualizar los tres colores a la vez, pero también se puede ver cada color por separado. Para realizar la separa-

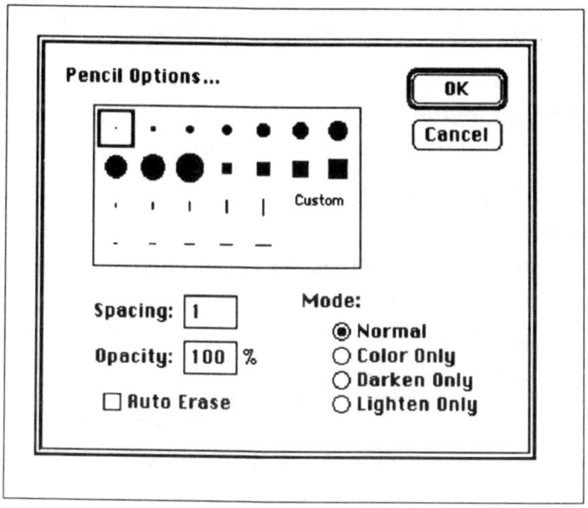

Figura 9.3. Diferentes formas y tamaños de pinceles y aerógrafos.

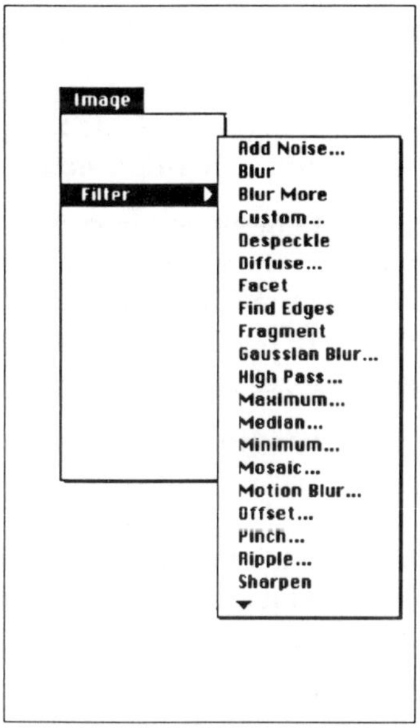

Figura 9.4. Algunos de los filtros que Photoshop permite aplicar a las imágenes.

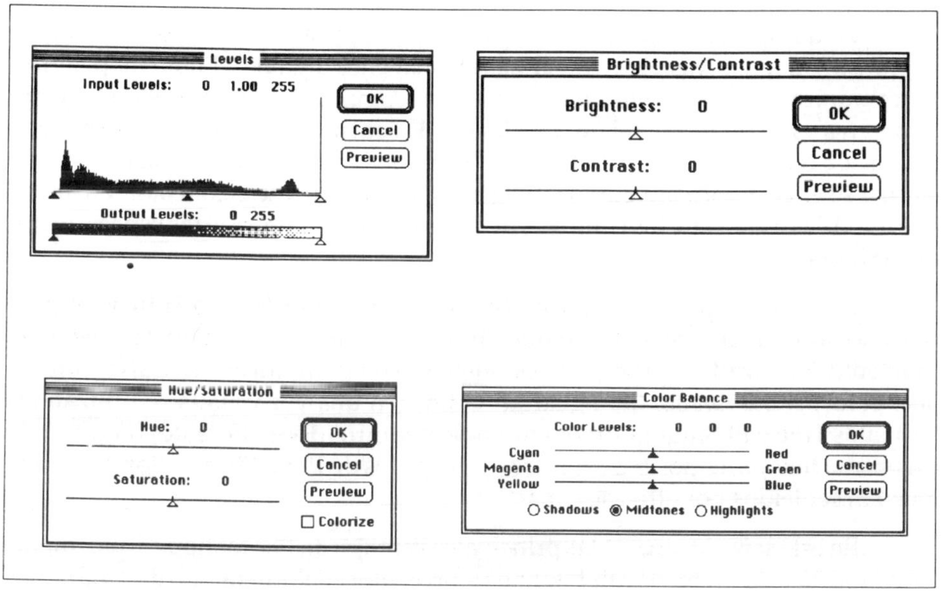

Figura 9.5. Ajustes ofrecidos por PhotoShop para controlar el brillo, el contraste y la gama de color de la imagen.

ción de colores de una imagen RGB es preciso convertirla, previamente, al formato CMYK.

Una imagen CMYK está formada por cuatro canales de grises que representan las tintas de impresión en cuatricomía (cyan, magenta, amarillo y negro).

PhotoShop ofrece otros dos formatos: el HSL (Hue, Saturation, Luminance) y el HSB (Hue, Saturation, Brightness). En ambos, la imagen se compone de tres canales que pueden editarse e imprimirse por separado. En el primero el color es definido por sus valores de matiz (hue), saturación y luminosidad; y, en el segundo, el valor luminosidad es sustituido por el valor brillo.

Por último, el formato MULTICHANNEL, donde se define un conjunto de dos o más canales de 8 bits en escala de grises. Es posible editar cada uno por separado. Los documentos definidos por tres canales se convierten a este formato añadiéndoles canales alfa, los cuales actúan como máscaras o capas. Estas capas tienen 8 bits y presentan diferentes escalas de grises, y pueden ser utilizadas para almacenar imágenes seleccionadas o para obtener determinados efectos.

PhotoShop también permite convertir imágenes de un sistema a otro. Sin embargo, algunas de éstas no se pueden convertir directamente sino que tienen que seguir unos pasos determinados, por ejemplo, de RGB a Bitmap. En este caso, primero habría que convertir de RGB a Escala de grises y, posteriormente, de Escala de grises a Bitmap.

Otra importante opción ofrecida por esta aplicación es la de escanear fotografías o diapositivas convirtiéndolas en imágenes digitales. PhotoShop permite comunicar directamente con un escáner compatible, sin necesidad de un programa específico para tal fin. Desde uno de sus menús (Archivo) se selecciona la función («Adquirir Agfa PhotoScan» la cual activa un cuadro de diálogo desde el cual se elige el formato para la imagen, el sistema de escaneo (color, escala de grises...), la resolución, los controles de luces y sombras, entre otras especificaciones (Figura 9.6).

El siguiente paso es hacer un barrido previo (*Preview*) de la imagen para seleccionar el área concreta que queremos escanear, que será ya la operación siguiente. Finalizado el proceso de escaneo sólo resta dar un nombre al documento y el formato deseado. Para guardar la imagen una vez tratada se utilizan los formatos TIFF y EPS, aunque pueden emplearse otros doce diferentes (Figura 9.7). Al mismo tiempo, es posible exportar documentos de PhotoShop en formatos que puedan ser leídos por otros sistemas.

En este sentido, una de las principales ventajas de PhotoShop es que importa y exporta más archivos, un total de catorce, que cualquiera de sus programas rivales: RAW, EPS, TIFF, PICT, Pict resource, Amiga, IFF/IBM, Compuserve, Gif, MacPaint, PilXar, Pixel Paint, Scitex CT, TGA (TARGA) y Thunderscan. Es más, incluso, permite abrir archivos con formato desconocido. Esto es importante ya que convierte esta aplicación en una herramienta interesante y adecuada para convertir formatos, es decir, importarlos en un formato determinado para guardarlos en otro diferente, acorde con el programa receptor.

Los canales

Un aspecto fundamental de PhotoShop es la posibilidad de trabajar con canales. Existe la opción de añadir, suprimir o combinar canales en una imagen. Un canal es equivalente a una plancha de color cuando imprimimos separaciones. PhotoShop permite ver cada canal por separado, como si fueran capas. Una imagen CMYK dispone de cuatro canales. Las imágenes RGB, HSL y HSB disponen de tres. Y las imágenes Bitmap, Escalas de grises e Indexed color, disponen tan sólo de uno.

PhotoShop puede soportar hasta 16 canales por cada documento. A partir del comando «Alfa» es posible crear un nuevo canal «Alfa», que será el cuarto canal. Si se crean canales adicionales irán numerados como 5, 6, 7, etc. Permite visualizar individualmente los canales que integran una imagen para trabajar con cada uno por separado. También puede trabajar en un solo canal. Además se puede crear un canal alfa para trabajar sólo sobre aquella zona seleccionada de la imagen.

Un canal alfa es esencialmente una imagen separada a escala de grises dentro de un documento y que se usa para aislar, modificar y almacenar máscaras. El canal alfa visualiza la máscara como un representación a escala de grises.

Trabajar sobre una selección en el canal alfa tiene diferentes ventajas. Por ejemplo puede verse una selección fácilmente, con independencia de lo que rodea al resto de la imagen. Y también puede editarse o almacenarse la selección. Una selección en el canal alfa puede ser pintada, editada, sufrir modificaciones en sus bordes o recibir diferentes filtros.

Cuando se pasa una selección al canal alfa, ésta aparece en blanco y el resto de la imagen en negro. La zona en negro no es afectada al pintar y filtrar. Sólo lo será la zona en blanco.

Otro aspecto importante de esta aplicación es la posibilidad de combinar canales para formar una sola imagen. A partir del comando *Merge Channels* es posible unir varios canales para formar una imagen consiguiendo determinados efectos especiales. Es decir, partiendo de diferentes ilustraciones podemos efectuar montajes. El ejemplo que hemos elegido es una portada del suplemento dominical de *El País,* (5 de julio de 1993), en la que se ha efectuado un montaje partiendo de dos fotografías distintas que han sido integradas (ver lámina 19 en color).

El color

Según los expertos, ni PhotoShop ni ningún otro programa de tratamiento de imágenes consiguen los mejores resultados en cuando a corrección de color se refiere, y no por cuestiones de calidad, sino porque ofrece unos controles demasiado simplificados. Para ajustar el color de las luces, los tonos intermedios y las sombras hay que utilizar unos cursores. Esto facilita y simplifica el manejo del programa, sin embargo, carece de precisión al no poder definir con facilidad donde terminan las sombras y donde empiezan los medios tonos. A esto se unen otras dos cosas: la complejidad para mantener parámetros establecidos en usos posteriores, y la no incorporación de la carta de colores PANTONE.

Sin embargo, al igual que otras aplicaciones de autoedición, PhotoShop proporciona al usuario la opción de efectuar separaciones de color de sus trabajos. Para ello es preciso llevar a cabo una serie de pasos previos. Primero, hay que volver a definir la gama de colores de la imagen para que su resolución se ajuste a la del periférico de salida elegido. Segundo, hay que armonizar el monitor para reducir las diferencias que puedan existir entre la pantalla y la salida impresa. Tercero, hay que ordenar una primera impresión del trabajo para obtener una imagen de prueba que permita hacernos una idea del resultado final. Cuarto, convertir la imagen desde el formato RGB al CMYK. Y ya como último paso separar e imprimir la imagen en cuatro filmes, cada uno de los cuales incorpora las referencias oportunas para su ajuste y superposición, una notificación del color y una barra de calibrado con los matices del color.

No obstante, PhotoShop no puede igualarse todavía, en calidad, a los mejores sistemas de ajuste de color, pero tampoco puede hacerlo ningún programa de autoedición en color.

Comparación

El más directo competidor de PhotoShop en el entorno Macintosh, es Color Studio, de Letraset. Aunque ofrece al usuario unas herramientas y un modo de trabajo similar al primero, Color Studio permite una corrección del color más exacta y ofrece una mayor precisión para definir sombras y medios tonos. Además, sí incorpora la carta de colores PANTONE.

La desventaja o inconveniente que presenta es que su interfaz es mucho más difícil de aprender que PhotoShop. Las posibilidades que ofrece Color Studio son más versátiles que las de PhotoShop, sin embargo, también son más difíciles de asimilar. De cualquier forma, los expertos consideran que es el único programa para el entorno Macintosh a la altura de PhotoShop.

9.3. Photo Styler

PhotoStyler es al entorno de los compatibles, lo que PhotoShop al de los Macintosh. Su modo de trabajo, sus prestaciones y sus resultados son similares a

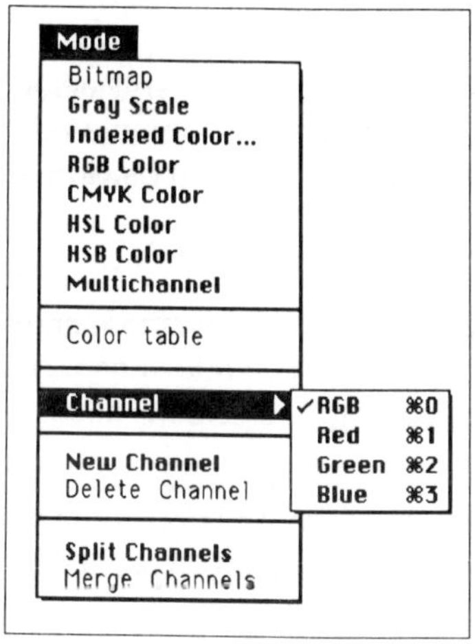

Figura 9.5. Menú MODE, desde donde se controlan los diferentes formatos de imágenes y los canales.

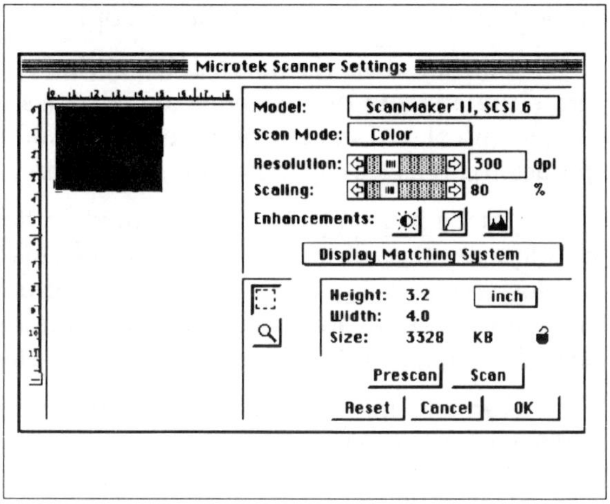

Figura 9.6. Caja de diálogo desde la cual PhotoShop permite escanear directamente imagenes.

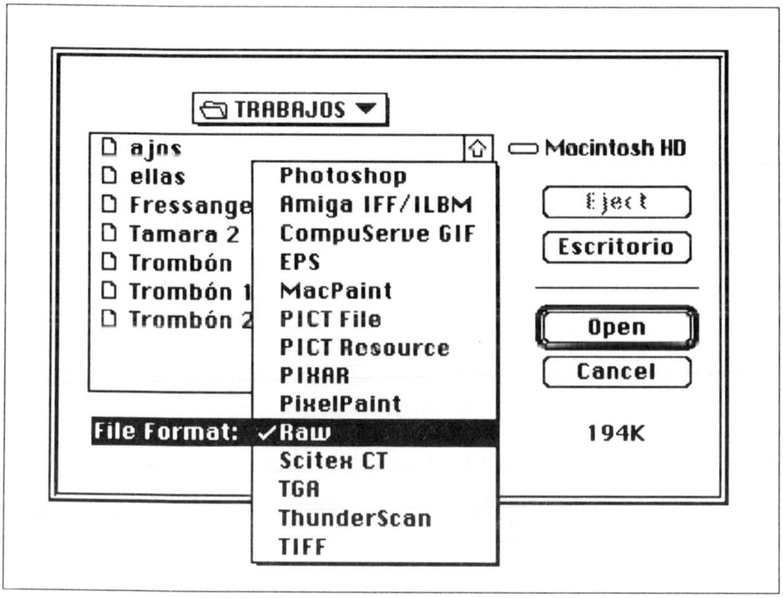

Figura 9.7. Relación de formatos con los que trabaja PhotoShop.

lo que podemos conseguir con PhotoShop.

Funciona bajo el entorno gráfico Windows y es una importante aplicación para el tratamiento de imágenes digitalizadas que incorpora herramientas de retoque en color. También permite la creación de máscaras, la composición y aplicación de efectos especiales y la separación y control de colores.

Puede ir acompañado de un módulo llamado «Galery Effects». Es una biblioteca de filtros destinados a producir efectos especiales aplicables a imágenes en color, en escala de grises o en blanco y negro. Este módulo permite al usuario añadir texturas tradicionales a las imágenes, así como conseguir efectos vistosos a partir del empleo de óleos, lápices, plumillas, etcétera.

También incorpora numerosos formatos gráficos así como la posibilidad de efectuar separaciones cuatricromáticas digitales. Esto le convierte en un programa muy útil para el mundo de la autoedición.

PhotoStyler es. pues, un excelente programa dedicado, exclusivamente, al retoque y composición fotográfica. Es un programa al que sólo le falta una mayor velocidad, mayor flexibilidad en el empleo de máscaras y mayor control sobre la imagen, aspectos estos últimos que se solventarían con la inclusión de canales, tal y como hace PhotoShop.

Todo esto nos lleva a señalar que aunque el retoque de imágenes por ordenador todavía no ha alcanzado su perfección -especialmente en el color y en la obtención de originales- este tipo de aplicaciones pueden proporcionar muy buenos resultados con imágenes en escala de grises. Sin embargo, la tendencia apunta hacia un paulatino perfeccionamiento.

DESARROLLO Y PANORAMA ACTUAL EN ESPAÑA

- La Guerra del Golfo: «El Mundo» y «El Sol»
- Prensa nacional y regional
- Tratamiento infográfico de las elecciones de 1993

Actualmente, la infografía española está entre los primeros puestos a nivel mundial, habiendo sido uno de los países más premiados en la última convocatoria de la SND (galardones concedidos a los mejores diseños de páginas de periódicos, con una categoría específica dedicada a la infografía). El pasado mes de mayo, el director para Europa de la SND, profesor Juan Antonio Giner, anunció la posibilidad inmediata de que se instaure un premio Pulitzer dedicado a la infografía. Esta noticia constata la importancia creciente que está adquiriendo

Según hemos venido estudiando, la infografía no es una forma nueva de ofrecer información en los periódicos; únicamente es novedoso el uso del ordenador como herramienta para producir infográficos. Por establecer una fecha, se puede decir que la Guerra del Golfo supone en España el despegue definitivo de la infografía en los periódicos (Figura 10.1).

10.1. «La Guerra del Golfo»: EL MUNDO y EL SOL

Se considera a Mario Tascón como el primer periodista que utilizó un ordenador Macintosh para realizar un periódico, en el semanario *Bierzo 7*, por el año 1984-85. Desde entonces, la incorporación de esta herramienta a las redacciones de los periódicos ha sido de aumento continuo, y la mayoría de las personas que estaban frente a ellos tuvieron que aprender su manejo de manera autodidacta.

Esta creciente informatización de las redacciones ha motivado dos cosas: por un lado, la aparición de nuevos profesionales en el diario, como son el director de arte y el responsable de los sistemas informáticos del periódico; y, de otro, la incorporación de los periodistas a tareas que, hasta hace poco, eran exclusivas de linotipistas y maquetadores.

No obstante, son todavía muchos los diarios españoles grandes que mantienen el montaje manual de las páginas. Entre los que se deciden por la autoedición, el sistema más utilizado es el *Edicomp*, y en segundo lugar el *Macintosh*, con las aplicaciones Quark X Press y Aldus Page Maker. A esto se suman aquellos diarios que utilizan software propio, diseñado exclusivamente para ellos. En el mercado de la autoedición la tendencia es la de incorporar sistemas abiertos, es decir, compatibles con otras aplicaciones y equipos. Es importante que ordenadores y equipos de diferentes casas comerciales sean compatibles pudiendo funcionar integrados si se dispone del software necesario. Se tiende hacia la multiplataforma y prueba de ello es que, al principio, los Macintosh eran incompatibles con otros ordenadores mientras que hoy día pueden conectarse fácilmente.

Otra tendencia clara en el segmento de la autoedición es la de la consolidación de los sistemas de autoedición que permitan al maquetador, o al propio periodista, manejar e incorporar, en un mismo entorno, textos, imágenes y gráficos. De este modo, el redactor escribe sobre la maqueta ya creada, sabiendo el espacio que tiene disponible, participando así en labores desempañadas tradicionalmente por los talleres. Esto ha supuesto una modificación de las funciones del periodista lo que no ha estado exento de dificultades, especialmente para aquellos profesionales más reacios a adaptarse a las nuevas formas de trabajo.

Uno de los objetivos prioritarios de los diarios españoles es la automatización e integración de los procesos de preimpresión, es decir, del conjunto de operaciones que transcurren entre la redacción y la filmación de la página. El objetivo de introducir la autoedición en la prensa se relaciona con la aspiración de conseguir la integración electrónica de la página, la elaboración completa de la página, integrando el texto, las ilustraciones y la publicidad.

En esto, los pioneros han sido los periódicos pequeños y medianos capaces ya de filmar páginas completas, mientras que la mayor parte de los periódicos grandes siguen montando manualmente las páginas. Esto tiene su explicación. A principios de la década pasada los periódicos grandes sustituyeron las linotipias por los primeros sistemas de fotocomposición electrónica, los mismos que ahora dificultan su transición hacia la integración electrónica de la página, pues aún no han amortizado estas inversiones. De otro lado, los redactores están ya familiarizados con estos sistemas por lo que un cambio radical supondría problemas de adaptación. Y, además, los diarios grandes incorporan un mayor número de páginas y de elementos, lo que dificultaría más la integración electrónica.

Frente a ello, los diarios pequeños y medianos, al modernizarse más tarde, han tenido una importante ventaja y es que han podido aprovecharse de la existencia de sistemas más modernos, compatibles y más económicos. En España, las primeras pruebas para incorporar sistemas de autoedición a la edición de periódicos se produjeron hace siete años y corrieron a cargo de periódicos locales y regionales como son *Hoy*, de Badajoz y el *Correo de Andalucía*.

Hoy día se considera que funcionan con sistemas de autoedición un 50% de los periódicos locales, un 20% de los regionales y, en el caso de la prensa nacional, sólo *El Sol* se realizaba al 100% bajo este entorno. Son más de cuarenta los periódicos que incorporan para producir sus páginas redes Macintosh. Para ello utilizan programas como Quark X Press, para la composición de los textos y la maquetación; FreeHand e Illustrator, para la creación de infografías; y PhotoShop, para el tratamiento y modificación de imágenes. También incorporan periféricos, como impresoras láser, escáners de sobremesa, en blanco y negro o color y filmadoras PostScript. Además, existe el software de comunicaciones necesario para manejar y combinar todos estos elementos.

Aunque todavía sigue el debate sobre la eficacia e idoneidad de las redes Macintosh para diarios, por cuestiones de velocidad y gestión de información, en los últimos años, diarios como *Hoja de Valencia*, *La Verdad*, *La Rioja*, *El Norte de Castilla*, *Ideal Gallego*, *Deia* y *El 9 Nou* han instalado Macintosh, en los dos últimos casos, sustituyendo sistemas Edicomp 3000.

Revistas

Desde la introducción de los ordenadores -especialmente los Macintosh- en tareas de composición, compaginación y diseño, las revistas han modificado claramente su aspecto. Los nuevos métodos de producción han supuesto un cambio formal.

La composición digital ha traído consigo una verdadera revolución en el campo del diseño gráfico y editorial. Pero ésta no es un fenómeno tan reciente. Su punto de partida se sitúa en los años 70 y está vinculado a la «composición de área», que fue concebida inicialmente como una innovación a tener en cuenta en la tecnología de producción de revistas. Sin embargo, ésta era una forma un tanto rudimentaria de diseño asistido por ordenador que permitía determinar, a través de unos códigos de control, el formato, la retícula, o la tipografía (familia, cuerpo, estilo, grosor, interlínea, etc.) del producto, pero que no podía ser visualizado en pantalla.

Así, a finales de la década de los 70, la composición digital ya era práctica habitual en las redacciones de los diarios, extendiéndose a las revistas a principio de los 80. No obstante, el diseño por ordenador no alcanza su momento culminante hasta el nacimiento, en 1987, del Macintosh de Apple acompañado del software adecuado. De ahí que en materia de autoedición la experiencia práctica sea sólo de unos siete años.

A pesar de ello es posible determinar dos aspectos importantes que hay que tener en cuenta en este área de trabajo. De un lado, es necesario que el diseñador no descuide el control de determinados aspectos tipográficos (alineaciones, separación entre letras y palabras, particiones silábicas, etc.) que son fijados automáticamente por el ordenador. Estos no son infalibles y, en ocasiones, tienen que ser modificados manualmente para lograr un resultado final adecuado. De otro, como la autoedición ha supuesto la desaparición de la fase de corrección de galeradas, es preciso efectuar un exhaustivo sistema de correcciones que suponga la lectura reiterada de las pruebas de página.

La composición digital no implica, necesariamente, una modificación de la forma o el estilo de las publicaciones, pues también permite elaborar trabajos convencionales. No obstante, existe la posibilidad de hacerlo, así como de mejorar tanto el diseño como la producción de las mismas.

Pero lo verdaderamente interesante de los ordenadores no son las grandes facilidades o recursos que ofrecen sino el hecho de modificar la filosofía, el proceso de trabajo. En los diarios y revistas dotados de sistemas de autoedición se produce una integración de los procesos de escritura, edición, diseño, incorporación de las imágenes y tratamiento del color. De esta manera, el diseñador tendrá un control más amplio sobre la producción, lo que se traduce en un mayor número de opciones de diseño.

El ordenador no es un fin en sí mismo sino una herramienta, un instrumento para tareas de redacción, compaginación y diseño, que permite no sólo procesar y editar texto sino también integrar éste en la página junto a las ilustraciones, publicidad y el resto de recursos tipográficos, pudiendo visualizando el resultado en pantalla.

Los sistemas de autoedición permiten al diseñador ver en pantalla aquello que van a obtener después, cosa que antes sólo era posible al ser impreso. Esto no supone que el diseño sea ahora más fácil, pero sí determina la desaparición de limitaciones técnicas existentes con anterioridad.

De cualquier forma, el modo en que todos estos adelantos e innovaciones vayan a incidir en la forma no está todavía claro. Pero lo que si es cierto es que de la experimentación con ordenadores ha nacido, especialmente en el caso de las revistas, una estética diferente.

El surgimiento de sistemas de retículas complejas e irregulares, el tratamiento del texto como si de un elemento gráfico se tratase, las rotaciones y perspectivas de los tipos, la profusión de tramas de diferentes texturas y tonos degradados, son algunos de los factores que la caracterizan.

10.2. Desarrollos y tendencias

De entre los numerosos medios de comunicación españoles que se elaboran a partir de sistemas de autoedición vamos a recoger a continuación, algunos ejemplos representativos. En el caso de los diarios destaca el ya desaparecido*El Sol,* que utilizaba al máximo las posibilidades de la autoedición. Acompañamos este ejemplo con una página del *Hoy,* de Badajoz, por ser uno de los pioneros en este campo, y de *La Verdad,* de Murcia, uno de los recien llegados.

En cuanto a las revistas, es el campo de la prensa femenina el que mejor explota las opciones y novedades que supone el empleo de sistemas de autoedición. El caso más significativo es el de la revista *Ragazza,* del grupo Hachette, la cual es un ejemplo de máxima experimentación gráfica y tipográfica.

También presentamos ejemplos de revistas, como es el caso de *Mujer,* de la Editorial Planeta, o *La Esfera,* de IGS Ediciones. A esto se suman también páginas de revistas especilizadas en autoedición como *Publish, Visual, MacUser* o *MacWorld.* En todos los casos hemos escogido páginas representativas de las posibilidades más llamativas que ofrecen los programas de diseño para la autoedición.

La figura 10.1 corresponde a una portada de *El Sol.* Presenta una estructura modular bien organizada, en la que se distribuyen tres informaciones, un suelto tramado y un sumario. Es una página de gran impacto visual, conseguido gracias a la fotografía en color, situada en la parte superior de entrada; a la pequeña infografía que, a modo de capitular, da entrada a la información principal; a los diferentes lutos, filetes y orlas que enmarcan las informaciones y, por último, a la combinación de caracteres con y sin remate, de diferentes grosores y manchas.

En la portada del *Hoy* (Figura 10.2), observamos también una estructura modular claramente organizada. Recoge tres informaciones y un pequeño sumario. En la información principal destaca la fuerza de la fotografía, a cuatro columnas de entrada, y el sumario, flanqueado por diferentes recursos tipográficos (líneas y puntos) que complementan su efecto visual. Este se ve reforzado con los negativos (en rojo) situados en la columna de salida.

La Verdad (Figura 10.3) ofrece en su portada dos informaciones y un sumario. También combina caracteres con y sin remate, de diferentes grosores y estilos. Su estructura está perfectamente equilibrada: mientras que la columna de salida está ocupada íntegramente por el sumario, la parte de entrada se reparte entre dos informaciones. La principal, situada en la parte superior, destaca por el despliegue infográfico que presenta a todo color. La secundaria, situada bajo la anterior, se ve reforzada por la fotografía de los reyes, también en color.

Por su parte, *La Voz de Galicia* (Figura 10.4) presenta un diseño de gran expresividad visual. Esto se debe a la importancia que concede a los recursos gráficos, fotografías e infografías, y a la organización de las informaciones en for-

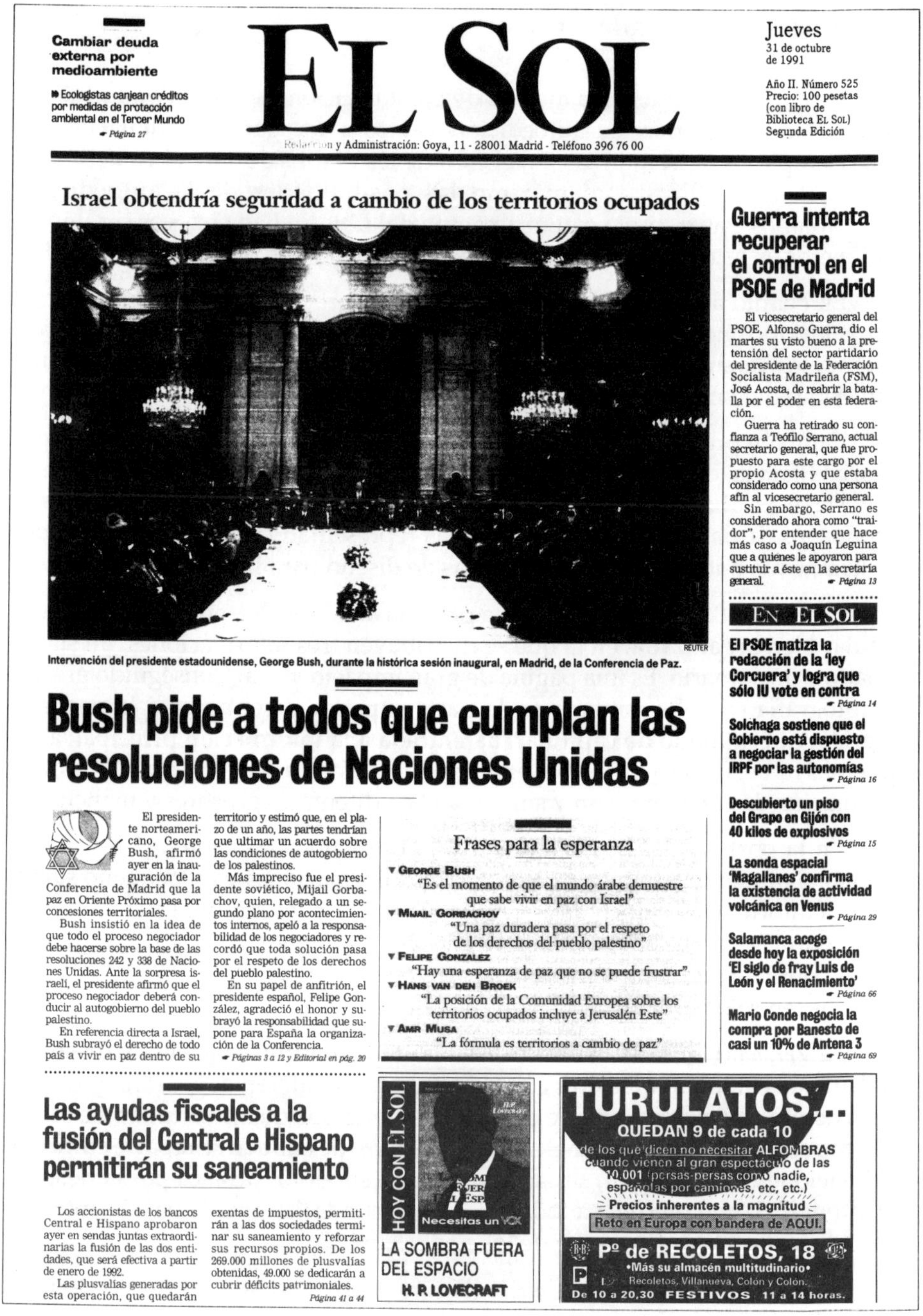

Cambiar deuda externa por medioambiente

Ecologistas canjean créditos por medidas de protección ambiental en el Tercer Mundo

Página 27

EL SOL

Jueves
31 de octubre
de 1991

Año II. Número 525
Precio: 100 pesetas
(con libro de
Biblioteca EL SOL)
Segunda Edición

Redacción y Administración: Goya, 11 - 28001 Madrid - Teléfono 396 76 00

Israel obtendría seguridad a cambio de los territorios ocupados

REUTER

Intervención del presidente estadounidense, George Bush, durante la histórica sesión inaugural, en Madrid, de la Conferencia de Paz.

Bush pide a todos que cumplan las resoluciones de Naciones Unidas

El presidente norteamericano, George Bush, afirmó ayer en la inauguración de la Conferencia de Madrid que la paz en Oriente Próximo pasa por concesiones territoriales.

Bush insistió en la idea de que todo el proceso negociador debe hacerse sobre la base de las resoluciones 242 y 338 de Naciones Unidas. Ante la sorpresa israelí, el presidente afirmó que el proceso negociador deberá conducir al autogobierno del pueblo palestino.

En referencia directa a Israel, Bush subrayó el derecho de todo país a vivir en paz dentro de su territorio y estimó que, en el plazo de un año, las partes tendrían que ultimar un acuerdo sobre las condiciones de autogobierno de los palestinos.

Más impreciso fue el presidente soviético, Mijail Gorbachov, quien, relegado a un segundo plano por acontecimientos internos, apeló a la responsabilidad de los negociadores y recordó que toda solución pasa por el respeto de los derechos del pueblo palestino.

En su papel de anfitrión, el presidente español, Felipe González, agradeció el honor y subrayó la responsabilidad que supone para España la organización de la Conferencia.

Páginas 3 a 12 y Editorial en pág. 20

Frases para la esperanza

▼ GEORGE BUSH
"Es el momento de que el mundo árabe demuestre que sabe vivir en paz con Israel"

▼ MIJAIL GORBACHOV
"Una paz duradera pasa por el respeto de los derechos del pueblo palestino"

▼ FELIPE GONZALEZ
"Hay una esperanza de paz que no se puede frustrar"

▼ HANS VAN DEN BROEK
"La posición de la Comunidad Europea sobre los territorios ocupados incluye a Jerusalén Este"

▼ AMR MUSA
"La fórmula es territorios a cambio de paz"

Guerra intenta recuperar el control en el PSOE de Madrid

El vicesecretario general del PSOE, Alfonso Guerra, dio el martes su visto bueno a la pretensión del sector partidario del presidente de la Federación Socialista Madrileña (FSM), José Acosta, de reabrir la batalla por el poder en esta federación.

Guerra ha retirado su confianza a Teófilo Serrano, actual secretario general, que fue propuesto para este cargo por el propio Acosta y que estaba considerado como una persona afín al vicesecretario general.

Sin embargo, Serrano es considerado ahora como "traidor", por entender que hace más caso a Joaquín Leguina que a quienes le apoyaron para sustituir a éste en la secretaría general.

Página 13

EN EL SOL

El PSOE matiza la redacción de la 'ley Corcuera' y logra que sólo IU vote en contra
Página 14

Solchaga sostiene que el Gobierno está dispuesto a negociar la gestión del IRPF por las autonomías
Página 16

Descubierto un piso del Grapo en Gijón con 40 kilos de explosivos
Página 15

La sonda espacial 'Magallanes' confirma la existencia de actividad volcánica en Venus
Página 29

Salamanca acoge desde hoy la exposición 'El siglo de fray Luis de León y el Renacimiento'
Página 66

Mario Conde negocia la compra por Banesto de casi un 10% de Antena 3
Página 69

Las ayudas fiscales a la fusión del Central e Hispano permitirán su saneamiento

Los accionistas de los bancos Central e Hispano aprobaron ayer en sendas juntas extraordinarias la fusión de las dos entidades, que será efectiva a partir de enero de 1992.

Las plusvalías generadas por esta operación, que quedarán exentas de impuestos, permitirán a las dos sociedades terminar su saneamiento y reforzar sus recursos propios. De los 269.000 millones de plusvalías obtenidas, 49.000 se dedicarán a cubrir déficits patrimoniales.

Página 41 a 44

Figura 10.1. Portada de «El Sol».

HOY

DIARIO DE EXTREMADURA

AÑO LXI • NUMERO 19.351
VIERNES, 2 DE ABRIL DE 1993
PRECIO: 90 PESETAS

BADAJOZ
DIRECTOR:
TERESIANO RODRIGUEZ NUÑEZ

La Reina doña Sofía consuela a la Condesa de Barcelona, madre del Rey, a su llegada al hospital de Pamplona. (EFE)

Don Juan tendrá funerales de rey

- El Consejo de Ministros declara siete días de luto nacional
- El padre del Rey murió a las 15.34, acompañado por su familia
- Los restos mortales del Conde de Barcelona serán enterrados en el Panteón de Reyes de El Escorial

Don Juan de Borbón tendrá los honores fúnebres que corresponden a los reyes de España, según el decreto aprobado por el Consejo de Ministros, en el cual se declaran siete día de luto nacional. Don Juan de Borbón y Battemberg, Conde de Barcelona y padre del rey don Juan Carlos, falleció a las tres y treinta y cuatro minutos de la tarde de ayer en la Clínica Universitaria de Navarra, donde agonizaba desde hace cinco semanas a causa de un cáncer de laringe. En el momento del óbito se encontraban a su lado Don Juan Carlos, Doña Sofía y las hijas de Don Juan, las infantas Pilar y Margarita. La Condesa de Barcelona y el resto de la Real Familia acudieron a Pamplona para velar el cadáver, que hoy será trasladado a la capital de España. Los representantes de los poderes del Estado recibirán hoy en el Palacio Real de Madrid el féretro del Conde de Barcelona, que tendrá los honores póstumos reservados a los reyes de España, entre ellos su depósito definitivo en el Panteón de Reyes del monasterio de El Escorial, que se efectuará mañana sábado.

Las instituciones y personalidades políticas, sociales y del mundo de la cultura destacaron el importante papel jugado por Don Juan en la transición hacia la democracia en España, así como su fortaleza física y espiritual. Entre los organismos que han mostrado su pesar por la muerte del padre del Rey se encuentra la Junta de Extremadura, que –en una declaración pública– señaló que la figura de Don Juan es un ejemplo en la historia de España de entrega y sacrificio". De todo el mundo también han llegado muestras de condolencia, entre las que cabe destacar las de Mario Soares, presidente de la República portuguesa y de la Reina de Inglaterra, pariente del Conde de Barcelona.

PAGINAS 27 a 38

El Claustro rechaza pronunciarse sobre el Inef y censura la postura de la Junta

El Claustro de la Universidad de Extremadura rechazó ayer, por 9 votos de diferencia, emitir un informe sobre la propuesta del Consejo Social de impartir la licenciatura de Educación Física (Inef), lo cual hace muy difícil que se pueda iniciar en el próximo curso, según reconoció el rector de la Unex. La decisión también afecta negativamente a la titulación compensatoria que se prevé para el campus de Badajoz –un Centro Superior del Profesorado, como más probable–.

El Claustro también aprobó, por 114 votos contra 94, una propuesta en la que se censura el proceder de la Junta en el tema del Inef, por considerarla como una "grave injerencia".

El rector reconoció ayer sentirse decepcionado tras la decisión tomada por el Claustro, mientras que el presidente del Consejo Social de la Unex hizo una llamada [illegible]

PAGINAS 3 y 4

OTRAS NOTICIAS

- Un incendio causa pérdidas valoradas en 130 millones en Higuera de Vargas

PAGINA 12

- El Badajoz se queda sin porteros, tras lesionarse Pablo, y busca otro en Ecija

PAGINA 50

INDICE

Ibarra afirma que si el PSOE está implicado en Filesa, todo el Comité Federal es responsable

Juan Carlos Rodríguez Ibarra, secretario regional del PSOE y presidente de la Junta de Extremadura, afirmó ayer en Badajoz que si los tribunales demuestran que hay alguna irregularidad en la financiación del Partido Socialista a raíz de la investigación sobre Filesa, los responsables no serán tres o cuatro, sino todo su Comité Federal, que aprueba las cuentas del partido. Ibarra afirmó que, en estos momentos en que se está a la espera de lo que decida la Justicia, ningún socialista puede cometer la injusticia de intentar ya ir delimitando responsabilidades.

PAGINA 5

Figura 10.2. Portada del diario «Hoy», de Badajoz.

La verdad

MURCIA

LOS TERRORISTAS PRETENDÍAN ATRACAR UN FURGÓN BLINDADO

Un atentado del GRAPO causa cuatro muertos en Zaragoza

Dos de las víctimas mortales eran, según todos los indicios, miembros del grupo armado • Los otros fallecidos trabajaban como vigilantes jurados en Prosegur

Juan Carlos agradece las muestras de afecto de todos los españoles

Representantes de todas las monarquías del mundo despidieron al Conde de Barcelona

Los 'coloraos' desfilaron con la más huertana de las procesiones

Figura 10.3. Portada del periódico «La Verdad», de Murcia.

La Voz de Galicia

Domingo, 16 de mayo de 1993

La Vuelta Ciclista concluye hoy con una contrarreloj Padrón-Santiago

Cuatro legionarios resultaron heridos en otros incidentes

«Cascos azules» españoles responden a un ataque croata

Un camión en llamas circuló desde Palavea hasta el parque de bomberos

El premio de Los Cantones convocó en La Coruña a marchadores de élite

La mayoría de los gallegos sabe quién es Blanco Amor

Nuevo Lancia Y 10 1.060.000 pts.

Brilla con luz propia

Bimotor

Figura 10.4. Portada del diario «La Voz de Galicia».

REVISTA EL SOL

REVISTA EL SOL

CIENCIA
TECNOLOGIA

Por las matemáticas hacia Dios

Las paradojas de los números

Impensable, inimaginable, inconcebible, inconmensurable, inabarcable, incalculable, indeterminable, ilimitado, inalcanzable, infinito y transfinito. Una idea, una definición de un final abierto, no concluyente, emanado de un proceso matemático. Una intuición humana que sobrepasa cualquier planteamiento filosófico y lleva al Alfa y al Omega. La infinitud no puede ser cuantificable ni co-

Luis Medina

24

25

Figura 10.5. Páginas de Ciencia y Tecnología de la revista «El Sol».

PACKAGING

VISUAL 30

El embalaje es un *"multi-medio"*. Su función primaria es la de proteger los productos, pero esta condición ya ha pasado prácticamente a un segundo plano gracias a la tecnología de materiales que es el objeto del diseño industrial.

La fuerza del embalaje pasa, pues, definitivamente al dominio del diseñador gráfico, al campo de la información, la comunicación y la seducción visual.

En este artículo, Joan Costa toma algunos de los elementos que desarrolla en su nuevo libro de inminente publicación *"Envases y Embalajes, factores de economía"*.

Cliente: EL COTO
Creación: CIAC
Diseño: Daniel Panicello - Pere Virgili

Textos: Joan Costa,
Presidente de CIAC

Diseñar el deseo antes que el producto

VISUAL 21

Cliente: CRECS
Creación: CIAC
Diseño: Lluís Pusan

El embalaje es el primer contacto del producto con el consumidor. El primer medio de información sobre el producto. Incluso la primera manifestación de que el producto existe. El producto y su embalaje forman un todo.

Desde el punto de vista de la comunicación visual, el embalaje es el anuncio del propio producto que contiene. Es el disparador de la compra por impulso. Es también la pequeña *"valla publicitaria"* de sí mismo en los lineales del supermercado. Es la campaña que él mismo realiza en el lugar de consumo a través de su presencia en el hogar. Y es, por supuesto, el *protagonista* de sus propias campañas, de sus anuncios en los medios visuales y adudiovisuales.

Podemos pensar, pues, no sólo en el factor fascinación y seducción visual del embalaje, sino también en su *fotogenia*. El diseñador ya sabe que a menudo debe corregir, retocar, modificar ciertos aspectos del embalaje cuando éste va a ser reproducido en vallas de carreteras, grabado en video o filmado. Entonces, el grafismo se simplifica, se depuran detalles, se suprimen elementos y gráficos [illegible] inteligibles en una visión rápida (circulando en coche por la autopista) o en movimiento (planos dinámicos en televisión).

De este modo, el embalaje se transforma en su propio cartel.

La "función Búnker"

Con los progresos de la técnica, los embalajes tienen resuelta la necesidad primordial de *contener* el producto, *protegerlo, almacenarlo, conservarlo y transportarlo*.

Estas funciones contenedoras y protectoras del embalaje, están hoy razonablemente cubiertas -y cada vez en mejores condiciones- por la tecnología de nuevos materiales, los tratamientos industriales y la fabricación de contenedores muy diversos. Lo cual constituye

Cliente: CASTANER
Creación: CIAC
Diseño: Pere Virgili - Albert Culleré

Cliente: NASOFARMA (SANDOZ)
Creación: CIAC
Diseño: Albert Culleré

Figura 10.6. Páginas del nº 19 del magazine de diseño y creatividad gráfica «Visual».

ma de ventanas. Incorpora tres infografías en color: la primera, sobre los soldados españoles en Bosnia, es la más importante; la segunda, en la parte superior de salida, hace referencia al número de la edición y a la previsión del tiempo; y, la tercera, ilustra una pequeña información. Este espacio, ocupado cada día por una infografía distinta, constituye una sección fija. Complementa la nómina de recursos gráficos una fotografía en color, a cuatro columnas, recuadrada, acompañada de una pequeña información y situada en el centro óptico de la página.

La figura 10.5 corresponde con una página del suplemento que *El Sol* ofrecía a sus lectores los domingos. En ella destaca el interesante tratamiento tipográfico dado al texto. Las líneas se suceden de arriba hacia abajo con letras de mayor a menor cuerpo y grosor, consiguiendo un efecto de cascada. Esta densidad tipográfica contrasta con el gráfico y con los blancos de la página impar.

Visual (Figura 10.6) es un magazine de diseño, creatividad gráfica y comunicación aparecido en junio de 1989. Esta revista presenta un diseño en el que destaca la disposición de las entradillas (el texto aparece flanqueado por líneas finas), los titules estrechados, las capitulares tramadas de gris, y una retícula de tres columnas donde el espacio entre la segunda y tercera es mayor que entre las dos primeras. También resulta original la colocación del número de página, tramado en gris y con un giro de 90°.

Publish, aparecida en abril de 1991, es un revista que, en palabras de su director es una «metapublicación», ya que trata sobre cómo publicar y cómo editar. Pretende informar a sus lectores de los cambios que se producen en el ámbito de la edición electrónica. Las páginas que hemos elegido (ver lámina 20 en color) corresponden al primer número de su nuevo diseño (marzo de 1993) y representan el esquema de producción de la revista *TIME.* En ellas se observa una integración total entre textos e ilustraciones.

MacWorld presenta su versión española en 1992 y se define a sí misma como una revista para los usuarios de ordenadores Macintosh, informándoles de novedades, trucos, consultas y sobre cómo sacar el máximo partido de los programas para este entorno informático. En este ejemplo hemos querido recoger unas páginas muy significativas publicadas en el número de enero de 1993. Estas pertenecen a un artículo sobre la nueva etapa iniciada por el diario *El Mundo Deportivo* utilizando las nuevas tecnologías de la información (ver lámina 21 en color).

En la página par destaca la ilustración, situada bajo el titular, que representa dos páginas elaboradas por el programa de maquetación Quark X Press, del que observamos los menús y algunas de sus paletas. En dicha ilustración se aprecia como se integran en la pantalla los titulares, textos, tramas e ilustraciones. Por otra parte, es significativa la forma en diagonal que adopta el texto, tanto en la entradilla como en el comienzo del artículo. La página impar recoge una infografía en color que combina múltiples elementos: estadísticas, información textual y los gráficos correspondientes a los los jugadores y al campo de futbol.

Figura 10.7. Diferentes páginas de la revista del grupo Hachette «Ragazza».

Ahora bien, las revistas donde la experientación gráfica y tipográfica alcanza sus cotas más altas son las destinadas a la mujer. Este es el caso de *Ragazza*, una revista joven y dinámica, efecto que se consigue gracias al empleo de todo el potencial de los programas de maquetación. La figura 10.7 recoge cuatro ejemplos de ese desorden creativo que impera en el diseño de esta revista.

En el primer ejemplo vemos como titular y entradilla presentan una disposición atípica. Sucede otro tanto con los textos, los cuales adoptan formas sinuosas. A ello se suma una considerable variedad tipográfica pudiendo diferenciar hasta seis formas de letra diferentes. Los blancos son considerables, lo que contribuye a aliviar la densidad del texto.

En el segundo, los textos también adoptan formas sinuosas y ondulantes que contrastan con los blancos. El texto manuscrito realza el dinamismo y el caracter informal de esta revista.

El tercer ejemplo, como los anteriores, recoge textos de diferentes formatos (justificados, sangrados, contenidos en un círculo, haciendo recorridos...), variedad de tipografías, textos girados o ladeados, etc. Todo ello configura una página de gran impacto visual. El último ejemplo también se mantiene en esta línea de juegos tipográficos y textos sinuosos.

Por ultimo, recogemos tres ejemplos extraídos de las revistas *Mujer* (Figuras 10.8 y 10.9) y *La Esfera*. En la primera, destaca el tratamiento de las imágenes, las cuales han sido distorsionadas desde el mismo programa de maquetación. Su efecto se ve reforzado por la profusión de los blancos. El espacio entre letras (tracking) y entre líneas (interlineado) se ha aumentado considerablemente, y el título de la sección se ha girado 90°. En la figura 10.8 destaca la modificación del ancho de las columnas de entrada y salida, que se retiran en la parte que coinciden con el titular, entradilla y firma.

Las páginas de *La Esfera* (Figura 10.10) son de un gran impacto visual, debido al contraste entre la página par, que contiene el texto, y la página impar, que incluye la mayor parte de la ilustración. Destacan las formas adoptadas por el texto; primero, en la entradilla, donde capitular e ilustración actúan como límites que desvían su trayectoria; y, segundo, en el titular, que aparece girado y actúa como límite del artículo.

10.3. El futuro de la autoedición

Hoy día, debido a la corta vida de la autoedición, todavía no es posible determinar el verdadero potencial de los sistemas digitales de cara a la elaboración de diarios y revistas. Gracias a los ordenadores podemos componer textos, modificar sus controles tipográficos (cuerpo, estilo, familia, grosor, espacio entre

ARTE DE VIVIR

LA PROTAGONISTA DE ESTA TEMPORADA ES INEVITABLEMENTE SEVILLA. LA EXPO, LA FERIA, LA CALLE SIERPES... PERO TAMBIÉN HAY OTRA SEVILLA, MENOS BARROCA Y MÁS SERENA, LA QUE SE ENCUENTRA EN EL HOTEL LOS SEISES, CONSTRUIDO EN PLENO CENTRO, EN EL MISMO PALACIO ARZOBISPAL. Y AUNQUE TODA SEVILLA ESTÁ SUBIDO DE PRECIO, LA CALIDAD DE LOS SERVICIOS DE ESTE HOTEL COMPENSA EL GASTO. Y COMO MAYO ES EL MES DE LAS FLORES, UNAS INDICACIONES DE SUS DIFERENTES UTILIDADES PARA DISFRUTAR VIÉNDOLAS Y TAMBIÉN COMIÉNDOLAS, COMO SE HIZO EN OTROS TIEMPOS.

Destino con paisaje:
Hotel Los Seises en Sevilla

Otra Sevilla

En la tierra del barroco, el diseño vanguardista irrumpe en un edificio clásico, como una bocanada de aire fresco respetuoso con la tradición.

Figuras 10.7 y 10.8. Páginas pertenecientes al nº 7 de la revista «Mujer».

CAZA DE PLUMA

Vieja y ancestral fórmula culinaria, la caza de pluma es sinónimo de sabores fuertes y preparaciones complejas, con especial protagonismo de frutas, bayas y trufas. Faisán, becada, perdiz y codorniz son las carnes por excelencia del invierno.

SENSACIONES FUERTES

Figura 10.9. Páginas pertenecientes al nº 8 de la revista «La Esfera».

líneas, letras o palabras, etc.) y visualizarlo rápidamente; digitalizar, retocar y modificar ilustraciones (fotografías, dibujos, gráficos...) introducir colores, texturas o cualquier otro recurso tipográfico (líneas, recuadros, etc.) e integrar y distribuir todos estos elementos en la página y preparar ésta para la imprenta.

Pero existe un gran vacío entre el proceso de preimpresión y la impresión. Lo que verdaderamente limita las posibilidades del diseño electrónico es la necesidad de imprimir los trabajos sobre papel. En palabras de William Owen «*...para realizar una genuina transformación revolucionaria en el diseño gráfico, debe cambiar el sistema de presentación. Habrá que cambiar el papel por la pantalla. (...) Sólo es posible abarcar todo el verdadero potencial del diseño asistido por ordenador en medios electrónicos como la televisión o en los nuevos multimedia basados en los ordenadores*» (1991, p.229).

Los diseñadores que trabajan con ordenadores descubren posibilidades dinámicas (los tipos pueden aparecer y desaparecer, las imágenes pueden cambiar de color, disolverse para volver a recomponerse, etc.) que no pueden ser trasladadas a la página porque existe la barrera de la imprenta. En la actualidad los esfuerzos van dirigidos a conseguir reproducir estos y otros efectos sobre el papel. Pero sólo será posible con las revistas y diarios auténticamente electrónicos.

Una publicación electrónica es aquella que está diseñada en el ordenador y transmitida por éste, pudiendo ser leída en pantalla. El desarrollo de los primeros prototipos ha sido posible gracias al nacimiento de los hipermedia o sistemas que integran diferentes tipos de medios -texto, vídeo, ilustraciones (fotografías, gráficos, dibujos...) y sonido- dentro del ordenador. Surgen de la convivencia entre diferentes tecnologías digitales como son el grafismo, el sonido y el vídeo, a lo que se suma el nacimiento de medios de almacenamiento de gran capacidad como, por ejemplo, los discos ópticos. Los expertos consideran que las primeras revistas electrónicas se distribuirán en forma de discos compactos, cosa que ya ha sucedido con los primeros intentos.

Esto, sin lugar a dudas, tendrá importantes consecuencias sobre el proceso de diseño de la información y sobre el diseño gráfico en general, ya que, muchas de las normas y reglas vigentes caerán en desuso.

De cualquier forma, lo que sí está claro es que en los últimos años los sistemas de autoedición se han introducido en todas las áreas del diseño gráfico y editorial y empiezan a hacerlo en las artes gráficas. Directores de arte, diseñadores y maquetadores disponen hoy día de la más sofisticada tecnología gráfica que les permite la creación de múltiples efectos gráficos y tipográficos novedosos, iniciando así una nueva fase de experimentación en el diseño y compaginación de medios impresos. El control que esta nueva tecnología permite a los diseñadores ejercer sobre los aspectos gráficos y tipográficos favorece una mayor eficacia y rapidez en la producción de sus trabajos. Y lo que es más importante, empieza a determinar el nacimiento de un estilo específico.

GLOSARIO

ARTE FINAL. Texto e imágenes dispuestos para su reproducción. Puede obtenerse, directamente, desde el sistema de autoedición, a partir de impresora láser o a partir de máquina de componer láser, o bien como copia en papel e imágenes con adiciones manuales (por ejemplo hojas superpuestas, muestras de color, etc.).

BIT. Unidad más elemental de información en el ordenador. Es un dígito binario, es decir, toma dos valores, los cuales pueden asociarse a sí y no, correcto y equivocado, positivo y negativo, etcétera. Al conjunto de 8 bits se llama *byte* u octeto. Un Megabyte (MB) equivale a mil bytes, que son mil k. Un Gigabyte (GB) son mil MB. La k mide el tamaño de la memoria. Por ejemplo, 4 k equivalen a 1 página; 800 k a 200 páginas; 20 MB a cinco mil y 40 MB a diez mil.

CMYK (cyan, magenta, amarillo y negro). Son los colores del proceso cuatricromático, o colores de gama. Son colores primarios sustractivos, lo que significa que a medida que el porcentaje de estos colores aumenta, la imagen se vuelve más oscura.

COLOR DIRECTO. Se emplea normalmente en una maqueta de página para elementos gráficos aislados o bloques de texto y capitulares. A diferencia de las separaciones de cuatro colores, el color directo se consigue imprimiendo una tinta del color exacto en cuestión.

DIGITALIZAR. Transformar en dígitos binarios, es decir, en códigos de ordenador, una imagen.

ESCALA. Aumento o disminución de una ilustración o fotografía conservando la relación original entre las dimensiones horizontal y vertical.

ESCALA DE GRISES. Función utilizada en los sistemas informáticos para especificar la gama de claridad de cada pixel de la pantalla del monitor, desde el negro (=0) hasta el blanco (=255), dando una escala de 256 niveles de gris.

FLUJO AUTOMATICO. Opción que posibilita que un texto recorra de forma automática las páginas de un documento, con columnas o no. Normalmente, este texto es importado desde otro programa. El número de páginas necesarias para la colocación de la totalidad del texto es colocado automáticamente por el programa.

FORMATO DE PAGINA. Características que definen las páginas de un documento: medidas, número de columnas, espacio entre éstas, orientación, márgenes, etc.

FORMATO DE PARRAFO. Características que definen el aspecto de un párrafo y determinan su estética en la página. Viene dado por el tipo de alineación (izquierda, derecha, justificado o centrado), los tabuladores, la separación entre párrafos y la sangrías que tiene (primera línea, todas las líneas a la izquierda, o todas a la derecha).

FORMATO DE TEXTO: Características que definen las especificaciones de un texto: cuerpo o tamaño, estilo (normal, negrita, cursiva, sobreada, hueca, etc.), interlineado, el color, el grosor, el tracking (espacio entre letras), etc.

HOJA DE ESTILO. Plantilla donde se especifican todas las especificaciones relacionadas con el texto y los párrafos utilizados para un documento. Una vez tecleado el texto podemos modificar todos sus controles tipográficos (cuerpo, estilo, fuente, interlineado, sangría primera línea, etc.) con la aplicación de la hoja de estilo correspondiente. También existen hojas de estilo que incluyen maquetas ya definidas y en las que sólo resta incluir en cada hueco los textos, las ilustraciones y la publicidad.

Lenguaje de descripción de página (PDL). Software que codifica las especificaciones de confección de página y composición tipográfica en pantalla para la impresión de original sobre papel por medio de impresora láser o máquina de componer láser. Por ejemplo, el PostScript es un lenguaje de descripción de página.

LINEA DE BASE. Línea imaginaria sobre la que se disponen las letras.

LINEATURA. Es la cantidad de líneas por unidad de longitud en una trama de medio tono. Una cuadrícula de 120 líneas por pulgada tiene 120 líneas de puntos en cada pulgada de la trama. Cuanto menor sea la lineatura menor será la calidad global de la reproducción. Los periódicos se suelen imprimir a 85 o 100 líneas por pulgada; las revistas a 120 ó 150 líneas por pulgada; y el material publicitario a 200 o más líneas por pulgada.

LINOTRONIC. Máquina de componer láser que lee los datos codificados en PostScript.

MAQUINA DE COMPONER LASER. Dispositivo de salida de un sistema de autoedición de alta resolución para la composición de tipos e imágenes de la página.

MARCAS. Símbolos de referencia que se colocan en el arte final y se utilizan para alinear planchas superpuestas.

- *de registro:* marcas o cruces que se imprimen en el margen. Se emplean para que, en una impresión a varios colores, la superposición de las hojas sea exacta.

MEDIA TINTA. Area lisa compuesta de líneas o puntos de trama. Las medias tintas o medios tonos se crean normalmente fotografiando una imagen de tono contínuo a través de una trama. La trama es una cuadrícula de líneas finas que divide la imagen en puntos. Las tramas de medias tintas suelen tener de 55 a 155 líneas por pulgada, cuanto mayor sea la lineatura, mayor será la definición y la calidad del producto impreso.

MONTAJE. Se trata de reunir los negativos, tramas, separaciones de color u otros elementos y colocarlos para la impresión final. El montaje obliga a hacer primero una fotografía de línea de todos los elementos en blanco y negro de la página. Una vez que se obtienen las películas de línea de la maqueta de página y el resto de sus componentes, se ensamblan todas para obtener los positivos, negativos finales o fundidos a partir de los cuales se harán las planchas.

PAGINA MAESTRA. Página en la que se disponen todos los elementos que vayan a repetirse en las diferentes páginas que integran el documento (cabeceras, logotipos, filetes, numeración, etc.). No se imprime y se emplea para dar un formato a cada página de modo automático. Existe la página maestra izquierda y la derecha.

PANTONE. Sistema de mezclas del color que se ha convertido en el estándar para la impresión del color. Las guías de color Pantone ofrecen un método estándar para diseñar y controlar los colores. Son diferentes de los colores CMYK. Al realizar una impresión en cuatricomía indicando un color Pantone, la mayoría de los programas de separación del color traducen el Pantone a valores CMYK, aunque no todos los Pantone tienen tienen su equivalente CMYK, en cuyo caso el color que se obtiene en la impresión final no será exactamente el esperado.

PIXEL. Es la unidad más pequeña de la pantalla del ordenador y, por lo tanto, el equivalente en pantalla de los puntos de trama por pulgada del material impreso. En un monitor de autoedición suele haber unos 620 x 820 puntos.

POSTSCRIPT. Lenguaje de descripción de página. Codifica todos los elementos del documento (maquetación, tipografía, ilustraciones) para dar salida a éste por impresora láser o máquina de componer láser.

RASTERIZAR. Procesamiento de la imagen por líneas.

REGISTRO. Es la alineación exacta de las cuatro separaciones del color, una sobre otra, que permite fotografiar la película y alinear las planchas de impresión en la prensa.

RESOLUCION. Calidad de definición de la imagen. La resolución se mide, en el caso del material impreso, en puntos por pulgada (p.p.p.), y en el de los monitores, en líneas y pixeles.

RETICULA. Líneas fijadas por el diseñador para determinar las diferentes opciones de la plantilla de una página. Estas líneas no se imprimen y son necesarias para asegurar la uniformidad visual entre las páginas de un documento o entre diseños relacionados.

RGB. Sistema de color basado en los colores aditivos (rojo, verde y azul). A medida que se incrementa el porcentaje de estos colores la imagen RGB se vuelve progresivamente más blanca. La diferencia fundamental con el modelo CMYK radica en que éste se utiliza en la impresión, mientras que el modelo RGB se emplea para el color transmitido, como el que aparece en el monitor de un ordenador o en la pantalla de una televisión.

SEPARACION DE COLORES. Separación del arte final multicolor en soportes de colores individuales para imprimir.

Para imprimir una ilustración en color, se generan cuatro tramas de medio tono (para el cyan, el magenta, el amarillo y el negro) del original, proceso conocido como selección separación del color. La separación del color implica la obtención del porcentaje exacto de los cuatro colores del proceso; una vez obtenidos dichos porcentajes, se preparan las planchas para imprimir los colores en su registro exacto a fin de simular la ilustración original.

TONO. Diferentes intensidades de un color, desde el puro hasta casi el blanco.

- *tono continuo.* Hace referencia a una imagen fotográfica en color o en blanco y negro con densidades tonales que varían progresivamente de lo oscuro a lo claro. Por el contrario, una media tinta divide la imagen del tono continuo en puntos grandes y pequeños. Todas las fotografías deben ser de tono contínuo y se convierten en medios tonos en caso de que vayan a reproducirse en la impresión.

BIBLIOGRAFIA

PARTE 1.

CANGA LAREQUI, Jesús (1988): *Las nuevas tecnologías y la prensa. La Redacción electrónica.* Universidad de Lejona. Bilbao.

CARITA, Enrico (1982): *Una sfida per la Stampa.* Fabri-Bompiani. Milán.

DIAZ NOSTY, Bernardo (dir.): *Comunicación social 1991. Tendencias.* Fundesco. Madrid.

DILLARD, Annie (1989): *The Writing Life.* Harper and Row. New York.

DREIFUS, J. y RICHADEAU, F. (1990): *Diccionario de la edición y de las artes gráficas.* Fundación Sánchez Ruipérez. Madrid.

EVANS, Harold (1984): *Diseño y compaginación de la prensa diaria.* Gustavo Gili. Barcelona.

FINBERG, H. e ITULE, B. (1990): *Visual Editing.* Wadsworth Publishing Company. California.

GARCIA, Mario R. (1989): *Diseño de diarios a color.* IFRA. Darmstadt. Alemania.

LAING, John (1989): *Diseño gráfico.* Hermann Blume. Madrid.

LOCKWOOD, Robert (1992): *El Diseño de la Noticia.* Ediciones B. Barcelona.

McLEAN, Ruari (1987): *Manual de Tipografía.* Hermann Blume. Madrid.

MARTIN AGUADO, J.A. (1991): *Proyecto y diseño de un diario.* Ciencia 3. Madrid.

MARTINEZ DE SOUSA, José (1992): *Diccionario de información, comunicación y periodismo.* Paraninfo. Madrid.

MAY, J. y WRIGHTSON, W.S. (1986): *Du Plomb au Silicium. 25 Annies de Tecnique de Press.* IFRA. Darmstadt. Alemania.

PELOU, P. y Vuillemin, A. (1987): *Innovation et nouvelles technologies de l'information.* La Documentation Française. París.

RATZKE, D. (1986): *Manual de los nuevos medios.* Gustavo Gili. Barcelona.

REHE, Rolf F. (1990): *Tipografía y diseño de periódicos.* IFRA. Darmstadt. Alemana.

SATUE, Enric (1990): *El Diseño gráfico. Desde los orígenes hasta nuestros días.* Alianza. Madrid.

SMITH, Anthony (1983): *Goodbye Gutenberg.* Gustavo Gili. Barcelona.

WEST, Suzanne (1991): *Cuestión de estilo. Los enfoques tradional y moderno en maquetación y tipografía.* ACK Publish. Madrid.

NOTA: Algunos datos recogidos en esta primera parte han sido tomados de la revista «Techniques de Presse», editada por IFRA.

PARTE 2.

AGUILERA, M. de y VIVAR, H. (1990): *La infografía. Las nuevas imágenes de la comunicación audiovisual en España*. FUNDESCO. Madrid.

APARICIO MARINO, R. y GARCIA MATILLA, A. (1989): *Lectura de imágenes*. 2ª edic. Ediciones de la Torre. Madrid.

ASIMOV, Isaac (1982):*Enciclopedia biográfica de ciencia y tecnología*. 2ª edic. Alianza Editorial. Madrid.

BOZAL FERNANDEZ, V. (1979): *La ilustración gráfica del siglo XIX en España*. Alberto Corazón - Comunicación. Madrid.

CANGA LAREQUI, J. (1988): *Del tipo móvil a la redacción electrónica. Apuntes sobre la evolución tecnológica de las labores redaccionales en el medio prensa*, en VV.AA. La prensa ante el cambio de siglo. Ed. Deusto. Bilbao.

DIAZ NOSTY, B.; LALLANA GARCIA, F.; ALVAREZ FERNANDEZ, J. T. (1987):*La nueva identidad de la prensa*. FUNDESCO. Madrid.

GALLEGO GALLEGO, A. (1990): *Historia del grabado en España*. Cátedra. Madrid.

GAMONAL TORRES, M.A. (1983): *La ilustración gráfica y la caricatura en la prensa granadina del siglo XIX*. Diputación Provincial Granada. Granada.

GOMEZ APARICIO, P. (1971): *Historia del periodismo español. De la revolución de Septiembre al desastre colonial*. Editora Nacional. Madrid.

HOLTZ-BONNEAU, F. (1986): *La imagen y el ordenador. Ensayo sobre la imaginería informática*. FUNDESCO- Editorial Tecnos. Madrid.

ORIVE RIVA, P. (1988): *Reacción del periodismo ante la presión de la imagen visual*, en VV.AA. La responsabilidad pública del periodista. EUNSA.

PABLOS COELLO, J.M. de (1991): *La infografía, el nuevo género periodístico*, en Estudios sobre tecnologías de la información 1. Edit. Sanz y Torres. Madrid.

PELTZER, G. (1991): *Periodismo iconográfico*. Rialp. Madrid.

RUBIO MARTINEZ, M. (1979): *Ayer y hoy del grabado y sistemas de estampación*. Edic. Tarraco. Tarragona.

SANZ, C. (1993): *El libro del color*. Alianza Editorial. Madrid.

VARIOS AUTORES (1991):*150 años de prensa satírica*. (Jornadas celebradas en el Centro Cultural de la Villa de Madrid en colaboración con la Facultad de Ciencias de la Información de la Universidad Complutense). Ayuntamiento de Madrid.

Artículos

AMBROJO, J.C. *El Mac hace deporte*. MacWorld (edic. española). Enero 1993.

DELICADO, J.(1990): *Fotomecánica digital PostScript*. Visual nº6.

DELICADO, J. (1991): *Infografía digital. Conceptos básicos*. Visual, nº13.

ESPINOSA, A. *Acosados*. Suplemento «Domingo», págs.1-3, de El País, 28 marzo 1993.

GOERTZEN, J.: *Gráficos, libro de estilo de El Mundo.*

GOMEZ, E. y DUO, M. *Los datos, de un vistazo. Gráficos, informática e información: la infografía periodística*, en Publish. Abril, 1993.

La ilustración con Macintosh en la prensa diaria. Revista EuropeanMac(edic. española), nº 6, 1990.

La Voz de Galicia. Manual de estilo. Edit. Biblioteca Gallega. La Coruña, 1992. Número especial de La Voz de Galicia, domingo 26 julio 1992.

Noticias de la Comunicación, nº 1 abril 1991. *Sólo para sus ojos.*

PABLOS COELLO, J.M. de: *Infoperiodismo, paradigma de periodismo visual impreso*. Revista Estudios de Periodismo. nº 1. Págs. 61-89. Edit. Facultad de Ciencias de la Información de la Universidad de La Laguna. Santa Cruz de Tenerife, 1992.

PABLOS COELLO, J.M. de: *Hacia un periodismo visual. Nuevas concepciones y formación para la prensa diaria*, en Suplemento de la Revista Telos, nº 33. Marzo-mayo 1993.

PEREZ, S.: *Dentro del Mundo Mac. El diario que crea infografía premiada mundialmente*. Revista MacWorld (edic. española). Julio-Agosto 1992.

PEREZ, S.: *Deportes ilustrados*. Revista MacWorld. Septiembre 1992.

PEREZ CUADRADO, P. *La redacción electrónica*, suplemento especial de El Sol, 13 marzo 1991.

Publish. Febrero,1992. Entrevista a Nigel Holmes.

SERNA, V. de la. *A la caza y captura de los lectores jóvenes*. Suplemento «Comunicación», págs. 1-2, de El Mundo, 5 octubre 1991.

VALENZUELA, L. de (1989): *Fotografía magnética. Nueva tecnología para el tratamiento de imágenes.* Arte Fotográfico, nº 445.

VILELA CONDE, J.L.: *Como redisenar un periódico centenario que se elabora en quince redacciones.* Ponencia del seminario de la SND celebrado, en Mayo de 1993, en La Coruña.

Seminarios

La infografía, el nuevo género periodístico, organizado por la Universidad Internacional Menéndez Pelayo de Cuenca, 2 al 5 de noviembre de 1992.

Seminario Internacional de Innovación Periodística *Un día en las primeras páginas de los mejores diarios del mundo*, organizado por el Capítulo Español de la Society of Newspaper Design (SND) en colaboración con La Voz de Galicia, La Coruña, 15 de mayo de 1993.

PARTE 3.

ARRANZ, Luis I. (1987): *Informática básica.* Madrid.

BROWN, A. (1991): *Autoedición. Texto y tipografía en la era de la edición electrónica.* ACK Publish. Madrid.

CAVALCOLI, A. (1984): *El ordenador personal: como elegirlo y utilizarlo.* Anaya Multimedia. Madrid.

COLLIER, D. y COTTON, B. (1992): *Diseño para la autoedición (DTP).* Gustavo Gili. Barcelona.

DEITEL, H. M. (1987): *Introducción a los sistemas operativos.* Addison-Wesley Iberoamericana. Wilmington, Delaware.

FELICI, J. (1991): *The Desktop Style Guide.* Bantam Books, Inc.

LAMBERT A. y ROPIEQUET S. (1986): *The New Papyrus: CD ROM.* Microsoft Press. Washington.

MARTIN AGUADO, J.A. (1987): *Lectura estética y técnica de un diario.* Editorial Alhambra. Madrid.

OWEN, William (1991): *Diseño de revistas.* Gustavo Gili. Barcelona.

SOLOMON, Martín (1988): *El arte de la Tipografía.* Tellus. Madrid.

Artículos

ADAMS, E.J. (1992): *Estrategias de almacenamiento.* Publish, nº 16.

BURNS, DIANE (1991):*Comparación de las superestrellas. Page Maker contra QuarkXPress.* Publish, nº 1.

CONTRERAS, G. (1990): *Los artistas del teclado.* PC World, nº 52.

DELICADO, J. (1990): *Un buen tipo.* Visual, nº 6.

FELICI, J. (1992): *Autoedición: planificar para rentabilizar.* Publish, nº 10.

FENTON, Erfert (1989): *The Big Match Illustrator.* MacWorld USA.

FERNANDEZ, J. (1989): *El futuro se hace presente.* Visual, nº 1.

GARCIA TERRADILLOS, F. (1990): *Adobe Illustrator/FreeHand. Difícil elección.* European Mac, nº 6.

HANNAFORD, S. y DAYTON, L. (1992): *¿Hay una filmadora en casa?.* Publish, nº 15.

HERRERO, Mauro (1992): *La edición electrónica en la prensa.* Publish, nº 14.

HOPKINS, D.W. (1991): *Acabado fotográfico.* Publish, nº1.

IBAÑEZ, A. (1990): *Una nueva forma de entender la autoedición: Page Maker 4.* European Mac, nº 6.

INFORME NSTL (National Software Testing Laboratory) (1992): *Programas de autoedición para Mac.* Binary, nº 41.

LININGER, S. (1992): *Puesta a punto de tipos en PC.* Publish, nº 13.

MIL, Duncan (1989): *Freestyle.* MacUser, nº 33.

ROBINSON, D. (1991): *Ventura para Windows.* Publish, nº 1.